감성의 유학

Confucian Perspectives on Emotions

감성총서 14

Confucian Perspectives on Emotions

감성의 유학

김경호 지음

전남대학교출판부

책머리에

— 왜 감성의 유학인가?

나무가 열매를 맺어 씨를 뿌리면,
木結實而種之

또 이 나무가 자라서 열매를 맺는다.
又成是木而結是實

이 나무는 예전의 나무가 아니다.
木非舊木也

— 소옹邵雍

1.

이 책은 감정·정서·느낌을 포괄하는 감성을 키워드로 하여 신체화된 감정embodied emotion의 층위에서 감성과 유학, 유학자와 감성을 연구한 결과물이다. 한마디로 단언할 수 없지만 유학감성론이라는 새로운 연구 영역을 탐구하기 위한 철학적 사유를 담고 있다.

나는 이 책을 통해서 우리가 익숙하게 받아들였던 유학의 개념과 감성에 대해 낯설게 사유하기를 시도했다. 낯설다는 것은 특별히 새롭다는 것을 의미하지는 않는다. 그것은 통속적으로 당연시되는 수용적 이해의 태도가 아니라 다르게 사유하기를 의미한다. 그렇기 때문에 이 책에서 유학과 감성을 이해하는 방식은 기존과는 다를 수밖에 없다.

이러한 문제는 원고를 가다듬고 이 책의 내용을 검토하는 과정에서도 나타났다. 동료 연구자들은 의문을 제기했다. 내용은 이미 잘 알고 있는데 이 책을 구성하고 있는 사유방식이나 방법론은 낯설다는 것이었다. 그러한 낯섦의 심리적 저항감이 의혹과 궁금증을 유발한 것이다. 감성의 유학은 무엇을 말하는가? 무엇을 말하고자 하는가? 이것은 이 책을 펼쳐보는 독자들도 마찬가지라고 생각된다.

낯설음은 감성과 유학이라는 낯익은 두 낱말을 혼성하여 만들어진 '감성의 유학'이라는 새로운 개념체계의 형성과 연관된다. 혼성된 개념은 단순히 유학이나 감성이라고 하는 개별 낱말의 합성에 국한되는 것이 아니다. 새로운 개념을 만드는 과정은 새로운 사유공간을 창발한다. 이 과정에서 이전과는 다른 새로운 의미망이 만들어지며 의미의 토대가 구축된다. 우리가 익숙하면서도 낯설게 여겨지는 특정 사태에 직면하게 되는 것은 이와 같은 이유 때문이다.

이 책은 주제나 방법론의 측면에서도 이전의 연구와는 차이가 난다. 기존의 유학에 대한 연구경향은 주로 텍스트 분석을 통하여 당위적인 유학적 가치나 이념을 조명하는데 치중했다. 그러나 이 책은 신체화된 마음 이론embodied mind theory과 개념적 은유 이론conceptual metaphor theory, 인정투쟁 이론theory of recognition struggle 등을 근거로 하여 유학의 내밀한 감성을 계기적으로 포착하고 재해석하는 방식을 취하였다. 게다가 이 책에서 다루고 있는 감정은 서구의 지성사를 통해서 부정적으로 수용되었던 이성의 대척점에 있는 '감정'과는 다르다. 이 책에서 논의하는 감정은 인지과학과 인지생물학 등 경험과학적 성과를 통해 확인된 신체화된 마음embodied mind에 근거하여 새롭게 제안되는 신체화된 감정embodied emotion이다.

2.

우리는 슬픔을 비롯한 기쁨, 분노, 사랑 등과 같은 개별 감정을 일상적으로 느끼고, 그러한 감정과 느낌에 정서적으로 반응하며 살아간다. 누구나 경험하고, 또 자각적으로 인지하는 것이기에 우리는 감정이나 정서, 느낌을 지극히 자연스러운 것으로 받아들인다.

그러나 우리가 사는 현대의 일상 속에서 감정이나 정서, 느낌의 발생 원인과 표현 양상은 삶의 다양성만큼이나 복잡미묘하다. 감정과 느낌은 단순히 심리적인 차원에 머물지 않고 구체적인 신체 표현으로 드러나며, 경우에 따라서는 개인의 정서적 차원을 넘어 다중의 집단적인 의사를 형성하는 감성동력으로 작동하기도 한다.

감정이나 정서, 느낌과 같이 일상적이고 개인적인 것으로 간주되었던 감성을 구성하는 요소들은 사적인 차원에서 내밀해짐과 동시에 공적인 차원에서 관계적으로 확대되고 있다. 우리가 사는 현대를 감성의 시대라고 지칭하는 것은 이와 같은 흐름을 반영한다.

감성의 시대라는 표현에는 인간의 인식과 판단 그리고 행위의 영역에서 이성만이 아닌 또 다른 인간의 능력이 제고되어야 한다는 성찰이 담겨있다. 합리적인 사유에는 이성의 역할 뿐만이 아니라 인간의 신체성에 근거한 다양한 감정과 무의식적 기제가 함께 작동하고 영향을 미치기 때문이다.

감성에 대한 이 시대의 호명은 이성과 이항 대립하는 것으로 여겨졌던 느낌이나 감정, 정서를 포함하는 감성에 대한 반성적 이해를 요청한다. 삶의 과정에서 돌출되는 수많은 일들은 지금까지 이성이라 불러온 특정 능력만으로는 해결할 수 없고, 인간의 자연적 능력인 감성의 조력도 함께 고려되어야 한다는 반성이다.

이 책에서는 감성을 '특정한 기분이나 느낌이 결합된 정서적이고 인지적인 삶의 태도나 반응 양식'이라고 정의하면서 논의를 진행한다. 감성은 단순히 사물인식이나 지각의 수용양상에 한정하지 않고, 인간의 삶을 구성하는 다양한 요소들이 복합적으로 연계되어 드러나는 태도와 반응양식으로 이해하는 것이다.

감성에 대한 재인식은 인간의 의식적 판단과 행위가 이성에 따른 합리적 사유를 기반으로 한다는 것을 부정하는 반이성주의적인 관점이 아니다. 오히려 이성에 의해 간과되었던 감성 요소들의 회복을 통해서 이성이란 이름의 영역과 감성이란 영역이 중첩되고 포개지는 조화로운 공존을 모색하자는 것이다. 실제로 우리가 살아가는 삶의 모습은 감성적 일면과는 다르면서도 공동의 지반을 갖고 연결되어 있는 이성이라는 이름의 사유방식이 중층적으로 교직交織된 양상이다.

이성의 이름으로 주도되었던 서양의 객관주의 학술전통은 대체로 감성에 대해 부정적이었다. 느낌이나 감정, 정열과 같은 감성적 요소들은 그 표출방식이 사적이면서 충동적이라는 이유로 인해 매우 제한적으로 연구되었다. 그런 점에서 감성은 보편을 추구하는 학문의 탐구 대상이 아니었다.

하지만 최근 인지cognition와 관련한 경험과학적 성과를 수용하고 있는 감성에 대한 새로운 탐구는 이성의 영역으로 간주되었던 것들에 대하여 이전과는 다른 완화된 견해들을 제출하고 있다. 예를 들어 이성의 영역으로 다루어졌던 도덕 판단의 메커니즘이나 행위의 양상, 개인적 욕망의 층위와 사회적 갈등 양상과 같은 문제들에 대해 감성의 측면이 고려된다.

앞으로 진행될 감성에 대한 탐구는 점차 개별 분과학문의 영역을 넘어 통합학문적 관점이 강화될 것이고, 인간의 신체성을 근거로 하여 경험적 세계를 해명하려는 방향으로 진행될 것이다. 이러한 방향은 당연히 감성과 이성의 상호적이며 관계적인 위상 정립을 통해서 새로운 인간학을 모색하려는 시도와 맞닿아 있다.

감성의 관점에서 유학을 연구하는 유학감성론은 바로 이와 역할을 수행할 가능성이 높다. 유학감성론은 인간의 신체적 공공성을 근거로 하여 오래된 동양적 사유와 지적 전통을 재해석함으로써 보다 나은 삶의 기획과 실천을 모색하는 인간학적 탐구이기 때문이다.

3.

이 책에 수록된 대부분의 글은 2010년부터 2014년에 걸쳐 감성을 의제로 연구한 결과물이다. 애초에 단행본 출간을 염두에 둔 것은 아니었지만 연구가 쌓이면서 자연스럽게 감성, 마음, 유학을 키워드로 하는 글이 집적되었고, 일정한 연구 방법론도 갖추게 되었다. 단행본으로 묶으면서 원래 글의 장절을 해체하고 중복되는 부분은 삭제하였으며, 일부분은 보충하여 재구성하였다. 각주는 미주로 처리했다. 이 책에 수록된 글은 다음과 같다.

1. 「유학적 감성세계와 공감」, 『감성연구』 1, 전남대학교 호남학연구원, 2010. 85-113쪽.
2. 「슬픔은 어디에서 오는가?-신체화된 마음을 중심으로」, 『철학탐구』 31, 중앙대학교 중앙철학연구소, 2012. 125-152쪽.
3. 「분노로부터 마음의 평정-분노의 동역학을 중심으로」, 『철학탐구』 34, 중앙대학교 중앙철학연구소. 2013. 37-64쪽.

4. 「무엇을 '사랑'이라 할 것인가-유학에서 사랑의 기획」, 『인간환경미래』 12, 인제대학교 인간환경미래연구원. 2014. 33-61쪽.
5. 「그리움의 분노-하서 김인후의 통곡과 유소사」, 『한국인물사연구』 19, (사)한국인물사연구회, 2013. 145-177쪽.
6. 「고봉 기대승의 낙향과 삶으로서의 철학-비애의 정조를 넘어서」, 『한국인물사연구』 17, 한국인물사연구소, 2012. 155-185쪽.
7. 「웰에이징-노년의 삶에 대한 여헌 장현광의 성찰」, 『동양고전연구』 49, 동양고전학회, 2012. 109-136쪽.
8. 「낯설음과 낯익음의 경계-열하일기의 감성적 지평」, 유교사상문화연구 51, 한국유교학회, 2013. 203-230쪽.
9. 「영적인 몸-체험을 통한 세속적 삶의 성화」, 『철학연구』 36, 고려대학교 철학연구소. 2008. 345-373쪽.(손병석 외, 『동서 철학 심신가치론과 현대사회』, 한국학술정보, 2013. 383-412쪽 수록)
10. 「삶의 재정향을 위한 성찰과 실천」, 『율곡사상연구』 20, (사)율곡학회, 2010. 48-85쪽.
11. 「봉기의 동력에 대한 철학적 성찰」, 『감성연구』 7, 전남대학교 호남학연구원, 2013. 41-72쪽.

제1부 【감성과 유학】은 이 책의 서론에 해당하는 글이다. 여기에서는 감성연구의 현주소를 소개하고, 감성연구의 방법론을 통해서 전통시대의 유학이 어떤 의미를 확보할 수 있는가를 탐구했다.

제2부 【감성의 별자리】는 인간의 감정을 대표하는 슬픔, 분노, 사랑의 감성적 지평을 변화하는 별자리를 그리듯이 살펴보았다. 〈슬픔: 어디에서 오는가?〉는 신체화된 감정을 중심으로 슬픔의 메커니즘과 슬픔의 도덕화(의미화) 과정을 다루었다. 〈분노: 어떻게 작동하는가?〉는

분노를 역동적인 운동과 힘의 동역학적인 측면에서 조명하고, 분노가 어떻게 평정심이나 증오에 이르게 되는가를 탐구했다. 〈사랑: 무엇을 의미하는가?〉에서는 유학에서 사랑의 의미를 해명하고, 사랑을 도덕 감정으로 포섭하려는 유가철학적 기획을 다루었다.

제3부 【유학자의 감성세계】에서는 김인후, 기대승, 장현광, 박지원 등 조선시대 유학자의 일상에서 세계와 인간에 대한 이해 방식을 포착하여 그들의 경험적 감성세계를 다루었다. 〈그리움의 분노: 김인후의 통곡〉은 전통시대 군주와 신하 사이에 형성되었던 인정과 의리에 기반한 감성적 연대와 파국의 국면을 김인후와 인종을 통해 고찰했다. 〈낙향의 정조: 기대승의 비애〉는 상식적 정당성이 현실과 충돌하는 정의롭지 못한 상황에서 낙향을 선택할 수밖에 없었던 한 유학자의 참담한 심정心情을 기대승의 사례를 통해 탐구했다. 〈늙음의 새벽: 장현광의 노년〉은 제대로 늙는다는 것의 의미를 장현광이 제안하는 노인사업老人事業과 존도存道 개념을 통해 살펴보았다. 〈안팎의 사이: 박지원과 열하〉는 안과 밖을 동시에 포착하려 했던 박지원의 경계적 사유를 『열하일기』에 보이는 낯설음과 낯익음이라고 하는 겪음의 과정을 통해 고찰했다.

제4부 【감성의 재구성】은 감성적 세계를 넘어서 새로운 삶의 지평을 모색하려는 실천적 노력을 '지향적 삶의 추구'로 파악하고, 이것을 몸·영성·수양·사회적 실천의 측면에서 고찰했다. 〈몸과 체험: 세속적 삶의 성화〉에서는 우리의 몸은 영적이며, 이 몸의 영성을 회복하여 삶을 성화하려는 실천적 행위를 성리학과 동학의 두 측면에서 조명했다. 〈삶의 재정향: 일상과 세계에 대한 성찰〉은 우리가 살아가는 세계성에 대한 자각과 각성을 통해 부조리한 삶의 세계를 변혁하려는 주체적인 운동을 격몽擊蒙과 입지立志의 관점에서 탐구했다. 〈지향적 세계: 유토

피아를 향한 분투〉는 부재한 유토피아를 지금 여기에 구현하기 위한 삶의 분투로서의 감성동력이 집단적 역량으로 드러나는 측면을 봉기蜂起의 관점에서 살폈다.

정리하자면, 이 책은 감성과 유학에 대한 일반적 논의에서 시작하여, 신체화된 감정 이론에 근거하여 슬픔·분노·사랑의 감성적 층위를 조명한 후, 일상에 깃든 유학자들의 감성적인 결을 따라서 그들이 발견한 삶의 미학을 확인했고, 감성적 분투가 혁신을 통한 자기 정체성 회복과 변혁의 역량으로 전환되고 있음을 살폈다. 이 책은 결국 전일하게 세계를 파악할 수 있는 존재의 전회와 같은 수평적 초월horizontal transcendence의 계기적 순간이란 감성과 지성의 통합적 관점을 통해 발견되고, 이 과정에서 감성은 더 이상 사적인 영역에 머물지 않고 인간의 조건human condition을 재정위하는 동역학으로 기능한다고 주장한다.

4.

감성의 관점에서 익숙한 유학을 연구하는 것은 여전히 낯설다. 익숙함의 낯설음은 단순히 감성이나 유학에서 제안하는 개념이나 이론체계의 문제에서 비롯하는 것만은 아니다. 우리의 인식은 언제나 명확하고 분명한 듯하지만 그것은 언어 이전, 선언어적인 상태를 전제한다. 우리가 언어로 사유하고, 사유의 언어를 통해 개념을 창출하면서 의사소통 과정을 수행하는 행위의 기저에는 광범위한 인지적 무의식이 작동하고 있다. 인지적이면서 동시에 인지적 무의식이 작동하는 이 세계는 우리의 온-경험이 작동하는 세계이고, 그러한 과정에서 삶의 형식은 구성된다. 익숙한 것인데도 낯설게 인식하는 것은 그만큼 우리의 삶이 경험으로부터 분리되어 있다는 것을 의미한다.

유학의 감성을 연구하는 나의 시도는 삶을 경험으로부터 분리시키는 억압의 구조들을 해체하고 인간의 조건을 자연성의 층위에서 통합적 전체로써 파악할 수 있는 방법론을 모색하려는 것이다. 이것은 사유의 문제만이 아니라 삶을 경험의 일상적 세계로 되돌려 놓는 실천을 요구한다. 당연히 우리는 삶과 학술을 분리하려는 음험한 기도와 특정한 것들에 사로잡혀 가르기와 배제를 일상화한 사유의 폭력에 저항해야 한다.

이 책에서 탐색하고 있는 유학감성론은 사실 규범성과 개성의 결합이라는 근본적인 철학적 과제 영역을 향하고 있다. 이 미답의 철학적 과제를 풀어가기 위해서 유학감성론은 이성에 근거한 객관주의objectivism를 넘어서야 할 뿐만 아니라, 감성을 소환할 때 봉착하게 되는 정서주의emotivism의 한계 또한 극복해야 한다.

그러나 가야할 길은 멀고 귀착지는 어디가 될지 알 수 없다. 우리가 탐구해야 할 대상은 감성의 영역만도 아니고, 감성의 대척점에 있다고 상정되어온 이성의 영역만도 아니다. 다만 분명한 것은 감성과 이성으로 분할될 수 없는 온전한 삶의 세계, 곧 온-경험의 세계가 감성의 유학을 통해 탐구해야 할 영역이다. 유학이 표방하는 도덕규범의 형식과 내용을 감성이라는 개성적인 생활세계의 일상성과 어떻게 결합할 것인가? 횡단적transversal이며 상관적인 사유correlative thinking를 통해 감성과 유학의 지평을 혼성하는 철학적 기획이 필요한 이유가 바로 여기에 있다.

나는 2012년에 출간한 『동양적 사유는 어떻게 탄생했는가』라는 책을 통해서 리理와 기氣 개념에 용해되어 있는 유학적 사유와 감성의 질성을 탐색한 바 있다. 새로 묶여진 이 책에서는 리기 개념을 전혀 사용하지 않았지만 유학의 감성적 측면을 탐구한다는 점에서 선행연구의 연장선에 있다. 일견 전혀 다르게 보이는 두 방향의 연구가 동일한 한 면을 바라보는 방법이었음을 확인하게 된다. 유학의 감성에 대한 탐구는 개별적이고 상이한 것들의 나열이 아니라 절합articulation의 연결방식이 필요하다는 것을 보여준다.

이 책에서는 선행 연구에서 부분적으로 사용하였던 개념적 은유 이론이나 신체화된 마음 이론과 같은 낯선 사유방식을 광범위하게 적용하여 감성과 유학을 독해했다. 이 방법적 도구를 통해 유학자들의 삶을 재구성하는 작업을 시도한 것이다. 이 과정은 분명 낯선 것이었고 오류와 미해결의 과제를 동시 남겨주고 있다. 그렇지만 낯설음의 과정은 오히려 잊었던, 그리고 어쩌면 의식의 심연에 방치되었던 것들이 그림자 환등처럼 되살아 떠다니는, 잊힌 익숙한 것들의 재발견이기도 하였다. 텍스트에 묶여 낡고 볼품없어 보이던 오래된 것들이 새로운 얼굴로 되살아나는 순간이었다.

이 책을 통해 제기하는 유학감성론은 가본 적이 없는 모험의 길을 가는 것과 다르지 않다. 길을 나선 사람만이 길을 만든다. 갈 길이 먼 미답未踏의 길에 성좌星座를 그려나가는 이 연구가 누군가에게는 가지 않은 길을 갈 수 있는 무모하거나 혹은 명랑한 동력이 되길 희망한다.

2014년 5월 18일

봄날이 흐르는
무등을 바라보며
김경호 쓰다.

감사의 글

이 책이 나올 수 있게 된 계기적 순간은 아마도 2009년, 지금은 은퇴하신 전남대 강정채 교수님과의 대화에서 비롯되었는지도 모른다. 전남대 호남학연구원 인문한국교수로 발령받아 광주로 이주한 나에게 강 교수님은 특유의 어조로 소감이 어떠냐고 물었다. 캠퍼스의 오래된 플라타너스의 뿌리가 지표면을 뚫고 역동적으로 엉켜있는 광경에 감탄했었는데, 나는 그것으로 답을 대신했다. 강 교수님은, "은유를 하시네요!"하시면서 웃으셨다. 수사로의 은유가 아닌 삶으로서의 은유를 이 책을 통해 조금이나 대신할 수 있게 되었다.

이 책에서 제안하고 있는 유학감성론 혹은 유학적 감정론에 관한 사유에는 두 분의 선행연구에 의뢰한 점이 많다. 중앙대 철학과의 유권종 교수님은 유학의 마음 이론에 관심을 갖고 있던 나에게 유가철학의 도상에 대한 이해에서부터 구성주의와 인지과학, 신경생물학 등에 대한 논의를 전해주었다. 마뚜라나Humberto R. Maturana와 바렐라Francisco J. Varela, 데넷Daniel C. Dennett 등과 같은 이름이 각인된 것은 유 교수님의 영향이다.

또 한 분은 전남대 철학과의 노양진 교수님이다. 노 교수님의 선행연구는 몸-마음에 대한 관심에서부터 감성연구에 이르기까지 나에게 많은 영감을 주었다. 특히 2004년, 마크 존슨의 『마음 속의 몸』을 읽으면서, "몸을 마음 안으로 되돌려 놓는 것putting the body back into the mind"이라는 강렬한 주장은 신선한 자극이 되었다. 마크 존슨Mark Johnson, 죠지 레이코프George Lakoff, 질 포코니에Gilles Fauconnier, 마크 터너Mark Tunner 등과 같은 인지·언어철학자들을 만날 수 있었던 것은 노 교수님의 덕택이다.

그리고 이 책이 출간될 수 있도록 귀중한 조언을 아끼지 않은 몇 분께 감사드린다. 전남대 철학과의 양순자 교수님은 토론을 통하여 창의적인 아이디어를 제안하면서 영어권의 유학과 감성연구에 관한 자료를 제공해 주었다. 이향준 교수님은 이 책의 내용뿐만 아니라 북디자인의 세밀한 부분까지 검토해 주었고, 류근성, 장복동 교수님은 이 책의 이름을 정하는데 도움을 주셨다. 호남학연구원의 김창규, 최유준, 이영진 교수님은 이 책의 전체 목차와 구성에 대해 조언을 해주었다.

또한 나의 글을 읽고 유익한 논평을 해주었던 기명과 익명의 심사자들이 있었고, 호남학연구원의 김봉국, 주선희, 강소희, 최가진, 고성혜 연구원과 고려대 대학원의 박다진, 이세준 두 분은 학업과 연구를 병행하는 바쁜 와중에 교열하느라 애써 주셨다. 이 연구를 지속할 수 있게 지원을 아끼지 않은 전남대 호남학연구원과 동료 교수들께도 감사드린다.

2014년 3월 매화가 흩날리는 봄날에 수신된 한 통의 메일은 나를 '짠하게' 했다. 팔순을 바라보는 나의 은사이신 윤사순 선생님은 "사람이 꽃보다 아름답다는 말이 틀리지 않았다."는 글을 보내오셨다. 2013년 11월, 학술대회 발표를 위해 이 책의 제2부에 수록된 〈사랑: 무엇을 의미하는가?〉를 쓰고 있던 무렵 지서가 태어났고, 아이의 백일 즈음에 찍었던 몇 장의 사진을 선생님께 보내드렸었다. 나는 그 말씀의 맥락을 알기에 애잔하고 감사했다.

이 책이 탄생하게 된 사연을 돌아보니, 참 많은 인연들이 닿아 있다. 부모님을 비롯하여 함께했던 인연들께 감사드린다. 그리고 다른 무엇보다, 육아와 강의를 병행하는 사랑하는 아내 진희와 씩씩하게 잘 크고 있는 딸 지서에게 고맙고 미안하다. 내가 담담하게 살아갈 수 있는 이유를 주는 두 사람에게 이 책을 바친다.

차례

제1부

감성과 유학

감성, 감정, 정서

감성이란 낱말은 학계에서 논의하기 이전에 이미 사회일반에서 광범위하게 통용되고 있다. 인터넷 포탈에서 감성을 검색해보면 이와 관련된 무수한 조어를 확인할 수 있다. 이성과 대비되는 것으로 감성을 보는 시각이 일반적이며, 여기에 추가로 감성공학·감성지능·감성지수·감성마케팅·감성소비·감성디자인 등과 같은 새로운 신조어를 만나게 된다. 이것은 19세기 후반 일본의 니시 아마네西周(1829-1897)가 sentiment를 감성感性으로 번역하여 동아시아에 전파한지 100여 년이 흐른 뒤의 현상이다. 번역어로서의 감성은 이제 현대 한국인들의 일상에 깊이 침투하여 있다. 감성은 광고의 문구만큼이나 친숙하게 받아들여지고, 누구나 알고 있는 것으로 여겨진다.

그러나 '감성이란 무엇인가?'라고 묻는다면, 정작 대답할 사람은 그리 많지 않다. 감성이 무엇을 말하는지는 어렴풋하게 알겠는데 정확하게 그 개념이 정리되어 떠오르지 않기 때문이다. 어째서일까? 이러한 현상은 일상어로 착근되어 유통되고 있는 감성에 대한 친숙함과 막연한 이해에서 비롯한다.

우리는 감성이 정확하게 무엇을 말하는지 모르더라도, 상식적인 수준에서 감성이라는 용어가 감정感情이나 정서情緒와 거의 동일하게 사용되고, 감성·감정·정서 등은 이성과 비교할 때 반대의 영역을 지시한다는 것을 알고 있다. 국립국어원의 『표준국어대사전』은 이 같은 한국인들의 상식적인 언어 이해 수준을 잘 반영하고 있는데, 감정에 대해서는 "어떤 현상이나 일에 대하여 일어나는 마음이나 느끼는 기분"이라 기술하고, 정서에 대해서는 "사람의 마음에 일어나는 여러 가지 감정, 또는 감정을 불러일으키는 기분이나 분위기"로 정의하고 있다. 감성의 경우에도 "이성에 대응되는 개념으로, 외계의 대상을 오관으로 감각하고 지각하여 표상을 형성하는 인간의 인식 능력"이라고 하는 학술적 정의보다는 "자극이나 자극의 변화를 느끼는 성질"이라는 통속적인 의미가 더 일반적이다. 한국인의 일상적 언어생활에서 감정은 합리적이지 못한 즉각적인 기분이 표출된 부정적 어감을 가진다. 그래서 감정은 이보다는 순화된 특정한 기분이나 분위기를 의미하는 정서로 대체되었다가, 이제는 특정한 마음이나 느낌, 기분이나 분위기를 포괄하는 감성이 대세를 이루고 있다.

우리가 감성에 대해서 이처럼 막연하게 생각하는 것은 그 용어와 개념이 우리에게 없었던 수입된 것이라는 점이 한 원인이다. 우리말에서는 현재, 감성 · 감정 · 정서를 구분하고 있지만, 이 세 낱말은 하나의 단어와 연결된다. 우리는 현재 emotion을 감성 · 감정 · 정서로 번역하고 있다.[1] 이러한 사정은 이성과 다른 인간의 감성적인 측면에 대해 재발견하기 시작했던 18세기 서구에서도 유사하게 나타났었다.

18세기 영국의 경험론자인 흄David Hume(1711~1776)은 불어에서 차용한 sentiment를 emotion과 함께 혼용하였다. 이외에도 affect나 passion, perturbation 등이 당시에 통용되었다.[2] 칸트Immanuel Kant(1724~1804)는 대상을 받아들이는 인식능력의 하나로 감성Sinnlichkeit을 사용했다. 이외도 sensibility, sensitivity는 감성 혹은 감수성으로 번역되었으며, feeling의 경우에는 감정 · 느낌이라 번역되었다. 이처럼 감성과 관련한 용어의 다양함은 그와 관련한 개념적 의미를 명확하게 파악할 수 없게 만드는 요인이다.

감성과 관련된 용어와 개념의 복잡한 이력은 인간의 정신과 육체에 관련된 반응의 다채로움만큼이나 서양철학사의 긴 여정을 이룬다. 감성에 대한 시대적 함의와 의미의 변천은 그래서 '감성'에 대하여 쉽게 대답할 수 없게 만든다.[3]

소크라테스Socrates(BC 469~BC 399) 이래로 인간 행위의 보편적 기준을 정립하기 위한 탐색은 인간의 정신적 능력으로서의 이성을 전면에 내세우고, 인간의 욕망이나 충동과 같은 것은 인간의 감각적인 영역에 한정함으로써 감성 · 감정은 조절되거나 제거되어야 할 것으로 간주하였다.

플라톤Plato(BC 428~BC 348)은 인간 본성의 세 요소를 구분하면서 인간을 "하나는 검고 하나는 흰 두 필의 말을 한 사람의 몰이꾼이 몰고 가는 마차"에 비유하여 은유적으로 표현하고 있다.[4] 검은 말은 인간의 충동적인 욕정을 의미하고, 흰말은 기개, 몰이꾼은 이성을 의미한다. 상징적인 이 은유는 이성에 의한 감성 · 감정의 조절 · 통제를 의미한다.

이러한 전통은 아리스토텔레스Aristoteles(BC 384~BC 322)에 이르러서도 크게 달라지지 않는다. 비록 아리스토텔레스는 인간성을 정의하면서 충동과 욕망을 인정하지만, 그것을 이성의 지배를 받지 않는 불합리한 부분으로 파악하고 있다는 점에서 이성주의 전통은 지속된다.

이후 17세기에, 당시의 세상에서는 고독하고 불온했던 스피노자Baruch Spinoza(1632~1677)는 데카르트Descartes(1596~1650)의 심신이원론을 비판하면서 육체의 관념이 곧 정신이라고 하는 '마음과 몸'에 대한 일원적 관점을 제기하게 된다. 그는 감정이나 정서 혹은 정념으로 번역되는 affectus라는 용어를 통해 인간이 환경 속의 사물들과 교섭을 갖는 동안 주위로부터 닥쳐오는 자극의 힘에 의하여 영향을 받는 반응의 모든 방식을 설명한다.[5] 이것은 conatus라고 하는 자기 보존을 위한 노력과도 연결되는데, 스피노자는 인간본성에 대한 새로운 개념을 통해 선과 악, 자유와 구원 같은 개념을 감성·감정이나 생명의 조절 등과 연결시켰다.[6]

이전 시기와 다른 감성·감정에 대한 복권은 18세기 영국 경험론자들에 의해 주도된다. 이들은 도덕감moral sentiment의 문제를 철학적 주제로 다룬다. 잉글랜드와 스코틀랜드의 정치적 통합 과정에서 에딘버러를 중심으로 한 계몽주의자들은 산업혁명의 시기에 기존의 이성주의에 회의하게 된다. 이들은 개인의 합리적 사유와 인간의 감각 경험들을 중시하는 입장을 표명하게 되는데, 그 대표적인 인물이 흄이다.

흄은 샤프츠베리Shaftesbury(1671～1713), 허치슨Francis Hutcheson(1694～1747) 등 선배학자들이 주장했던 도덕감정의 계보를 잇고 있다. 그는 상상력을 강조하는 한편, 이성이 경험의 도움을 받지 않고서는 사실의 문제들에 관해서 어떤 추리도 끌어낼 수 없다는 입장을 취한다.[7] 따라서 그는 "이성은 오직 감정의 노예이며 노예여야만 한다. 그리고 이성은 감정들에 봉사하고 순종하는 일 이외의 다른 일이 없다" "모든 도덕성은 우리의 감정sentiment에 달려 있다."[8]라고 선언하게 된다.

흄과 교류하면서 자신의 도덕철학 체계를 정립하는 애덤 스미스Adam Smith(1723～1790)는 『도덕감정론The Theory of Moral Sentiment』을 통해 감정과 공감sympathy에 대한 흄의 논의를 계승하면서 재해석을 시도한다. 그는 '공정한 제3의 관찰자' 개념을 통해 타자를 이해하는 공감의 역할을 강조하면서 감성의 영역에 대하여 이전과 다른 관점에서 접근하게 된다.

감성과 관련한 용어의 다양함과 의미와 개념의 변천 과정은 감성에 대해 정의하기 어렵게 만든다. 이에 덧붙여 감성의 범주가 인간의 육체적 감각뿐만 아니라 느낌, 직관, 가치 등 정신 작용의 영역에까지 걸쳐 있기 때문에 감성은 학술 영역으로도 탐구하기가 쉽지 않다. 감성에 대한 최신 연구 경향은 '확장된 감성의 영역'을 잘 보여준다.

최근 감성연구 동향은 『Handbook of Emotion-3rd ed』[9]을 통해 확인할 수 있다. 이 책에는 전통적으로 감성의 문제를 다루었던 철학·심리학 분야 이외에 뇌과학·생물학·신경심리학·인지과학을 비롯하여 역사학·사회학·문학·음악·교육·문화 등의 다양한 학문분과의 관점을 담고 있으며, 건강과 치유 등의 영역을 다루고 있다. 이처럼 감성을 다루는 학문분야가 다양하다는 것은 그만큼 '감성의 문제'가 복잡다단하고, 또한 우리 시대의 주요한 삶의 문제로 다가서고 있음을 보여준다.

감성 문제를 해명하기 위한 이론 또한 다양하게 제시되고 있다. 로널드 드 수사Ronald de Sousa[10]는 우리시대에 진행되고 있는 주요한 감성이론과 경향을 정리하고 있다.[11] 그 내용을 살펴보면, 감성연구의 선구적인 역할을 했던 윌리엄 제임스William James에서부터 칼 랑게Carl G. Lange 그리고 스탠리 샥터Stanley Schacter, 제롬 싱어Jerome Singer, 안토니오 다마지오Antonio Damasio[12] 등이 다루었던 느낌 이론Feeling Theory, 인지이론Cognitivist Theories, 지각 이론Perceptual Theories과 감성과 지향적 대상에 관한 연구Emotions and Intentional Objects, 심리학적이고 진화론적 접근법에 의한 감성연구Psychological and Evolutionary Approaches, 의사소통과 관련한 감성 온톨로지 연구The Ontology of Emotions, 감성과 마음의 문제Emotions and the Topography of the Mind,

합리성과 감성의 문제Rationality and Emotions, 도덕과 감성의 문제Morality and Emotions, 감성과 자기 이해의 문제Emotions and Self-knowledge 등이다.

우리는 이와 같은 감성 이론과 연구 경향을 통해 감성연구의 난점과 함께 현재 감성연구의 방향성을 가늠할 수 있다. 특히 주목할 만한 것은 인지이론에서는 감성이 일종의 인식적 기능을 갖고 있으며,[13] 경우에 따라서는 신념과 욕망이 실린 판단이라고 인정한다. 진화론적 입장에서는 감성이 자기보존을 위한 생존의 한 방식이라고 이해하고 있으며, 도덕과 감성의 문제에서는 감성이 도덕적 삶에 기여한다고 본다. 또한 감성은 사려와 관련된 상황에서 합리성의 필수적인 틀을 제공한다고 본다.

이렇듯 현재 감성에 대한 연구와 이론은 감성을 각각의 영역으로 나누어 접근하고, 특정한 영역에서 타당한 설명을 시도하는 양상을 보여준다. 이것은 감성연구의 영역이 광범위한 만큼 그 이론도 복잡하고 탐구의 과정은 지난하다는 것을 의미한다.[14]

유학적 삶의 세계

감성에 대해서 부정적이었던 서양과 달리 동아시아의 전통철학, 특히 유가철학에서는 인간의 조건에서 비롯되는 음식남녀飮食男女와 같은 기본적인 욕구와 감정을 배제하지 않는다. 그러한 감성적 욕구는 인간에게 좋은 것好과 싫은 것惡을 구분할 수 있는 기본적인 반응이고, 대상에 대한 감응을 통하여 실천적인 도덕 원칙과 윤리적 행위 규범의 당위성을 모색하였다.

성聖스러운 속인俗人이었던 공자에 의해 집대성된 유학은 삶의 과정 그 자체the process of living itself[15]에 대한 기록이라고 할 수 있다. 그렇기 때문에 유학의 주무대는 빈번하게 접촉하는 일상적 삶의 세계[16]이며, 그 세계 속에 살아가는 인간과 그 인간이 맺고 있는 관계가 중요시된다. 그 관계성의 영역에서 서로가 공유하고 느끼는 감정은 그렇기 때문에 중요할 수밖에 없다. 공자의 인仁, 충忠, 서恕, 예禮 등의 개념뿐만 아니라 맹자의 의義 또한 사람의 관계와 정서적 연대감을 바탕으로 성립한 개념들이다. 이렇게 보면 유학적 감성세계에서는 자신의 감정을 어떻게 발산할 것이며, 어떻게 조절하여 타인과 조화를 이루며 살아갈 것인가가 관건이다.

유학의 감성세계를 다루는 이 글에서는 인간이 대상과 접촉하고 관계를 맺는 과정에서 발생하는 감정과 정서, 느낌을 감성의 영역으로 다룬다. 『예기』에서는 "사람이 태어나서는 고요하니 이것은 하늘의 성이다. 외물에 느끼어感 움직임이 있는 것動은 본성性의 욕구欲이다. 외물이 이르러 지각이 작동한 연후에 호오好惡의 감정이 드러난다."[17]라고 하여 유학적 감성의 일단을 보여주고 있다. 유학적 세계관에서 인간은 우주자연의 일부이다. 인간은 바로 우주자연의 생명성을 근거로 하여 탄생한다. 그렇기 때문에 인간은 우주자연을 상징하는 하늘의 본성을 갖게 된다고 본다. 이러한 인간은 외물에 접촉함感으로써 감각이 자극되고, 그 자극으로 인하여 반응應을 보이게 되며, 이때 좋아하고好 싫어하는惡 감정이 드러나게 된다.

유학의 감성세계는 사람과 사람의 관계뿐만이 아니라, 사물의 세계에까지 확대 적용된다. 사람과 사람뿐만이 아니라 사물과의 만남의 접속을 통해 일정한 감정과 정서적 느낌이 파생되고, 또한 그 감응感應의 기운이 상호 교류한다고 본다. 유학적 감성세계에서 사람과 사람의 만남은, 관계를 통해 정서와 감정이 교류되듯이 사람과 사물 또한 접촉을 통해서 감정이 일어나게 되고, 타자로서의 외물로부터 얻은 느낌에 대하여 일정한 감성의 대응이 나타나게 된다는 것이다.

이러한 측면에서 공자는 타자로서의 외물에 대해서도 정서적이면서도 감정적인 교류를 할 수 있는 감성적 인간, 곧 예민한 감성의 소유자를 중히 여긴다. 공자가 기수음영沂水吟詠하고자 하는 증점曾點을 높이 평가하는 것은 이와 같은 이유에서이다. 증점은 "늦은 봄날 봄옷이 마련되면, 벗들과 동자들을 데리고 기수沂水에서 목욕하고 무우舞雩에서 바람 쐬다 시를 읊조리며 돌아오리라."[18]라고 자신의 심경을 말한다. 이러한 제자를 보고서 공자는 "나는 그대(증점)와 같이 하겠노라."[19]라고 한다. 공자는 증점의 쇄락한 감성적 세계를 높이 칭찬한다.

이처럼 개인과 개인, 개인의 확장으로서 사회적 관계망을 중요시했던 유학의 전통은 감성적 교류를 통해 드러나게 되는 공감共感·sympathy을 중시하게 된다. 공감은 본래적 느낌 속에서 타자를 이해하고 받아들이는 것이다. 이 공감은 타인에 대한 체험의 형태이기도 하다.[20] 유학적 감성세계에서 인간은 고립된 존재가 아니라 타자와 서로 의존하면서 살아가는 존재이다. 내가 속해 있는 사회적 관계의 그물망뿐만 아니라 타자로서의 삶의 제 조건인 환경까지도 단순한 이해 관계를 넘어서 정서적 연대를 이룬다. 곧 공감의 세계를 형성해 가는 호혜적인 평등의 관계이자 사랑의 관계이다.

상호 연대를 통해 생명활동이 지속되는 만큼 모든 존재자는 생명성을 공유하는 존재로 파악된다. 부모의 죽음을 애도하는 최소한의 시간

(3년)을 설정하고 있는 것도 이와 같은 맥락에서 나온 것이다.[21] 나에게 생명과 삶의 터전으로서 문화를 전해 준 부모의 조건 없는 헌신과 사랑에 대한 감사와 존경은 그래서 인륜성의 근본인 효孝의 감성으로 나타나게 된다.

지조와 절개를 강조하던 유학자들도 의리를 중시하지만 그들은 또한 예민한 감성에 기초한 인정人情의 구현자들이다. 이들은 행위와 언어활동의 이면에 유학적 감성이 개입한다고 보았기 때문에 오늘날의 우리가 말하고 있는 이성적 합리성과 같은 것만을 고집하지는 않았다. 이러한 점에서 인간의 기질氣質이 갖는 한계를 극복하고 덕성의 가치를 확대하고자 했던 교육 분야는 특히 감성적 측면을 중시하게 된다. 유학자들은 교육에 있어서 정서의 측면과 의리의 측면을 병행하고자 하였다.[22] 그들의 모든 정치적 행위 또한 인정人情에 기반하여 실행되었고, 그러한 점에서 힘과 폭력에 의한 통치보다는 덕치德治·예치禮治를 중시하였다.

유학의 세계에서 인간을 바라보는 시각은 정서와 감정을 바탕으로 합리적인 판단을 도출할 수 있는 균형잡힌 감성적 인간형이라고 할 수 있다. 자연스런 정서와 감정이 표출되는 유학적 감성세계는 바로 인간의 본성에 근거하여 마음이 드러나는 것과 다르지 않다性發爲情. 이러한 조건하에서 도덕감정을 공유할 수 있는 능력이 바로 공감이다. 유학에서는 우리 인간에게 공감할 수 있는 능력이 선천적으로 주어져 있다고 본다. 그것이 역지사지易地思之할 수 있는 공감 능력이다.[23] 이렇기 때문에 유학적 감성세계는 인간의 본성性과 마음心 그리고 감정情의 복합적이고 유기적인 관계성을 통해 나 자신과 세계를 이해하는 틀이라고 할 수 있다.

유학적 감성의 원형

공자는 자연생명과 기운을 교감하면서 예민하게 감흥을 내면화시킬 줄 아는 감성적인 인물이다. 그러나 공자는 그러한 시詩적 감흥興이 넘치지 않게 예禮로 조절하고, 궁극적으로 조화로움의 즐거움樂을 추구한다. 그러한 공자의 입장이 잘 표현된 것이 다음과 같은 글이다.

> 시詩에서 흥기하고, 예禮에 서며, 악樂에서 완성한다.[24]

시는 인간의 성정, 곧 마음의 상태에 따라 표현되는 것이어서 경우에 따라서는 사특하기도 하고 바르기도 하다. 하지만 시는 기본적으로 착한 것을 좋아하고 나쁜 것을 싫어하는 마음을 드러내는 것이다. 시를 읊는 과정에서 전달되는 발화자의 감성은 타자의 마음을 감동시키게 되며, 선한 마음을 지속할 수 있도록 감성을 흥기한다. 이 때문에 공자는 『논어』의 「위정」에서 "『시경』 삼백 편을 한마디로 평가하면 '생각에 사악함이 없다'는 것이다."[25]라고 한다. 생각에 사악함이 없다는 것은 다름아닌 진실성을 의미한다. 진실한 마음이 곧 시로 드러난다는 것이다.

공자가 『시경』을 예로 드는 것은 『시경』의 세계가 인간의 소박한 감정의 세계를 압축적으로 보여주고, 그러한 점에서 도덕감정의 선함을 잘 보여주고 있다고 판단했기 때문이다. 공자는 시詩를 통해 표상된 인간의 감정과 정서, 느낌의 순수성을 특히나 강조한다. 『논어』의 「팔일」에서 공자는 〈관저關雎〉에 대해 "『시경』의 〈관저〉 편은 즐거우면서도 지나치지 않고樂而不淫 슬프면서도 몸과 마음을 상하게 하지 않는다

哀而不傷."[26]고 한다. 관저는 물수리에게서 보이는 사랑의 감성을 표현한 것인데, 여기서 표현된 시의 아름다움은 지나치지도, 모자람도 없는 감정을 드러내고 있음을 보여준다. 이렇듯 시를 짓고 읊는 과정에서 나타나는 감흥은 도덕감정의 흥기로 이어진다.

공자는 감정의 자연스러운 발로를 긍정하면서도, 또한 동시에 지나침과 모자람을 경계한다. 그렇게 경계하는 이유는 지나침과 모자람으로 인하여 인간적 감성이 파괴될 수 있다고 보기 때문이다. 인간의 감성세계에 대한 조절을 공자는 예와 악을 통해 가르침으로써 중中과 화和라고 하는 최적의 감성적 경지를 제시하고자 하였다.

변화무쌍한 인간관계는 인간의 다양한 감성적 상태만큼 가변적이다. 공자는 관계의 가변성을 예를 통해 새로운 층위로 정립하고자 한다. 인간의 감정은 자연스럽게 발출하는 것으로 선善과 악惡이라는 가치의 준거로 재단될 수는 없는 성질의 것이다. 감정의 발현은 지나치게 되거나 모자라게 될 경우, 욕망의 과다함과 결핍 그리고 집착이라는 왜곡된 형태로 나타나서 문제가 될 수 있다. 그러할 경우 자신의 삶뿐만 아니라 타자의 삶이나 생명까지 위협할 수 있기 때문에 경계의 대상이다. 감정 표현의 지나침을 경계하고 조절의 필요성이 제기되면서 강조되는 것이 예이다.

허버트 핑가렛Herbert Fingarette은 예禮를 하나의 패턴pattern으로 규정하고 있는데,[27] 예는 인간의 근본적인 덕성으로 여겨졌던 인仁을 근거로 성립한다. 원초적 규범의식이 인문적 세계 속에서 하나의 유형으로 자리 잡는 것이 예이다. 예의 기원은 예의 자형에서도 확인할 수 있다. 예라는 글자는 시示와 풍豊이 결합된 것이다. 여기서 시示는 타자의 시선이고, 풍豊은 제기豆 위에 한 해에 수확된 산물이 놓여 있는 상태를 형상화 한 것으로 원래의 자형은 풍豐이다. 곧 한 해 동안 수고로운 노동을 통해서 자연에서 획득한 산물을 진설해 놓고 자신의 조상신인 혼령에게 보여주는 것이다.

제사의 행위는 인간이 내일로 상징되는 불가지한 세계에 대한 두려움과 공포를 극복하고 해소하기 위한 의례적 과정을 보여준다. 이 의례적 과정에 동참함으로써 인간은 현재의 존재로부터 내일의 존재로 거듭나게 되고, 또한 자신의 생명성이 과거의 조상들에게 연장되어 있음을 통해서 영원한 생명성을 획득하게 된다.

의례의 과정은 새롭게 만들어가는 전통의 한 단면이다. 이 지점에서 제사祭祀라고 하는 개인적 의식의 차원은 관계적 확대의 과정을 통해 공동의 규범의식으로 자리 잡고, 나아가 예의 절목이 된다. 제사를 통한 인간 감성의 경건함과 영원한 생명에 대한 인간적 열망의 결합이 예를 통해 개인과 사회의 규범의식으로 재생산되는 것이다. 유학적 감성세계에서 예가 중시되는 이유도 바로 여기에 있다.

예의 세분화된 절목은 시대와 공간에 따라 변할 수 있지만, 예 실행의 근거인 인仁의 덕성은 변화하지 않는다. 따라서 공자는 "자신의 욕망을 극복하여 예로 돌아가는 것이 인을 실현하는 것"[28]이라고 한다. 이렇게 본다면, 예는 세속화된 세계의 다양한 감성적 층위를 조절하여 인仁이라고 하는 근원적 도덕성과 그 원리성理을 실현하려는 것이며, 그러한 점에서 예는 인간이 마땅히 실현해 가야할 도리當然之理다. 도덕감정의 윤리적 실천까지도 관여하게 되는 예의식은 성숙한 도덕성을 실현해가는 과정인 셈이다.

인간의 감정과 정서와 느낌을 직접적으로 드러내는 또다른 양식이 음악이다. 이 악樂의 형태는 단순히 음악만을 지칭하는 것이 아니라

시와 노래 그리고 춤까지도 포함하며, 마음에 바탕을 둔다. 고양된 감흥을 통하여 마음 속에 자리한 인仁의 도덕감정을 음률에 실어서 드러내는 것은 그 자체가 기쁨이 아닐 수 없다. 숭고한 아름다움까지도 느끼게 하는 전율스런 기쁨의 감성은 방만하게 흐르지 않고 음악의 선율에 따라 조절되고, 감동은 더욱 배가되어 즐거움의 상태를 지속하게 된다. 악樂을 즐기는 상태는 기쁨의 단계를 넘어서 희열樂의 세계로 진입하고 중화中和를 이루게 된다. 따라서 공자는 음악으로 표현된 인간의 원초적 감정의 상태를 중요한 감성적 요소로 파악한다.

공자에게 있어 악樂은 인간의 몸으로 표현된 감성의 또다른 표현태라고 할 수 있다. 음악에서 드러나는 조화로움은 공자의 감성적 원천인 인仁을 드러내는 예술적 승화의 한 경지이다. 서복관은 이와 같은 공자의 음악관을 해석하면서, "음악에서 이룬다成於樂"는 것을 '원만한 융합'이라고 보고, "도덕仁과 생리적 욕망의 원만한 융합 가운데서 인에 대한 표준 또는 규범을 만들어 놓고 추구해 가는 것이 아니라 정서 속에서 향유하는 것"이 "바로 쾌락의 즐거움"이며 이 과정은 곧 어진 사람仁人이 되는 것이라고 설명한다.[29]

유학적 감성의 결들

아버지를 고발한 아들

유학의 감성적 세계를 이해할 수 있는 민감한 주제 가운데 하나는 정의正義와 도덕道德의 문제이다. 공공의 안녕과 질서를 유지하기 위해서는 사회적인 규제 장치로서 법이 필요하다. 다음의 사례는 아버지가 법률을 위반했을 때 고발하는 것이 정당한가를 묻는다. 이 물음의 제기는 사회적 정의를 실현하는 문제와 도덕판단의 기준이 과연 무엇이며, 이러한 상황에서 도덕적 감성은 어떠한 역할을 하는가를 생각하게 한다.

> 섭공이 공자에게 말하였다. "우리 마을에는 매우 정직한 사람이 있는데, 그는 아버지가 양을 훔치자 그 사실을 고발했습니다." 공자가 말하였다. "우리 마을의 정직한 사람은 이와 다릅니다. 아버지는 아들을 숨겨주고, 아들은 아버지를 숨겨줍니다. 그 가운데 정직함이 있습니다."[30]

섭공은 자신이 다스리는 마을에서 아들이 아버지를 고발한 사건을 공자에게 전하면서, 그 사건에 대한 판단을 묻는다. 섭공은 이미 아버지를 고발한 아들에 대해 정직한 자라고 하는 판단을 내린 상태였다. 이미 자신이 판결을 내렸음에도 섭공은 어째서 그 결정에 대해 공자에게 물은 것일까? 이 예화를 살피기 전에 섭공과 공자의 또다른 대화를 살펴보자.

섭공은 공자에게 정치에 대해 가르침을 청하는데, 공자는 "가까운 데서는 기뻐하고, 먼 데서는 오는 것입니다."[31]라고 답한다. 이 말은 좋은 정치를 실현하면, 가까이 사는 백성들이 기뻐하게 되고, 그 소문이 퍼져나가 다른 곳에 있는 사람들이 듣고는 자연스럽게 몰려들게 된다는 의미이다. 그렇다면 좋은 정치는 무엇인가? 공자는 '다스리는 것政을 바르게 하는 것正'이라고 해석한다. 인위적 법률에 의한 통치가 아니라 사람의 마음을 바르게 만드는 덕에 의한 정치, 곧 인치仁治 · 덕치

德治이다. 도덕적 감화를 우선으로 하라는 것이다.

이러한 맥락에서 본다면, 부자간의 관계를 고려하지 않고 아버지를 고발한 아들을 법률에 의거하여 정직한 자라고 판단한 섭공의 결정은 공자로서는 받아들이기 어렵다. 그것은 인치仁治가 아니라 법대로 처리한 법치法治이기 때문이다. 공자가 "우리 마을에 정직한 사람은 이와 다르다"고 한 것은 바로 섭공에 대한 도덕적 비난이다. 공자는 아버지를 고발한 아들도 비판한다. 왜냐하면 그 아들은 효성스럽지도 않고, 인仁을 행하는 사람이 아니기 때문이다. 공자의 제자인 유자도 "그 사람됨이 효성스럽고 공경스러우면서 윗사람을 범하기를 좋아하는 사람은 드물다… 효성스럽고 공경스러운 것은 그 인을 행하는 근본이다."[32] 고 말한다. 또한 공자는 인仁을 '사람을 사랑하는 것愛人'[33]이라고 한다. 공자의 인仁은 가장 가까운 사람부터 미루어가는 사랑親親이며, 그것은 부모와 자식의 관계로부터 비롯한다.

아버지를 고발한 아들의 행위는 사회적 정의를 실현해야 한다는 의무론적 당위성을 획득하기 이전에, 가장 가까운 부모 자식간의 도리라고 하는 인륜적 가치질서에 위배된다. 그렇기 때문에 도덕적 관점에서 본다면 당연히 정직하다고 할 수 없다는 것이 공자의 입장이다. 공자는 정직함이란 정의에 부합하는 태도이고 또 법률적 판단에 의해서 정당성을 부여받아야 하는 것은 인정하지만, 그러나 근본적으로 사랑의 원리요 마음의 덕인 인仁의 도덕감정에 입각하여 판단되는 것임을 말한다.

아버지를 고발한 유사한 사례를 플라톤의 기록에서 찾아 볼 수 있다. 젊은 귀족 에우티프론은 그의 아버지가 집안의 노예 한 사람을 심하게 벌주다가 그 노예를 죽음에 이르게 하였다는 사실을 알게 되어 자신의 시민적 양심에 따라 사건의 전말을 고발하게 된다. 이 때 마침, 소크라테스는 자신에 대한 고발장이 접수된 법정으로 출두하다 아버지를 고발하고 나오던 에우티프론과 마주치고, 두 사람 사이에 아버지를 고발한 것이 신에 뜻에 합당한가에 대한 대화가 벌어진다.[34] 소크라테스는 아테네 법에 따르면 살해당한 사람의 친척만이 살인 혐의를 고소할 수 있는데, 친척도 아닌 사람이 자신의 아버지를 고발했다는 것에 의문을 표시하며, 에우티프론이 말하는 경건함에 대하여 대화한다.

소크라테스는 대화를 통해 에우티프론이 말하는 경건함의 다양한 사례가 아니라 경건함 대한 정의定義를 내릴 것을 요구한다. 소크라테스가 경건함에 대해 에우티프론에게 묻는 것은 도덕판단의 근거가 무엇인지를 스스로 자각케 하기 위함이었다. 에우티프론은 아버지를 고발함으로써 건전한 아테네의 시민의 일원으로서의 정당성을 확보하고 또한 종교적인 경건성을 확인하고자 하였지만, 결국 소크라테스에게 논파당하고 자리를 피하게 된다.

아버지를 고발한 두 사례는 동양과 서양의 고대사회에서 법 감정의 한 단면을 보여준다. 이 사건에 공자와 소크라테스가 관련되어 있어 더욱 흥미로운 주제이다. 두 사례는 일견 친족과 관련된 사건을 처리함에 있어 법률적 정당성이 우선하는가 아니면 인륜적 가치가 우선하는가를 묻는 듯 하다. 공자의 경우에는 법률적 처벌이라는 사회적 정의 실현이라는 것도 인륜성보다는 우선시 될 수 없다는 것을 보여준다. 소크라테스의 경우, 에우티프론이 보여준 행위의 정당성 여부를 '경건함의 정의 과정'을 통해 논파하고 있지만, 아버지를 고발한 행위에 대한 판단은 명확하지 않다. 그러나 소크라테스는 자신의 정당성을 경건함에서 구하고 있는 에우티프론을 논박함으써 아버지 고발의 부당성을 간접적으로 비난하고 있음은 엿볼 수 있다.

두 사건이 어찌 처리되었는지는 더 이상의 기록이 없으므로 분명하게 알 수는 없다. 추측컨대 아버지를 고발한 동양의 아들은 사회적인 비난에 직면했을 듯하다. 비록 섭공에게는 정직하다고 평가받았지만, 그가 속한 공동체의 사람들은 윤리적인 측면에서 비난을 했을 것이다. 그렇다면 에우티프론은 어떠했을까? 그는 가족 친지들의 비난에도 불구하고, 자신의 행위에 대한 정당성을 신 앞에서의 경건함에서 구하고자 하였기 때문에 사회적 비난은 문제가 되지 않았을 것이다.[35] 아버지를 고발한 아들의 두 사례는 동양과 서양의 법 감정 혹은 사법적 정의 문제와 그 판단 근거로써 감성의 한 단면을 엿 보게 한다.

타인의 고통과 공감

우리는 과연 타인의 고통을 받아들일 수 있는가? 받아들일 수 있다면, 그것은 어떻게 가능한가? 폴 에크먼Paul Ekman은 학습되지 않는 감정[36]들을 기본 감정basic emotion이라 분류하는데, 고통의 감정은 기쁨·분노·공포·놀람·혐오 등과 함께 인간의 기본적 감정에 속한다. 이 기본적 감정은 고등한 인지적 감정higher cognitive emotions인 사랑·죄책감·수치·당황함·자부심·질투·시기심과 달리 보편적이고 본유적인 감정으로 분류된다.[37] 고통이 본유적이라는 것은 누구나가 느낄 수 있는 감정이라는 것을 의미하지만, 그러나 그것을 '받아들인다'고 하는 것은 인지적이면서 동시에 정서적인 면을 포함한다.

우리는 과연 어떻게 타자를 이해할 수 있는가? 우리는 감정과 느낌을 통해 타자를 이해하고 받아들이는 공감의 사례를 『맹자』에서 찾아

볼 수 있다.

> 맹자가 말하였다. "지금 어떤 사람이 갑자기 어린아이가 우물로 빠지려는 것을 보고 모두 깜짝 놀라고, 측은해 하는 마음을 갖게 되는데, 이것은 어린아이의 부모와 교분을 맺으려고 해서가 아니며, 향당과 벗들에게 명예를 구해서도 아니며, 비난의 소리를 싫어해서도 아니다."

맹자는 자기와 사적인 관계를 맺고 있지 않는 타자에 대해서 우리가 어떻게 공감할 수 있고, 이 과정에서 도덕감정이 어떻게 작동하는지를 해명하고자 한다. 맹자는 이 논의를 통하여 타자를 받아들일 수 있는 능력이 대다수의 인간에게는 '본래적으로 있다'는 것을 제기하고자 한다. 공감은 동정심이나 연민 등과 같은 감정을 일으키기 위한 작동 원리 또는 힘power으로 그 자체가 하나의 도덕감정은 아니다. 이에 비하여 동정심과 연민은 타자의 고통이나 불행에 대해 같이 그 고통과 불행을 느낌으로써 갖게 되는 도덕적인 감정이다.

맹자는 타자가 위험한 상황에 처했을 때, 우리가 어째서 '땀이 송글송글 맺히도록', '놀라고', '두려워'하는 급격한 감성적 변화를 겪는지 설명한다. 이것은 달리 말하면, 타인의 고통에 직면하여 우리는 어떻게 공감할 수 있는지를 묻는 것이다. 타인의 고통을 이해한다는 것은 상상력에 의해 나의 감성이 타자에게 투사되어, 다시 말하면 타자의 감성이 이입empathy되어 역지사지易地思之할 경우에 가능하다.[38]

맹자는 위급한 상황에서 타자의 느낌을 함께 공감하면서 감염된 것과 같은 감성적 변화를 불러일으키는 원인이 외부에 있지 않다고 한다. 즉 위급한 상황에서 고통을 받게 될 자를 구원하려는 의지가 발동하거나 감성의 변화를 일으키는 것은 그 과정을 통해 얻을 이득을 고려한 것이 아니라 인간이 가진 본래적 도덕감정에 의한 것이다. 맹자는 그 것을 '차마 어찌하지 못하는 마음不忍人之心'이라고 표현한다.[39] 불인인지심은 이미 상황에 대한 판단을 통해서 어찌하지 못하는 정서적 표현까지도 포함한다. 이것은 '측은히 여기는 마음惻隱之心'과 다르지 않다. 왜냐하면 불인인지심이나 측은지심은 내면의 도덕성에 기원한 진실한 마음眞心의 표현이 드러난 것이기 때문이다.

맹자는 이러한 도덕감정을 본래적인 것으로 파악한다. 측은지심과 같은 감정은 도덕감정을 확인할 수 있는 단서이고, 이러한 도덕감정은 인간에게 본유되어 있는 근원적인 도덕성, 곧 인의예지와 같은 덕성에 근거한다고 본다. 이와 같은 덕이 인간의 본성을 이루고 있다고 보는 것이 맹자의 입장이며, 그러한 점에서 인간본성의 선함을 증명하고자 한다. 그렇지만 맹자는 인간본성의 선함이라고 하는 본래적인 도덕성은 직접적으로 확인할 수 없으며, 또한 아주 미미한 것幾希임을 동시에 밝힌다. 때문에 맹자는 타자와의 관계성 속에서, 타자와 공감의 과정을 통해서 드러나게 되는 도덕성은 잘 간직해야 할뿐만 아니라 적극적으로 넓혀가야 한다擴充는 의지적 실천을 강조한다.

타자의 고통에 대해 공감하며 연민의 감정을 느끼는 경우는 애덤 스미스의 『도덕감정론』에서도 발견된다.[40] 그는 감정을 도덕성과 연결시키면서 인간본성에는 연민의 도덕감정이 있다고 본다.[41] 서구의 지적 전통에서 공감을 중시하는 입장은 개인적 가치와 독립성을 중시하는 스코틀랜드의 계몽주의자들에게서 나타난다. 공감을 중시한다는 것은 이성에 의해 은폐되었던 감성적 측면의 복원을 의미한다. 그 대표자가 데이비드 흄과 스미스이다. 애덤 스미스가 평생 존경해 마지 않았던 흄은 오늘날 우리가 사용하는 감성 혹은 감정이라고 번역되는 sentiment, emotion이라는 단어를 사용하면서 이성에 대한 감성의 복권을 선언한다. 이러한 흐름은 스미스에게로 이어진다. 사실 스미스의 감정론에서 구사되는 공감이나 도덕감정에 대한 주요한 개념들은 이미 흄을 비롯한 도덕감파에서 제기된 것이었다. 스미스는 그러한 유산을 계승·비판하면서 자신의 도덕철학을 정립한다.

애덤 스미스는 타자의 고통을 느끼게 되는 원천을 다음과 같이 설명한다.

> 우리가 타인의 고통에 대하여 동류의식[fellow-feeling]을 느끼게 되는 원천은 바로 이것이다. 상상을 통해 고통을 받는 자와 입장을 바꿔봄으로써 우리는 고통을 받은 자가 느끼는 것을 느낄 수 있거나 또는 그가 느끼는 것에 의해 영향을 받을 수 있다.[42]

스미스는 상상을 통해 고통받는 자와 입장을 바꿔봄으로써 동류의식이 형성되고 타자를 이해할 수 있게 된다고 말한다. 이는 맹자가 우물에 빠지려는 아이를 보고, 그 고통에 동참할 수 있는 방식과 다르지 않다. 그러나 스미스는 죽은 자들과도 공감을 한다고 하지만, 정작 그의 공감은 타자의 고통을 온전히 체험하는 방식이 아니라 관찰자적 입장, 곧 제3자의 시선에 머물고 있다는 한계를 보여준다.

이러한 점은 맹자가 불인인지심을 통해 타자의 고통에 적극적으로 다가 서서, 그러한 고통을 자기화 혹은 동일시하여 파악하려는 입장과는 거리가 있다. 즉 맹자의 경우, 공감이 진실한 마음에서 우러나는 것, 곧 도덕감정이라고 할 수 있는 반면, 스미스의 공감은 적극적 개입이 아닌 일정한 거리두기를 하고 있다는 점에서 차이가 있다. 이점에서 스미스의 관찰자 혹은 관망자가 파악하려는 것은 타인의 고통 그 자체라기 보다는 타인의 고통을 어떻게 응시해야 할 것인가에 머문다.[43] 이것은 공감과 관망의 "얽히고 설킨 응시의 관계망"에 불과하다.[44]

이렇게 본다면, 맹자와 스미스는 동일한 공감이라는 도덕적 감성의 근거를 갖고 있지만, 공감이 갖는 도덕감은 차이가 있음이 드러난다. 그 차이는 무엇일까? 맹자의 공감이 갖는 감성적 뿌리는 인간의 본래적 선함이라는 도덕적 본성에 근거하지만, 스미스의 공감은 그것이 본래적이기는 하여도 도덕적 본성에 근거한다고 보기는 어렵다. 이런 차이는 맹자가 감성적 도덕론의 입장이라고 한다면 스미스는 합리적 도덕론의 입장에 기대고 있기 때문이다. 감성의 결이 다른 것이다.

배려와 활물의 감성

유학에서 말하는 인간은 성명性命의 근원적 덕성을 소유한 존재임과 동시에 형기形氣의 육체적 존재이다. 인간은 도덕의 근거인 성명을 본래적으로 갖고 있다는 점에서 도덕적 존재이기도 하지만, 육체성을 표현하는 형기를 통해 생리적 욕구와 감성을 드러낸다는 점에서 감성적 존재이다. 가치론적으로는 도덕감정의 근거인 성명을 강조하지만, 그렇다고 육체성에서 비롯하는 생물학적 욕구나 본능적인 감정을 부정하지는 않는다. 유학에서는 육체성으로부터 비롯하는 식색食色과 음식남녀飮食男女와 같은 생리적 욕구와 희노애락과 같은 감정을 인정한다.[45]

현실의 공자가 살아갔던 감성세계는 욕구와 본능적인 감정이 분출하는 생생한 세계이다. 공자는 이러한 세계에서 인仁이라고 하는 근원적 덕성을 실현하고자 하는 것이다. 공자에 의하면 인은 "자신의 욕망을 극복하여 예에 합치하도록 함克己復禮"[46]으로써 이루어진다. 하지만 인 그 자체의 특성은 사람을 사랑하는 것 즉 애인愛人[47]이다. 인의 자형이 두 사람人人을 형상화하고 있다는 점에서 인은 사람과 사람 사이에서 느껴지는 근본적인 감성이 된다. 이러한 공자의 인에 관한 언급은 일이관지一以貫之로 설명된다.[48]

그 '하나'라고 하는 전체대용인 인仁을 실현하는 과정적 방법이 충서忠恕이다. 여기서 충은 진기지위충盡己之謂忠이란 의미로, 다른 무엇도 아닌 자기 자신의 본래성을 모두 실현하고자 하는 태도이다. 이러한 점에서 충은 진실, 신뢰의 신信과도 만나게 된다. 서恕는 보다 구체화된 태도로써 타자에 대한 배려를 포함한다. 즉 서恕는 "내가 하고 싶지 않은 것은 남에게 시키지 말며",[49] "내가 하고 싶은 것은 남에게도 하도록 하는 태도"를 말한다.[50] 다시 말해, 나의 하고 싶어함이나 싫어함의 성향을 미루어推己 타자에게 호의적 배려가 미치게 함及人으로써 그 사랑의 심정心情을 실천하는 것이 서恕의 태도이다.

이처럼 인을 실현하는 충서의 실천적 방법은 인간 상호간의 공동적 존립을 추구하면서 공영을 이루려고 하는 유학적 이상을 확연히 보여준다. 즉 서恕에는 타자와 나의 공존共存 공생共生의 의지가 내함되어 있다. 자기 자신의 본래적 진면목을 모두 구현하려는 주체적 진실성과 타자에 대한 호의적 배려 두 덕목은 유학적 감성세계를 추동하는 근거이기도 하다.

맹자도 공자와 마찬가지로 생리적 욕구를 인정하지만, 인간에게는 생리적 욕구 충동과는 또다른 선택의 가능성 또한 잠재하고 있다고 한다. 또다른 선택이란 도덕적 선택으로 도덕감정의 측면이다. 맹자에 의하면 도덕감정을 가능케 하는 인간적 근거는 생리적 특성에 비하여 매우 희박하다. 이를 기희幾希라고 하는데, 이것이 잠재적 가능성의 단서端이다. 기희幾希의 희박한 근거인 사단四端을 넓혀 가고 충만하게 하는 과정을 통해서 인간은 금수와 다른 새로운 유적 존재로 거듭날 수도 있게 된다. 인간이 식색에 얽매이는 욕구적인 존재에 머물지 않고 군자와 같은 도덕이상의 감성적 인간이 될 수 있는 것도 바로 이 지점이며, 이 도덕적 감성을 맹자는 인간의 본래적인 특성으로 파악한다.

비록 인간이 금수와는 다른 인간다움을 실현할 가능적 근거는 미약하다고 할지라도, 이러한 유학적 인간이 지닌 감성의 세계는 우주자연의 운행 법칙, 곧 이법理과 다르지 않다는 것이 근본 입장이다. 여기서 우주자연의 세계는 생명의 세계를 의미한다. 이 감성의 세계는 마치 춘치자명春雉自鳴과 같다. 춘치자명이란 꿩이라고 하는 하나의 생명체가 봄의 햇살과 바람을 느낄 때, 저절로 소리를 낸다는 것인데, 꿩의 본성이 기운생동하는 외부의 기운에 감촉하여 반응하는 것이다. 꿩이 저절로 소리를 내는 이 광경은 생명이 약동하는 기운으로 은유되고, 이것은 유학에서 조화로운 세계를 묘사하는 연비어약鳶飛魚躍이라는 은유적 표현에서도 마찬가지로 적용된다.

연비어약은 하늘에는 솔개가 날고 물속에는 물고기가 뛰어노는 자연스러운 상태를 표현한 것이다. 솔개와 물고기가 저마다 나름대로의 타고난 본성대로 반응을 나타내는 것이 자연의 순리이고, 이 타고난 반응의 자연스러움이 곧 조화를 이루고 있음을 의미한다. 이것은 만물이 저마다의 존재의 법칙에 따라 자연스럽게 살아간다는 것이며, 이를 인간의 삶에 적용한다면 활물活物처럼 인간의 감성이 드러나는 것을 말한다. 유학적 감성세계는 이렇듯 살아있는 생명세계의 활발함과 그 조화로움을 추구한다.

유학과 감성

그렇다면 유학에서 제기하는 삶의 태도와 인간과 사회에 대한 이해 방식은 과연 무엇에서 비롯하였을까? 나는 유학적 세계 이해와 사회적 삶의 바탕에는 도덕감정에 대한 총체적인 이해와 도덕적 지향이 전제되어 있다고 판단한다. 그것이 바로 유학적 감성세계이다. 유학적 감성세계는 자연적인 감정을 바탕으로 하면서도 합리적 사유의 세계를 버리지 않는, 그리하여 체험적 실천의 과정에서 감정과 사유의 결합을 통해 스스로의 체득을 중시한다.

유학적 세계를 감성이라는 관점으로 연구한다는 것은 활발한 생명에서 비롯하는 역동적인 감성과 의지적 지향을 현대적 관점으로 재해석한다는 것을 의미한다. 따라서 여기에는 감성에 대한 새로운 개념 설정과 탐구 방법론이 필요하다. 이러한 감성연구에서 고려되어할 개념은 심心·성性·정情이다.

감성에 대한 논의는 먼저 본성의 문제와 연결된다. 왜냐하면 본성이 마음의 작용으로 인하여 드러난 것이 심성이기 때문이다. 기존의 본성에 대한 해석의 두 가지 주요한 유학적 관점은 성선설과 성악설이다. 맹자에 의해 제기된 성선설은 인간의 본성이 선하다고 하는 것에 머물지 않는다. 인간의 본성이 선하다고 하는 맹자의 언표에는 인간적 특성을 드러낼 수 있는 본질적 성향이 사실 매우 제한적이라는 것을 시사한다. 본성의 측면에서 선한 면은 단초 혹은 단서에 불과할 정도로 미약하다.

맹자는 인간의 선함을 확인할 수 있는 것을 단端으로 표시하면서, 그것을 사단으로 설명한다. 즉 인의 덕성을 확인할 수 있는 것이 측은지심이고, 의의 덕성을 확인할 수 있는 것이 수오지심이며, 예의 덕성을 확인할 수 있는 것이 사양지심이고, 지의 덕성을 확인할 수 있는 것이 시비지심是非之心이다. 인간의 선한 마음을 통해서 인간의 덕성을 확인할 수 있다는 것이다. 이렇게 본다면, 맹자가 주장하는 인간 본성의 선함이란 다름 아닌 마음의 선함이라고 할 수 있으며, 그러한 점에서 성선설性善說이 아닌 심선설心善說이라고 할 수 있다. 맹자는 이 사단의 마음을 확충하자고 주장하는 것이다.

순자에 의해 제기된 성악설性惡說은 문자적으로는 인간의 본성이 악하다는 것이지만, 그러나 본성 자체의 악함을 주장하고 있는 것은 아니다. 순자는 인간이란 자사자리自私自利한 욕구적 존재라고 파악한다. 순자가 직면한 현실은 욕구와 감정이 분기하는 인간의 세상이고, 그는 이러한 현상을 경험적으로 관찰하고 분석하는 것이다. 이러한 인간 이해는 순자가 살았던 시대상을 반영하고 있는데, 순자는 맹자의 시대보다 더욱 열악한 사회적 현실과 부조리한 인간상을 목도하면서 자신의 철학을 제시한다. 생존을 위한 투쟁에서 인간은 존엄성을 지키기 보다는 본능적인 욕구에 충실할 수밖에 없다는 것을 간파한 것이다.

순자는 인간의 감정을 문제 삼는다. 여기서 제시되는 것이 그러한 감정, 즉 본능적인 욕구에 따르는 인간의 본성은 악하게 드러날 수밖에 없다는 성악설이다. 이러한 점에서 그의 성악설性惡說은 사실 감정이 잘못된 방향으로 흐를 가능성이 많다고 하는 정악설情惡說이라고 할 수 있다. 비록 순자가 인간의 자연스런 감정이 악으로 흐를 경향성이 많다고 지적하고 있지만, 그는 인간이 사회적 교정을 통하여 선한 감성을 회복할 수 있다고 보고 있다는 점에서 낙관적이기도 하다. 즉 순자는 위僞라고 하는 인문적 시스템에 의해서 인간이 성인의 예를 따르고 교육을 받게 된다면, 기질적 한계에서 비롯되는 왜곡된 감정의 질곡에서 벗어날 수 있다고 본다.

이러한 유학적 본성에 대한 논의는 이후 맹자의 감성적 인간론이 주류主流를 이루고, 순자와 같은 감정의 교정과 합리적 절차에 따른 교화의 논의는 이면裏面으로 자리하면서 주희에까지 이르게 된다. 주희의 인간 본성에 대한 이해는 기본적으로 맹자의 감성적 인간론을 따르고 있지만, 그의 철학에는 순자적인 합리적 인간론의 면모가 중층적으로 자리하고 있다.

주희는 인간의 본성은 본래적으로 선하다는 당위적 측면에서 본연지성을 말한다. 그와 동시에 인간의 육체·몸에서 비롯하는 기질지성 또한 인정한다. 인간은 기본적으로 성명이라고 하는 도덕적 본성을 본래적으로 부여받은 존재이지만, 이러한 성명은 형기라고 하는 기질적·육체적 특성 속에 타재墮在되어 있는 것이기 때문이다. 인간의 성향에 대한 이 중층적인 두 가지 입장은 '본래적 도덕적 감성'을 강조하는 원론적인 입장과 '기질적 감성'을 어떻게 적절하게 조절하여 본래적인 감성을 회복할 수 있는가 하는 논의로 진행된다.

주희의 이러한 입론을 통하여 내적인 마음inner mind과 표출된 마음outer mind의 두 층위가 나타나게 된다. 기존의 일반적인 해석에 따른다면, 성性이 마음心의 작용을 통하여 드러난 것이 정情이라 할 수 있다. 여기서 정情을 육체성, 곧 몸이라고 하는 형태와 기질적인 요소에 의해서 발생하는 느낌이나 감정과 같은 것으로 볼 것인가, 아니면 정情을 마음心과 성性을 포함하는 도덕감정으로 해석할 수 있는가의 여부이다.

마음의 작용으로서 드러나게 되는 정의 측면을 주목하고, 이것에 대한 해석을 새롭게 제기하면서 자기 철학의 전회를 가져오게 되는 사람이 주희이다. 주희는 장재에게서 언급되었던 심통성정心統性情을 자신의 철학적 입장에서 재해석하게 된다. 인간의 육체성·몸성을 포함할 수밖에 없는 "마음은 본성과 정을 통섭하고 주재한다"고 하는 명제는 '본성은 마음의 이치'고 '감정은 마음에 의한 본성의 움직임'이라고 할 수 있다. 이 때 마음은 본성과 감정을 주재하는 동시에, 마음은 본성과 감정을 포괄한다. 즉 본성은 체體이고 감정은 용用으로서 본성과 감정은 모두 마음으로부터 나온다는 것이다. 그렇기 때문에 마음은 본성과 감정을 주재主宰할 수 있고, 동시에 포괄한다. 이처럼 주희는 심통성정을 통하여 마음과 본성을 분리하면서도 성정은 마음의 주재와 외연 속에 포함되어 있으므로 서로 분리될 수 없는 것이라고 이해한다.

주희가 찾았던 새로운 철학적 재해석의 관점처럼, 나는 철학적 인간학의 측면에서 인간의 감성을 조망하는 새로운 방법적 전환이 필요하다고 판단한다. 종래의 관점처럼 인간의 본성은 본래적으로 선하다는 선험적인 주장과 함께 진화론적인 '더 좋음'을 추구하는 과정에서 사회문화적으로 새롭게 구성될 여지가 있음도 아울러 고려해야 한다는 것이다. 이 점에서 감성연구의 당위성이 상정될 수 있다. 우리시대 인간의 현상적인 측면뿐만 아니라 본래적 가치를 탐색하는 작업이 바로 감성에 대한 연구이기 때문이다.

우리시대에 인간의 감성에 대한 논의는 기존의 유학에서 주류를 이루어왔던 성선의 규정적 정의틀을 완고하게 답습하기 보다는 동시대의 다양한 분과 학문 영역의 적극적인 수용과 적용을 통해 새로운 재해석의 전거를 마련하는 것이 무엇보다 필요하다. 인간의 본성에 대한 이해의 방식에서 인간의 본래적 특성이 선하다고 하는 것을 인정하면서도, 이것 또한 경험과 학습이라고 하는 사회화의 과정 속에서 문화적으로 새롭게 구성될 수 있다는 점도 고려해야 한다.

나는 주희가 그보다 앞서 살았던 장재의 심통성정心統性情을 자기의 철학체계로 재해석하여 재편하고 있다는 점을 주목하였다. 이러한 해석학적 방법은 유학의 감성세계를 이해하기 위한 논의에 적용 가능하다. 인간의 감성이란 마음의 작동 방식을 통해서 현실적으로 표출되는 감정을 포괄하는 것으로 해석할 수 있기 때문이다. 이러한 입장은 현재화되지 않고 드러나지 않은 인간의 의식·무의식의 세계와 이미 드러난 감정과 느낌의 세계를 전일적으로 파악하는 방식이라고 할 수 있다.

오늘날 복잡다단한 사회현상과 인간의 감성적 층위를 파악하는 유용한 개념 가운데 하나는 자연과학과 사회과학에서 주로 사용하는 복잡계 이론the system of complexity 또는 complex system이다. 사회라고 하는 전체의 그물망은 개인과 집단들을 개별적 하위 요소로 삼고, 이 요소들은 각기 다양하고 복잡한 상호관계를 맺고 있으면서, 관계의 중첩과 반복적 과정에서 하나의 거대한 흐름을 형성한다. 이 흐름 자체가 사회라고 보는 관점이다. 전체적 통합체로서의 사회는 하위의 요소들로부터 형성되지만, 이것은 개인이나 집단들의 총합과는 다른 새로운 독자적인 시스템을 통해 운영된다고 본다.

우리가 사는 시대의 삶은 그래서 분절적이지만 연속적이기도 하다. 연속의 고리는 또다른 줄기를 만들고 새롭게 확장되어 간다. 이러한 사회적 관계 속에서 인간과 삶의 위상에 대한 시각은 공유된 전통과 관습 그리고 변용을 통해 끊임없이 변동한다. 변동하는 세계의 흐름 속에서 세계를 바라보고 이해하는 창window, 세계의 창으로서 인간의 감성 또한 기존의 개념과 틀로서 파악될 수만은 없다. 복잡계의 사회 속에서 인간과 세계를 이해하기 위한 방식은 보다 통합적이고 전일적인 시선을 요구하고 있다. 메마르지 않은 이성과 생동하는 감성의 융합이 필요한 시점이다. 지금, 여기에 감성연구가 놓여 있다.

제2부

감성의 별자리

제1장

슬픔: 어디에서 오는가?

신체화된 슬픔

인간의 경험적 세계에서 나타나는 다양한 정서적 반응과 느낌 가운데 슬픔의 감정과 양상은 다음과 같은 점에서 주목된다. 첫째, 슬픔의 문제는 고통과 직접적으로 닿아 있고, 둘째, 슬픔의 양상은 상실과 좌절에 처한 인간 존재의 심연을 가시적으로 드러내주며, 셋째, 슬픔은 슬픔의 주체로 하여금 상징화 과정을 통해 자기 전이의 비약을 가능하게 한다는 점 때문이다. 이와 같은 관점은 '슬픔은 어디에서 오는가?'라는 물음에 함축되어 있다.

이 글은 슬픔의 본질 대신에 슬픔이란 감정의 계기적 양상에 대해서 물음을 던진다. 그래서 '슬픔이란 무엇인가?'라는 물음 대신에 '슬픔은 어디에서 오는가?'라는 질문을 던진다. 이 물음의 방식은 슬픔을 구성적인 관점에서 파악하려는 의도를 포함하고 있다. 슬픔의 존재론적 기원을 묻는 대신에 슬픔에 대한 우리들의 인식과 관념의 근거를 경험적으로 해명하려는 것이다. 여기에는 슬픔이란 추상적 감정이지만 생물학적 존재로서 인간이 느끼는 슬픔의 정서란 인간의 신체성에 근거한다는 것이 전제되어 있다. 즉 슬픔이란 특정한 자극에 대하여 '신체성에 기반한 자연적 반응의 한 양상'이라는 점이다.

그러나 슬픔은 개별 감정의 한 양태이자 정서적 범주에 속한 사적인 것이지만, 슬픔의 층위는 타자와의 사회적 배경 속에서 드러나고 증폭되거나 소멸한다는 점에서 관계적이다. 이 관계적 과정에서 경험화된 슬픔은 추상화되고 개념화된다. 추상화되고 개념화된 슬픔은 인간의 경험적 영역을 재구성하면서 확장되고, 또한 재현되기도 한다. 슬픔의 관계적 과정을 탐구하는 것은 '슬픔은 어디에서 오는가?'라고 하는 것에 대한 응답이라고 할 수 있다. 그리고 이러한 응답은 '슬픔은 어디로 가야 하는가?'라는 방향성을 제시할 수 있어야 한다. 스피노자에 따르면, 슬픔의 수동성을 넘어서기 위한 의식적 분투는 인간이 직면한 한계적 상황을 타개하고 새로운 가치를 창출하게 하는 역량이기도 하다. 나는 '슬픔은 어디에서 오는가?'라는 물음을 통해 슬픔의 메커니즘과 이해 방식을 알아보고, 그것을 우리가 어떻게 개념화하여 긍정적인 힘으로 바꾸어나갈 것인가를 모색고자 한다.

슬픔에 관한 철학적 논의는 정대현의 글에서 확인된다. 정대현은 「슬픔: 또 하나의 실존 범주」에서 슬픔을 '타자와 연결되는 자기 실존의 범주'로 설정하여 추상화된 슬픔을 분석하고 있다.[1] 이러한 논의는 슬픔과 관련된 철학사적 논점을 이해하는데 유익한 정보를 제공하지만 슬픔의 경험화 양상을 파악하기에는 한계를 보이고 있다. 그것은 추상화된 슬픔의 의미를 파악하기 이전에 슬픔의 경험적 기반으로서 신체성을 염두에 두지 않았기 때문이다. 따라서 이 글에서는 슬픔의 메커니즘과 개념화 양상을 해명하기 위하여 최근의 인지언어학과 언어철학, 인지생물학의 성과, 특히 레이코프George Lakoff와 존슨Mark Johnson이 제안하고 있는 '신체화된 마음embodied mind'을 핵심으로 하는 체험주의experientialism 관점에 근거하여 논의를 전개하고자 한다.

이 글은 먼저, 슬픔의 신체성에 대한 탐색으로부터 시작하여 슬픔의 발현 방식과 그 이해 방식을 다룬다. 감정 발현 메커니즘은 매우 복잡하고 치밀한 논증이 필요한 논의이지만 이 글에서는 다마지오의 인지생물학적 논거를 기반으로 제한된 범위에서 개략적으로 살펴보고, 언어철학과 인지언어학 분야의 논의를 근거로 슬픔의 개념화 방식과 이해의 가능성을 모색해 본다. 이어서 신체를 기반으로 한 슬픔의 양상을 '주체-자아' 은유와 '행위-위치' 은유를 적용하여 상실과 좌절의 두 층위로 나누어 검토하고, 자연적 감정인 슬픔을 감정이입과 도덕적 상상력을 통해 도덕적 슬픔으로 포착하고 있는 맹자의 시도를 '슬픔의 도덕화'란 관점에서 탐구한다. 마지막으로 결론을 대신하여 고통스러운 현재적 슬픔을 넘어서려는 적극적 시도를 슬픔의 상징화 과정으로 파악하고, 이것을 슬픔의 파도타기라는 맥락에서 논의한다.

슬픔이라고 하는 인간의 기본적이면서도 너무도 자명한 감정을 체계적이고 논증적인 글로 구성하는 것은 쉽지 않다. 이러한 문제는 슬픔을 비롯한 개별 정서나 감정을 연구하는데 적실한 방법론이 제시되어 있지 않다는 것도 한 원인이다.

이 글은 시론적 성격이 강한 글이다.[2] 내가 슬픔의 감성철학적 층위를 해명하기 위해 분석의 틀로 차용하고 있는 인지언어학적 방법론과 신체성에 근거한 체험주의적 관점 그리고 인지생물학적 관점은 아직은 열려있는 이론이다. 그럼에도 '가설적 단계'에 있는 방법론을 슬픔의 감성적 층위를 탐구하는데 차용한 것은 이와 같은 논의틀이 경험적으로 보다 유용한 해석의 가능성을 제시하고 있기 때문이다.

유동하는 슬픔

보르헤스Jorge Luis Borges가 편집한 『상상동물 이야기』에는 스쿠온크라고 하는 특이한 동물에 관한 보고가 들어 있다. 이 책에서는 스쿠온크에 대해 다음과 같이 묘사한다.

> 스쿠온크는 무척 무뚝뚝한 동물이다. 일반적으로 석양 무렵에 잘 나타난다. 얼룩덜룩한 털로 덮인 가죽은 어찌 보면 그에게 잘 맞지 않는 것 같다. 이 동물은 모든 동물 중에서 가장 불행한 동물이다. 이 동물을 추적하는 것은 무척 쉬운 일이다. 왜냐하면 계속해서 울고 다니므로, 언제나 눈물 자국을 남기기 때문이다. 사람들에게 둘러싸여서 더 이상 도망가지 못하게 되면, 혹은 사람들이 놀라게 하면, 이 동물은 눈물로 변해서 흘러내린다. 스쿠온크를 잡고자 하는 사냥꾼에게는 차갑고 달이 뜨는 저녁이 가장 좋은 때이다. 이때는 눈물이 천천히 떨어질 뿐만 아니라, 이 동물이 움직이지 않기 때문이다. 스쿠온크의 울음소리는 주로 커다란 관목 아래에서 들려온다.[3]

한 벌목꾼이 이 동물을 잡아서 자루에 담아 집에 도착하여 확인해보니 눈물과 거품만 남아 있었다고 한다. 스쿠온크는 사람들에게 잡히거나 놀라면 흘러내리는 눈물로 된 육체의 동물이기 때문이다. 털로 덮힌 가죽 속에 '흘러내리는 눈물로 된 육체'가 감추어져 있다고 하는 상징성은 이 동물이 계속해서 울고 언제나 눈물자국을 남긴다는 설명이 없다하더라도 모든 동물 중에서 가장 불행한 동물일 것임을 상상하게 한다.

스쿠온크의 육체성은 한낮에는 흘러내렸다가 차갑고 달이 뜨는 저녁에 다시 견고해진다. 그러한 과정을 반복하는 스쿠온크는 털로 덮힌 가죽 속에 남은 상실의 흔적을 담고 있는 동물이다. 털로 덮힌 가죽은 마치 용기(그릇)와 같은 것이고, 그 안에 갇혀 있는 흘러내리는 눈물로 된 육체는 그의 보물인 셈이다.[4] 그러나 그릇에 담겨진 보물은 점점 소멸되어 간다.

이렇듯 스쿠온크는 자신의 육체가 계속해서 흘러내리는 눈물과 울음으로 파괴되어 가는 상실의 존재이다. 또한 차갑게 달이 뜨는 저녁의 시간에는 쉽게 포착되고 포획될 수 있다는 점에서 존재지속을 박탈당하는 좌절의 존재이다. 그래서 흘러내리고 다시 얼어붙는 육체의 이 동물은 포획당할 때 커다란 관목 아래서 큰 울음을 운다. 오규원은 이 스쿠온크에 대해서 '눈물이라는 이름의 피로 살고 있는 존재'이며, '슬픔이라는 자신을 잃고 눈물이라는 다른 존재로 파괴되는 비극적 존재'라고 설명한다.[5]

보르헤스가 전하고 있는 상상의 동물[6] 스쿠온크는 추상적 감정인 슬픔의 신체성과 그 속성을 은유적으로 포착하여 보여주고 있다. 즉, 스쿠온크로 은유된 슬픔의 육체는 '울음'이라고 하는 소리와 눈물이라고 하는 액체성을 지니고, 떨어지는 눈물이라는 하락의 방향성을 갖고 있으며, '차갑다'라는 속성과 함께 달이 뜨는 저녁의 시간성을 갖는다. 그렇지만 그와 같이 유동하는 슬픔은 포획되는 시점에서 사라져 버린다.

추상명사로서의 슬픔의 이미지를 상상의 동물에 투사하여 은유적으로 이해한다는 것은 이 이야기를 만들고 공유했었던 사람들의 슬픔을 파악하는 방식을 가늠하게 한다. 스쿠온크의 사례는 인간의 의식적 기저에 슬픔을 이해하는 방식이 은유적이고 직관적으로 유형화되어 있다는 것을 암시한다. 즉 슬픔에 대한 기본적인 이해의 지반이 신체성에 근거하고 있기에 직관적으로 파악 가능하다는 점이다. 이러한 직관적 파악의 가능성에 대해서 레이코프와 존슨은 인간의 인식능력에 기본층위 범주basic level categories와 같은 것이 있기 때문에 직관적으로 유형화가 가능하다고 본다.[7]

상상적 동물의 이미지는 경험적 세계에서 발견되는 인간의 신체적 특징과 특정 사물이 결합된 형태로 나타난다. 그래서 상상적 동물의 육체성은 인간의 신체성에서 크게 벗어나 있지 않다. 우리가 '스쿠온크' 이야기를 이해할 수 있는 최소한의 가능성은 바로 그와 같은 신체적 공공성에 기반을 둔다. 신체적 조건의 공유에서 비롯한 경험은 유사하게 나타난다. 체험주의 철학에서는 우리가 추상적인 감정을 인지하고 개념화하는 것은 일차적으로 우리 자신의 신체 생리적 반응과 체험에 기반하고 있다고 주장한다.[8] 이러한 입장은 인간이라는 신체성의 기반에서 인간의 경험적 세계가 구성된다는 것이며, 그러한 의미에서 본다면 우리의 감정은 '신체화된 감정'이라는 것이다.

슬픔의 감정이 신체화되었다고 하는 것은 우리의 일상적 언어표현에서도 드러난다. 동아시아의 문화적 전통에서 슬픔의 감정을 나타내는 대표적인 문자는 애哀이다. 애는 낙樂 혹은 희喜와 대비되는 감정 상태를 지시한다. 낙과 희가 웃는 얼굴 표정으로 즐겁고 기쁜 상태를 의미한다면, 애는 찡그린 얼굴 표정으로 슬퍼하는 상태를 의미한다.[9] 기쁘고 즐거운 감정 상태는 신경계를 자극하여 신체를 활성화시키지만 슬픈 감정 상태는 하향성의 특성이 있어 신체활동을 약화시킨다. 스피노자Baruch de Spinoza가 "신체활동 능력을 증대시키거나 감소시키고, 촉진하거나 저해하는 신체의 변용인 동시에 그러한 변용의 관념"[10]으로 감정을 정의하는 것도 이와 같이 '감정-신체'가 상호 연관되어 있음을 보여준다.

이러한 '감정-신체'의 상호 의존적 관계성은 고대의 유가철학적 사유에서도 나타난다. 공자孔子는 애이불상哀而不傷[11]이라고 하여 '슬퍼하되 몸을 상하지 않게 해야 한다'고 말한다. 슬픔의 감정은 자칫 신체적·정서적인 조화로운 상태和를 깨뜨릴 수 있기 때문에 질병의 요인이 되기도 한다. 그렇기 때문에 슬픔은 애이불비哀而不悲라 하여 '슬프기는 하지만 너무 비통해 하지 않아야 할 것'으로 인식한다. 그러나 슬픔의 감정은 보다 극단적인 고통으로 표현되기도 한다. 이 같은 슬픔은 단장斷腸이라고 하는 신체(장기) 훼손과 연결되는 아픔이다. 새끼 원숭이를 구하려는 어미 원숭이의 창자가 토막토막 끊어질腸皆寸寸斷 정도의 참혹한 아픔이다.[12] 슬픔의 감정은 이처럼 죽음에 이르게 하기도 한다.

슬픔의 메커니즘

감정에 대한 최근의 연구는 철학·심리학 분야 이외에도 인지과학·뇌과학·생물학·신경생물학 등과 문학·역사학·사회학·문학·음악·문화 등 매우 다양한 분야에서 연구되고 있다. 특히 인지과학의 성과를 바탕으로 한 인지언어학과 인지생물학 분야에서는 감정 이해를 위한 경험과학적 논거를 제공하고 있다. 레이코프와 존슨에 의해 주도되고 있는 체험주의에 기반을 둔 인지언어학과 언어철학 분야는 '신체화된 마음'을 토대로 "경험적으로 책임있는 철학empirically responsible philosophy"[13]을 시도하고 있다는 점도 주목된다.

현재 슬픔과 같은 감정의 메커니즘에 관한 탐구는 인지생물학 분야에서 주도하고 있다. 특히 다마지오Antonio Damasio의 경우에는 인지과학과 인지생물학의 경험과학적 층위에서 '감정과 사유, 느낌'의 연관관계를 탐색하면서 주목할 만한 성과를 내고 있다.[14] 그러나 아직은 뇌에 전달된 특정한 자극이 어떠한 경로로 특정한 감정을 형성하는지 그 과정은 명확하게 알려져 있지 않다. 다만 피부와 같은 감각과 눈·코·

귀 · 입과 같은 감각기관으로부터 수용된 자극의 지각과정은 뇌에 전달되어 특정한 정서를 발생하며, 이러한 과정은 단일한 시스템이 아니라 일종의 네트워크와 같은 복잡계의 결과로써 산출된다는 점은 실험적으로 보고되고 있다.

다마지오는 외부자극에 의해 산출되는 직접적인 반응 정보를 정서emotion라 하고, 정서가 유발하는 부차적인 감정을 느낌feeling이 한다. 이렇게 산출된 정보는 즉각적으로 신체표현으로 드러나기도 하고, 아니면 심적 상태로 남아 새로운 의식을 산출하는 조건이 되기도 하는데, 심적 상태를 다마지오는 마음이라 한다. 이런 점에서 마음은 몸의 관념이라고 할 수 있으며, 이것은 신체화된 마음으로 표현된다.

다마지오에 따르면, 슬픔이 작동하는 방식은 위와 같이 대상에 의해 촉발된 감정이며, 그것은 일정한 발생 메커니즘을 갖는다고 한다. 그가 제시하는 감정 발생의 메커니즘은 매우 체계적이고 복잡한 과정으로 설명되지만, 단순화해보자.

5살 지서는 감기에 걸렸다. 고열이 나고 기침을 많이 해서 엄마는 지서를 병원에 데려간다. 병원에 도착하기 전까지 별다른 반응을 보이지 않던 지서는 병원입구에서 울기 시작한다. 병원에 들어가지 않으려 한다. 지서의 저항감은 어디에서 비롯되었을까? 지서는 이전에도 병원에 왔었고, 주사를 맞았던 기억이 생각났다. 간호사가 아프지 않다고 하면서 엉덩이에 주사를 놓았는데, 처음 경험한 주사는 너무도 아팠다. 몇 번의 반복되는 주사의 경험은 지서에게 주사바늘에 대한 두려움/공포를 심어주었다.

10살 지서는 다시 감기에 걸렸다. 이제는 주사를 맞아야 빨리 감기가 낫는다는 것을 인지하고 있다. 그래서 주사가 두렵지 않다고 마음을 다잡는다. 주사바늘의 기억은 잊은 듯 했다. 그런데 엉덩이에 주사를 맞으려는 순간, 온 몸에 전율이 왔다. 두렵지 않다고 의식화했음에도 몸의 기억은 주사바늘의 날카로운 감촉이 온 몸을 타고 흐른다. 지서는 주사기와 유사한 형태의 바늘이나 침과 같은 날카로운 금속체를 보게 되면 몸이 경직되면서 아픔의 기억이 즉각적으로 떠오른다.

지서의 주사기에 대한 기억은 그에게만 특별한 것일까? 그렇지 않다. 물리적 자극에 의한 신체화된 경험은 개별적인 신체적 조건과 상황에 따라 경험의 강도에는 차이가 있을 수 있지만, 거의 유사한 형태로 나타난다. 여기서 반사라는 반응도 개인적인 신체적 경험에 기인하고,[15] 그것이 누적되는 과정에서는 '몸마음'의 층위가 동시에 작동하게 된다.

주사기라는 물리적 대상이 엉덩이의 피부에 접촉할 때, 피부는 물리적 대상의 자극을 감각한다. 감각은 신체와 그 외부 환경이 접촉하는 표면에서 발생하고 그것은 몸으로 지각된다. 피부에 감각된 내용은 온 몸에 연결된 신경망의 연결고리를 통해 뇌에 전달된다. 전달된 자극은 뇌의 신경다발에 수용되고 그에 따라 지각과 특정한 감정이 발생한다. 주사 맞기라는 하나의 자극이 우리 뇌의 특정 부위에 전달되어 사상mapping되고, 그에 따라 아픔, 고통, 두려움 등과 같은 감정이 표출되는 것이다.

감정의 표출 과정에서는 신체적 반응과 더불어 사유가 작동하고, 그러한 사유는 '느낌'을 유발하기도 한다. 이러한 과정은 반복적 행위를 통해서 신체 속에 기호화되고 경험으로 누적된다. 물리적 접촉에 의한 신체적 자극은 직접적으로 피부에 감각되고 경험화 되기 때문에 깊고 오래 '몸-마음'에 각인된다. 이 같은 일련의 과정은 감정 발생 메커니즘의 한 국면에 불과하다. 피부감각에 직접 지각된 사례가 아닌 추상적인 경우에는 보다 복잡한 과정을 거쳐 감정이 발생되고, 감정은 사유를 자극하고 사유는 감정의 작용에 영향을 미치게 된다. 슬픔이라고 하는 감정도 이러한 과정에서 나타나게 된다.

슬픔과 같은 감정의 탐구에 인지생물학적 방법론이 새로운 경험과학적 자료를 제공한다는 것은 이론의 여지가 없다. 그러나 과학적 성과만으로 우리의 복합적인 감정을 해명하기에는 한계가 있다. 그러한 한계는 과학적 성과를 토대로 한 새로운 설명 방식을 요청한다.

체험주의에 입각한 인지언어학이나 언어철학적인 이론은 감정의 의미를 해명하는데 새로운 관점을 제공한다. 체험주의 철학은 의미의 이해 방식과 관련하여 우리의 신체적 근거와 경험을 중시한다. 노양진은 "의미 탐구의 목적은 의사소통을 가능하게 해 주는 이론을 건설하려는 것이 아니라 현실적인 의사소통을 적절하게 해명하는 데 있기 때문이다. 이러한 관점에서 우리는 체험주의experientialism를 따라 의사소통의 문제를 신체적, 물리적 조건의 공통성이라는 측면에서 해명할 수 있을 것"[16]이라고 제안한다.

이러한 입장은 슬픔과 같은 감정과 정서적 태도를 연구하는 목적과 크게 다르지 않다. 우리가 다양하게 표출되는 인간 감정의 메커니즘을 이해하고, 그 의미를 파악하는 것은 결국 자기 자신과의 소통 뿐만 아니라 타자와의 소통을 가능하게 하기 위함이다. 이러한 점에서 체험주의 방법론은 감정의 이해를 도모하는 감성연구의 한 방향이 될 수 있다.

언어와 대상과의 대응관계에 초점을 맞추어 왔던 의미이론의 관점에서 슬픔의 의미를 탐구한다면, 슬픔이라는 단어에는 '슬픔'과 직접적으로 대응하는 '세계'가 있다고 간주할 것이다. 즉 슬픔의 의미는 슬픔이 지칭하는 대상과 결부되어 있다고 파악하는 방식이다. 슬픔에 대응하는 추상적 실재가 있다고 간주하는 이러한 가정은 근본적으로 공허하다. 언어는 우리와 독립적인 추상적 실재가 아니라 삶의 과정의 일부로 간주하여 파악되어야 한다.[17] 이러한 관점은 슬픔의 의미를 이해할 경우, 슬픔에 대응하는 추상적 실재를 찾기보다는 슬픔이 근거하는 구체적인 경험과 복합적인 조건 속에서 그 의미를 파악해야 한다는 방식이다. 다시 말하면 슬픔이라는 감정을 이해하기 위해서는 슬픔이라는 감정 현상이 기대고 있는 공공성의 지반, 곧 신체화된 경험에서 찾아야 한다는 것이다. 이것이 사회적, 문화적 조건이 달라도 최소한의 의사소통이 가능하기 위한 최소한의 조건이 된다.[18]

의사소통의 관점에서 감정을 이해할 때, 현대 영미철학자들의 연구성과도 참조할만하다. 비트겐슈타인Ludwig Josef Johann Wittgenstein은 삶의 형식에 근거한 언어게임의 화용론적 입장을 제기하였고, 로티Richard Rorty의 경우에는 예측할 수 없는 의미 확장의 변이를 우연성 개념으로 포착한다. 감정을 비롯한 의미의 이해 방식에서 설J. Searle은 진일보된 논점을 제공한다. 그는 '의미의 선택에 문장 의미 이외의 주요한 요소들이 개입되어 있다'[19]는 관점에서 지향성intentionality, 네트워크network, 배경background이란 개념을 통해 하나의 지향적 상태의 의미는 네트워크와 배경의 복합적인 관련성 속에서 구성된다는 이론을 전개한다.[20] 설의 이론에 따르면, '믿음, 희망, 공포, 욕구'와 같은 감정은 세계 안에 지향하는 대상을 갖는다는 점에서 지향성을 갖는다.

설이 지향성을 '마음의 특성'에서 찾고 있다는 점과 네트워크와 배경이 어떻게 상호 연계되어 작동되는가는 아직은 불분명하다. 그렇지만 감정이 분산적이면서 통합적인 네트워크적 연결 방식으로 발현된다는 점과 의미 선택의 새로운 지반을 모색하는 것은 감정의 형성과 의미,

감정의 사회적 기능을 이해하는데 유효한 실마리를 제공한다. 비록 현대 영미철학자들이 경험적 세계에서 의사소통 가능한 방법을 모색하기 위해서 제기했던 언어와 대상, 의미의 형성 구조에 대한 논의는 감정 연구와는 다른 위상을 갖는다. 그러나 제한적이지만 그들이 제기했던 개념이나 방법론은 소통을 위한 감정 이해의 단서로 활용하는 것은 얼마든지 가능하다.

슬픔의 두 층위

슬픔은 죽음과 이별에 직면하여 느끼게 되는 외로움, 고통스러움, 안타까움, 후회, 실망, 허망, 절망 등 상실과 좌절을 수반하는 감정이다. 슬픔의 감정은 대체로 신체와 관련된 말로 표현되고, 그러한 일상언어는 개념적 은유의 형태로 나타난다.

임지룡은 슬픔을 느낄 때 나타나는 신체 외부/내부의 반응을 고찰하고 있는데, 특히 신체 내부적 증상은 주로 가슴·간장·창자 부위에서 나타난다고 밝히고, 이러한 슬픔의 은유적 양상을 그릇 속의 액체, 적, 물건, 식물, 음식물, 강물/바닷물, 폭풍우, 실, 천, 질병, 우는 아기 등 11가지로 구분한다.[21] 졸탄 쾨벡세스Zoltan Kovecses는 슬픔에 대한 은유를 예시하면서, '슬픔은 아래다', '슬픔은 열 부족이다', '슬픔은 그릇 속의 액체다', '슬픔은 포획된 동물이다' 등과 같은 사례를 제시한다.[22] 이러한 사례는 슬픔의 신체성과 은유적 특성을 보여준다.

레이코프와 존슨의 경우에는 영상도식과 은유, 환유, 원형성이라는 개념을 제시하고 있다. 나는 이들의 논의에서 자아에 대한 '주체-자아'

은유[23]와 '사건과 원인'에 대한 '행위-위치' 은유[24]를 주목한다. 자아에 대한 '주제-자아' 은유의 방식은 일종의 '소유물'을 잃은 것에 대한 상실감을 보여준다. 사건과 원인에 대한 '행위-위치' 은유는 행위자와 목적지가 불일치하는데서 오는, 다시 말하면 행위자가 위치라고 하는 목적지에 도달해야함에도 그것이 어긋날 때 일어나는 '절망'의 좌절감을 보여준다.

나는 이 글에서 상실감과 좌절감을 수반하는 슬픔을 레이코프와 존슨이 제안하고 있는 은유를 참조하여 두 축으로 나누고, 그 하위 범주에 죽음, 이별, 외로움, 고통스러움, 안타까움, 후회, 실망, 허망, 절망 등의 감정을 배치하여 논의하고자 한다. 여기서 슬픔을 상실과 좌절로 나눈 것은 다음의 차이에 주목해서이다. 상실은 하락의 방향성을 가지면서 소유물을 잃은 주체의 심정을 보여주며, 일종의 잃어버린 보물과 같은 것에 대한 감정을 드러낸다.[25] 좌절의 경우에는 일종의 시간 여행 은유로 파악할 수도 있지만, 행위자가 목적지에 도달하지 못하고 장벽을 만난 상태, 곧 인과적 원인과 결과라는 구조를 갖는 감정으로 본다.

슬픔을 상실과 좌절로 구분하는 것은 감정이 '포개 넣기'[26]의 특성을 갖고 있다는 점을 감안한다면, 엄밀하게 나눌 수는 없다. 슬픔의 감정이라 하더라도 각각의 감정 상태는 서로 중첩될 수 있기 때문이다. 그러나 이처럼 구분한 것은 슬픔의 개인적 층위와 사회적 층위를 고려한 것이다. 상실과 좌절이라는 감정은 주체와 타자와의 관계성을 고려하지 않을 수 없지만, 상실감은 주로 보물을 잃어버린 것과 같은 개인적 층위의 감정 상태로 분류된다. 좌절은 목적을 수행할 수 없게 만드는 관계적 상황에서 비롯하는 경우가 많기 때문에 사회적 층위의 감정 상태로 구분할 수 있다.

상실을 수반하는 슬픔의 감정은 일종의 소유물 혹은 보물을 잃어버리는데서 오는 경우다. 이 사례의 대표적인 경우는 이별과 죽음이다. 이별과 죽음은 모두 '헤어짐', '함께하지 못함'이라는 의미를 갖는다. 그러나 이별보다 죽음이 보다 근원적인 이유는 '죽음은 영원한 이별'이기 때문이다. 죽음은 신체라고 하는 물리적 형태를 갖는 유한한 인간이 필연적으로 마주해야 하는 것이지만, 그것은 언제나 참담하다. 우리는 자신의 죽음이 아닌 타자의 죽음을 통해서 죽음을 경험할 수밖에 없다는 점에서 죽음 경험은 제한적인 성격을 갖는다. 그러나 사랑하는 사람의 죽음은 자신의 일부를 영원히 잃어버린 듯한, 마치 소중한 보물을 잃어버린 듯한 감정 상태를 일으킨다. 그래서 슬픔은 깊고 오래 증폭될 수밖에 없다.

좌절감을 수반하는 슬픔의 감정은 인과적 성격을 갖는다. 좌절감은 기본적으로 '대상 사건-구조'의 은유를 갖는데, 행위자가 자신의 행위를 목적지까지 수행하지 못하거나 혹은 수행할 수 없음에서 오는 비극성을 안고 있다. 행위자가 목적을 달성하려고 노력하지만 목적을 달성할 수 없음은 타자를 비롯한 사회적인 관계에서 야기되는 경우가 많다. 여기에는 힘-권력-자본의 관계가 작동한다. 인간이 살아가는 모든 행동과 형태는 항상 가능성이라는 특성을 갖고 살아가는 것이 늘 문제가 된다. 이는 곧 인간이 행복을 성취하고자 하는 것이고, 그러한 과정은 "삶-의-형태를 정치적 삶으로 구성"한다.[27]

그러나 골품제 시대가 아님에도 우리시대의 특정 집단에서는 아직도 성골과 진골을 따지고 육두품을 구별한다. 우리는 동일 집단에 포함되어 있다고 생각하지만, 은폐된 배제의 구조가 차별적 위계를 형성한다. 아감벤Giorgio Agamben은 이것을 '포함적으로 배제되는 구도'로 설명한다. 이 구도 안에서 '벌거벗은 생명'은 배제를 통해서만 어떤 것에 포함된다.[28] 목적지를 향해 나갈 수 없게 만드는 '배제를 통한 포함적 구조'는 깊은 슬픔의 원인이다. 이러한 구조는 일방적 가르기이다.

삶은 가르기와 접합의 상호적 관계에서 진행되어야 함에도 가르기를 통해서 배제되고, 배제된 상황은 어쩔 수 없는 선택 속에 머물게 한다. 그러한 선택은 강요일 수밖에 없다. 그렇기 때문에 나의 목적지인 행복을 성취할 수 없다는 좌절감으로 인해 절망감은 증폭된다. 우리 사회에 만연한 지역주의, 학연주의, 불건전한 파당성, 뜻 모를 경멸, 조소, 야유, 시기와 질투, 모략은 일방적 가르기와 배제를 강요하고, 그것은 인간적인 모멸감을 불러일으킨다. 그와 같은 깊은 슬픔을 유발하는 배제는 잔인한 폭력이다.

그러나 상실과 좌절을 수반하는 슬픔의 감정과 정서적 태도는 항구적인 것은 아니다. 상실에 따른 슬픔의 감정은 잃어버린 보물을 찾아 심연으로 가라앉게 하지만, 하락의 방향성은 또 다른 방향성을 갖는다. 하향성에는 바닥을 치면 다시 상승하게 되는 힘과 역량이 내장되어 있다. 좌절의 절망감은 '가로막힌 장애'로 인한 슬픔이다. 이 장애는 사회적인 차별과 배제로 나타나지만, 그러나 부당한 장애는 제거되어야 하고 목적지를 향해 다시 나가야할 당위성을 부여한다. 마르셀Gabriel Marcel이 말하는 것처럼, 절망을 통해서 인간은 '희망의 여정'을 떠나게 되는 것이다.

슬픔의 도덕화

인간의 도덕적 능력은 주로 감정과는 별개의 영역에서 기원한다고 논의되어 왔다. 그러나 최근의 감정 연구의 한 분야는 '도덕과 감정의 문제Morality and Emotions'를 다루면서 도덕의 발생과 유지에 감정이 일정한 역할을 한다는 것에 주목한다. 감정과 도덕의 관련성에 대한 의문은 단순히 오늘날의 관심 영역만은 아니다. 인성의 문제나 동기 부여, 의지의 문제와 연계되면서 고대에서부터 논의되어 왔던 주제이다.

유가철학적 사유에서는 인성에 대한 두 가지 측면이 주로 논의된다. 첫 번째 관점은 인간에게는 생물학적 본능으로 희노애락과 같은 감정이 있고, 동시에 자기 조절능력이 있다고 본다. 이것은 인간의 자발성을 긍정하는 인간관이다. 이와 달리 인간은 감정적이므로 규제하고 억제되어야 할 존재로 보는 관점이 있다. 이것은 부정적 인간관이기보다는 자발성의 결핍을 문제 삼는다. 그러나 두 관점은 자발성을 강화해야 한다는 입장에서는 큰 차이가 없다. 전자는 맹자孟子의 입장이라고 할 수 있고, 후자는 순자荀子의 입장이라고 할 수 있다.

니비슨David S. Nivison은 그러한 자발성, 곧 도덕적 자각을 행동으로 옮기지 못하는 것을 아크라시아akrasia로 개념화 하고 있다.[29] 아크라시아를 방지하고 도덕적 능력을 발휘할 수 있는 근거는 무엇일까? 그것은 감정과 어떤 관련성을 가질까? 이러한 물음은 '인간은 감정을 어떻게 도덕화 하는가?'라는 물음과 연관된다. 이 감정의 도덕화 문제를 맹자를 통해 살펴보자.

맹자는 일반적인 슬픔과 연민의 감정을 감정이입과 도덕적 상상력을 통해 '도덕적 슬픔'으로 전화시켜 감정의 도덕화, 곧 '슬픔의 도덕화'를 기획한다.[30] 맹자와 제선왕의 대화에 다음과 같은 내용이 있다. 제선왕은 소가 애처롭게 끌려가는 상황을 목격하고 희생으로 쓰이게 될 '소 대신 양으로 바꾸라'고 지시한다.[31] 이것은 자신이 성취하고자 하는 목적, 즉 '소를 양으로 바꾸는 것'을 통해서 '소가 애처롭게 끌려가는 것을 차마 보지 못함'을 정당화한다.[32]

제선왕이 '애처롭게 끌려가는 소'라는 대상에 대해서 느낀 '슬픔' 혹은 '애처로움'의 감정은 진화생물학의 관점에서 보면, 지극히 자연적인 생물학적 본능에 기인한다. 그러나 이러한 일련의 과정에는 윤리적 판단과 도덕적 정당화의 방식이 자리하고 있다. 맹자는 제선왕의 행위를 생물학적 본능에 기인한 것으로만 받아들이지 않는다. 이 점에서 맹자가 슬픔의 감정을 도덕화 하는 기획이 자리한다.

맹자는 소가 애처롭게 끌려가는 것을 차마 보지 못하기 때문에 '소를 양으로 바꾸라고 지시한 것'에 대해 도덕의 단서를 제기한다. 죽음이라는 고통의 상황에 직면한 소를 보았을 때 느끼는 감정의 기원을 맹자는 도덕성에서 찾고자 한다. 그래서 그 도덕성이 지시하는 바에 따라 의도적으로 소를 양으로 바꾸었다고 보는 것이다.

맹자는 윤리적인 행위를 하게끔 유도하는 도덕이 있고, 그러한 도덕에는 원칙이 있다는 견해를 제시한다. 그러한 도덕의 원칙을 맹자는 도덕성으로 정초하고자 하는 것이다. 다시 말하면, 인간의 본유적인 특성 곧 도덕성이란 것이 마음의 싹端으로 존재한다고 보는 것이다. 맹자는 이와 같은 불인인지심不忍人之心의 '마음'이 감정으로 표출되는 것이 도덕성의 발로이고, 그러한 의식의 흐름은 곧 도덕성이 본유한 것임을 드러낸다고 본다.

맹자와 제선왕의 대화는 슬픔의 감정을 도덕성으로 전화하려는 '맹자의 기획'이 드러나고 있다는 점에서 중요한 의미를 갖는다. 즉 감정의 도덕화이다. 이는 '슬픔의 도덕화'라고 할 수 있다. 이것이 가능하려면 원칙적으로 '도덕적 슬픔'을 상상하고 느껴야 한다. 맹자는 제선왕의 정서적 판단과 행위를 감정이입이라는 측면에 근거하여 '슬픔의 전이'를 말하고 있는데, 이는 그가 감정을 도덕적으로 규정한다는 점에서 중요한 발견 지점이라 할 수 있다.

앞서 살펴보았던 맹자와 제선왕의 논의는 대단히 압축적이다. 압축을 이완시켜 그 과정을 '신체화된 마음'이라고 하는 몸철학과 인지생물학적 관점에서 재구성해보자. 제선왕이 '끌려가는 대상으로서의 소'를 지각했다. 끌려가는 소의 모습을 본 지각에 따른 시각 신호는 급속히 뇌로 전달되고, 뇌의 특정부위를 자극한다. 그러한 자극은 지극히 찰나적인 순간에 인지적 판단 작용을 수반하며, 그것은 하나의 심적 사건, 곧 마음의 움직임과 연동되고, 그러한 정서적 반응은 신체화되어 '애처로운 감정'으로 표출된다.

감정으로 표출되기 이전의 특정 시점에 상상력도 함께 작동한다. 제선왕은 끌려가는 소를 본 것이지만, 그의 뇌에서는 끌려가는 소의 다음 상태를 상상한다. 상상의 지점에는 경험적으로 지각했던 누적된 사건들의 다발이 기억이라는 이름으로 내장되어 있을 수도 있지만, 떠올려진 '소'는 '죽음을 맞는 소'의 이미지이다. 이 이미지는 도덕적 상상력에 의해 형성된 이미지이다.[33] 그러나 그 이미지는 실제적 기억의 패턴과는 다른, 현재적 대상의 죽음이라는 허구가 결합된 상상력이다. 거기에는 제선왕이 인식하지 못하였지만, 도덕적 슬픔이 상상된 것이다.

이유 없이 단지 제물로 쓰이기 위해 '죽임을 당해야 하는 소'에 대한 인지적 판단과 정서적 자극은 제선왕에게 도덕적 슬픔을 불러 온다. 소에 대한 안타까움과 동정심은 제선왕으로 하여금 '소를 양으로 바꿀 것'을 명령하게 한다. 제선왕이 끌려가는 소를 보았을 때, 가엾게 여기는 상상된 도덕적 슬픔은 '감정(마음)'을 유발하는 복합적 기제로 작동하는 것이다.

맹자는 이와 같은 일련의 감정 발현의 메커니즘을 분명하게 알지는 못하였을 것이다. 그리고 맹자가 그러한 과정을 알아야 할 필요성도 사실 없다. 하지만 '소를 양으로 바꾼 행위'에 대한 맹자적 사유를 '마음 속의 몸'의 관점에서 파악했을 때, 보다 효과적인 설명이 가능하다면 배제할 이유는 없다. 신체화된 감정의 층위에서 소를 양으로 바꾸는 판단의 가능성은 이미 '신체화된 마음의 싹'이 있기에 가능하게 된다.

'신체화된 마음의 싹'이라고 하는 은유는 외부적 자극에 대한 뇌의 특정한 반응 양식이 측은하게 여기는 감정으로 표출된 이후에 다시 신체적 반응과 연계되고, 이것은 인지적 판단의 과정을 통해 새로운 정서적 상태로 남게 되는 일종의 '심적 상태'라고 할 수 있다. 이러한 '심적 상태'는 유사한 자극에 대해서 즉각적인 반응을 호출하게 된다. 이와 같은 이해의 방식은 맹자가 제안한 것과 같은 선험적 '도덕성'을 정초하지 않고도 감정과 감정이입에 의한 정서적 대응 방식을 통해 도덕의 구성 가능성과 그에 따른 도덕적 실천의 구체화 과정을 설명 가능하게 해준다.

맹자가 자연적 감정인 슬픔에 대한 도덕적 기획을 통해 도덕성을 정당화하려는 시도는 도덕적 실천의 가능성을 '외부적 조건'이 아니라 내부적 자질에서 찾고 있다는 점에서 논점선취의 오류가 있기는 하다. 이러한 한계에도 불구하고 맹자가 슬픔의 감정이입, 그리고 도덕적 상상력을 통해 타인의 고통에 대한 '도덕적 슬픔'을 상상하고, 슬픔의 감정을 도덕화 하려는 기획을 시도한 것은 폭력성이나 잔인함을 제한하려는 감성적 시도라는 점에서 의미를 지닌다.

슬픔의 도덕화와 관련한 맹자의 견해는 '유자입정'이라는 사례에서 보다 명시적으로 나타난다. 프란시스코 바렐라Francisco J. Varela는 맹자의 입장을 '상황에서 피어난 감정들을 적절한 방식으로 다른 상황에 확장하여 적용해 가는 것'으로 보며, 이것은 우리가 모두 공유하는 매우 평범한 노하우에 기반을 둔 윤리적 훈련ethical training의 일종으로 파악한다.[34]

슬픔의 파도타기

지금까지 슬픔이 갖는 범주적 특성을 하향성, 액체성, 차가움으로 계열화하여 이해하고, 슬픔에 포함될 수 있는 다양한 하위 범주들은 상실과 좌절이라는 기본 층위를 통해 논의하였다. 아울러 슬픔의 감정을 감정이입과 도덕적 상상력을 통해 도덕화 하려는 맹자적 기획을 살펴보았다. 이제 마지막으로 결론을 대신하여 슬픔은 항구적으로 지속되는 것이 아니며, 결국은 사라지는 감정이라는 관점에서 슬픔의 파도타기에 대해서 논의하겠다.

슬픔이라는 단일하지 않은 감정적 상태를 인간이 조망하고, 그것을 '극복'이 아닌 '넘어서기' 위한 길은 쉽지 않다. 여기서 극복이란 개념대신 '넘어서다'라는 동사적 표현을 쓴 이유는 '슬픔의 실체'가 구체적이지 않기 때문이다. 즉 단일한 기표 혹은 사태로서의 슬픔이 아니라, 슬픔이라는 기표에 포함된 다양한 기의의 복합적 층위를 염두에 둔 것이다. 단일한 사태는 그 사태를 해결하는 것으로 극복 가능하지만, 슬픔은 가시적 대상이 아니라 복합적 감정의 결합이기 때문에 마치 파도타기와 같은 운동의 과정을 고려한다. 슬픔의 파도타기는 슬픔이 파도와 같은 움직임을 갖는다는 개념적 은유이다. 슬픔은 그 자체로서는 물과 같지만, 외부적인 동력에 의해 파도와 같이 울렁이게 된다.

슬픔의 파도타기는 '그릇 속의 액체'라는 개념적 은유를 적용하면 의미파악이 훨씬 용이하다. 예를 들어 작은 그릇 속에 담긴 물을 흔들면, 그릇이 움직임과 동시에 물도 움직인다. 물의 표면은 끊임없이 운동하는 듯 보인다. 그러나 그 상태를 보다 큰 그릇에 옮겼다고 상상해 보면, 다른 형태가 포착된다. 파도는 저점과 고점을 갖는다. 파도는 그냥 출렁이는 것만이 아니라 높고 낮음의 상태가 있다. 낮은 상태에서 다시 높은 상태로 이동한다.

슬픔은 이와 같이 낮은 저점의 상태에서 다시 상승하게 된다. 이러한 과정은 반복적으로 진행된다. 그러다 저점과 고점의 교차는 다시 고요한 상태를 만들게 된다. 이것은 일종의 힘의 균형의 상태이다. 우리가 신체적 평형을 경험한 것처럼 감정적 균형을 유도하는 것이다.[35] 이러한 감정적 균형을 유도하는 과정을 나는 '슬픔의 파도타기'라 지칭한다.

슬픔의 초기 단계에서는 그 상실과 좌절의 감정으로 인하여 나락에 빠진 듯하고, 그와 더불어 분노와 적개심으로 감정이 솟구칠 수도 있다. 그것은 항구적이지 않다. 인간은 슬픔에 빠져 있을 수만은 없다. 스피노자는 수동적인 슬픔의 감정이 항구적이지 않음을 적시하고 있다. 수동적 감정인 슬픔은 코나투스conatus의 자발성에 의해 마치 잃었던 항상성homeostasis을 회복하는 과정처럼 새로운 단계로 이행되어야 한다. 이러한 이행의 단계, 곧 슬픔의 파도타기는 슬픔을 넘어서는 단계이다. 그 단계는 이전과는 다른 새롭게 구성된 신체적 · 정서적 평형 상태이다.

슬픔의 파도타기는 슬픔의 상징화 과정을 통해 조율될 수 있다. 죽음과 같은 참담한 슬픔에 직면하여 인간은 두 가지 실존적 상태에 직면하게 된다. 파괴되거나 아니면 그러한 상태를 넘어서는 것이다. 감정의 생물학적 본능은 그것을 넘어서려는 방향으로 작동하지만, 그렇지 않은 경우도 있다. 어쨌든 슬픔을 넘어서려는 노력의 일환이 슬픔의 상징화이다.

슬픔의 상징화는 의례의 과정과 문학예술 작품에 주로 나타난다. 동아시아의 문화적 전통에서 의례의 과정은 문학예술과 분리되지 않고 혼재되어 있다는 것이 특징적이다. 죽음을 기억하는 대표적인 방식은 죽은 자를 떠나보내는 상례와 죽은 자를 일상적으로 수용하는 제례와 같은 의례에서 나타난다. 여기에는 복식적인 측면과 회화적인 장식이 사용되고, 음악과 춤이 또한 부가된다. 그리고 애책문이나 애사, 추도문, 제사, 만사 등도 죽음을 기록함으로써 죽음을 기억하는 한 방식이다.

문학작품과 예술작품은 슬픔을 상징화하는 또 다른 경우이다. 사랑하는 남편의 죽음을 비탄에 젖어 노래한 〈공무도하가〉나, 죽은 누이를 추모하는 〈제망매가〉, 〈부용산〉은 그러한 사례이다. 특히 월명사의 〈제망매가〉[36]와 박기동의 〈부용산〉[37]은 '다른 죽음 같은 슬픔'을 표현하고 있다. 두 작품의 시간적 거리는 삼국시대와 현대이지만, '죽은 누이'라는 대상에 대한 슬픔은 너무도 유사하고 투명하다. 경험적으로 닮아 있는 두 죽음에 대한 비가는 차마 가여운 누이에 대한 조사이다.

이와 같은 죽음이라는 극단적 슬픔에 대한 상징화가 있기에 떠나보낼 수 없는 보물을 떠나보내고도 '바라보기'를 할 수 있다. 그러나 만일 이러한 상징화가 수행되지 않는다면, 그것은 세월이 가도 덜어낼 수 없는 원怨과 한恨으로 남게 된다. 슬픔의 왜곡된 극단적 비극성은 원,

한과 같은 상황에서 항구화된다.

슬픔의 상징화는 격동하는 파도와 같은 슬픔의 상태를 고요한 파도로 만드는 일련의 의식적 행위이다. 그러한 상징화는 일종의 거리두기다. 거리두기는 슬픔을 타자화 하는 과정이기도 하다. 슬픔의 타자화는 주체와 대상의 동일성을 인정하면서 동시에 거리두기이다. 이렇게 주체와 대상 사이에 거리두기를 시도함으로써 주체가 대상을 바라볼 수 있는 상태가 가능해진다.

그러나 주체와 대상 사이의 거리두기가 가능하지 않다면, 슬픔은 사물화의 경향으로 흐르게 된다. 이럴 경우, 사물과 같이 고착된 슬픔은 심화되고 슬픔의 주체를 왜곡시킨다. 그러한 왜곡된 슬픔의 감정은 슬픔의 주체로 하여금 타인의 고통에 대해 외면하게 만들고 연민이나 동정심을 제한하기 때문에 자기 자신에 대해서뿐만 아니라 타인에 대해서도 파괴적이고 잔혹해진다. 맹자가 슬픔의 도덕화를 통해 도덕성의 문제를 제기하는 것도 인간의 감정적 왜곡이 초래할 폭력적이고 잔혹한 사태의 비극성을 항구적으로 제한하기 위한 방편이라고 볼 수 있다.

결국 슬픔의 감정을 파도타기한다는 것은 외다리로 위태롭게 걷는 것이 아니라 두 다리로 제대로 걷는 과정이다. 그것은 왜곡된 외다리의 감정 상태[38]를 온전히 양발의 균형 잡힌 몸의 상태로 바꾸는 것과 다르지 않다. 균형 잡힌 슬픔은 타자와의 의사소통뿐만 아니라 타자로서의 자신과도 소통을 가능하게 해주는 역량이다. 이렇듯 슬픔의 상징화를 통한 슬픔의 파도타기가 가능하게 될 때, 슬픔은 존재의 근원에 다가서게 하는 힘의 의지로 작동할 수 있으며, 상실과 좌절을 딛고 일어설 수 있는 치유적 힘으로 전이된다.

제2장

분노: 어떻게 작동하는가?

분노하라

현대 사회에서 분노는 더 이상 억압의 대상으로 분류되지 않는다. 자신의 생존과 권리를 위해서, 혹은 사회적 정의를 실현하기 위해서 분노는 표출된다.[1] 경우에 따라서 분노는 적극적인 저항의 지표가 될 수 있다.[2] 문제는 분노가 어떻게 적실하게 표출될 수 있으며, 그러한 분노가 왜곡되지 않기 위해서는 어떠한 조정의 과정이 필요한가에 달려 있다.

이 글에서는 파괴적 힘(에너지)을 갖고 있는 분노를 어떻게 긍정적이고 창조적인 에너지로 유도할 것인가를 주요 논제로 삼는다. 스피노자의 관점에서 본다면, 수동적인 분노의 감정을 어떻게 능동적인 기쁨의 상태로 전환시킬 수 있는가의 문제이다. 이러한 관점은 분노가 기쁨이나 사랑, 혹은 슬픔이나 두려움과 같은 감정들처럼 인간의 신체성에 기반한다는 점을 전제로 한다.

분노의 감정은 단지 한순간에 격발하여 폭발하는 감정처럼 보이지만 기쁨이나 슬픔, 사랑 등의 감정들처럼 감정적 에피소드를 겪는다. 분노 감정도 여타의 감정들처럼 누적된 반성의 인지적 과정을 거치면서 서사적으로 재구성되는 감정의 흐름이다. 분노 감정이 발생하는 것도, 그러한 연속적인 겪음의 과정도 생명의 지속과 안녕을 위한 활동의 일환이다.

나는 분노 감정을 존재의 항상성을 위한 운동이라는 관점에서 파악한다. 이러한 관점은 분노를 생명체의 파괴 운동으로 보는 것이 아니라 자기 보존의 운동, 곧 코나투스conatus와 같은 역량으로 파악한다. 따라서 나는 분노를 이성에 의한 통제가 필요한 감정, 또는 소멸시켜야 하는 대상으로 보는 시각에 반대한다.

분노 감정과 분노로 촉발된 행위가 초래할 미래적 위험성에 대해서는 항상 경계해야 하는 것이 마땅하다. 그러나 이 글에서는 도래할 잠재적 가능성으로서의 위험보다 개인과 사회변혁을 추동하는 동력으로서 분노 감정[3]의 긍정적인 층위에 주목한다. 분노는 어떻게 구조화되어 우리의 '몸-마음'에 거주하게 되는가? 분노는 어떻게 사유의 대상이 되어 의미화 되는가?

따라서 나는 분노에 대해 사유할 것을 제안한다. 이것은 분노를 마음의 평정과 연결하여 사유할 것을 제안하는 것이기도 하다. 분노에 대한 사유는 분노의 발생 원인으로부터 그것이 긍정적 에너지로 전환되어 '평정'과 같은 새로운 단계로 전이되는 전 과정에 대한 성찰을 포함한다.

분노로부터 마음의 평정에 이르는 과정은 인지생물학적 층위에서 정서 조절 장치가 얼마나 원활하게 작동하는가의 여부로 설명된다. 격발된 분노가 '신체화된 감정embodied emotion'의 층위에서 정서적이고 인지적 과정을 통해 새롭게 변형되어 나타나는 단계를 '평정' 혹은 '평정심의 상태'로 이해한다. 평정(심)은 분노 조절 장치의 오작동과 관련한 것들이 수정되어 최적의 상태를 회복하는 단계와 다르지 않다.

그렇지만 분노에 대한 사유는 분노를 야기한 고통스러움의 근원에 대한 탐구를 요청한다. 분노에 대한 성찰적 사유로부터 평정심으로 전환하는 과정은 그래서 온전히 새로운 삶의 국면을 구축해가는 수행적 시간이다. 그러한 확인을 통해 자신과 타인에 대한 관계를 다시 설정할 수 있게 된다. 분노로부터 고통과 증오로 치닫던 감정을 자비와 사랑의 방향으로 변형시킬 수 있는 것은 그 과정이 형이상학적인 관념이 아닌 몸을 바탕으로 한 신체화된 감정이기 때문이다. 따라서 나는 분노에서 평정심에 이르는 감정의 동역학은 타자의 생명성에 다가서는 힘으로 작동하게 된다고 주장한다.

기존의 분노에 대한 연구는 주로 심리학 분야에서 중심 주제로 탐구되어 왔다. 심리학에서는 국면으로서의 분노 현상에 주목하여 분노 감정이 발생하는 메커니즘이나 분노 행위의 양상, 그리고 분노 조절의 문제를 다루고 있다.[4] 최근에는 철학의 영역에서도 감성의 인간학적 층위에서 분노에 대한 연구를 시도하고 있다.[5] 하지만 아직은 구체적인 방법론이 정립되어 있지 못하고, 주제 면에서도 제한적이다. 분노와 관련한 주목할 만한 연구는 인지언어학과 인지과학, 인지생물학을 근간으로 하는 영미의 체험주의experientialism에서 주도하고 있다.

분노에 대한 나의 논거는 인지생물학과 체험주의에서 제안하는 신체화된 마음 이론embodied mind theory에 근거한다. 나는 분노 감정을 그 자체로 생명을 구성하는 여러 조건 가운데 하나이며, 그것을 신체화된 감정embodied emotion으로 이해한다.[6] 분노는 우리의 신체성을 뿌리로 하여 경험적으로 구성되고 재귀적으로 작동하는 인간 감정의 하나이다.[7] 고정된 실체가 있는 것이 아니라 사건의 구조를 통해 분산적으로 나타났다 사라지는 유동적인 흐름이다.[8]

분노 감정은 물리적인 신체현상으로 나타나고, 느낌이라는 마음현상과 중첩되며, 뇌에 흔적을 남긴 뒤에 사라진다. 우리가 분노를 감정으로 다루면서도 마음의 한 측면으로 보는 것은 감정과 심적 현상인 느낌이 혼재되어 구분하기 어렵기 때문이다. 그래서 나는 분노를 국면으로 분절하여 '부분'으로 파악하기 보다는 지속성을 갖고 흐르는 '전체'로 접근해야 한다고 주장한다.

분노의 메커니즘

화가 난다

공중파 TV 프로그램에서 한 개그맨이 새로 분장하여 등장했던 적이 있다. 그 캐릭터의 이름은 앵그리버드angry birds이다. 플래시 게임flash game의 캐릭터로 분장한 개그맨은 짜증스럽고 화가 난 표정으로 "화가 난다. 화가 난다."고 소리친다. 그는 어째서 화를 내는가? 그의 분노는 어떻게 구조화 되었을까?

동아시아의 전통사회에서 분노 감정은 매우 제한적으로 다루어진다. 제한적이라 함은 공적인 분노일 경우에는 용인되지만, 사적 분노에 대해서는 엄격히 제한하였기 때문이다. 공적 분노는 의리와 정의 관념이 포함되었기에 누구나 공감하고 동의할 수 있는 것이었고, 그러한 분노에 의한 행위는 엄혹한 징벌과 응징의 양상으로 나타난다. 사적 분노는 사회의 규범과 가치질서를 파괴하는 행위와 직결되기 때문에 관계성을 중시하는 한국과 동아시아의 일상에서는 제한되었다. 그만큼 분노의 위험성에 대해서 심각하게 받아들였기 때문에 논의 자체를 제한한다.

그러나 분노가 사사로운 개인의 이익을 취하기 위한 것이 아니고, 특히 가족과 관련된 경우에는 예외적으로 용인되었다. 개인의 사적 복수를 엄격하게 제한하였지만, 부모형제를 해친 자에 대한 복수는 법적인 처벌을 받더라도 사정이 고려된다.

분노의 발생원인은 인간관계의 영역에서 다양한 요소로 발견된다. 대표적으로 인정人情과 의리義理의 정당함에 위배될 때, 그리고 무시와 모욕으로부터 발생한다. 이러한 점은 서구사회라고 해서 크게 다르지 않다. 그러한 정당함의 기준을 동아시아적 전통에서는 광의의 '예의'로 명문화하여 정서적 태도와 행위를 규제한다.

분노를 지시하는 한자어는 분憤과 노怒라는 낱글자가 결합된 말이다.[9] 분憤은 화를 내는 것에 한정하지 않고, 그러한 상황에 대한 정서적 상태까지 포함한다. 분해서 흥분하고 괴로워하며 감정이 북받친 상태를 말한다. 노怒는 마땅하지 않은 처우에 대해 반응하는 태도로 에恚와 통한다. 분과 노에는 모두 마음을 의미하는 부수(忄, 心)가 결합되어 있다는 것이 주목된다. 이 분노의 감정은 『예기』 이후로 인간의 기본적 감정을 대표하는 칠정七情의 하나인 노怒로 등록된다.

분노에 대한 서양의 논의는 서양학술사의 한 획을 그을 정도로 풍성하다. 플라톤으로부터 프로이트에 이르기까지 분노는 욕망과 관련된 것으로 이성에 의하여 억제되어야 할 감정으로 간주된다. 다만 스피노자는 예외적으로, 분노를 자기 항상성을 유지하기 위한 감정으로 용인한다.

서양에서 분노 감정은 주로 무시나 경멸에 대한 반응이나 부당함과 연결된다. 아리스토텔레스는 분노를 부당한 무시에 대한 복수에의 의지로 본다. 즉 타인에게 무시나 경멸을 받았을 때, 자기존엄dignity의 손상에 대한 반응이 분노이다. 토마스 아퀴나스는 분노를 격분fel, 원한maniam, 앙심furia으로 나누고, 불의한 상대에 대한 응징으로서의 복수로 말한다. 그에게 있어서 분노를 촉발하는 유일한 단초는 경시parvipensionum로 언급된다.[10]

동양과 서양에서 논의되었던 분노는 이처럼 다양하게 해석되는데, 그렇다면 분노는 어떻게 구조화될까? 분노의 원형성은 어디에서 찾을 수 있을까? 체험주의에서 제안하는 개념적 은유는 분노에 대한 경험적 이해의 지평을 제공한다.[11] 레이코프와 존슨과 같은 연구자들은 인간의 감정이 인지적이면서 동시에 정서적이라는 점에 주목하고, 개념적 은유 이론conceptual metaphor theory의 방법론을 제안한다.[12] 이들은 분노를 포함한 추상적 감정은 다양한 은유에 의해 개념화된다고 주장한다. 우리가 직접적으로 감정을 표현하더라도 그것은 우리의 '몸'을 기반으로 '뇌-마음'이 연동하여 표출되는 것이며, 그 과정은 은유적이고 무의식적이다.

개념적 은유 이론에서는 분노를 '펄펄 끓는 그릇 속의 액체나 가스' 혹은 '마음속의 타오르는 불(꽃)'으로 은유한다.[13] 인간의 몸은 그릇이고 분노 감정은 몸이라는 그릇에 담겨져 있는 뜨거운 열이나 끓는 액체(가스)이다. 그릇에 열이 가해지면 용기 안에는 압력이 증가할 것이고, 그러한 압력이 제어되지 못하고 임계점을 넘어선다면 폭발할 수밖에 없게 될 것이다.

흔히 '화(분노)가 머리끝까지 났다'거나 '화(분노)가 치밀어 오르다' 혹은 '열통 터지다'라는 한국어의 관용적 표현은 이와 같은 분노의 특성을 잘 보여준다. 분노는 인간의 육체 속에 담겨져 있고, 열이나 기운이 상승하는 상향성의 것임을 보여준다. 이처럼 우리는 분노를 개념적으로 이해하기 이전에 이미 일상적으로 신체성에 기반하여 파악한다.

레이코프와 쾨벡세스는 분노(화)에 대해서 연구하면서 좌측의 통속적인 인지모형을 제안한다.[14] 우측은 킹King에 의해 제안된 중국의 분노 모형이다.[15]

1. 불쾌한 사건의 발생	1. 불쾌한 사건의 발생
⇩	⇩
2. 분노(화)가 유발됨	2. 분노(화)가 유발됨
⇩	⇩
3. 분노(화)의 통제 시도	3. 분노(화)의 통제 시도
⇩	⇩
4. 분노(화)의 통제 상실	4. 분노(화)의 분출
⇩	⇩
5. 보복 행위(화난 행위)	5. 마음의 평정 회복

분노의 존재론적 위상으로부터 힘으로 표출되는 과정은 '원인 → 힘의 형태를 하고 있는 분노(화)의 존재 → 통제 시도 → 통제 상실 → 표출'의 구조이다. 분노는 '원인 → 힘 → 표출'의 구조를 이룬다.[16] 이 단순한 인지모형은 분노가 어떻게 나타나고 표현되며expressive, 통제되지만 그럼에도 표출될 수밖에 없음을 알려준다.

이와 같은 분노의 인지모형에서 마음의 평정과 관련하여 분노 표출에 주목할 필요가 있다. 서구적인 모델의 경우, 5단계에서는 분노를 유발한 대상에게 일종의 보복 행위로써 화난 행위를 한다. 이 화난 행위는 억압되었던 감정을 해소하는 단계일 수도 있다.

킹King이 제안한 중국의 모델은 4단계에서 5단계에 이르는 과정이 마음의 평정을 찾아가는 과정이라는 것을 보다 명시적으로 보여준다. 분노의 발산은 행동으로 표현되고, 이 분노 행동을 통해 분노감정은 재귀적으로 경험된다. 분노를 야기한 원인 제공자에게 분노를 표출함으로써 감정의 불균형 상태를 균형의 상태로 전환시키는 것이다. 5단계는 감정이 균형을 유지하는 마음의 평정 상태로 전환되었음을 의미한다.

이와 같은 분노(화)의 모형을 통해서 발견할 수 있는 점은 첫째, 분노의 발생 과정이 순차적인 시간적 단계를 밟는다는 것이다. 그리고 이 단계적 과정은 인과적causal이라는 점을 보여준다. 둘째, 분노(화)는 우리 몸의 보편적 자질에 의해 영향을 받는 인간 개념화의 산물, 곧 몸과 마음이 이원적으로 분리되지 않은 온전한 인간의 신체성을 전제로 한 개념이라는 것이다. 분노가 치밀어 오를 때, 혈압이나 체온이 상승하는 것처럼 분노는 신체화의 산물이며, 신체의 변화는 다시 분노 감정에 재귀적으로 작용한다.[17]

분노와 관련해서 볼 때, 우리의 몸은 마치 그릇처럼 분노를 담고 있다고, 감정으로서의 분노는 '그릇 안'에서 '그릇 밖'으로, 그리고 '아래에서 위로' 분출되는 '안-밖'과 '상-하'의 위치 도식을 갖게 된다. 위치 도식은 힘의 우열 관계를 상징적으로 보여준다. 따라서 분노에 대해 사유하기 위해서는 우리는 근본적으로 안-밖, 상-하의 위치가 갖는 힘의 관계를 이해해야 한다. 분노의 본질이 어떠한 원인에서부터 비롯되었는가를 파악해야 하고, 그러한 분노가 힘의 관계에서 어떻게 작동되는가를 이해해야 한다. 분노를 사유하는 것은 곧 권력의 장을 사유하는 것과 다르지 않다.[18]

생존을 위한 분노

원숭이는 왜 화났을까

장자는 화가 난 원숭이의 이야기를 조삼모사朝三暮四의 고사로 전해

준다. 원숭이는 어째서 분노했을까?[19] 고대적 사유를 기록한 문헌에는 원숭이에 관한 이야기가 많이 등장한다. 원숭이는 재빠르게 움직이고 영리하게 행동하기 때문에 의인화하여 인간의 감정이나 태도를 보여주는 소재로 쓰인다.

『세설신어』에서는 장기가 끊어질 정도의 내상을 주는 극도의 아픔을 '단장斷腸'으로 기록하고 있다. 이것은 새끼 원숭이를 잃은 어미 원숭이의 슬픔을 모티프로 한다. '부처님 손바닥 안'에서 어리석은 행동癡을 하는 『서유기』의 손오공도 원숭이다. 손오공은 불법佛法을 수호하는 존재이자 잔꾀와 산재주를 부리면서 폭력적으로 행동하는 원숭이의 양가적인 면모를 보여준다. 불교에서는 '마음은 원숭이와 같다心猿'라고 하여 잠시도 안정되지 않고 번잡하게 일어나는 망상과 잡념을 비유한다.[20] 그래서 종잡을 수 없는 마음과 분주한 생각을 심원의마心猿意馬라고 한다.[21]

장자는 조삼모사를 통하여 원숭이의 심리적 반응에 관한 내용을 은유적으로 기술하고 있는데, 『열자』의 「황제」편에도 유사한 내용이 실려 있다.[22]

> 생각을 이리저리 수고롭게 하여 하나로 만들려고만 하고 그것이 본래 동일한 것임을 알지 못하는 것을 '조삼'이라고 한다. '조삼'은 구체적으로 무엇을 말하는 것인가? 원숭이를 좋아하는 저공이라는 사람이 원숭이들에게 도토리를 주면서 말했다. "아침에 세 개 주고, 저녁에 네 개를 주마." 그러자 모든 원숭이들이 성을 내면서 난리를 부렸다. 저공이 다시 말했다. "그러면 아침에 4개를 주고, 저녁에는 3개를 주마." 그러자 모든 원숭이들이 다 같이 기뻐하였다. 명목과 실제가 다르지 않았음에도 기뻐하고 분노하는 감정이 달랐으니, 이 같은 이유 때문이다.[23]

저공이라는 사람은 오랜 동안 원숭이를 사육한 경험이 있어 원숭이의 심리를 잘 알고 있다. 그는 원숭이의 개체수는 늘어나고, 먹이가 부족해지자 먹이의 양을 조절할 것을 제안한다. 이 '조삼모사'의 고사는 얄팍한 속임수를 쓰는 상황에 대한 교훈적 메시지를 주는 것으로 인용된다.

그러나 이 고사의 의미맥락은 세간의 해석과는 차이가 있다. 장자는 원숭이들의 분노 감정 표출에 대하여 큰 틀에서 문제 삼는다. 아침에 3개, 저녁에 4개의 선택지와 아침에 4개, 저녁의 3개라는 선택지 사이에는 차이가 없는데, 원숭이들은 어째서 화를 냈고, 또 왜 기뻐했을까? 장자는 조삼모사라고 하는 고사를 통해 일반적인 우리들의 선택을 풍자하고 있다. 모든 판단에는 모순과 대립이 혼재된다. 하지만 긴 안목으로 볼 경우, 얻고 잃는 총합은 달라지지 않는다. 장자는 삶이나 선택을 하나의 연속적인 시간으로 볼 것을 권한다.

그러나 이러한 인식은 장자의 것이다. 원숭이는 두 선택지에 분명하게 반응한다. 원숭이들은 전체적인 총합이 같다고 하더라도 기약할 수 없는 시간보다는 지금 당장의 이익을 우선시한다. 실현여부를 알 수 없는 미래의 충족감을 위해 현재의 만족감을 포기하라는 요구에 대해서 화를 내고 아우성을 치는 것은 어찌 보면 당연하다.

긴 진화의 역사를 통해서 원숭이는 자신의 생존에 유리한 방향으로 생태계에 적응하여 왔을 것이다. 그렇기에 야생생활에서의 생존 방식에 대한 유전적 기록은 원숭이의 뇌 속에 전달되어 있을 터이다. 상상하건대, 원숭이는 먹이 획득 상황에서 최대한 많은 양을 확보하는 것이 생존에 이롭다는 것을 경험적으로 인지하고 있었을 것이다.[24] 그것은 야생이 아닌 우리에 갇혀 사육되더라도 달라질 수 없는 생물학적 본능이다.

그렇다면, 인간의 경우에는 어떠할까? 이 고사가 끊임없이 회자되는 것은 앞서 언급한 것처럼 얄팍한 속임수에 빠지는 사람들이 많다는 것을 보여준다. 장자와 같이 반성적인 사람이라면 모를까, 대다수의 사람들은 국면적 상황에 민감하게 반응한다. 다마지오Antonio Damasio에 따르면, 모든 생명체는 자동으로 자신의 문제를 해결할 수 있는 설계된 도구를 가지고 태어난다고 한다.[25] 눈앞에서 벌어지는 현재적 상황에 대해서 판단의 즉각성은 무의식적인 경우가 많으며, 그것은 정서적 경험과 연결되어 나타난다. 숙고가 결여된 정서적 판단은 그래서 이성적인 판단의 도움이 요청되는 점이 있기도 하다.

정서에 의한 판단이 일정한 한계가 있지만, 이러한 정서는 두뇌와 신체 활동이 결합된 신체화된 감정이다. 마뚜라나와 바렐라[26]는 인지 능력에 대한 생물학적 뿌리에 대해 탐색한다. 인간의 뇌 작용과 정서의 연관성을 탐구하는 다마지오를 비롯한 인지생물학자들이나 언어와 인지를 경험적 관점에서 탐구하는 레이코프와 존슨[27] 등의 영미 체험주의자들은 정서뿐만이 아니라 이성의 신체적 근거embodied reason를 주장한다.

특히 다마지오의 경우, 정서와 느낌의 근거에 대해 탐구하면서 데카르트를 비판하고 스피노자를 적극적으로 옹호한다. 그는 스피노자가 개체의 자기 보존을 위한 무의식적 의지나 분투의 개념으로 사용한 코나투스를 적극 인용하여 항상성homeostasis 개념으로 대체한다. 스피노자의 코나투스를 다마지오는 "생명체가 신체 내부의 조건이나 외부 환경의 조건에 직면했을 때 생존과 안녕을 추구하도록 만드는 생물의 뇌 회로에 자리 잡고 있는 경향의 총합"[28]으로 본다. 그렇기에 그는 코나투스를 생명체의 조절과 조절된 삶의 상태를 유지하기 위한 생물학적 능력인 항상성으로 전환시키면서,[29] 생명체의 건강wellness과 안녕well-being을 위한[30] 삶의 분투로 파악한다.

다마지오에 따르면, "코나투스는 위험과 가능성 속에서 자기 자신을 보존해 나가고자 하는 원동력과 수많은 신체의 부분들을 하나로 유지시켜 주는 수많은 자기 보존 활동"이자 "생명체가 성장하고, 각 부분을 구성하는 물질이 새로워지고, 나이를 먹음에 따라서 생명체의 몸은 변형transform을 겪게 되지만, 생명체를 계속해서 동일한 개체로 유지시켜 주고 동일한 구조적 설계를 존중"하는 분투요, 노력이며 경향이다.[31]

정서는 코나투스처럼 생명활동의 건강(생명)과 안녕을 도모하는 방향으로 작동한다는 점에서[32] 다마지오는 정서를 본질적으로 합리적이라고 본다.[33] 합리적이라는 것은 명백한 논리적 추론에서 나타나는 합리성을 말하는 것이 아니라 정서를 드러내는 생물에게 유리한 행동이나 결과를 가져온다는 의미이다.[34]

심리철학자인 로널드 드 수사Ronald de Sousa의 경우도, 정서를 이성과 더불어 철학의 공통적 뿌리로 간주한다. 그래서 정서와 이성은 대립적 관계가 아니라고 본다. 그는 정서가 합리적인 믿음, 욕망, 의사결정 등의 문제에 이성과 더불어 해결책을 제시한다고 주장한다. 이러한 관점은 정념으로부터 해방된 이성적인 삶, 곧 파토스pathos가 아닌 아파테이아apatheia를 최고의 가치로 삼는 스토아적 이상과는 거리가 멀다.

어찌되었건 원숭이가 두 선택지를 구분한 것은 하나의 선택지가 자신에게 불리하다고 판단했기 때문일 것이다. 그것은 다마지오가 정서를 정의한 것처럼, 원숭이가 자신의 분노를 표출함으로써 자기 생존의 유익함을 추구한 방식이라고 해석할 수 있다. 자신의 이익을 침해한다고 인지하게 될 경우, 그것에 저항하는 방식이 분노라는 점이다. 분노의 발생은 이익을 타툴 때, 빈번하게 나타난다. 그 이익에는 물질적인 것뿐만 아니라 정서적이고 의식적인 것도 포함한다.

분노의 동역학

인크레더블 헐크

헐크는 80년대 TV 시리즈물에 등장했던 캐릭터였다. 자신이 공격받거나 불의한 상황에서 참을 수 없을 정도로 분노하게 되면 평범한 사람에서 괴물로 변하는 두 얼굴의 사나이였다. 이 헐크라는 소재는 2003년 리안Lee Ang 감독에 의해 영화화 되었고, 2008년에는 루이스 리터리어Louis Leterrier 감독에 의해 인크레더블 헐크The Incredible Hulk(2008)로 제작되어 공개된다. 여기서는 과학자 브루스 배너가 방사능에 노출되고, 이 과정에서 분노를 통제할 수 없게 되면 녹색 괴물 헐크로 변하게 된다.

헐크라는 괴물의 소재가 비상식적인 설정임에도 TV 드라마뿐만 아니라 두 번에 걸쳐 영화화 될 수 있었던 이유는 무엇일까? 나는 무엇보다 현대인이 갖고 있는 분노에 대한 두려움 때문이라고 본다. 헐크의 탄생은 그 존재의 기괴함만큼이나 인간이 지닌 분노의 총량이 가공할 정도로 파괴적일 수 있다는 점을 상징적으로 보여준다.

헐크로 은유된 분노는 '몸은 감정을 담는 그릇'과 '분노는 그릇에 담긴 내용'이라는 두 가지 개념적 은유의 형태이다. 즉 '액체가 담긴 그릇'은 '분노(화)한 사람'이며, '그릇 속의 액체'는 '분노(화)'이다. '액체가 그릇'에 가하는 압력은 '분노(화)'가 분노한 사람에게 가하는 힘이며, '액체가 그릇 밖으로 나오는 것'은 '분노(화)의 표출'이다.

그렇다면, 헐크는 어떻게 평범한 인간으로 복귀하게 될까? 영화적 설정에 따른다면, 평범하지는 않지만 그래도 인간인 브루스 배너는 자발적 의사와 관계없이 부당한 상황에 놓이거나, 또는 타자가 정당하지 못한 처우를 받을 때 분노가 폭발한다. 분노가 폭발하면 전혀 다른 인격체로 변해버리지만, 그럼에도 헐크는 분노가 폭발하기 전의 자신이 해야 하는 소임을 다한다. 일반적으로는 마치 '액체를 그릇 속에 붙들어 두려는 시도'처럼 화(분노)를 통제하려 하지만, 헐크는 다르다. 그는 인간에서 괴물 헐크로 변하게 했던 분노의 원인을 제거하는데 충실하기 때문이다.

분노의 원인이 사라지면 헐크는 다시 인간으로 복귀한다. 여기서 분노의 원인이 제거되면 복귀할 수 있다는 설정을 뒤집어 보자. 만일 분노의 원인이 제거되지 않았다면 어떻게 될까? 아마도 그는 평생을 괴물로 떠돌게 될 것이다. 분노는 전환의 기제를 찾지 못한다면 증폭될 수밖에 없다. 증폭되는 분노는 증오와 폭력의 괴물을 만든다. 이렇게 보면, 마음의 평정에 이르는 일련의 흐름은 괴물조차도 극복할 수 있게 만드는 인간화의 역량이다.

사실, 분노는 실천적인 층위에서 분명 제어하기 힘든 고통스런 감정이다. 분노는 여타의 감정과 다르게 그 지시 대상이 분명하기 때문에 분별로 인한 힘겨움이 증폭되는 감정이다. 분노로부터 야기된 대상에 대한 분별심은 강렬한 마음의 동요를 일으키고 해소되지 않는 집착과 갈등을 낳기도 한다. 그래서 이 분노의 감정은 평정심과 양립 불가능하다. 그렇기 때문에 다양한 사상가와 종교가들은 이러한 고통스러움의 근원을 직면하여 평정심의 상태로 전환하고자 하였다.

분노에서 평정심에 이르는 과정은 헐크라는 '분노의 괴물'이 인간으로 귀환하기 위해 치러야만 하는 싸움만큼이나 힘겹다. 그 사례를 선불교와 장자의 우화를 통해 확인해 보자. 선불교의 심우도尋牛圖 혹은 십우도十牛圖, The ten pictures는 분노에서 마음의 평정에 이르는 전-과정을 은유적으로 보여준다. 마음을 소로 은유한 이 개념적 은유는 레이코프와 존슨이 『몸의 철학』에서 제안하고 있는 '목적 있는 삶은 여행'이라는 은유의 형식을 취하고 있다.

심우도의 3-4 단계가 격동하는 마음에 대한 은유라면, 1-2 단계는 마음이라는 흔적을 찾아가는 은유를 보여준다. 1단계는 마음이라고 하는 소를 찾는 심우尋牛, Looking for the Ox이다. 가시적으로 볼 수 없는 마음을 가시적인 소로 은유하여 찾아 나선 1단계에 이어서, 소의 흔적을 발견하는 2단계 견적見跡, Noticing the Footprints이 제시된다. 3단계에서는 비로소 소(마음)를 발견하게 된다. 길들여지지 않으려는 마음의 거친 상태, 곧 분노의 상태를 상징적으로 보여주는 것이 3단계 견우見牛, Catching Sight이다. 4단계에서는 소(마음)를 얻게 되는 득우得牛, Getting Hold of the Ox의 과정을 보여준다. 잡혀서 끌려가지 않으려는 소로 은유된 마음이 격동하는 시기이다. 그러나 분요한 저항의 마음은 5단계에서 안정을 찾게 된다. 그것이 목우牧牛, Taming the Ox이다.

4단계에서 5단계에 이르는 시기의 심적 변화의 상태는 그림으로 표현된 소의 색이 변한다는 점에서도 확인된다. 그러나 자기의 소유로 확인하였던 소(마음)를 가지고 집으로 돌아오는 6단계 기우귀가騎牛歸家, Riding home를 거쳐, 7단계에서는 찾았다고 하던 소도 잊게 되고忘牛存人, Ox vanished, herdsman remaining, 8단계에서는 소뿐만이 아니라 자기 자신도 잊게 된다人牛具忘, Ox and herdsman vanished. 그렇게 소유와 집착이 사라진 자리인 9단계에서는 본연의 세계가 그대로 드러나게 된다返本還源, Returning to the Source. '산은 산이요, 물은 물일세'라고 하는 여실한 각성의 상태가 바로 9단계이다. 여기서 머물러도 될 터이지만 선불교의 대중적 염원은 그러한 자신의 깨달음을 중생들에게 전하고자 하는 발원으로 나타나 시장의 속세로 들어가게 된다. 그것이 10단계인 입전수수入鄽垂手, Entering the Marketplace이다.

이렇게 보면 불교에서 제시하는 참다운 깨달음은 별다르게 특별한 무엇을 추구하는 것이 아니라 자신을 여실하게 직관하는 것이다. 그러나 여실하게 알지 못하기 때문에 방편적으로 소유와 집착의 분요한 마음을 어떻게 극복할 것인가를 가르친다. 즉 탐진치貪瞋痴의 삼독三毒을 비워내는 것이 평정심에 이르는 한 방편임을 제안한다. 삼독의 하나인 진瞋이 바로 분노의 감정이다.

분노로부터 평정심에 이르는 또 다른 사례는 장자의 목계지덕木鷄之德에서도 발견된다.[35] 목계는 나무로 만든 싸움닭이다. 생명도 없는 나무로 만든 싸움닭은 어떤 덕을 가지고 있는가? 장자는 어째서 나무로 만든 싸움닭을 평정심의 사례로 들었을까?

장자는 닭싸움과 관련한 고사를 들려준다. 주나라의 선왕이 닭싸움 구경하는 것을 좋아하여 싸움닭 조련사에게 자신이 구한 닭의 훈련을 명한다. 자신의 닭이 닭싸움에 나가는 것을 기다리던 왕은 열흘이 멀다하고 닭이 싸울만한지 확인한다. 그러자 기성자라는 조련사는 닭이 교만하기 때문에 출전할 수 없다 하고, 상대방에 쉽게 반응하기 때문에 안된다 한다. 그리고 다시 상대를 보는 시선이 공격적이어서 아직도 멀었다고 한다. 어느 순간 닭이 상대에 대해 반응하지 않게 되자, 그제야 최고의 싸움닭이 되었다고 평가한다. 기성자는 투계鬪鷄를 평가하면서 그 닭이 '완전히 마음의 평정을 찾아 마치 목계같다'고 한다.

이 우화는 물고물리는 격렬한 싸움이라는 감정적 고양상태에서 상대를 제압해야 할 싸움닭의 조건을 제시한다. 장자는 격한 싸움닭의 최고 조건을 평정심에서 찾고 있다. 자신감과 강렬한 힘을 표시하는 것은 오히려 흥분한 상태이므로 냉철하게 싸움을 수행할 수 없게 만든다. 그래서 장자는 감정적 동요를 반복적인 훈련에 의해 극복할 것을 요구한다.

장자의 목계는 격분한 동動의 감정 상태가 쉽게 조절되고 통제될 수 없지만, 그것을 넘어설 때 새로운 존재로의 변이가 가능하다는 것을 보여준다. 새로운 존재의 탄생은 흥분과 격동의 상태에서 허虛와 정靜을 통해 자기 자신을 재정향하는 내면화의 과정이다. 이 과정은 분노에서 평정심에 이르는 것과 다르지 않다. 정서조절 장치의 활성화를 통해 평정 상태에 도달하는 것이다.

평정심의 상태에서 싸움닭은 이전의 상태와 달리 기품을 지니게 된다. 그 수행의 과정에는 내적 상태의 변화뿐만 아니라 기질적 변화까지도 수반한다는 점을 보여준다. 장자는 생명체의 활동성이 정지된 비활성의 나무로 된 싸움닭을 통해 역설적으로 강력하고 역동적인 '역량'의 탄생을 제안한다.

평정심과 증오

분노의 동력은 어떻게 작동할까

평정심이 특정한 사람들에 의해 전유되는 것이 아니라면, 그것은 적어도 신비의 영역이 아니라 경험적 차원에서 접근 가능해야 하고, 아울러 설명 가능해야 한다. 몸철학의 관점에서 마음은 본유적으로 신체화되어 있고, 사고는 대부분 무의식적이며, 추상적 개념은 대부분 은유적이다. 마크 존슨의 경우 마음이란 "몸의 경험이 은유를 통해 추상화 하는 과정"[36]이라고 정의한다. 그는 몸으로부터 분리된 '순수한 마음'은 존재하지 않는다는 입장이다. 우리가 '마음'이라고 부르는 것은 신체적 층위의 경험에 근거하여 갖게 되는 정신적 층위의 경험이다.

정서적 표현상의 조절을 통해 마음의 평정은 유도된다. 분노를 가라앉히는 과정은 일종의 감정적 균형 상태를 의미한다. 감정적 균형 상태는 감정(마음)의 평정 상태이다. 성숙한 자아란 동요하지 않는 마음과 같으며, 이 마음에 의해 또 다른 감정이 조절된다. 여기에는 반복적인 훈련의 과정이 필요하다. 분노로부터 마음의 평정이 가능한 이유는 바로 이와 같은 성숙한 방어기제로서 정서적 조절 작용이 순기능적으로 작동하고, 그에 따른 신체적 변화가 인지적으로 재구성되기 때문이다.

마음의 평정은 조절과 억제라는 방어기제가 작동한다는 점에서 평가적이다. 평가적이라는 것은 합리적인 판단을 전제로 한다. 합리적인 판단은 곧 인지적 요소가 개입한다는 것을 의미한다. 인지적 요소가 정서적 층위와 결합되면서 뇌뿐만 아니라 신체의 신경시냅스를 활성화한다. 이런 점에서 다마지오는 이렇게 말한다.

> 인간은 특정 대상과 특정 정서 간의 관계를 자각하고 어떤 대상과 상황을 우리의 환경에 허락하느냐, 그리고 어떤 대상과 환경에 우리의 시간과 관심을 쏟아 붓느냐를 결정함으로써, 고의로 자신의 정서를 조절하고자 노력할 수 있다. 예를 들어 우리는 상업 방송을 보지 않기로 결정하고 지성인의 집에서 상업 방송을 영원히 추방하자고 촉구할 수도 있다. 특정 정서를 일으키는 특정 대상과의 상호 작용을 통제함으로써 우리는 우리의 생명 절차에 대하여 어느 정도 통제력을 행사할 수 있고 우리 자신을 좀 더 높거나 낮은 조화 상태로 이끌 수 있다. 이것은 바로 스피노자가 바랐던 것이다. 우리는 실제로 정서적 기구의 전제적 자동성tyrannical automaticity과 무심함mindlessness을 억누르고 뛰어넘을 수 있다.[37]

다마지오는 인간이 격분이나 분노를 야기하는 특정한 대상과 상호 작용을 통해 감정을 조절하고 통제할 수 있는 능력을 가지고 있다고 주장한다. 우리가 소위 성인이라고 부르는 사람들은 대부분 자기 자신과 대상과의 관계를 조절하고 통제할 수 있는 능력을 지녔던 이들이다. 인간은 자발적이고 의지적으로 정서적인 진행 과정에 개입함으로써 생명의 안녕과 항상성을 고양시킬 수 있다.

나는 분노의 역동적인 에너지가 타율적 체계로부터 자율적 체계로 전이하게 되는 그 계기적 순간을 평정 혹은 평정심의 상태로 본다. 이것은 마크 존슨이 말하는 것처럼 '서사적 프레임'이 확장되는 것이다. 이러할 때, 인간의 정서적 힘은 창조적 에너지로 작동 가능하게 된다. 마음의 평정은 마치 영화 『매트릭스Matrix』에서 주인공인 네오가 이 세계가 비대칭적임을 발견하는 과정과 같다. 이 세계가 곧 매트릭스의 세계라는 발견적 지평은 마음의 평정에서 가능한데, 마음의 평정이란 세계의 균열을 직접적으로 체험하는 것이다. 그 과정은 그래서 이 세계가 0과 1로 조합된 가상의 환幻이라는 것을 보여준다. 가상의 환영을 깨고 여실如實하게 세계상을 보게 되기에 날아오는 총알도 피할 수 있게 된다. 총알의 움직임을 본다는 것은 총알보다 빠르게 감각적으로 대응할 수 있는 능력이 있음을 말한다.

분노에 의해서 시작된 마음의 여정은 타율적 체계를 넘어서 자율적 체계로 이동하게 해야 한다. 자율적 체계에서 존재의 대화가 가능하게 된다. 그러한 대화가 가능한 상태가 평정의 상태이다. 대화가 가능하지 않은 상태는 존재의 단절, 곧 이해의 단절이다.

그러나 분노가 평정심에 이르지 못하고 왜곡될 경우에는 어떻게 될까? 왜곡된 분노는 파괴적인 증오심을 낳게 된다. 감염된 마음의 격분과 저주는 증오의 연쇄를 만든다. 그러한 감정은 호전적인 폭력을 야기한다. 나는 '모든' 폭력의 행사를 거부하는 것은 아니다. 오히려 시위와 집회를 잠재적 폭력으로 규정하면서 '반폭력'을 부르짖는 황색언론yellow journalism과 구호화 된 도덕주의를 경계한다. 급진적인 인권 운동가였던 맬컴 엑스Malcolm X는 폭력이라는 단어를 사용하여 '억압되고 감춰진 적대성'을 드러낸다. 오히려 문제가 되는 것은 폭력 그 자체가 아니라 적대성의 억압과 은폐이며, 그것은 증오로 돌아온다는 점에서 큰 심각성을 초래한다.[38]

분노는 분명 지시 방향이 뚜렷하게 있음에도 왜곡될 경우, 그 방향성을 잃고 불특정 다수에게 향하게 된다. 분노로부터 증오로의 전이는 잔혹한 폭력을 불러온다. 대표적으로 증오범죄hate crime의 유형이 그러하다. 사회적 약자를 대상으로 하는 이유 없는 증오는 타자에 대한 동일시 과정이 생략되어 있어서 잔인하다. 여기에는 인종적 우월주의와 분리주의가 포함되고 종교적 편견도 포함된다. 이러한 잔인함과 잔혹함에는 타자를 인정하지 못하는데서 기인하는 공포와 불안 그리고 두려움이 깊게 깔려있다. 이러한 현상은 낙樂이 없고 희망이 없음에서 확대된다. 자신이 기반한 삶에 대해 희망을 찾을 수 없는 이들은 이미 자신들이 저항해야 할 분노의 대상을 상실한다. 목표를 상실한 증폭된 감정은 증오심으로 변하여 불특정 다수를 대상으로 한 폭력을 행사하게 된다. 그 대상은 처참한 희생양이 된다.[39]

증오는 자기 자신에 대한 지나친 사랑 즉 집착을 통해서 발생하기도 한다. 자기애는 목표 잃은 사랑처럼 닿을 수 없는 나르시소스Narcissus를 향한다. 닿을 수 없는 물속의 자아를 향하는 연민과 사랑은 점차 울분으로 바뀌고, 닿지 못함에 그 대상을 무화하여 타자를 대상으로 삼게 된다. 비극은 거기에서 시작된다. 분노가 평정심에 이르지 못한 경우 원한, 나아가 그로 인한 증오의 감정이 자신뿐만 아니라 한 사회 전체를 파멸로 몰아넣는 강력한 힘으로도 작동될 수 있다. 이러한 점에서 과도하게 증폭된 분노는 조절되어야 하는 당위가 성립한다.

분노를 사유한다는 것

불안한 현실에서 '몸-마음'으로 분산된 분노를 조절할 수 있는 치유 프로그램이 힐링healing이라는 이름으로 성행하고 있다. 분노를 조절하여 고통스럽고 상한 마음을 치유하는 것Healing for Damaged Emotions은 분명 필요하다. 그러나 현재 한국사회에 넘쳐나고 있는 치유로서의 힐링 열풍이 정작 결여하고 있는 것은 무엇일까? 그것은 아프고 힘겹다는 개인적인 현상성에 주목하고 정작 그러한 힘겨움을 생산해 내는 관계나 구조에 대해서는 도외시 한다는 점이다.

분노에 대한 사유는 힘겨움을 야기하는 관계나 구조에 대한 사유로부터 시작한다. 우리는 분노를 야기하는 고통스러움의 근원이 어디에서 비롯되는가를 사유해야 한다. 관계적 사유가 가능할 때, 맥킨타이어Alasdair MacIntyre의 통찰처럼, 삶에서 우리는 항상 제약 속에 놓여 있다는 점을 인정하게 된다. 나의 변형은 '가능성들을 제약하는 맥락 안에서만 가능하다'는 것을 수용해야 한다.[40] 도덕적 숙고와 상상력을 통하여 인식주체와 객체가 근본적으로 얽혀있음을 깨닫는 것은 곧 나의 몸과 마음은 인식 주체이자 인식의 객체라는 각성이다. 인식이란 세계를 묘사하고 반영하는 것이 아니라 세계를 적극적으로 구성하는 과정이다.

이러한 측면에서 고통스러움의 근원에 대한 자각을 통해 그 실체를 확인하게 될 것이다. 그 실체는 경우에 따라서는 자기 자신일 수 있고, 타인일 수 있으며, 사회의 조직과 제도일 수도 있다. 그러한 확인을 통해 자신과 타인에 대한 관계를 다시 설정할 수 있게 된다. 그러할 때, 우리는 분명 무엇인가에 다가서게 된다.

아내의 부정을 목격한 처용과 샤푸리아르 왕의 증폭되는 감정적 분노는 동일한 듯하지만 두 사람의 분노 표현은 너무도 다르다. 샤푸리아르 왕은 밤마다 여자와 동침하고 아침에는 여자를 참혹하게 죽이는 행위를 반복[41]하는 반면, 처용이 문밖에서 춤을 춘 것은 어째서 그랬을까? 『레미제라블』에서 장발장은 자신을 가둔 세상에 분노하지만, 정작 자베르 경감에게 복수할 기회를 얻었음에도 그를 놓아 준 것은 어째서일까?[42] 『분노의 포도』에서 샤론이 지옥같은 삶의 현장에서 아이를 사산死産했음에도 굶주린 노동자에게 자신의 젖을 물리는 마음[43]을 어떻게 이해해야 할까?

삶은 서사적으로 구성되고, 도덕적 숙고는 서사들에 의해 구조화 된다.[44] 계기적 사건의 구조가 의미를 창조하는 순간은 분노를 넘어서는 또 다른 각성을 요구한다. 분노를 통해 평정에 도달할 수 있지만, 분노 그 자체가 평정일 수는 없다. 행위의 서사적 맥락은 새로운 자기 이해를 추동한다. 분노의 상태에서 타자의 생명성을 자신에게서 발견하는 공존의 지평은 마음의 유연성으로 드러난다. 마음의 유연성은 분노로부터 다른 방향에서 사유하고 느끼고 행위하게 만든다. 분노에서 평정심으로의 과정은 곧 고통스러움에서 증오로 치닫는 방향을 틀어 자비와 사랑의 마음으로 전환하는 과정이다. 따라서 평정심은 생명을 살리는 힘이어야 한다.

평정심은 단순히 마음이 안정되었다는 것만을 의미하지 않는다. 평정 혹은 평정심은 결과로써 주어지는 안정된 감정의 최종적 단계를 의미하지 않는다. 이 평정심은 또다시 깨어질 수도 있으며, 활성화된 최적의 상태에서 새로운 국면으로 전이될 수도 있다. 평정심은 마음의 전 과정상에서 발견될 수 있는 하나의 '상태적 국면'이다. 이 상태에서, 왜곡된 장애에 의해 가려졌던 바탕을 확인하고 만나야 한다. 바탕을 구성하고 있는 것들을 여실하게 보고, 느껴야 한다.

이 완결되지 않은 상태적이면서 과정적인 국면은 일종의 존재 체험의 과정이다. 존재는 그 자체로 드러나며, 부분이 아닌 전체로서 나타난다.[45] 이러한 경험을 통해 삶은 새롭게 재구성되며 이전과는 다른 의미가 구축된다. 분노를 통해 평정심을 실천적으로 사유하는 것은 적어도 잔혹한 극단적 폭력을 지양하고 공생과 공존을 위한 삶의 서사로 전환시키기 위한 노력이다.

제3장

사랑: 무엇을 의미하는가?

사랑의 단층들

유학에서 인간의 기본적 감정(칠정) 가운데 하나로 간주하는 애愛는 현대 한국어로 사랑love으로 번역된다. 사실 사랑이라고 하는 우리말은 15세기 중세 국어에서 처음 등장하여 '사思 → 모慕 → 애愛'의 의미를 담아 변화하다가 현재에 이르고 있다.[1] 우리말 '사랑'의 역사성에는 애愛의 오래된 의미가 전승되고 있는 것이다. 그러나 오늘날 우리가 사랑이라고 말할 경우에는[2] 근대적인 낭만적 사랑romantic love의 의미가 주류를 이룬다.[3]

유학에서 통칭되던 '애'는 '사랑'의 의미를 담고 있지만, 영어 love로만 번역되지 않는다.[4] 애愛는 결합된 지시 대상에 따라 다른 의미 맥락을 갖는다. 이를테면, 애인愛人의 경우, 인人의 조건에 따라 애愛는 '사람을 사랑하다'라고 번역될 뿐만 아니라 '타인을 (안위를) 걱정하다' 혹은 '타인을 배려하다'라는 의미 맥락을 갖기도 한다. 즉 애인의 주체와 대상에 따라 애愛는 사랑, 관심, 걱정, 배려 등의 의미층위를 갖는다는 것이다. 그리고 애愛는 타인을 존경하는 감정이나 사물을 아끼는 감정 혹은 의례나 절차를 따르는 것을 즐거워하는 감정 등을 의미하기도 한다.

사랑의 복합적이고 다층적인 감성적 층위는 자기 성찰과 타인과의 관계성을 중시하는 유학의 기획자들에 의해서 추상적으로 사유된다. 유학자들은 사랑愛의 감정적 기반을 자신들의 철학적 개념과 결합하여 인仁, 충忠, 서恕, 의義, 애민愛民, 생의生意, 동포同胞 등과 같은 추상적 개념을 창출한다. 그리고 이러한 개념은 궁극적으로 사랑을 통해 인간과 우주자연이 합일된 통일적 장을 기획한다. 곧 하늘이라는 공간과 인간이 거주하는 지상의 분리는 통일적 기운, 곧 생명이 순환하는 사랑의 기운을 통해서 합일을 모색하는 것이다. 인간이 우주자연과 합일될 수 있다는 유학의 경험적 근거를 지지해주는 것이 신체화된 감정embodied emotion[5]으로서의 사랑이다.

나는 이 글에서 사랑은 변화하며,[6] 타자와의 완전한 결합을 요구하면서도 일정한 거리를 유지하려는 정서적이고 인지적인 복합적 관계 양상으로 파악한다. 이러한 관점을 유지하면서 레이코프와 존슨 등 체험주의experientialism[7] 학자들이 제안하는 '신체화된 의미 이론embodied theory of meaning'과 '개념적 은유conceptual metaphor'의 방법론을 적용하여 유학에서 사랑의 개념화 양상을 확인할 것이다.[8] 체험주의 철학은 우리의 모든 사고와 이해의 뿌리가 우리의 신체적 활동에 근거하고, 우리들의 복잡하고 추상적인 사고는 신체적 활동에 토대를 둔 은유적 확장을 통해 이루어진다는 입장을 갖는다.

이 글은 두 가지 주요한 논의 지점을 갖는다. 첫째, 유학에서 논의하였던 사랑을 '신체화된 감정embodied emotion으로서의 사랑'의 층위에서 고찰하고, 둘째, 사랑의 감정을 도덕적 기획을 통하여 추상적 개념으로 전환하여 사유하였던 유학적 기획이 갖는 의미를 해명한다. 셋째, 유학에서 사랑에 대해 논의했던 방식들은 현대적으로 어떻게 재해석될 수 있는가를 탐구한다. 이 글은 유학자들의 사랑에 대한 논의가 과연 '무엇을 해결하려 했는가?'로 귀결된다.

이 글이 다루는 범위는 『시경』에 나타나는 연애의 감정으로부터 공자(B.C.551~B.C.479)와 묵자(B.C.480?~B.C.390?), 맹자(B.C.372?~B.C.289?)에 이르는 사랑의 양상까지이다.

『시경』의 사랑

연애 감정으로서의 사랑

『시경』에는 총 305편의 시가 실려 있다. 흥미로운 것은 사랑의 감정을 노래한 시가 『시경』의 300여 편 가운데 1/3을 차지 한다는 점이다. 게다가 이 시들은 남녀의 그리움과 결합을 꿈꾸는 사랑의 감정을 노래한 것이 대부분이다. 그러나 『시경』에서 사랑의 감정은 애愛로 대표되지는 않는다. 『시경』에 애愛가 직접적으로 쓰인 사례는 5편 정도에 불과하다. 이 때, 애愛는 '사랑하면서도(그리워하면서도) 만나지 못하니'[9]와 같이 '그리움'으로 제시되지만, 경우에 따라서는 "어찌 나무가 아깝겠어요"[10]처럼 '아끼는 마음' 혹은 '인색함'과 같은 의미로 쓰인다.

『시경』의 첫 편인 〈관저關雎〉편은 사랑하는 대상을 찾고자 하는 열렬한 연애의 감정을 담고 있다.[11] 유가 경전을 대표하는 『시경』의 첫 페이지를 '사랑의 시'로 열고 있다는 것은 의미심장하다.[12] 이 시에서는 사랑하는 사람을 찾아 이리저리 떠돌아다니는 화자의 간절함이 '물수리가 우는 소리'로 청각화 된다. 『시경』의 대표적인 주해서인 『모시정의』에서 공영달은 〈관저〉편은 남편에게 '아리땁고 고운 아가씨'를 짝지워주려는 후비后妃(문왕의 부인)의 덕을 노래한 것이라고 설명한다. 왕의 부인이기도 하지만 한 사람의 여자이기도 한 후비가 남편에게 새로운 여자를 구해주면서 투기하지 않는 마음씨를 칭송한 것이라는 해석이다. 후비의 행위를 유가적인 도덕률로 묶으려는 이와 같은 주석가의 상세한 각주를 빌리지 않더라도, 시의 내용에 대해서 일반적으로 공감할 수 있다. 그러한 공감이 가능한 것은 이것이 '사랑을 구하는 노래'이기 때문이다.

關關雎鳩, 在河之洲. 구욱구욱 물수리가 황하 섬 속에서 울고 있네.
窈窕淑女, 君子好逑. 아리따운 고운 아가씨는 군자의 좋은 배필일세.

參差荇菜, 左右流之. 올망졸망 마름풀을 이리저리 헤치며 뜯고 있네.
窈窕淑女, 寤寐求之. 아리따운 고운 아가씨는 자나깨나 그리웁네.
求之不得, 寤寐思服. 그리어도 만나지 못나니 자나깨나 잊지 못하네.
悠哉悠哉, 輾轉反側. 그리움은 한이 없어 밤새 이리 뒤척 저리 뒤척.

參差荇菜, 左右采之. 올망졸망 마름풀을 여기저기서 뜯고 있네.
窈窕淑女, 琴瑟友之. 아리따운 고운 아가씨와 거문고 타며 함께하고 싶네.
參差荇菜, 左右芼之. 올망졸망 마름풀을 여기저기서 뜯고 있네.
窈窕淑女, 鍾鼓樂之. 아리따운 고운 아가씨와 풍악 울리며 즐기고 싶네.[13]

이 시는 물수리에 투사된 화자가 흐르는 강물에 떠다니며 자신의 짝을 애타게 찾는 '사랑의 여정'을 그리고 있다. 그러한 점에서 이 시는 '사랑은 여행'이라는 개념적 은유conceptual metaphor를 전반적인 기조로 하여 '결합', '채집', '그리움', '열병', '음악'과 같은 개념들이 은유적으로 배열되어 있다. '사랑은 여행'이라는 개념적 은유의 사례에서 보듯이, 사랑을 찾아가는 인생의 시간은 흐르는 물의 시간과 닮아 있다. 물수리가 흐르는 물에 떠다니듯이 화자는 흐르는 인생의 시간에서 사랑을 찾아 여행한다. 아리땁고 고운 요조숙녀는 사랑의 종착지이다. 사랑의 대상인 요조숙녀와 '접속'하고자 하는 열망의 강렬함은 고난과 역경을 극복하게 한다. 그러나 여행의 종착지에 다다르지 못하는 사랑의 불시착은 여행자로 하여금 열병을 앓게 만든다. 이런 점에서 '사랑은 열병'이며 '사랑은 뜨거움'이다.

그래서 2장에서는 자나 깨나 그립고, 그리워도 만나지 못하니 밤새 잠 못 이루고 뒤척인다. 깨어 있는 전의식의 상태는 대상에 대한 그리움으로만 지속되는데, 만일 잠이 든다면 그러한 그리움이 단절되기 때문에 밤을 지새우는 것이다. 3장은 그러한 사랑을 찾아 떠다니는 불면의 시간을 이기고 종착지에 도달했음을 상상적으로 보여준다. 요조숙녀와 금슬 좋게 함께 하고픈 열망은 음악으로 은유되어 실현된다. 음악은 조화로움을 상징하기 때문이다.

〈관저〉에서 보듯 사랑의 감정이 갖는 특성은 이처럼 모험과 여행을 떠나게 하는 '동력'이면서 동시에 잠을 못 이루게 하는 질병(열병)이기도 하다. 동시에 그러한 사랑의 대상을 찾는 사랑의 감정은 '대상'을 필요로 한다는 점에서 '결합'을 특징으로 한다. 이 시에서는 상상으로나마 대상과 '결합'을 꿈꾸고 있는데, 그것은 조화로운 음악을 만들어 내는 거문고와 비파, 종과 북으로 표현된다. 사랑의 결합이 가능하기에 '함께 할 수 있는 것'友이고, '즐길 수 있는 것'樂이다. 사랑을 찾아 떠났던 사건의 구조가 원만하게 종료되었기에 '성취'의 기쁨은 안정감으로 자리하게 된다. 사랑은 다양한 개념들의 층위를 통해 그 범주를 경험적으로 확장해 가면서 감정의 당사자에게 재귀한다.

이처럼 〈관저〉는 '사랑의 종착지를 향해 여행을 떠나는 여행자'라고 하는 개념적 은유 프레임을 근간으로 풍부한 서정을 여과 없이 드러내고 있다. 그러나 만일 사랑을 찾아가는 여행길에서 목적지에 도달하지 못했다면 어떨까?

采采卷耳, 不盈頃筐	도꼬마리 뜯고 또 뜯어도, 납작바구니에도 차지 못하네.
嗟我懷人, 寘彼周行.	아아, 내 그리운 님 생각에, 바구니도 행길 위에 내던지네.
陟彼崔嵬, 我馬虺隤.	높은 산에라도 오르려 하나, 내 말 병이 났네.
我姑酌彼金罍, 維以不永懷.	에라, 금잔에 술이나 따라 기나긴 수심 잊어볼까?
陟彼高岡, 我馬玄黃.	돌산에라도 오르려 하나 내 말 병이 났네.
我姑酌彼兕觥, 維以不永傷.	에라, 쇠뿔 잔에 술이나 부어 기나긴 시름 잊어 볼까?
陟彼砠矣, 我馬瘏矣	돌산에라도 오르려 하나 내말 지쳐 늘어졌고,
我僕痡矣, 云何吁矣.[14]	내 하인 발병 났으니 어떻게 하면 그대 있는 곳 바라볼까나?

이 시는 『시경』의 세 번째에 수록되어 있는 〈권이卷耳〉이다. 도꼬마리라는 1년생 풀을 뜯는 화자의 심경을 묘사하고 있다. 『모시』서에서는 이 시를 후비의 심정을 표현한 것이라고 해석한다. 그런데 흥미로운 것은 이 시의 전반적인 정서는 첫 편인 〈관저〉와 사뭇 다르다는 것이다. 사랑하는 사람을 찾고 그리워하는 애틋함은 〈관저〉와 다르지 않지만, 무언가 어긋나 있음을 탄식한다. 이 시도 '사랑은 여행'이라는 개념적 은유를 기본 프레임으로 설정하면서 '사랑은 채집', '사랑은 결합', '사랑은 그릇', '사랑은 질병'의 은유를 적용하고 있다.

1장에서 도꼬마리를 뜯는 행위는 일종의 여행의 시간으로 볼 수 있다. 그러한 '시간 여행'은 목적지에 도달해야 함에도 도달하지 못한다.

목적지는 바구니가 차는 것으로 은유되는데, 아직 화자는 여전히 바구니를 채우지 못한 '결핍'의 상태이다. 이것은 사랑하는 사람과 결합될 수 없다는 다음 장의 상황과 연결된다. 그래서 사랑하는 사람을 그리워하는 애닯픈 심정은 오히려 분노로 바뀐다. 바구니를 채우려 하지만 채우지 못한 바구니는 여전히 빈 상태로 남아 있다. 그것은 충족되지 못한 '사랑의 결핍'이다. 결핍은 충족을 원하지만, 그러나 그럴 수 없다는 현실은 '사랑의 슬픔'과 '사랑의 분노'를 불러 온다.

2장과 3장도 사랑은 목적지를 향해 가야 하는데, 그러한 여정은 '장애물'로 인해 목적지에 도달할 수 없음을 보여준다. 사랑하는 사람의 자취를 엿볼 수 있는 행위를 실현하고자 하지만 '말이 병이 나서' 어찌할 수도 없는 상황이다. 화자는 말을 타고 그리움의 대상을 찾아 떠나야 하는데, 말이 병이 난 것이다. 말이 병이 났다는 것은 곧 화자가 병이 났다는 것과 다르지 않다. 사랑하는 사람과 결합하려는 욕망은 결국 수포로 돌아간다. 그래서 갈망과 그리움은 오히려 '망각'을 위한 음주로 이어진다.

증폭된 사랑의 감정은 그 목적지를 상실하여 분노로 분출된다.[15] 애틋한 그리움만 나날이 쌓이고, 만남을 통한 결합의 가능은 사라졌기에 오히려 망각을 위한 도구를 찾는 것이다. 일종의 화풀이의 과정에서 술을 찾고 바구니를 내던지는 과격한 행위가 표출된다. 이러한 행위는 그 유형이 다르기는 하지만 조선시대 하서 김인후의 통음과도 유사한 경험적 지평에 있다.[16] 경험의 유사한 재현이 '차이 속에 반복'된다는 것은 이와 같은 감정이 인간의 신체적 공통성에 근거하고 있기 때문이다. 곧 '신체화된 감정embodied emotion'으로 표출되는 것이다.

『시경』에서는 일상에서의 직설적인 사랑의 감정이 가감 없이 드러나고 있음에도 공자는 "『시경』 삼백 편은 한마디로 생각에 사특함이 없다"[17]라고 평가하였다. 이와 같은 평가는 마르셀 그라네(1884~1940)와 같은 창의적인 해석가의 출현을 예견하게 하는데, 그라네는 고전적인 『시경』의 주석가들과 전혀 다른 방향에서 재해석한다. 그는 『시경』을 도덕적인 견지에서 보지 않고 감정의 측면에서 접근하여[18] "국풍의 시편에는 열렬한 연애 감정이 숨김없이 그대로 드러나 있다"고 평가한다.[19]

『시경』에서 확인되는 연애의 감정은 『예기』에서 말하고 있는 음식남녀飮食男女라고 하는 인간의 기본적인 욕구와 다르지 않다.[20] 유학적인 감성세계를 구성하는 삶의 양상은 연애라는 사랑의 서정을 기초로 설정된다. 그러나 만일 연애의 감정이 과잉되고 절제를 잃게 된다면 어떻게 될까? 이러한 사랑 감정의 적절성과, 감정의 과잉에 대한 대응 방식은 공자에 의해 논의된다.

인과 애인

연애 감정에서 친친의 기획으로

춘추의 시대적 환경에서 공자는 등용되지 못하고 천하를 주유한다. 그러나 그는 "다른 사람이 나를 알아주지 못함을 걱정하지 말고, 내가 남을 알아주지 못함을 걱정하라!"[21]고 말하면서 끊임없이 배움의 길에 나선다. 『논어』의 첫 장이 "배우고 때에 맞춰 익힌다면 또한 기쁘지 아니한가? 벗이 먼 곳에서 찾아오면 또한 즐겁지 아니한가? 다른 사람이 나의 진면목을 알지 못하더라도 성내지 아니하면 또한 군자가 아니겠는가?"[22]로 시작하는 '학이學而'편으로 편재된 것도 이러한 그의 의취를 반영한 것이다. 공자는 어째서 학學을 강조한 것일까?

공자는 인간의 일상적 감정을 중시한다. 그가 시詩를 좋아하는 것도 그것이 복잡다단한 인간의 감정을 진솔하게 표출하기 때문이다. 『시경』에도 비록 상황에 따른 감정의 증감이 있지만 공자는 그 자체를 거짓 없는 인간 감정의 발로라고 본다. 그래서 공자는 『시경』에 대하여 '생각에 거짓됨이 없다思無邪'하는 것이다. 이러한 관점에 근거하기 때문에 공자는 『시경』에서 제시되었던 '연애'의 감정을 부정하지 않는다. 오히려 공자는 『시경』의 첫 장인 〈관저〉 편에 대해서 즐거우나 음란하지 않고, 슬프나 몸을 상하게 이르지 않는다고 긍정적으로 평가한다.[23] 문제는 음란함을 방지하고 몸을 상하게 할 정도로 치우쳐서는 안된다는 점이다.

공자는 인간의 자연스러운 감정적 발산의 형태를 학學을 통해 조절해야 한다고 보며, 그러한 구체적인 방법을 예禮로 제시한다. 공자의 철학에서 예와 학의 강조는 이처럼 감성적 층위에서 발생할 수 있는 오류를 제한하고, 사사로운 욕구를 극복하여 공동체적 삶에 기여할 수 있는 도덕적 행위 영역으로 이끌기 위한 기획의 일환이다. 학과 예는 곧 인仁을 실현하는 방법이다. 신정근에 따르면, 공자 이전의 『시경』과 『서경』에 쓰인 인仁은 사랑의 의미보다는 '유순하다'거나 '남자답다'와 같은 성격적 특성을 지칭한 개념이었다.[24] 인仁의 의미가 '어질다'는 의미로 정착되기 이전에는 다른 해석의 가능성, 곧 '남자다움'과 같은 것으로 해석될 여지가 있음을 보여준다. 이러한 관점은 개념이란 시대의 산물일 수 있다는 것을 보여준다. 공자에 이르러 인仁의 개념은 남성성을 의미하는데서 행위의 구체적인 내용을 지칭하는 것으로 변형된다.

공자가 『시경』을 통해 수용한 연애의 감정은 생물학적이고 정서적인 유대에 기반한 인仁의 덕성으로 등장한다. 인仁을 가능하게 하는 근본적인 조건은 친친親親의 사랑이다. 친친은 종법적 질서, 곧 제도에 따라 규정된 혈연적 관계를 말한다. 친친의 사랑은 한마디로 물보다 진하다는 피의 사랑, 곧 혈육의 사랑이다. 그는 제자들의 물음에 답변하는 방식으로 인을 설명하면서, 사랑을 언급한다. 여기에는 친친親親과 연동하는 혈육의 사랑이라는 정서적 태도가 부가되고, 동시에 종법질서의 내면화를 위한 제도화된 도덕적 규범의식이 포함된다. 인仁에는 감성적이면서도 도덕적인 두 측면이 구비된다. 인仁을 설명하는 대표적인 세 가지 사례를 살펴보자.

> 안연이 인에 대하여 물었다. 공자가 답하였다. "자기를 이겨 예로 돌아가면 인하게 된다. 하루라도 자기를 이겨 예로 돌아가면, 세상 사람들이 모두 인으로 귀의할 것이다. 인하게 되는 것이 자기에게 달려 있지, 남에게 달려 있겠는가?"[25]
>
> 중궁이 인에 대하여 물었다. 공자가 답하였다. "문을 나가서는 귀한 손님을 맞는 듯이 하고, 백성을 부릴 때는 큰 제사를 받들 듯이 하며, 자신이 원치 않는 일은 남에게 시키지마라."[26]
>
> 번지가 인에 대하여 물었다. 공자가 답하였다. "사람을 사랑하는 것이다."[27]

첫 번째 안연과의 대화에서는 인仁과 예禮의 관계를 극기복례克己復禮로 설명하고 있다. 즉 인의 실천 방법으로 예를 말한다. 여기서 위인爲仁에 대한 해석이 문제가 된다. 두 번째는 중궁의 인에 대한 물음에 인을 실현하는 방법이 곧 공경恭敬과 서에 있음을 말한다. 세 번째는 번지의 물음에 인이 곧 애인愛人이라고 말한다. 여기서는 애인愛人을 관행에 따라 '사람을 사랑하다'라는 의미로 해석하였다.[28] 그러나 여기서 '사랑한다'라고 번역한 애愛는 어떤 의미 층위를 갖는 것일까? 이 문제는 잠시 유보해 두자. 다음으로 『논어』에 보이는 애愛를 확인해 보자.

1) 〈동양고전〉 선생님께서 말씀하셨다. "천승의 나라를 다스리되, 일을 경건하게 처리하고 미덥게 하며, 비용을 절약하고 사람을 사랑하며, 백성을 부리되 때에 맞게 해야 한다."[29]
〈성백효: 쓰기를 절도있게 하고 백성을 사랑하며〉
〈김형찬: 씀씀이를 절약하고 사람들을 사랑해야 하며〉

2) 〈동양고전〉 선생님께서 말씀하셨다. "젊은이들은 집에 들어가면 부모에게 효도하고, 밖에 나가면 어른을 공경하며, 말을 삼가되 말하게 되면 미덥게 하고, 널리 사람들을 사랑하며, 어진 사람을 가까이 해야 한다. 이와 같이 몸소 실천하고 여력이 있으면 문헌을 배운다."[30]
〈성백효: 널리 사람들을 사랑하되 인한 이를 친히 해야 하니〉
〈김형찬: 널리 사람들을 사랑하되 어진 사람과 가까이 지내야 한다.〉

3) 〈동양고전〉 자공이 매월 초하루에 지내는 제사에 희생양을 쓰지 않으려고 하자, 선생께서 말씀하셨다. "사야, 너는 그 양을 아까워하는가? 나는 그 예를 아끼노라."[31]
〈성백효: 사야! 너는 그 양을 아까워하느냐? 나는 그 예를 아까워한다.〉
〈김형찬: 사야, 너는 그 양을 아끼지만 나는 그 예를 아낀다.〉

4) 〈동양고전〉 자장이 덕을 높이는 것과 의혹을 변별하는 일에 대하여 물었다. 공자가 말하였다. "충과 신을 위주로 하며 의를 따르는 것이 덕을 높이는 것이다. 사랑할 때는 그가 살기를 바라고, 미워할 때는 그가 죽기를 바라는데, 그가 살기를 바라면서도 또 그가 죽기를 바라는 것이 의혹이다."[32]

〈성백효: 사랑할 때에는 그 살기를 바라고, 미워할 때에는 그 죽기를 바라니〉

〈김형찬: 좋아하면 그가 살기를 바라고, 미워하면 그가 죽기를 바라는데〉

5) 〈동양고전〉 선생께서 말씀하셨다. "사랑한다고 하여, 어찌 고생시키지 않을 수 있겠는가? 충심으로 대한다면, 어찌 가르쳐 주고 싶은 마음이 없겠는가?"[33]

〈성백효: 사랑한다면 수고롭게 하지 않을 수 있겠는가?〉

〈김형찬: 그를 사랑하면서, 수고롭게 하지 않을 수 있겠는가?〉

1)에서는 절용이애인節用而愛人이라 하여 통치자가 취해야 하는 태도를 애인愛人으로 표현하고 2)에서는 범애중汎愛衆이라 하여 학인이 취해야 할 태도를 애중愛衆으로 표현하고 있다. 3)에서는 이애기양爾愛其羊이란 말로 자공의 태도를 문제 삼고 있으며, 4)에서는 애지욕기생愛之欲其生이라 하여 사람들의 심리상태를 지적한다. 5)에서는 애지능물노호愛之能勿勞乎라고 하여 수고로움에 대한 입장을 설명하고 있다. 한글 번역에서 3)의 경우는 '아끼다'라는 의미이기 때문에 다른 사례들과 확연히 구분되지만, 나머지는 '사랑하다'로 번역하고 있다.

다른 번역의 사례를 찾아보자. 슬링거랜드Edward Slingerland는 위 문장을 달리 해석한다.[34] 그는 1) 애인을 'cherish others', 2) 범애중은 'a general care for the masses', 3) 이애기양은 'regret the loss of',

4) 애지욕기생은 'if you love someone', 5) 애지능물노호는 'if you really care for them'으로 번역하고 있다. 다섯 문장에서 애愛는 cherish1/ care2/ regret1/ love1로 번역되고 있다. 'love'의 맥락에서 쓰인 것은 4)의 경우에 한정되고, 나머지는 미묘하지만 다른 의미를 보여준다. 영어로 번역된 단순한 사례의 조사에 불과하지만, 우리는 여기서 '사랑'으로 대표되었던 애愛의 의미가 'love'의 의미로 한정되지 않고 여러 갈래로 분기하고 있음을 보여준다.

이제 유보해 두었던 애인愛人을 해석해 보자. 공자가 인仁의 의미로 제안하는 애인愛人은 일반적으로 '타인을 사랑한다'고 해석할 경우, 큰 문제는 없다. 한글 번역본에서도 3종 모두 "사람을 사랑하는 것이다." 라고 옮기고 있다. 그렇다면 여기서 '사랑한다'는 번역의 의미는 구체적으로 무엇을 말하는 것일까? '사랑한다'는 번역은 막연하다. 후속하는 공자의 설명이 없기 때문이다. 공자의 사유방식을 고려할 때, 인仁은 막연한 타자를 대상으로 하지 않는다. 타자는 주어subject와 관계가 있는 사람이거나 적어도 '친밀한 사람'으로서 목적어object이다. 그렇다 하더라도, 이럴 경우 목적어인 타자가 어떻게 설정되느냐에 따라 의미상의 변화가 있게 된다. 목적어인 타자가 잘 알고 있지만, 신생아라면? 그 신생아가 자신의 아이일 경우와 잘 알고 있지만 옆집의 아이일 경우는 어떤가? 아니면 타자가 아내이거나 옆집의 부인이라면, 혹은 병든 사람이거나 노인이라면, 애愛는 어떻게 해석해야 할까?

애인愛人은 단순히 '타인을 사랑한다'로만 해석할 수 없다. 공자의 인仁 개념에는 이미 서恕의 원칙이 깃들어 있다는 점을 감안해야 애인愛人의 해석이 가능하다. 이럴 경우, 인仁과 연동되는 애인愛人에 대한 대체적인 의미는 love 보다는 care가 더 부합하지 않을까?[35] 슬링거랜드가 애인愛人을 'care for others'라고 영역하는 것도 '자기가 하고 싶지 않은 것을 타인에게 하지 않는다己所不欲, 勿施於人'와 같은 배려와 돌봄의 사유방식을 염두에 두었기 때문이다. 공자가 친친의 원리에 기반해 제안했던 인의 덕성은 현대적 의미에서 보자면 사랑love 의미가 우선적으로 강조되나, 고전적 의미에서는 오히려 돌봄과 배려care의 의미가 우선적이었다.

이 글에서 애愛의 정서적 층위와 인仁이라고 하는 덕성의 측면을 현대적인 번역과 관련하여 살펴본 것은, 단순히 문자 해석의 양상을 보여주려는 것이 아니다. 애인愛人 혹은 애愛의 개념에는 다층적인 정서적 양상과 의미가 혼재되어 있다는 점을 주목하는 것이다. 공자가 제안하고 있는 사랑의 범주는 love로 대표되는 것만이 아니라, 소중히 하고 아낀다는 의미의 cherish, 타인에 대한 보살핌과 배려 그리고 걱정까지도 포함하는 care, 가엾게 생각하거나 아쉬워하는 후회의 한탄과 같은 regret, 존경과 공경을 의미하는 respect도 포함되고 있음을 보여준다.

한편, 공자의 사랑은 친친을 기반으로 하여 타자에게 확대되는 확장성을 갖지만, 그와 같은 확장성은 동시에 제약의 조건이 된다. 친친은 구분分과 차별別에 의한 제한의 조건을 전제로 하고, 충족의 조건이 단계적인 절차에 따라 사회로 확산된다고 하는 것이 공자가 제시하는 사랑의 논리이다. 유학의 친친에 근거하는 사랑은 그렇기에 필연적으로 차등적인 사랑의 거리가 제기될 수밖에 없다. 친친지쇄親親之殺는 존위寸位에 따른 '혈연적 거리'를 상정하는데, 여기서 사랑과 행위의 차이가 발생한다. 이같은 사랑의 차별적 거리를 설정하고 있는 공자의 사랑에 반발하는 것이 묵자이고, 그가 제안하는 핵심 개념이 겸애兼愛다.

겸애와 측은한 사랑

묵자의 차별 없는 사랑

시대적으로 공자보다 늦고 맹자보다 앞서 활동한 묵자는 춘추중후기 전란의 소용돌이에서 한 시대를 보낸다. 묵자는 공자가 제시했던 차별적 사랑의 방식을 거부한다. 공자가 제기한 애인愛人이라고 하는 사랑의 방식은 구분과 차별을 전제로 하기 때문에 타인에 대한 배제가 용인될 수 있기 때문이다. 그는 '차별없는 사랑'으로서의 겸애兼愛를 제안한다.

> 만일 천하 사람들이 서로 더불어 사랑되어 다른 사람을 사랑하기를 자신을 사랑하듯 한다면 그래도 불효한 자가 있겠는가? 아버지와 형제 그리고 군주를 자기 자신을 보듯이 한다면, 어찌 불효를 행하겠는가? 그래도 오히려 자애롭지 않은 자가 있겠는가? 아우와 자식과 신하 보기를 자기 자신 보듯이 한다면 어찌 자애롭지 않을 수 있겠는가?[36]

겸애란 타자를 마치 자기 자신처럼 사랑하는 것이다. 여기서 타자는 나의 가족친지와 벗들뿐만 아니라 혈연이나 지연과 무관한 사람들도 포함한다. 그렇기 때문에 자기 집안만이 소중한 것이 아니라 다른 사람의 집안도 소중하고, 자기 나라뿐만 아니라 다른 나라도 소중히 여겨야 한다.[37] 묵자는 전란으로 점철된 그의 시대에 특정한 사람과 집단을 배제하는 방식으로는 사람들을 통합하고 치유할 수 없다고 판단한다. 그래서 묵자는 겸兼과 애愛를 주장한다.

묵자는 겸애라는 새로운 사랑을 제기하며 가문이나 인척 등 혈연적 관계에 토대를 둔 유학적 가치질서 체계를 겨냥한다. 인간의 자연적인 사랑의 감정을 혈연적 친소 관계의 구분分과 차별別을 통해 차등 지었던 '유가적 사랑의 철학'을 부정한다. 묵자는 차별적 사랑의 폐해, 곧 유학적인 차별애는 사람들이 자신과 관련된 것을 소중히 하고 타인의 것은 사랑하지 않기 때문에 발생한다고 보는 것이다.

> 지금 제후들은 자신의 나라만 사랑할 줄 알고 남의 나라는 사랑하지 않는다. 그래서 자신의 나라를 이끌어서 남의 나라를 공격하는데 거리낌이 없다. 지금 한 집안의 주인은 다만 자신의 집안만을 사랑할 줄 아고 남의 집안은 사랑하지 않는다. 그래서 자신의 집안을 이끌어서 남의 집안을 빼앗는 데 거리낌이 없다. 지금 사람들은 다만 자신의 몸을 사랑할 줄만 알고 남의 몸을 사랑하지 않는다. 그래서 자신의 몸을 써서 다른 사람의 몸을 해치는데 거리낌이 없다…. 모든 천하의 재난과 찬탈과 원한이 일어나는 까닭은 서로 사랑하지 않는데서 생겨난다.[38]

묵자가 진단하는 당대의 세계는 이전투구와 강탈의 세계이다. 그러한 세계는 차별 짓고 구별 짓는 사랑에서 비롯하였다는 것이 묵자의 진단이다. 따라서 묵자는 치유방안을 제안한다. 그것이 '더불어 사랑하라'고 하는 묵자의 겸애이다. 서로 사랑하게 된다면 전쟁도 멈출 것이요, 자신만의 이익만이 아닌 타인의 이익도 당연히 고려하게 된다는 것이다. 친친에 토대를 두고 단계적이면서 차별적인 사랑의 논리를 주장했던 공자의 인仁의 철학은 차별 없는 사랑을 제안하는 묵자에 의해서 강력한 도전을 받는다. 서로 해치지 않고 공존 공생할 수 있는 새로운 연대의 가능성을 묵자는 '겸애'의 기획으로부터 실현하고자 한다.

묵자의 겸애를 '더불어 서로 사랑하라'고 번역하였지만, 묵자가 공자의 사랑을 차별애로 규정한다는 점에서, 겸애兼愛의 애愛를 공자와 동일하게 '사랑'이라고 번역하는 것은 타당한가? 묵자가 제안하고 있는 겸애의 성격에 대해서 주목해 보자. 묵자의 겸애는 차별애를 거부하고 보편애를 지향하는 것으로 간주된다. 그러나 그레이엄(1919~1991)은 겸애를 보편애로 보는 것에 부정적이다. 그는 겸애를 보편적 사랑universal love의 맥락에서 볼 경우, 묵자의 애愛를 '사랑의 감정'으로 오해할 여지가 있다고 지적한다. 묵자의 애는 사랑의 감정이 아니라 비정서적 의지unemotional will이면서 이익과 연결되는 것으로 파악한다.[39] 따라서 겸애라고 할 때, 애의 의미는 우리의 상식적인 이해와 달리 일종의 관심concern for everyone의 의미다.

묵자의 차별없는 사랑은 정서적인 친소의 거리를 개입시키지 말고 모든 이들이 서로 이익을 나누자는 주장이다. 이것은 친친의 혈연적 친밀성에 구애되지 않고 타자에 대해 호혜적 이익을 상정할 수 있는 합리적인 '관심의 체계'를 의미한다. 겸상애兼相愛와 교상리交相利를 강조하는 묵자의 주장[40]은 당대의 혼란을 종식시키기 위한 실천적이고 대안적인 이념이었다. 이런 점에서도 묵자의 겸애를 박애라고 보는 관점은 재고될 필요가 있다.[41]

맹자의 인정과 측은한 사랑

묵가의 겸애가 가진 당대적 파급성은 내가 존귀하듯 타자도 존귀한 존재라고 하는 상호인정에서부터 출발한다는 점에서 기존의 계급적 질서에 기반한 정서와 가치체계를 뒤흔든다. 묵자의 차별 없는 공리적인 사랑의 이념은 공자가 제안하고 그 후학들이 구축하고자 한 친친과 인애의 규범체계를 전복하려는 시도였다. 그래서 맹자는 위도적 사명감[42]을 갖고 묵자의 겸애를 강력하게 비판하고 배격한다. 맹자는 인정과 의리가 결합된 인륜적 사랑의 철학으로 묵자를 공박한다.[43]

> 성왕이 나오지 않아서 제후가 방자하고, 초야의 선비들은 제멋대로 의논하여 양주 묵적의 말이 천하에 가득하여 천하의 말이 양주에게 돌아가지 않으면 묵적에게 돌아간다. 양주는 자신만을 위하여서 군주가 없다. 묵적은 서로 더불어 사랑하니, 이는 아버지가 없는 것이다. 아버지가 없고 군주가 없으면 이는 금수이다.[44]

맹자의 진단은 당대의 현실에서 유학이 대세가 아니었음을 단적으로 보여준다. 양주와 묵가의 협공은 공자에 의해 정초된 유가의 학술을 뒤흔든다. 양주의 위아론과 묵자의 겸애의 논리가 혼란한 시대 상황에서 호응을 얻는 것은 그만한 이유가 있었을 것이다. 그래서 맹자는 양주와 묵자를 동시에 비판하면서, "양묵을 막을 것을 말하는 자는 성인의 무리이다"[45]라고 천명한다.

극단적인 위아설을 주장하는 양주도 문제이지만 맹자는 유학적 규범체계를 위협하는 최대의 적을 묵자의 겸애로 보고 있다. 묵자의 차등 없는 사랑에 따른다면, 자신에게 가까운 부모와 다른 사람의 부모, 자신의 군주와 타인의 군주와의 구별이 없어진다. 이와 같은 겸애의 호혜적 관심은 친친의 차별적 질서를 해체시키는 기폭제가 된다. 따라서 맹자는 묵자의 겸애를 비판하면서, "이마를 갈아 발꿈치에 이르더라도 다만 세상을 이롭게 하는 일이라면 하였다"[46]고 비난한다.

묵자를 비판하면서 맹자는 공자로부터 전승된 인仁에 근거한 사랑을 적극적으로 수용하여 항구적인 철학적 근거를 모색한다. 그는 인간의 규범적 근거를 외부의 자연세계가 아닌 인간의 내면에 정초하기 위해 새로운 사랑의 철학을 구상하면서, 이전 시대보다 풍부하게 논의되는 '감정'의 문제에 집중한다. 그러한 감정의 핵심에는 공자로부터 전승된 애인愛人의 철학이 자리한다.[47]

맹자는 이를 한층 세분하여 성선性善을 위한 사랑의 철학으로 전환할 것을 기획하면서 사랑의 감정이 어떻게 도덕적 감정이 될 수 있는가를 고민한다. 즉 '도덕과 감정Morality and Emotions'이 어떻게 합리적인 방식으로 결합될 수 있는가를 모색하는 것이다. 맹자는 모든 감정이 도덕적인 것이 아니라는 것을 인정한다. 애愛도 마찬가지이다. 애愛가 생명을 유지할 수 있는 도덕적 감정이 되기 위해서는 일종이 기획이 필요하다고 보는 것이다. 특히 그는 타인의 고통에 대해 주목함으로써 참담한 슬픔과 측은한 사랑의 감정을 인간의 도덕성으로 전화시키려 한다.[48] 인간의 특질을 성선을 지향하는 존재라는 선험적 인식을 전제로 맹자는 사단을 제안한다.[49]

나는 맹자의 〈곡속장〉에 대한 선행연구를 통해 감정의 자발성이라는 측면에서 슬픔이 어떻게 도덕적 감정이 될 수 있는가를 검토하였고, 슬픔을 도덕성으로 전환시키는 과정을 '슬픔의 도덕화'로 제안한 바 있다.[50] 슬픔의 도덕화는 도덕적 상상력moral imagination[51]을 통한 공감의 과정을 수반한다. 맹자가 제선왕에게 발견한 '타자의 고통에 대한 동정pity'은 그 자체로 사랑의 감정이라고 할 수는 없지만, 사랑 감정의 계열에 있다.

맹자는 타자의 고통에 대해서 공감할 수 있는 능력을 올바른 통치자의 자질로 여긴다. 그래서 맹자는 제선왕이 왕의 자질에 대해 묻자, "백성을 보호하는 마음" 즉, 보민保民을 제시하고,[52] 그것이 인仁을 행하는 방법仁術과 다르지 않다고 강조한다.[53] 맹자는 제선왕이 자각하지 못했던 선량한 사랑의 감정적 기저를 일깨우려는 것이다. 이처럼 타자의 고통에 공감할 수 있는 능력은 타인의 안녕을 바라는 사랑의 감정을 전제한다. 제선왕의 '차마 하지 못하는 마음不忍'은 '측은한 사랑'의 감정과 연관된다.[54] 맹자는 이 측은한 사랑의 마음을 '차마 사람을 해치지 못하는 마음不忍人之心과 다르지 않다고 보는 것이다.

맹자가 제기하는 측은한 사랑의 발생 메커니즘은 유자입정孺子入井의 사례를 통해서 확인된다.[55] 맹자는 불인인지심을 유자입정과 같은 계열에서 파악함으로써 대상을 통해 환기되는 정서적 근거를 문제 삼는다. '차마 사람을 해치지 못하는 마음'은 타자의 안녕과 행복을 파괴하는 것이기에 그럴 수 없다는 것인데, 맹자는 이것을 어린아이가 우물에 빠지려는 순간 발생하는 감정 상태와 연결한다. 맹자는 어린아이가 우물가에서 사고를 당하는 '고통의 순간'을 포착한다. 그러한 상황에서는 대부분의 사람들이 신체반응을 수반하는 두려움의 감정 상태에 빠지고, 동시에 측은해 하는 마음을 갖게 된다는 것이다. 측은해 하는 마음은 타자의 불행과 고통에 동참하는 감정이다.

맹자의 유자입정에 따른 정서적 반응의 사례는 지극히 개인적인 경험에 불과할 수 있다. 하지만 맹자는 이를 인간의 특질로 규정한다. 타자의 고통에 대해 슬퍼하고 힘겨워하는 측은한 사랑의 감정을 인간의 본질적인 도덕성으로 전환시키고자 하는 것이다. 그렇기에 맹자는 측은해 하는 사랑의 감정이 곧 인仁이라고 하는 인간의 본질을 확인할 수 있는 단서라고 주장한다.[56]

사랑의 의미화

사랑의 발견

1920년대 한국 사회에서 사랑으로 포장된 '연애의 발견'[57]은 이전에 없던 기존의 가치체계를 뒤흔들고 신문화를 창출하는 동력으로 작동하였다.[58] 그 여진은 여전히 지속되고 있다. 현재 한국인들에게 연애는 사랑과 동의어로 인식될 만큼 강렬한 유혹이자 매혹이다. 그러나 사랑의 과잉에 대해 우려하면서 동시에 낭만적 사랑의 불가능성을 말하는 우리 시대의 양상은 사랑의 본질에 대한 긴박한 성찰을 요구한다. 사랑은 무엇일까? 우리는 과연 무엇을 사랑이라고 해야 할까?

이 글은 이러한 문제의식을 전제로 선진시기 유학에서 논의하는 사랑의 범주와 의미화 과정을 사랑에 대한 도덕적 기획이란 측면에서 탐색하였다. 유학의 사랑에 대한 논의는 한국인들의 사유와 행위에 전승되어 현재에도 유효하게 작동하고 있기 때문이다.

유학에서 제기되었던 '사랑'에 대해서는 통속적인 차원에서 군주나 지배자의 백성에 대한 시혜적 사랑이나, 군주나 사직에 대한 연모의 감정 혹은 그에 수반하는 관계가 흔히 예상된다. 이러한 사랑의 층위도 분명 관습화된 유학적 기획의 소산일터이다. 그러나 이 글에서는 당위적인 규범의 틀에서 논의되었던 이념화된 사랑은 다루지는 않았다. 대신 『시경』에서 제기되는 연애 감정으로서의 사랑의 현상이 어떻게 경험적으로 수용되고 의미화 되고 있는지를 개념적 은유의 방법론을 통해 고찰하였다. 그리고 『논어』와 『맹자』에서 제기되는 사랑 감정에 대한 유학적 기획을 살펴보았다.

『시경』에서는 연애와 그리움이라는 뜨거운 사랑의 감정이 가감 없이 제시된다. 그러한 감성적 세계에 기초하여 공자는 인仁을 내세우면서 차별적 사랑을 강조한다. 공자는 애愛라는 용어가 있음에도 어째서 인仁 개념을 재발견하여 사용했을까? 인仁 개념은 초창기 '사내다움이나 남자다움'과 같은 것이었으나, 공자는 이 인仁을 애愛를 포괄하는 개념으로 제시한다. 그는 연애의 감정이 발생하는 인간의 자연스런 감정의 층위와 친친의 정서적 맥락을 결부시킨다. 인仁에 대한 공자의 대표적인 설명은 애인愛人이다. 애인은 오늘날 통상적으로 '타인을 사랑하다'로 해석한다. 그러나 엄밀하게 말하면 애인은 '타인을 염려하거나 돌보는 것'을 의미한다. 여기에서 애愛는 love보다는 care의 의미를 갖는다.

공자가 제안하는 인애仁愛에 기초한 따듯한 사랑의 철학을 겸애兼愛의 차가운 사랑의 철학으로 전복하려는 것이 묵자이다.[59] 공자의 사랑의 방식이 비록 타자에 대한 구분과 차별을 전제로 한다는 한계를 갖지만 혈연과 같은 피붙이의 정서적 연대와 같은 친밀성을 강조한다는 점에서 '뜨거운 사랑의 철학'이라고 할 수 있다. 이에 비하여 묵자가 제안하는 겸애는 공자와 달리 차별 없이 사랑은 하되 정서적인 친소의 거리를 개입시키지 않는다. 게다가 서로의 이익을 도모하는 방식으로 전개된다는 점에서 계산된 친밀성을 염두에 둔 '호혜적 관심의 체계'라는 점에서 '차가운 사랑의 철학'이라고 할 수 있다. 묵자는 감정이 배제된 관심으로서의 새로운 사랑을 제기하면서 자신의 사유체계를 구축하려한다. 그러나 이것은 다시 맹자의 인의仁義를 근간으로 하는 애민愛民의 철학에 의해 봉쇄되고 만다. 맹자는 측은한 사랑의 감정을 인仁의 덕성과 연결한다.

그렇다면 사랑의 감정을 규범적 도덕으로 전환시키려는 목적은 무엇일까? 공자에게서는 느슨하지만, 친친에서 비롯한 '사랑의 감정'과 '사랑의 관계성'을 자연스런 덕성으로 규정하려는 시도가 엿보인다. 이 점은 맹자에 이르러 보다 적극적으로 제안되고 주장된다. 맹자는 생래적이고 당연하게 여겨지는 측은한 사랑의 감정을 도덕적 자질로 전환한다. 그리고 이렇게 전환된 도덕적 감정은 선善을 향한 지향적 의식과 경향성을 추동한다고 규정함으로써 관계성의 영역에서 당위적 실천성을 확보하고자 한다. 측은한 사랑의 감정과 중첩되고 연관된 관계적 행위들은 인간적 가치를 담보하는 도덕성으로 재구성된다.

물론 맹자의 사랑 감정에 대한 도덕적 기획이 '내가 그렇기 때문에 너도 그러할 것이다'라고 하는 사적 경험의 한계성을 갖는다는 점은 부정할 수 없다. 그럼에도 불구하고 사랑(감정)의 도덕화는 규범의 원천을 추상적이고 형이상학적인 관념에서 찾지 않고 신체성과 경험의 층위에서 발견할 수 있는 인간적 특질에서 찾으려는 시도였다고 평가할 수 있다. 맹자의 철학적 기여는 바로 이 점에서 찾을 수 있다. 맹자는 공자 이래로 전승된 친친에 기초한 유가적 사랑의 원리, 즉 인애의 사랑의 보편성을 도덕규범의 근거로 정초하고자 하였다. 이 점을 '사랑 감정의 도덕화'라고 보는 것이다.

이 글을 통해서 나는 유학에서 논의되었던 여러 층위의 사랑에 관한 개념의 의미화 과정이 도덕적 기획과 직결되어 있음을 확인하였다. 이런 의미화는 곧 사랑이라고 하는 인간의 감정이 보편적인 층위를 지니며, 그것은 인간의 '좋음에 대한 지향'과 연결되고 있다는 점에 대한 재발견이다.[60] 사랑과 연관되는 돌봄이나 배려, 관심, 혹은 존경, 좋아함과 같은 개념들은 대체로 인간의 상황을 긍정적인 것으로, 혹은 좋은 것으로 만드는데 기여한다. 이러한 사랑과 유관한 개념들이 사랑 범주를 구성하는 사랑의 요소이다. 유학자들은 사랑에 대한 기획을 통해서 삶의 세계를 고양시킬 수 있는 방안을 모색하고자 하였다.

그러나 사랑이 아무리 삶의 세계에 대한 고양된 이해를 형성하는데 기여한다 하더라도, 그것이 '도덕'의 이름으로 포획될 때는 또다른 억압의 구조를 생산할 수밖에 없음을 우리는 동시에 경계해야 한다. 사랑은 적어도 타자의 존립을 훼손하지 않고 유지시킬 수 있는 존재의 에너지로 작동되어야 한다. 사랑은 삶의 다양성만큼이나 다층적이고 진화하는 닫히지 않은 의미화의 영역이다.

제3부

유학자의 감성세계

제1장

그리움의 분노: 김인후의 통곡

1545년, 인종의 죽음

그해 여름

기록에 따르면, 하서 김인후(1510~1560)는 매년 칠월이 되면 집 근처 난산에 들어가 통음痛飮을 하고 대성통곡하였다고 한다.[1] 김인후는 어째서 슬픔에 젖은 채 술에 취하여 서럽게 흐느끼다가 큰 소리를 질러야만 했을까? 당대를 대표한다고 하는 도학자요 후대(정조)에 문묘에까지 배향된 인물이 광인처럼 통음痛飮하고 통곡慟哭했던 이유는 무엇일까? 이러한 실성한 사람의 이미지는 김인후에 대하여 청수부용淸水芙蓉이나 광풍제월光風霽月이라고 한 후대의 평가와 부합하지 않는다.[2] 나의 또다른 의문은 김인후에 대한 정형화된 통설에 닿아 있다. 일반적으로 인종의 죽음 이후 김인후가 보여준 태도를 의리 혹은 절의의 차원에서 바라본다.[3] 이러한 평가는 타당한가? 의리와 절의라는 도덕적 가치 평가 이외에 다른 평가적 관점은 제안될 수 없을까?

김인후에 대한 이같은 물음의 제기는 기존의 평가를 부정하고자 하는 것은 아니다. 다만 지금까지 당연시 되어 왔던 견해에 대해 '과연 그러할까?'라고 하는 단순한 의문을 제기함으로써 우리의 상식적 견해를 다시 검토해 보자는 것이다. 우리가 '통상적으로' 알고 있는 김인후에 대한 이미지는 어떻게 생산되어 어떠한 방식으로 유통되었을까? 이런 기본적인 물음은 김인후에 대한 인식의 지형에 대해서 성찰하게 한다. 이 물음에 답하는 과정은 신화화된 김인후가 아닌 자연인 김인후를 재조명하는 계기를 마련해 준다.

나는 김인후의 51세 생애 가운데 36세(1545)를 전후한 시기를 주목한다. 한국사에서 1545년은 인종이 즉위(1544년 12월)한지 일 년이 채 되지도 않아 죽음(1545년 7월)을 맞고, 곧이어 명종의 등극(1545년 7월)과 함께 을사사화라고 하는 잔혹한 피의 숙청이 자행되었던 시기이다. 을사사화는 인종과 명종의 인척을 대표하는 대윤(윤임)과 소윤(윤원형)의 격렬한 정치투쟁의 성격을 띤다. 정권을 잡은 소윤은 이후 문정왕후의 죽음(1565)으로 실각하기 까지 근 20여 년간 국정을 농단하고 전횡했다. 권력투쟁에서 비롯한 정치적 주도권 다툼은 참혹한 보복의 정치로 이어졌으며, 조선사회를 급속히 경화시켰다. 그 시점이 바로 1545년이다.

따라서 나는 인종이 죽던 1545년을 전후한 시기에 나타난 김인후의 행적을 주목하는 것이다. 이 시기에 김인후는 사랑과 연민, 그리움과 안타까움, 자괴와 상실이 복합적으로 뒤엉킨 분노 감정을 경험한다. 분노는 마치 '그릇 속에서 펄펄 끓는 액체(가스)'와 같은 것이어서 그 폭발성과 동력(힘)을 예측하기 어렵다.[4] 그러한 복합적인 감정의 연장에서 김인후의 통곡과 통음이 나오고, 출사거부라는 행위들이 나타난다. 이 글은 인종의 죽음(1545년)이라는 계기적 시간을 단서로 하여, 죽어간 임금을 그리면서 지은 「유소사有所思」에 드러난 감정적 변이 과정을 통해 그의 면모를 재구성하려고 한다. 16세기 조선을 대표하는 도학자 중 한 사람으로 평가되는 김인후의 삶과 세계에 대한 감성적 이해의 방식을 제시하고자 하는 것이 이 글의 목적이다.

개념적 은유와 인정투쟁

이 글은 김인후에게 보이는 슬픔과 절망 그리고 분노의 응어리들을 그리움의 분노라고 주제화하여 이해한다. 그리움의 분노에는 죽은 자에 대한 살아남은 자의 절절한 그리움과 상실의 아픔 그리고 죽음을 야기한 원인에 대한 분노가 겹쳐져 있다. 그래서 그리움의 분노는 여러 감정이 중층적으로 결합된 복합감정이면서 동시에 그러한 감정 상태는 구체적인 행위로 표출된다. 이러한 복합감정과 행위의 표출양상을 이해하기 위해서는 적절한 방법론이 요청된다.

김인후의 복합감정을 분석하기 위해서 이 글에서는 체험주의experientialism에서 제안하는 개념적 은유 이론conceptual metaphor theory[5]을 적용한다. 개념적 은유 이론은 인지언어학이나 인지생물학 분야의 성과를 반영하여 레이코프와 존슨이 제안하는 이론으로, 특히 이들은 '경험적으로 타당하고 책임있는 철학'을 제시하고자 한다. 이 이론에서는 일상적 경험의 광범위한 부분이 은유를 통해 사건구조화 되어 있다고 파악한다. 사건이 구조화 되는 층위는 우리의 사유가 구성되고 의미가 생성되는 과정이며, 적어도 신체를 바탕으로 하는 경험적 사실로부터 도출된다. 이 점에서 우리의 경험은 신체화된 경험embodied experience이며, 우리의 감정 또한 신체를 기반으로 한다는 점에서 신체화된 감정embodied emotion이다. 김인후의 「유소사」를 비롯하여 그가 드러내는 감정들을 개념적 은유 이론을 통해 분석한다면, 기존과는 다른 해석이 가능해질 것이다.

그리고 김인후의 통곡과 통음, 출사의 거부라고 하는 일면 극단적인 감정표출과 행위 양상을 분석하기 위해 나는 악셀 호네트가 제안하는 인정투쟁 이론theory of recognition struggle을 적용한다.[6] 인정투쟁은 '사회적 갈등의 도덕적 형식론'이라는 부제를 달고 있는 호네트의 저서이자 이론을 말한다. 그는 헤겔로부터 하버마스, 푸코에 이르는 서구

지성사의 흐름을 자신의 관점에서 재구성하여 '인정투쟁'이라는 개념을 창안한다. 내가 주목하는 것은 호네트가 '인간이 자신의 삶을 성공적으로 실현할 수 있는 규범적, 사회적 조건'[7]에 대해 해명하려 한다는 점이다. 그래서 그는 무시가 아닌 상호인정관계와 그러한 구조에 지속적인 관심을 갖는다. 그는 이러한 문제의식을 '인정투쟁'으로 주제화하고 자기믿음과 자기존중 그리고 자기가치부여가 형성되는 과정을 설득력 있게 논의하고 있다. 인종의 사후 김인후의 행위들은 기존에 의리나 절의로 해석하였지만, 나는 이것을 인정투쟁이라는 층위까지 확장하여 살펴본다.

이 글은 개념적 은유 이론과 인정투쟁 이론을 적용하여 김인후의 분노 감정과 행위 양상을 분석하였는데, 이러한 시도는 전혀 새로운 것이다. 이 두 이론은 각기 다른 이론적 층위를 갖는다. 하지만 나는 두 이론이 동일한 지점을 향하고 있다는 점에서 결합 가능하다고 판단한다. 두 이론은 인간의 감정과 행위가 어떻게 현실세계에서 의미화 되고 재구성되며, 또 어떻게 도덕적 의미를 획득하면서 정치적으로 문제로 전환되는가를 보여주기 때문이다.[8] 두 이론은 활용한다면, 김인후의 난산 통곡과 통음 그리고 출사거부의 행위와 같은 감성적 세계를 재해석하는데 유효한 시사점을 얻을 수 있을 것이다.[9]

김인후에 대한 기존의 연구는 문학 분야에 편중되어 있고 철학 분야의 연구 성과는 상대적으로 적은 편이다. 주목할 만한 연구서로는 하서기념회에서 간행한 『하서 김인후의 사상과 문학』 1 · 2 · 3[10]이 있다. 이 저술은 김인후의 풍부한 시문에 대한 분석뿐만 아니라, 제한된 성리학 자료를 근거로 리기심성론과 천명도, 도학정신과 관련한 내용까지 광범위하게 포함하고 있다. 박사학위 논문으로는 김인후의 문학적 성취와 호남시단과의 관련성을 연구한 조기영의 『하서 김인후 시 연구』와 안봄의 『하서 김인후의 문학사상 연구』가 있다.[11] 그리고 백승종의 『대숲에 앉아 천명도를 그리네』는 김인후의 저술 가운데 주요 부분을 발췌하여 현대적으로 해석한 저술이다.[12] 철학분야에서 근자에 간행된 저술로는 『하서 김인후의 도학사상과 현대문명』[13]이 있다. 이 단행본은 하서 탄생 500주년 국제학술회의에서 발표된 논문을 모아놓은 것이다.

김인후의 감성적 세계에 대한 탐구는 주로 문학 분야에서 다루어져 왔다. 김인후의 정한이나 비분, 그리고 울분과 같은 정서나 감정의 분출 양상은 '철학'의 영역이 아니라고 여겼기 때문이다. 그러나 나는 인간의 감성적 영역 또한 철학적 탐구의 대상으로 포섭되어야 하며, 굳이 문학적 영역과 철학적 영역으로 가르기 할 것이 아니라고 본다. '그리움의 분노'와 같은 유사한 주제의식은 이동환과 김종진에 의해 문학 분야에서 탐구된 적이 있다. 이동환은 조희문의 글[14]을 근거로 김인후의 도학적 시세계를 호방과 강개비분으로 규정하고, 그 특징을 유예적遊藝的 도학道學과 주정적主情的 도학道學이라고 정리한다.[15] 김종진은 이동환의 견해를 계승하여 김인후의 주정적 도학의 시세계를 정한情恨과 비분悲憤의 격렬한 감정과 자유분방한 문학적 상상력에서 찾고 있다.[16] 박준규의 경우, 김인후 시문학의 바탕을 도학사상에서 찾고 있는데, 그러한 것을 통분개세痛憤慨世, 우시憂時의 정情 등으로 포착하고 있다.[17] 대체로 문학 연구자들은 김인후의 문학적 성취를 '도학'과는 다른 층위에서 파악하려는 입장을 보여준다.

주정적 도학이라는 개념에 대해서는 더 많은 논의가 필요하다.[18] 여기서는 논의를 제한하기 위해 선행 연구에서 분석의 대상으로 삼고 있는 도학에 대한 견해를 수용하는 것으로 한정하고자 한다. 선행 문학 연구에서 분석의 대상으로 삼고 있는 도학은 어떤 것인지 분명하지 않다. 도학은 고정된 고유명사가 아니라 시대와 공간에 따라 변천하면서 의미를 확장해 온 개념이다. 도학의 변천사를 고려해야 한다는 점이다. 문학 연구에서 제시하고 있는 '주정적 도학'의 모호함은 도학을 단선적으로 파악하는 데서 기인한다. 선행연구에 따라 주정主情을 도학의 한 측면으로 파악할 경우, 그 외연에는 다른 요소가 있음을 알려준다. 주정이란 개념은 여러 가지 층위 중에서 정만을 위주로 파악한다는 것을 의미한다. 주정과 다른 관점 가운데 하나가 주경主敬이다. 사사로운 욕구나 욕망을 배제하면서 공公과 천리天理에 입각해 사유하고 판단하고 실천하려는 의식적 지향이 경敬이다. 경을 위주로 한 주경 또한 도학의 한 측면이다.

북송대에 탄생한 도학은 경과 같은 가지런하면서도 엄숙한 태도整齊嚴肅나 내면적 각성敬畏, 집중主一無適 혹은 깨어 있음惺惺을 중시하지만, 동시에 자연스런 감정의 발현을 또한 중시한다. 자연스런 감정은 곧 '상황에 맞음' 혹은 '마땅함'이다. 상황에 맞고 마땅하다는 것은 인정人情에 부합한다는 것이고, 사리事理에 합당함을 의미한다. 그렇기에 인정과 사리에 부합하지 않는 것에 대해서 분노하는 것은 당연하게 여긴다. 노여움은 그러한 옳지 못함에 대한 분개이다. 오히려 분노할 것에 대해서 분노하지 못하는 것이 수치스러움이다. 이러한 관점은 송대 도학의 두 축을 이룬다.

정서적 측면과 인지적 측면을 동시에 강조하는 도학의 두 축은 역사적 전개과정에서 '주관주의적 기획'과 아울러 '객관주의적 기획'의 양면을 구성하면서 전개된다. 도학은 규범의 근거를 확립하고 진리의 기준을 제기하며, 아울러 유가적 가치 실현을 위해 자기 자신뿐만 아니라 당대의 부조리와 투쟁한다.[19] 그 투쟁의 선명성이 곧 도학의 가치를 실현하는 동력이다.

조선 유학의 지반에서 탄생한 도학은 그 연원에 있어 북송대에 형성된 도학에 닿아 있다. 16세기에 본격화된 조선의 도학은 인정과 의리의 두 측면을 중히 여기면서, 정당한 세계의 가치 실현을 위한 도덕적 실천을 강조한다. 도학적 실천은 형해화된 이론을 담론하는 것이 아니라, 인정의 마땅함과 시비 그리고 의리의 정당함을 다룬다. 그렇기에 현실의 지평에서는 부조리함에 대한 직접적인 저항으로 나타난다. 기묘사림들이 보여주었던 실천적 도학은 바로 현실의 부당함에 대한 저항이었다. 김인후의 감성적 태도는 이러한 실천적 도학의 연장선에 있다. 그의 태도는 대체로 '옳지 못한', '부당한' 것들에 대한 저항과 분노의 표현으로 드러난다.

김인후가 보여주는 감성적 층위는 기질적 특성과 연동되어 주체의 내면을 구성할 뿐만 아니라, 실천적 지평을 확보할 수 있는 동력으로 작동한다는 점에서 중요하다. 감성의 동력은 주체가 세계와 맞서는 방식, 곧 사회적 투쟁의 방식으로 구체화된다. 그 사회적 투쟁의 방식은 곧 자기의 정당성을 확인받고자 하는 욕구이자 상처받은 자존감을 회복하려는 방식이기도 하다. 그것은 부정의를 정의로 돌리려는 '도덕적 투쟁'의 방식을 포함한다. 김인후의 감성적 층위는 이처럼 호네트의 인정투쟁 이론과 접속하기에 그의 이론을 채용한 것이다. 그리고 체험주의에서 제안하는 개념적 은유 이론은 단순히 언어표현에 대한 '은유' 분석에 한정하는 것이 아니다. 이 이론은 세계를 이해하는 선언어적인 바탕이 인간에게 경험적으로 주어져 있다고 주장한다. 김인후가 보여주는 감정적 태도는 언어로 의식되기 이전, 곧 선개념적인 층위가 무의식적으로 작동한다고 본다. 이것은 은유metaphor의 방식으로 가시화된다는 것이 체험주의의 견해이다. 이와 같은 개념적 은유 이론은 김인후의 무의식적 상태를 포함한 사유와 감정의 기표들이 어떤 기의를 갖는가를 분석하는데 유효한 시사점을 제공한다.

김인후의 그리움은 어째서 통곡과 통음 그리고 출사 거부라는 분노의 저항으로 표출되었을까? 이 글은 이와 같은 문제의식을 전제로 하고, 선행 연구와 두 가지 이론적 틀을 기반으로 하여, 김인후의 삶과 세계에 대한 감성적 이해 방식에 대해서 탐구한다. 이는 김인후가 세상사에 격노하면서 통곡하고 통음하는 근본 원인으로부터 사건이 전개되면서 구조화되어 서사적으로 재구성되는 과정을 고찰하는 것이다.

학술과 의취

학문과 지향

『하서전집』에 실려 있는 김인후의 저술은 철학적 논의를 전개하는 글보다는 자신의 감정을 토로한 시문이 월등하게 많다. 이와 같은 사정은 김인후 자신의 시문에 대한 관심과 인생사에 담긴 곡절, 화재로 인한 저술의 소실에서 기인한다.[20]

김인후는 문학 방면에 재능이 있었던 듯하다. 그는 수학시절인 1528년에 성균관 백일장에서 장원을 한다. 당시 19세였던 김인후는 서울에 들렀다가 성균관에서 칠석七夕을 시제로 한 시험에 응시한다. 시골의

무명 학인에 불과했던 김인후는 이 시험에서 '칠석부七夕賦'[21]로 장원을 할 정도였다. 김인후의 학술 방면에 대한 자질은 당대의 명사들이 호남 장성의 그를 고무하는 데서도 드러난다. 연보에 따르면, 김인후(8세)는 관찰사였던 조원기와 함께 연시를 짓고, 기묘명현의 한 사람인 기준이 방문했을 때(9세)에는 붓을 한 자루 선물로 받기도 한다. 김안국에게는 『소학』을 배운다(10세).

기묘명현들과의 관계는 당시 화순의 동복으로 유배와 있던 최산두에게 연결된다. 김인후는 유희춘과 더불어 최산두를 찾아 가서 사시오경뿐만 아니라 정주의 학설까지 배운다(18세). 김인후가 19세에 성균관에서 장원을 할 수 있었던 것도 이러한 학문 수업과 연찬이 있었기에 가능한 것이었다. 이황과는 성균관(24세)에서 함께 성리학을 강론하고 토론하기도 한다. 이황은 김인후를 가리켜 "그대는 영남의 빼어난 인물이다"[22]라고 평가하기도 한다.

김인후가 수학기에 사사했던 인물들의 계보를 보면, 그의 학술이 어느 계통에 속하는지 파악 가능하다. 그는 기대승의 작은아버지인 기준뿐만 아니라 최산두에게 이어지고, 김안국을 사사함으로써 자연스럽게 '김종직-김굉필-김안국'의 학통에 연결된다. 이 학통은 김종직-김굉필-조광조·기준·최산두와 연결되기 때문에 김인후는 '기묘사림'의 지치주의적 이상을 체험적으로 공감하게 한다. 지치적 이상은 곧 인의와 도덕에 의한 왕도정치를 추구하는 것이고, 율신律身하고 수기修己하는 소학적 인륜도덕의 실천을 기본으로 하는 도학을 근거로 한다. 따라서 김인후는 기묘사림의 『소학』을 바탕으로 하는 도학적 전통을 계승하면서,[23] 삼강령과 팔조목을 통해 평천하를 제안하는 『대학』을 핵심 공부로 삼는다.[24]

그러나 김인후는 인종의 죽음 이후 한동안 억누를 수 없는 분노와 슬픔으로 인하여 술로 세월을 보낸다. 그러니 저술은 대부분 감정을 표현하는 시문으로 제한된다. 적어도 「주역관상편周易觀象篇」과 「서명사천도西銘事天圖」가 저술되는 48세(1557) 이전까지, 그는 인종의 죽음으로 인한 충격으로 감정적 기복이 심한 유폐된 생활을 하고 있었기 때문이다. 김인후의 경학과 성리학에 관련한 저술과 토론이 48세 이후에 나타난다는 것은, 그 시기를 전후한 시점에 그에게 새로운 변화가 있었다는 것을 예상하게 한다. 김인후는 태극음양에 관하여 일재 이항-고봉 기대승과 토론하고, 사단칠정에 관해서는 기대승과 의견을 교환한다. 특히 이 시기에 주목되는 것은 정지운에 의해 처음 만들어진 〈천명도天命圖〉를 김인후가 검토하고 있다는 점이다. 김인후가 김안국과 연결되고, 김안국이 김정국과 형제임을 감안한다면, 김정국의 제자인 정지운이 김인후와 연결될 고리가 만들어진다.

김인후가 정지운의 〈천명도〉를 접한 것은 공식적으로 1549년 즈음인 듯하다. 정지운은 자신의 〈천명도〉를 김안국과 김정국에게 보이지만 후일을 기약하자는 답변만을 듣는다. 두 사람이 사망한 후 정지운은 〈천명도〉를 주변의 동료와 명유들에게 보이면서 질정을 구한다.[25] 이 과정에서 호남에 거주하는 김인후와도 〈천명도〉를 두고 토론하게 된 것이다. 이때 김인후는 〈천명도〉의 뒷면에 다음과 같은 글을 써준다.

> 이 도상이 만들어짐에 있어서는 어찌 심상히 들여다보고 헤아리는 자들의 모의적인 수단으로는 될 뻔이나 할 일이겠느냐. 나는 학에 뜻을 가지고 나아가지 못한 자라 이 도상을 펴보매 서글픈 생각이 없지 않다.[26]

김인후의 발언을 통해 유추하건데, 그가 "나는 학에 뜻을 가지고 나아가지 못한 자라 이 도를 펴보매 서글픈 생각이 없지 않다"고 한 것은 단순한 겸사만은 아니었다. 도상의 구성과 내용이 유학의 핵심을 담은 간명한 도식으로 되어 있기 때문에 논평하기 어려운 것도 사실이다. 허나 이때가 '기유己酉(1549) 8월'[27]이라는 것을 감안한다면 김인후의 성리학 공부는 충실하지 못했을 개연성도 있다. 그는 이전까지 시문과 술로 세월을 보냈기 때문이다.

정지운의 〈천명도〉와 같은 새로운 성리학 저술은 김인후에게 학술적 자극이 되고, 김인후는 〈천명도〉를 저술하게 된다.[28] 이것은 정지운의 『추만실기』에만 실려 있다. 정지운과 김인후에게서 16세기 한국 성리학의 탁월한 성과 중의 하나인 〈천명도〉라고 하는 공동의 저작물이 산출되는 것도 이와 같은 연고가 있다.

만년 시기에 김인후에게서 철학적 저술과 토론이 나온다는 것은 그가 인종의 죽음이라는 그늘에서 벗어나 새로운 방향을 모색했음을 의미한다.[29] 이러한 점은 이황의 말에서도 유추된다. 『고봉집』에는 기대승이 이황에게 김인후의 부음을 전하는 내용이 있다.

이황은 기대승에게 "김하서는 성균관과 옥당에서 나와 함께 지낸 적이 있었는데… 그 처음 들어간 곳이 대체로 노장에 있었기 때문에 중년에 자못 시주詩酒로 몸가짐을 무너뜨린 것을 애석히 여겼었습니다. 그런데 듣자니 그가 만년에 이 학에 뜻을 두었다 하고, 근래 바야흐로 그의 학을 논한 문자를 보건대 그의 식견이 매우 정밀했습니다."[30]라고 말한다. 이황은 젊은 시절부터 김인후를 알고 있었는데, 그가 중년에 시가와 술에 빠져 있음을 안타까워했다는 것이다. 그러다 기대승이 전하여준 김인후의 '태극', '리기'에 대한 논의를 보니 학술적으로 매우 뛰어났다고 평가한다. 성리철학에 관한 김인후의 체계적인 저술이 남아 있지 않아 확증할 수 없지만, 정황으로 본다면 만년에 이르러 김인후의 성리 철학적 사유는 상당한 수준에 있었다고 추측된다. 인종의 죽음이라는 슬픔과 분노의 현실로부터 만년의 김인후는 새로운 전환점을 모색하고 있다고 해도 좋을 것이다.

심복과 미인

수어지계

김인후는 세자시강원 설서說書의 보직을 맡았던 시절(1543)에 여섯 살 연하인 세자 이호李峼(1515~1545)를 만난다. 당시는 이호가 중종대의 정치적 상황에 따라 1520년에 서둘러 세자로 책봉된 이후 24년이 되던 해이다. 세자 이호는 검약하고 형제들과 우애가 있을 뿐만 아니라 학문 연찬에도 힘을 쏟아 왔는데, 김인후를 만나자 특별한 관계를 맺는다.

김인후와 세자 이호가 만나는 과정에 대해서 정조의 「문묘종사반교문」에서는 "경연의 출입은 이미 동궁에서부터 능력을 인정받았으며, 총애 받는 영광은 묵죽墨竹을 그려주어 뜻을 붙이였다. 어수魚水의 긴밀한 결합은 다행히 그 사람이 있었다."[31]라고 기록하고 있다. 중종의 치세 하에서 벌어진 살육과 정치적 긴장을 세자의 신분으로 감내해야 했던 이호는 김인후를 만나면서 그에게 관심을 갖게 된다. 김인후가 숙직을 서는 날에는 밤이면 찾아와 담론을 나누었을 뿐만 아니라, 문인화에 능했던 세자 이호는 묵죽을 그려서 선물한다. 게다가 세자는 1542년 간행된 『주자대전』 1질을 김인후에게 주기도 한다.[32]

인종이 김인후에게 선물로 준 묵죽과 『주자대전』은 신뢰와 애정의 증표였다. 『주자대전』을 선물한 것은 학문에 더욱 정진할 것을 요청하는 것이었고, 묵죽은 군신관계에 있어서 변함없는 신뢰를 기약하는 것이었다. 그래서 김인후는 세자의 묵죽에 시제를 써 넣는다.

> 뿌리 가지 마디 잎새 모두 다 정미롭고
> 굳은 돌은 벗인 양 주위에 들어 있네.
> 성스런 우리 임금 조화를 짝하시니
> 천지랑 함께 뭉쳐 어김이 없으셔라.[33]

1543년 4월(음)에 세자시강원 설서가 된 이후에 선물로 받은 세자의 묵죽도에는 잎파리 무성한 가녀린 대나무[34]가 돌과 함께 그려져 있다. 이 묵죽을 본 김인후는 칠언절구로 대나무와 돌을 벗으로 묘사하면서 세자의 조화로운 덕성을 예찬한다. 아울러 이 시를 통해 김인후는 세자의 강건함을 바라면서 자신은 그 대나무를 지키는 돌이 되겠다는 것을 은연중에 드러낸다. 세자의 묵죽에 대한 화답으로 김인후는 결코 변치 않겠다고 하는 '돌의 마음'을 문자로 남겨둔 것이다. 그와 같은 마음가짐은 김인후가 겪게 되는 이후의 생애 속에 그대로 유지된다. 묵죽도와 시제에 담겨진 군신간의 교감은 후대의 사람들에게 전승된다.[35]

김인후와 인종의 관계는 후세의 기록(「문묘종사반교문」)에서도 보듯이 어수밀물지계魚水密勿之契로 표현된다. 인종과 김인후가 어수밀물지계 즉 어수지계魚水之契를 맺게 되었다는 것은 '물고기와 물'의 친연성처럼 그 둘의 관계가 매우 친밀했음을 알려준다.[36] 이 어수의 고사는 『삼국지』에서 유비와 제갈량의 긴밀한 관계를 은유적으로 표현한 것이었다.[37] 일반적으로 사람들 사이의 친밀한 관계는 수어지교水魚之交라 표현된다. 그런데 이 표현을 굳이 쓰지 않고 어수지계라고 쓴 이유는 군신관계라는 또 다른 층위를 염두에 두었기 때문이다. 어수魚水와 지계之契 사이에 있는 밀물密勿은 바로 신하로써 임금과 가까운 거리에 있는 지위를 이르는 말이다.

어수지계의 관계는 일방적 복종의 관계가 아님에도 사회적 통념상 위계가 만들어진다. 이 때문에 신하의 입장에서 임금을 충실히 따른다는 의미가 여기에 포함된다. 그래서 전통시대의 이상적인 군신 관계를 표현하는 것으로 심열성복心悅誠服이라는 개념이 제출된다. 이것은 충심으로 기뻐하며 성심을 다하여 순종한다는 의미이다.[38] 이처럼 덕에 의한 감복이라는 맥락에서 『맹자』의 심복心服이라는 개념이 출현한다.

심복할 수 있는 때, 심복하는 사람은 그러한 대상을 위해 기껍게 자신의 목숨까지도 내놓을 수 있게 된다. 이러한 사례를 『전국책』에서는 예양의 이야기로 기록하고 있다. 예양은 "남자는 자기를 알아주는 사람을 위해 목숨을 바치고, 여자는 자기를 기쁘게 해 주는 사람을 위해 화장을 한다."[39]고 하면서 자신을 총애했던 주군(지백)의 복수를 위해 목숨을 바친다. 예양의 이 말은 사마천의 「자객열전」에도 그대로 기록되어 있다.[40] 사마천도 예양의 고사를 통해 충절을 말한다.[41] 군주의 입장에서 볼 때, 자신을 위해서 목숨을 바칠 수 있을 정도로 심복할 수 있는 사람은 더없이 필요할 것이다. 김인후는 인종에게 심복할 수 있는 사람이었다.

이처럼 인종과 김인후의 관계는 긴밀하게 연결되어 있다는 점에서 수어水魚나 심복心服 혹은 지기知己라고 표현할 수 있다. 김인후는 이 관계를 남녀 관계로 비유한다. 마치 정인情人과도 같은 사이다. 김인후의 유소사有所思는 그러한 관계의 양상을 단적으로 보여준다. 이 정인은 '사랑의 관계'로 묘사된다. 갑작스런 죽음을 맞았던 인종은 김인후에게 있어서 사랑과 흠모의 대상이자 도학적 의리실천에 대한 이상을 공유하던 미인美人이었다.

비통과 에그

온전하지 못한 죽음

생물학적 존재로서 인간은 누구나 죽는다. 죽음의 형식은 삶의 방식만큼이나 다양할 수 있지만, 죽는다는 사실은 변하지 않는다. 우리는 삶을 통해 죽음의 시간으로 향하고 있다고 여긴다. 그러나 오히려 우리는 죽음 앞에서 삶을 살아가는 존재이다. 차마 넘어설 수 없는 죽음은 이 세계(이승)와 저 세계(저승)를 가르는 황천길로 은유된다. 그래서 황천길은 누구도 경험하지 못한 되돌아 올 수 없는 길이다.

자기의 죽음을 경험할 수 없는 사람들은 자신의 삶을 통해서 타인의 죽음을 경험할 수밖에 없다. 사람들은 타인의 죽음을 통해 자신의 죽음을 반추한다. 유한한 생명체인 인간에게 타자의 죽음은 자신의 실존을 비추어주는 거울이다. 그러나 사람들은 삶속에서 죽음을 분리하려 한다. 삶이 죽음과 연접해 있음에도 우리는 죽음을 경험적으로 수용하지 못한다. 경험할 수 없는 죽음의 위력은 너무도 큰 공포이고 두려움이기 때문이다. 죽음은 적어도 삶과 비켜서 있는, 그래서 자신에게는 찾아오지 않길 바라는 '검은 망토에 낫'을 들고 있거나 '검은 갓에 검은 도포'를 입은 저승사자와 같다.

김인후도 '삶에 죽음이 있다는 것'을 사람들은 잘 알 수 없다고 말한다. 사람들은 일상적 경험의 세계에서 '죽은 것'이 '다시 살아나는 것'을 보지 못했기 때문이다. 그렇지만 김인후는 삶 속에서 죽음은 항상 맞닿아 있기 때문에 자신의 본질과 주어진 운명의 순리에 따르는 것이 중요하다고 말한다. 그렇게 해야 온전히 아름답게 삶에서 죽음으로의 방향을 돌릴 수 있다는 것이다.[42]

그런데 만일 개인이 갖고 있는 본질과 운명에 따르지 않고 온전하지 않게 죽음에 이른다면 어떻게 될까? 그것은 분명 정상적이지 않은 죽음일 것이며, 김인후가 말하는 것처럼 '온전히 돌아가는 것'은 아닐 것이다. 온전하지 않기에 그러한 죽음은 죽음을 야기한 힘이나 권력 혹은 상황 주도자에 의해서 왜곡되거나 윤색될 가능성이 농후하다. 그리고 그러한 죽음은 은폐되기 마련이다.

그렇다면, 온전하지 못한 죽음은 제대로 애도나 받을 수 있을까? 당연히 정당하게 애도 받지 못한다.[43] 애도 받아야 함에도 불구하고 정당하게 애도 받지 못하는, 그래서 애도 받을 수 없는 비정상적인 죽음은 비통하다. 그러한 비통한 죽음은 당사자의 죽음 그 자체로써 종결되지 않는다. 비록 불행한 죽음에 대하여 적극적으로 저항하지 못했지만 삶 속에서 죽음을 경험해야 했던 사람들은 그러한 슬픔을 고통스럽게 공감한다. 그것은 마치 장기가 훼손되는 단장斷腸이나 신체의 치명적인 급소가 끊기는 단말마斷末魔와 같은 고통스러움과 다르지 않다.[44] 타인이 감당할 수밖에 없는 슬픔과 고통에의 동참은 일종의 감염의 형태로 전이된다.

인종이 죽은 이후 김인후는 그 죽음의 비통함에서 비껴서 있지 못한다. 그는 비극적 죽음을 맞았던 굴원屈原(B.C.343?~B.C.278?)과 악비岳飛(1103~1141)의 슬픈 분노에 감염된다. 간신배들에 의해 군주의 신임을 잃고 떠돌다가 끝내 멱라에 몸을 던진 굴원의 처지는 돌아갈 곳 없는 김인후 자신과 다르지 않았다. 그래서 김인후는 『초사』의 「이소離騷」를 읽으면서 굴원의 죽음에 비통해 하고, 그 비극적 죽음에 또한 분노한다.[45] 김인후에게 악비의 역사적 죽음도 굴원의 죽음과 크게 다르지 않다.

1548년 여름, 김인후는 제자 양자징梁子澂(1523~1594)[46]과 『송사宋史』의 「악비전岳飛傳」을 읽는다. 그는 강독 도중, 투사된 슬픈 분노에 감정이 북받쳐서 폐강하고 술잔에 가득 술을 부어 통음한다.

> 지난해는 이소 읽다 한탄으로 애 태웠고
> 오늘 아침 송사보니 눈물이 옷섶 젖네.
> 다른 시대 흥망이 내게 무삼 관계랴만
> 자연히 서로 느껴 슬픈 노래 읊조리네.[47]

악비에 투사된 김인후의 아픔은 재귀적으로 증폭되기에 고통스럽다. 그렇기에 강독을 중단하고 통음한다. 시대와 공간이 달랐던 이소의 굴원과 송사의 악비는 그들이 수행했던 역할 또한 달랐다. 그러나 그들은 모두 비극적 죽음을 맞이한다는 점에서 다르지 않다. 그 비극적 죽음 뒤에는 부당한 자들의 농간이 있었고, 그러하기에 굴원과 악비의 죽음은 온전한 죽음이 아니었다. 그래서 김인후는 1547년에 제자 이지남과 「이소」를 읽다 분개하고, 1548년에는 양자징과 「악비」를 읽다 통음한다. 굴원과 악비의 죽음에 투영된 김인후의 슬픈 분노는 울분이 되어 삭혀지지 않는다.

에그

이렇듯 죽음을 바라보는 관찰자의 관점에서 죽음은 분명 타자의 죽음이지만, 슬픔과 애도는 당사자의 몫이다. 그래서 부당한 죽음에 적극적으로 저항하지 못하더라도 차마 '혀끝에 맴도는 말'은 어찌할 수 없다. 인종의 죽음에 대해서 김인후뿐만 아니라 세상 사람들이 대부분 기막혀 했다. 기가 막히니 답답할 수밖에 없다. 기가 막힌 상황에서, 처연한 슬픔은 말로 표현될 수 없고 그래서 터져 나오는 소리조차 단말마적이다. 에그. 몸의 깊숙한 곳에서부터 올라온 공기가 고작 내는 소리가 '에그'이다. 단말마적인 탄식으로 내뱉어진 '에그'는 다른 어떤 말보다 죽음에 대한 공감의 신체적 표현이다.[48]

'에그'의 감성적 층위는 허탈함과 분노, 안타까움과 연민, 기막힌 상황에까지 처한 사람을 지켜주지 못한 것에 대한 자괴감을 동반한다. 죽음 뒤에 비로소 찾아오는 미안함과 자책 그리고 그리움은 상실의 슬픔을 더욱 깊게 각인한다. 그래서 흐르지 못하고 정체된 몸의 기운은 엉키기 시작한다. 엉킨 기운과 감정이 몸을 자극한다. '그릇 속에 끓고 있는 물'처럼 증폭된 감정은 임계점을 넘으면 폭발할 수밖에 없다. 자극된 감정은 제어할 수 없는 상태로 전이되고 분노 행위로 표출된다.

대체로 사랑하는 사람을 잃은 애도의 과정은 슬픔을 야기한 원인을 해소하는 것에서 부터 시작한다. 그래서 애도의 과정은 복수를 배제하지 않는다. 그러나 복수는 슬픔을 야기한 대상에 대해 응징을 가하는 방법이지만, 슬픔의 정량은 상호 치환될 수 없다. 그렇기에 여전히 고통과 슬픔은 남고, 분노는 좀처럼 해소되지 않는다. 그것은 마치 '파도타기'와 같이 지난한 조절의 과정을 필요로 한다.[49]

사랑했던 사람을 떠나보낸 애도자의 슬픔과 그리움의 분노는 계기적 순간에 타자의 존재와 접속한다. 그래서 온전하지 못하게 죽어간 자의 아픔이 전이된다. 그 접속의 시점에서 죽은 자의 고통은 현재화되고 증폭된다. 불행하고 고통스런 온전하지 못한 죽음은 정위正位되지 않고서는 끊임없이 재생산된다. 1545년, 김인후도 이러한 '온전하지 못한 죽음'을 경험한다. 그 죽음이 바로 김인후가 존경과 사랑해 마지않았던 임금 '인종'의 죽음이다.

통곡과 울분

사무치는 그리움

김인후는 인종의 죽음에 그토록 아파했을까? 이 문제를 유소사와 난산 통곡 통음의 두 측면에서 살펴보자. 김인후의 문학에의 경도와 음주는 일정한 곡절이 있음을 알 수 있다. 그가 젊은 시절에는 경세제민의 지치적 이상에 뜻을 두었다가 그 꿈을 접은 것도 확인된다.[50] 경세제민의 이상이 좌절된 직접적 이유는 인종의 죽음 때문이고, 부차적으로는 인종의 죽음 이후에 전개된 격동하는 중앙 정치의 파란 때문이었다. 을사사화(1545)와 양재역 벽서 사건에 이은 정미사화(1547) 등이 연속하여 발생한다. 그래서 김인후는 인종의 죽음 이후 세상을 등져 문을 걸어 잠근다. 그는 자신의 세계에서 통곡하고 통음한다.[51]

김인후는 떠나간 님을 그리워하듯 죽은 인종에 대한 사무치는 그리움의 애사를 쓴다. 그것이 「유소사」이다. 유소사라는 소재는 한대의 악부시[52]에서 유래한다.

그대 나인 삼십이 되어 가는데
내 나이는 서른이라 여섯이로세.
새 즐거움 반도 다 못 누렸는데
한번 이별 활줄에 화살 같아라.
내 마음 돌이라서 굴러 갈건가
세상일은 동으로 흘러가는 물.
한창 때 해로할 이 잃어버리고
눈 어둡고 이 빠지고 머리 희었네.
묻혀 사니 봄가을 몇 번이더냐
오늘에도 오히려 죽지 못했소.
백주는 저 강물의 중류에 있고[53]
남산엔 고사리가 돋아나누나.[54]
도리어 부럽구려 주나라의 왕비를
생이별로 권이[55]를 노래했으니.[56]

이 시의 서두는 서른이 되던 해의 님과 서른여섯이 되던 해의 화자가 이별한 이후, 몇 년의 시간이 흘렀음을 알려준다. 그러나 시간의 경과에 상관없이 사모하는 님을 그리는 절절함은 변치않고 그대로 남아 있다. 그러한 그리움은 영원한 이별이기에 잠시의 이별을 노래하는 후비가 처연하게 부럽기만 하다는 것이다. 이 시의 화자인 김인후는 그 시기에, 인종과 그가 세자와 세자시강원 시절에 꿈꾸었던 무엇인가를 도모하는 즐거움을 맛보기도 전에 그만 운명의 시간은 활시위를 떠난 화살처럼 그렇게 지나쳐 갔음을 탄식한다. 함께할 수 없음을 김인후는 남녀의 정인情人처럼 해로偕老하지 못함으로 표현하고 있다. 그리고 세월이 흘렀지만, 그러한 떠나간 님에 대한 그리움은 사무치고 차마 죽지 못하고 있음을 슬퍼한다.[57] 그러한 슬픔의 자리에는 고사리처럼 충심忠心[58]의 싹이 돋아날 뿐이다.

「유소사」에 드러난 김인후의 그리움과 이별의 슬픔은 분명 고통스럽다. 「유소사」에는 '사랑은 여행이다', '시간은 행동을 담는 그릇이다', '삶과 죽음은 순환이다'와 같은 다양한 형태의 개념적 은유가 적용되어 있다. 김인후와 인종은 마치 정인情人과도 같은 관계로 은유된다. 이 관계에서 사랑은 활활 타오르는 불꽃으로 은유되는데, 여기에는 '사랑은 불이다'라는 개념적 은유가 적용된다. 그리고 해로를 꿈꾸는 것과 같이 '사랑은 결합이다'라는 개념적 은유가 적용되고, 사랑에는 함께 가야할 여행의 목적지가 있다는 점에서 '사랑은 여행이다'라는 개념적 은유가 적용된다. 이처럼 사랑을 이해하는데 우리는 여러 가지 은유를 사용한다. 이외에도 사랑에 관한 더 많은 개념적 은유가 있지만, 여기서는 세 가지 경우로 압축해보자.

사랑에 대한 은유에서 세 가지 개념적 은유를 확인하였는데, 우리는 근원적 영역으로서 설정되는 여행(지), 불과 결합이 사랑이라는 목적 영역을 가시적으로 드러내준다는 것을 알 수 있다. 사랑은 그래서 '누군가와 뜨거운 감정을 나누면서 함께 같은 목적지를 향해 떠나는 인생의 시간'이라고 정의할 수 있다. 사랑에 대한 정의가 크게 무리가 없다면, 우리는 다음과 같은 점을 예상해 볼 수 있다. 즉 여행이 중단되거나 혹은 결합이 이완되어 해체되거나 혹 불이 식어서 차디찬 재가 되어 버린다면? 우리는 이러한 상태가 이미 사랑이 깨져버렸다는 것을 안다. 사랑이 깨져버렸다는 것은 '사랑은 그릇이다'라는 개념적 은유가 적용되어 있기에 우리는 즉각적으로 그 의미를 이해할 수 있다.

이러한 개념적 은유를 김인후와 인종의 관계에 적용시키면, 김인후가 어째서 고통스럽고 슬퍼할 수밖에 없었는지 드러난다. 김인후는 뜻을 함께할 사람으로 인종을 생각하였는데, 그러한 두 사람의 관계가 인종의 죽음으로 인해 파탄이 난 것이다. 기묘사림들의 뜨거운 도학정신을 다시 잇고자 했던 열망은 타자에 의해서 제어되고 만 것이다. 치열한 삶의 열기는 식어버리고 타다만 재처럼 감정의 응어리는 남게 된다. 특정한 사람과 나눌 것으로 기대되었던 의기와 지속적인 결합이 누군가에 의해 더 이상 진행(여행)될 수 없게 될 때, 그 장벽은 곧 절망으로 다가온다. 그러한 절망은 목적지를 잃은 슬픔이기도 하다. 그래서 김인후는 자신이 가야할 방향을 잃어버린다. 인종의 죽음으로 인하여 김인후는 갈 곳을 잃어버린 상태가 되어 버렸다. 자신이 가야할 길이라고 믿었던, 그리고 함께 가리라고 믿었던 님을 잃어버림으로써, 어떤 길로 가야할 지 방향을 잃고 만다. 이러한 상태에서 절망감은 통곡으로 이어진다.

통곡의 과정은 '흘러내리는 눈물'의 '슬픔'이며 그래서 '슬픔은 액체이다'라는 은유가 적용된다.[59] 소리와 더불어 흐르는 눈물은 우리의 몸에 변화를 일으킨다. 몸에서 열이 발산되면서 한기를 느끼게 되고, 그러한 한기를 다시 상승시킬 것을 우리 몸은 요구한다. 그러할 때, 통음이 가능해진다. 통곡과 통음은 '그릇 속에 담겨져 있는 감정'이 모두 소진될 때까지 반복한다. 그렇다고 통곡과 통음이 도식적으로 진행된다는 것은 아니다. 만일 그릇 속에 남은 감정이 소진되지 않을 때, 그것은 딱딱하게 굳어버린다. 그래서 차가운 덩어리가 그릇에 남듯이, 감정의 응어리는 우리의 몸에 남게 된다. 그것이 열을 받으면 활성화되어 몸의 특정 부위에서 불끈 치솟아 오르는 느낌으로 작동된다. 그러한 형태가 활성화 되는 경우가 화병이고, 비활성 상태로 잠복할 경우 한恨으로 표현되는 형태이다.

김인후의 방황은 일종의 '경로 도식'의 단절과 이탈로도 설명할 수 있다. 이것을 좀 더 쉽게 설명해 보자. 김인후는 여행자이다. 그가 가고자 하는 길은 삶의 목적이나 지향이 있는 경로이다. 비록 가야할 목적지나 지향이 구체적으로 상술되지 않았지만, 우리는 전후의 사정을 통해 그가 '도학의 실현'이라는 도덕적 가치를 추구한다는 것을 안다. 그는 자신의 방향성, 곧 이상적으로 생각하는 근원지이자 목적지로 향하는 경로를 잃은 것이다.

그렇다면, 우리는 이렇게 물음을 던질 수 있다. 김인후가 애초에 지향하고자 했던 그 목적지나 이상적 지점을 갈 수 없게 만든 장애는 무엇이었을까? 여러 가지 원인이 있겠지만, 가장 근본적인 장애는 그가 뜻을 함께 펼칠 수 있다고 생각하였던 인종의 죽음이다.

저항으로서 인정투쟁

김인후는 인종과 더불어 그의 앞 세대 정권에서 자행되었던 기묘사화와 같은 부정의하고 잔혹한 정치적 폭력을 합리적으로 바꿀 수 있는 새로운 기대를 품고 있었다. 그것이 그가 지향하는 삶의 방향이었고,

그가 학습한 성리학의 이상적 가치였기 때문이다. 우리는 그러한 성리학적 가치를 다른 말로 도학이라고 표현한다.

도학은 지치주의 이상을 현실정치를 통해 구현해 내는 것이다. 이상정치를 실현할 가능성이 있었던 군주가 하루아침에 세상을 하직하고 만 것이니, 김인후로써는 당연히 목적지를 상실하게 된다. 세자시강 시절 인종을 가르쳤던 김인후는 인종의 짧은 재위와 펼쳐보지 못한 이상을 안타까워한다. 좋은 왕에 대한 희망과 그 기대가 채 피어나기도 전에 너무 일찍 좌절되어 버린 것에 대해 분노한다. 안타까움은 비극적 상황을 야기한 세력들에 대한 원망과 분노로 이어진다.[60]

호네트에 따르면, 사회적 무시나 모욕은 각 개인의 정서적인 욕구나 도덕적 판단 능력, 고유한 개성에 대한 부정의 형태이다. 이 때문에 무시당한 당사자는 자신에 대해 긍정적인 관계를 갖기가 어려우며, 자기 정체성을 형성하는 데 심각한 장애를 일으키게 된다. 그래서 호네트는 사회적 무시가 해당 당사자의 안녕을 해치려는 의도에서 일어난다면, 이는 도덕적 불의와 다를 바 없고, 그런 점에서 인정관계를 둘러싼 무시나 모욕 행위는 일종의 도덕적 훼손으로 이해될 수 있다고 주장한다. 그렇기 때문에 이러한 훼손 행위를 극복하려는 사회적 투쟁 역시 도덕적으로 정당하다고 본다.[61]

이와 같은 호네트의 주장은 불의한 상황에 대한 투쟁의 정당성을 확보해 준다. 무시나 모욕행위는 개인적 차원에서 벌어지지만 그러한 행위들은 동시에 사회적 관계성에 기반한 행위이다. 따라서 온전하지 않은 상황을 야기한 세력들의 훼손 행위에 대한 극복의 방식은 소극적인 원망과 적극적인 분노의 저항 형태로 나타날 수 있다. 그러한 과정에서 인정투쟁이 발생되고, 인정투쟁은 사회적 투쟁의 도덕적 형식으로 발전할 수 있음을 보여준다.

그렇다면, 인정투쟁의 관점을 인종의 죽음 이후 김인후가 보여준 행위에 적용하여 살펴보면 어떻게 해석될 수 있을까? 인종의 갑작스런 죽음에 대한 의혹 속에서 김인후가 취한 행동은 관직에서 물러나는 것이었고, 출사를 거부하는 것이었다. 조선시대에 아주 특별한 이유를 제외하고 출사를 거부하는 것 또한 처벌의 대상이 된다.

그러나 김인후는 인종의 사후, 명종대에서 지속적으로 관직이 내려오지만 거의 취임하지 않는다. 김인후는 어째서 명종이 내리는 관직에 공식적으로 취임하지 않았을까? 그는 어째서 옥과현감 이후의 관직에 대해서는 자기의 명정에 절대 적지 말라고 했을까? 내가 판단할 때, 김인후가 석연치 않게 여기는 정치세력이 그에게 관직 임명이라는 도발적 행위를 해 오는 경우, 그가 취할 수 있는 반작용은 출사거부이다.

김인후는 어쩌면 인종을 죽음으로 몰아갔을지도 모를 정치적 세력들에 저항하는 형태로 관직 임명에 대한 공식 거부 행위를 지속한다. 곧 병을 이유로 출사하지 않는다. 자기 정당성의 근거를 김인후는 출사거부에서 찾는다. 그러나 이 출사거부의 행위는 그를 인정하는 세력이 있기에 가능하다. 김인후는 출사거부 행위를 통해서 분노의 대상들에게 자신의 인정욕구를 드러냄으로써 자신의 정체를 인정할 것을 요구하고 있는 셈이기도 하다.

그렇다면, 인종의 기일에 난산에 들어가 통곡하고 통음하는 김인후의 행위는 어떻게 이해할 수 있을까? 이것을 호네트가 제안하고 있는 인정 투쟁의 양상으로 이해해 보면 어떨까? 사회적으로 규정된 관료적 지식인 김인후와는 다른, 인종과 사적인 관계로 연결되어 있는 자연인 김인후의 두 층위를 가정할 수 있지 않을까? 이것이 가능하다면, 사회적으로 규정되고 기대된, 타인의 시선 속에서 내면화된 목적격 나를 '관료적 지식인 김인후'로, 주격 나를 '자연인 김인후'로 설정해 보자.

이럴 경우, 목적격 나인 관료적 지식인 김인후와 주격 나인 자연인 김인후는 긴장 관계일 수밖에 없다. 그래서 난산이라는 타자의 시선이 차단된 유폐된 공간에서 자연인 김인후는 사회적이며 공적인 김인후와 투쟁한다. '내 안의 내'가 '나'와 '타자'가 되어 헤겔이 말하는 것처럼 서로 '생사를 건 싸움'을 하는 것이다.

주격 나인 자연인 김인후는 그래서 통곡을 하고 통음을 한다. 기존의 규범적 사회체계에서는 통곡과 통음을 부정적으로 바라보기 때문에 관료적 지식인 김인후는 그렇게 하지 못한다. 더욱이 통곡과 통음의 정서적 행위에 원인을 제공하고 있는 단초들이 왕의 죽음에 대한 진실과 정치적 파란에 관련된 것이기에 관료적 지식인 김인후는 그것에 쉽사리 저항하지 못한다.

그러나 자연인 김인후는 난산의 공간에서 일종의 의식적이고 의례적 행위를 통해 자아의 불일치를 해소하고자 한다. 통곡과 통음은 경모하던 사람을 잃은 고통과 슬픔에서 비롯된 분노와 저항이면서도 애도 과정이기 때문이다. 이 행위는 김인후가 스스로를 조절해 나가는 과정이다. 자연인 김인후와 사회적이며 공적인 김인후와의 긴장 관계는 자기 자신이 자기를 승인하는 자기인정 투쟁과 다르지 않다. 김인후의 통곡 통음 그리고 출사거부는 정치적 저항 행위이자 부도덕한 권력에 대한 '서사화된 윤리적 실천투쟁'이다.

이해의 여백

그림자

이 글은 '김인후는 어째서 통곡을 하고 통음을 하였을까?', '통곡과 통음이 어떻게 그리움의 분노로 이어질까?'하는 물음에서 출발하였다. 「유소사」에 대한 분석을 통하여 우리는 사랑이라는 목적영역이 근원영역의 개념인 여행·불·결합 등의 의미와 연결되는 것을 확인하였다. 그리고 그러한 여행은 중단되고, 불은 꺼지며, 결합이 해체될 때, 필연적으로 슬픔과 절망에 이른다는 것을 확인하였다. 게다가 그러한 장애의 요인이 특화될 경우에는 그 장애요인(적)에 대하여 분노와 적개심이 발생할 수 있음도 보았다. 그것은 온전하지 않은 죽음과 이별 과정에서 보편적으로 드러나는 인간의 감정이기 때문이다. 한편, 김인후가 느꼈던 감정 상태나 분노 표출 행위는 일종의 자기 정당화의 과정으로 볼 수 있다. 자기정당화를 위한 인정투쟁은 사적인 영역으로 내면화될 수 있는 가능성이 있음도 확인하였다. 그리고 그와 같은 감정이나 행위는 개별적이지만 분산되어 네트워크와 같은 관계적 망으로 접속하게 될 때, 서사를 통한 의미화가 진행된다.[62] 감정과 감정이 표출된 행위는 사건의 층위에서 개별적이고 사적이지만, 공공성의 경험적 지반을 확보할 경우 보편적인 층위로 확대된다.

이 글을 통하여 나는 1545년에 김인후가 감당해야 했던 인종의 죽음이라는 계기적 사건과 그 사건을 통해 드러내는 복합적인 감정, 일탈적 행위가 단지 절의나 의리의 문제로 해석되지 않는다고 주장하였다. 이것은 기존의 관행적 해석처럼 김인후와 인종의 관계에 있어서 군신간의 의리나 절의와 같은 지향된 도덕적 규범의식만이 작동한 것이 아니라는 주장이다. 거기에는 타자에 대한 저항이나 자신의 정체를 규정하기 위한 인정의 욕구 또한 작동하고 있다. 김인후의 복잡 미묘한 감정과 일견 비상식적으로 보이는 행위는 부조리한 현실에 대한 저항의 한 양상이고, 그것은 자신의 존재에 대한 확인의 과정이기도 하다는 점이다. 그렇기 때문에 김인후의 인정투쟁은 사적인 한계를 넘어서 사회적 투쟁의 형식을 갖게 되고, 또한 투쟁의 도덕적 정당성 또한 확보할 수 있게 된다.

인종의 죽음 이후, 김인후가 보여주었던 통음·통곡과 출사거부의 행위 그리고 유소사와 같은 심정은 '그리움의 분노'라는 감성적 층위에서 조망될 수 있다. 그리고 김인후의 분노 감정과 행위는 절의와 의리로 해석될 수 있지만, 그와 같은 감정과 행위는 온전하지 못한 인종의 죽음에 대한 애도의 행위이자 당대의 도덕적 부조리함에 대한 저항의 표시였다. 그 과정은 온전히 자기이해와 세계와의 소통을 위한 인정투쟁의 방식이라고 할 수 있다.

사건구조의 서사화

김인후를 매개로 한 이 연구는 인지적 유동성을 지닌 개인의 사유와 감정이 사건 구조를 통해 어떻게 서사화 되고, 사회적 의미를 획득하여 확산되는가를 탐구하려는 시도라고 할 수 있다. 즉 김인후의 삶에서 벌어진 개별적 사건이 어떻게 구조화되고 변형되어 서사의 과정을 통해 의미의 지반을 형성하게 되는지를 탐구하는 것이었다. 인간의 삶이라는 것이 어떻게 인지적으로 횡단하고 정서적으로 변형될 수 있는

가를 김인후의 감성적 체험을 통해 살펴본 것이 이 글이다. 이러한 점에서 이 글은 한 개인의 정서적 층위와 아울러 의미의 보편성을 탐구하는 감성적 인간학을 위한 시론적 성격을 띠고 있다고 하겠다.

이 글에서는 위와 같은 감성적 인간학의 층위에서 인간 김인후라는 인물 탐구를 위해 개념적 은유 이론과 인정투쟁 이론을 적용해 보았다. 이 두 이론이 제안하는 방법론에 따르면, 김인후에 대한 기존의 통속적인 이해의 방식과 달리 좀 더 경험적으로 합당하게 이해할 수 있는 가능성을 발견할 수 있다. 다시 말하면, 전통 시대의 유학자가 보여준 사유와 정서의 지평을 감성적 맥락에서 통합적으로 파악하려는 시도는 기존의 탐구와는 다른 지점을 제안한다.

첫째는 묵시적 동의 지점을 애매모호한 추상의 영역이 아닌 경험적 영역에서 정초한다는 점이다. 김인후의 정서적 표현과 행위를 의리나 절의라는 선험적 개념을 설정하지 않고도 설명 가능하다는 것이다. 이 점은 문학 분야의 연구에서처럼 의리나 절의를 선험적으로 제안하는 방식과는 다르다. 의리나 절의라는 추상적 관념은 경험적 지평에서 상호 관계성을 통해 구성되는 것이다. 둘째, 개인의 내면적 갈등 상황이나 사회적 갈등의 양상에 대해서 '타당한 해석'을 도출할 수 있다는 점이다. 타당하다는 것은 그것이 경험적 지반을 갖고 있기에 객관성을 띠게 된다. 셋째, 사유와 정서적 층위는 네트워크와 같은 관계적 망을 통해서 의미화가 이루진다는 점이다. 의미화는 사태의 다발이 도덕적 상상력과 연동됨으로써 서사화가 가능해진다는 것이며, 그래서 우리는 보편타당한 의미를 공유할 수 있게 된다. 이러한 이해의 가능성은 단지 특정한 분과 영역에 한정되지 않는다는 점에서도 의미가 있다.

현대적 이론을 적용하여 김인후를 독해하는 방식은 기존과는 다른 관점이나 설명방식이 제공될 수 있다는 점에서 긍정적이다. 그러나 이 같은 이론적 적용은 그 자체로 완결된 것은 아니다. 내가 제안하고 있는 분석의 방식은 세계와 인간을 이해할 수 있는 여러 가지 '방법적 창들' 중 특정한 사례에 불과하다. 그렇기 때문에 이 글에서 제안한 방법론이 인간 김인후를 이해하기 위한 최선이라고 주장하지는 않는다. 다만 나는 조금 더 유효한 해석이 가능하다면, 기존과 다른 방법적 시도에 대해 수용적 태도로의 전환이 필요하다는 점을 말하고 싶다. 대상을 이해하기 위한 유효한 '방법적 창'이 더 많이 확보될수록 주관성의 오류나 주장의 과잉 그리고 대상에 대한 왜곡을 최소한 방지할 수는 있을 것이다. 그럴 경우, 대상과 세계를 통합적으로 이해할 수 있는 '틀'을 만들 수 있게 된다. 이론이나 방법은 이해를 위한 누적된 그림자에 불과하다.

제2장

낙향의 정조: 기대승의 비애

떠남의 풍경

마지막 이별

세월은 유유히 물처럼 흐르는데
천기도 이와 같아 멈추질 않는구려
지난해 작별하며 가슴 아파하던 곳
오늘 귀향길도 근심만 절로 나네[1]

이 시의 저자는 아무런 말없이 유유히 흐르는 한강을 바라본다. '그와 같이 흘러가는 물의 시간'은 잠시도 멈춤이 없다. 우주자연의 조화도 흐르는 물의 시간처럼 유장하고 간단이 없다. 풍경을 바라보는 시인의 굴곡진 현실은 그러하지 못하기에 마음은 사뭇 처량하다. 더더욱 저문 강가에 서서 바라보는 오늘의 물빛은 지난해 바로 그곳에서 떠나보냈던 누군가를 환기하기에, 물빛어린 기억의 시간은 그래서 한층 먹먹하다. 만남이 이별을 예정하지 않은 것은 아니되, 떠남의 현실이 참담하기에 속절없는 시름에 망연하다.

이 글의 저자는 왜 이처럼 깊은 시름을 안고 고향으로 향하는 것일까? 무엇이 그로 하여금 상심하고 우수에 젖게 만들었을까? 이 글을 쓴 사람은 당대 최고의 지성이자 성균관 대사성을 지낸 고봉 기대승(1527~1572)이다.

기대승은 1570년 2월, 그의 나이 44세 이른 봄날 서울을 떠나 고향인 호남의 광주로 향한다. 떠나던 날, 함께 했던 벗들은 기대승을 전송하기 위해 한강가로 배웅 길에 나선다. 기대승은 김계(1528~1574),[2] 김취려(1526~?)[3] 등 벗들과 동호에서 하룻밤 유숙하면서 회한에 젖은 마음을 시로 표현하고 있다. 짧은 시구이지만, 이 시에는 사람에 대한 애틋한 그리움과 삶에 대한 우수 그리고 현실 세계에 대한 감성적 인식이 강하게 드러나고 있다. 기대승이 벗들과 석별의 정을 나누던 그곳은 바로 '지난해(1569년) 작별하며 가슴 아파하던 곳'이다.

1569년 3월 봄날, 기대승은 그곳에서 퇴계 이황과 작별하였었다. 떠나기 직전, 이황은 선조에게 기대승을 '통유通儒'로 추천한다. 통유란 학문의 전분야에 두루 해박한 유학자를 지칭하는 말이다. 기대승이 당대 최고의 지성임을 이황이 인정하는 것이다. 그리고 며칠 후, 이황은 동호의 강가에서 안동의 도산으로 떠났었는데, 그와 이별하였던 그 자리에서 기대승은 자신의 떠남과 조우한다. 기대승이 이황과 작별한 뒤 자신도 고향으로 돌아가기 까지 1여 년의 시간 동안 어떤 일들이 벌어졌을까? 기대승으로 하여금 슬픔과 우수에 젖게 만든 것은 무엇일까? 기대승은 자신의 삶과 세상사에 대해서 어떻게 생각했을까?

현실의 지평에서 나타나는 삶의 굴곡은 그 나름대로의 마땅한 이유가 있다. 삶으로서의 체험적 시간은 그 자신의 것일 수밖에 없다. 그러한 경험의 질은 발생한 사건의 총량에 비례하는 것만은 아니다. 하나의 사건은 단일한 사안으로 종결될 수 있지만, 그러한 일은 불연속적인 체험의 시간 속에서 확대되고 재생산된다. 그것의 파급과 지속은 전혀 예기치 않은 새로운 사태를 야기하기도 하며, 경험을 재구성하기도 한다.

기대승은 이전 시기에도 여러 차례 서울을 떠나 광주로 귀향하기도 하였다. 선비가 벼슬길에 올라 자신이 배운 바를 국가 경영을 위해 쓰는 것은 당연한 일이지만, 한편으로 관직에서 물러나 조용히 은거하기를 소망하기도 한다. 기대승은 이황에게 보내는 편지에서 고향으로 돌아가 인격 성숙을 위한 위기지학爲己之學을 하고 싶다고 말하곤 하였다. 귀향歸鄕은 기대승이 평소에 품고 있던 오래된 꿈이었다.

그러나 기대승의 인생에서 말년기에 해당하는 1570년 2월, 고향으로 떠남은 이전의 경험과는 다른 성격의 사건이었다. 기대승의 떠남은 귀향이 아닌 낙향落鄕이기 때문이다. 이황이 1년 전에 안동으로 돌아간 것은 귀향의 성격이었다면, 기대승이 광주로 돌아가게 되는 것은 중앙정계의 관료들, 특히 대신들과의 정치적 불화로 인해 야기된 것이기에 낙향의 성격을 띤다.[4]

자기주장이 분명한 격정적 감성의 소유자이면서도 비판적 합리주의자인 기대승은 국가적 시책과 관련한 사안의 판단에 있어 '의리의 합당함'을 추구한다. 그에게 있어 의리의 합당함은 인정과 의리에 부합하면서 예에 맞는 것合禮이었다. 시국 문제나 정책을 의리의 합당함에 따라 판단하고 의견을 개진하는 기대승과, 관계적이면서 암묵적인 묵계를 통해 판단하던 고위직 대신들은 반목할 수밖에 없었다.

기대승이 날선 이의 제기를 할 수 있었던 것은 그의 강개한 성품과 기묘명현의 후예라는 가계의 전통에서 연원하는 것만은 아니었다. 그는 마땅한 도리를 실천하는 선비이고자 하였다. 그리고 그는 항상 올바름을 실현하려는 사림정신에 정당성을 두고 있었다. 그래서 그는 당당할 수 있었음에도 현실은 그렇지 못했다. 현실과 불화하면서 기대승은 귀향이 아닌 낙향을 하게 되는 것이다.

낙향은 경험의 당사자에게 상실과 패배감을 불러일으킨다. 소기묘小己卯로 평가될 정도로 자부심 높던 기대승은 현실에서 좌절한다. 의리의 정당함과 '인정에 부합하는 합당함'이 부재한 현실은 몰가치하다. 가치의 상실은 체념과 도덕적 슬픔을 불러온다. 기대승은 당대의 부조리한 정치적 현실과 불의함에 더 이상 저항하지 못한다. 그러한 현실에 대항할 수 없는 상대적 무력감은 자신의 처지에 대한 연민을 불러일으킨다. 그것이 기대승을 슬프고 고통스럽게 만들었다.

나는 1570년 2월, 기대승의 떠남에 주목한다. 철학자로서의 기대승을 압축적으로 보여주는 떠남, 낙향의 장면에 주목하는 것이다. 그의 떠남과 낙향은 삶의 한 단면이지만, 그러한 단면은 시간의 단층 속에서 삶의 궤적을 이룬다. 누적된 삶의 총체상은 켜켜이 쌓인 오래된 기억을 환기한다. 자신이 일찍이 파악하지 못하였던 계기적 관점을 만들어준다. 적어도 기대승과 같은 예민한 감성의 소유자에게는 더욱 민감하게 자신의 실존을 확인하는 계기가 된다. 그렇기 때문에 기대승의 낙향이 갖는 의미는 그의 철학적 태도, 곧 그의 철학함으로서의 삶과 분리될 수 없다. 관료이자 학인'이었던 기대승이 현실정치를 떠나 낙향하게 된 정황 속에는 그의 철학적 지향과 문제의식이 총체적으로 투영되었다고 보는 것이다.

이 글은 낙향이라고 하는 삶의 계기적 과정을 통해서 기대승철학의 단층을 독해한다. 기대승의 낙향과 연동하는 계기적 사건들은 그의 철학적 문제의식과 지향을 확인할 수 있는 좋은 자료이기 때문이다. 이 글의 서두를 1570년 2월, 기대승의 '떠남, 낙향의 풍경'에서 시작한 것은 이와 같은 이유에서이다.

이 글은 먼저 기대승의 낙향 시기를 전후 하여 그가 당대의 현실에서 실현하고자 했던 것은 무엇인지를 살펴본다. 그리고 무엇이 그로 하여금 절망하고 좌절하게 했는지, 비애와 상실의 내용들은 어떠한 철학적 근거를 갖고 있는지도 아울러 살펴보고자 한다. 기대승이 만년에 가졌던 철학적 문제의식과 모색의 지점을 먼저 확인함으로써 그가 학습한 성리학의 본령이 무엇이었고, 또한 그가 찾고자 했던 삶의 진실이 무엇이었는지 해명될 것이다.

비애와 상실의 감성적 층위에서 인간 기대승을 탐구하는 것은 기존의 방식처럼, 성리철학에 담겨있는 개념이나 논리 체계를 분석하여 철학적 의미를 고찰하는 것과는 일정한 차이가 있다. 기대승에 대한 연구는 주로 사단칠정론과 『논사록』에 포함된 경세론 분야를 위주로 진행되었다. 이 글에서는 기대승의 철학적 개념과 논리에 대한 분석은 기존의 선행 연구 성과를 참조하고, 필요한 경우에만 제한적으로 언급하겠다.[5] 대신 기대승의 철학적 연원과 그 과정을 중심으로 그가 고민하고 해결하려 했던 철학적 문제의식과 의미, 그리고 비애의 감성적 층위가 어떠한 시사점을 갖는가에 초점을 맞추고자 한다. 이것은 선행 연구에서 비교적 비중 있게 다루지 않았던 기대승철학의 형성 과정에 대한 문제나 철학적 성취, 그리고 감성적 면모를 재평가 하겠다는 것이다.

이러한 시도는 기대승의 개별적 특징에 초점을 맞춘 분석적인 탐색이 아닌 '삶으로서의 철학과 철학함'의 면모를 온전히 보이고자 하는 데 있다. 기대승에 대한 이와 같은 탐구가 성공적으로 진행된다면, 전통시대의 철학과 철학함의 한 단면을 유의미하게 파악할 수 있을 것으로 본다.

만남과 이별

이황과의 인연

기대승은 그가 낙향하기 1년여 전인 1569년 3월, 한강 동호변에서 이황을 도산으로 떠나보냈다. 1558년 10월, 32세의 기대승이 과거에 급제한 후 서울에 와 있던 58세의 이황을 만난 지 12년의 세월이 흐른 시점이었다. 서소문에 있던 이황의 집에서 처음 만나 서로를 허여하는 사이가 되어 말년까지 지속된 이들의 관계는 스승先生이자 도우道友 같은 친교이자 신뢰의 만남이었다.

기대승과 이황은 정식으로 스승과 제자의 인연을 맺은 적은 없었다. 기대승은 비록 '제자가 되는 의례적 절차'인 집지執贄의 예는 갖추지 않았지만 이황을 선생으로 모시는 것이 합당하다고 판단한다. 기대승은 이황에게 학문과 삶의 도리에 대해서 배우고 가르침을 받았기 때문이다. 그래서 기대승은 이황을 항상 '선생'이라 부른다. 이황은 나이어린 기대승을 예우하면서 '공'이란 호칭을 쓴다. 정식으로 '스승-제자'를 인증하는 절차가 없었다는 것은 이들이 서로를 존중하면서도 허물없이 가까울 수 있었던 한 요인이었는지도 모른다. 공식적인 관계는 사적인 관계와 달리 제약이 있을 수 있기 때문이다.

이황에게 있어 기대승은 학술과 도리를 나눌 수 있는 '제자가 아닌 벗과 같은 존재'였고, 기대승에게 있어 이황은 사사로운 일상을 공유하면서 깨우침을 주는 '자상하면서도 엄격한 스승 같은 존재'였다.[6] 이들에게는 학문하는 사람이 갖는 상호 존중과 일상적 생활인이 갖는 인간적 신뢰가 있었기 때문이다.

기대승이 이황을 직접 만난 것은 그들이 관직과 조정의 일 때문에 동시에 서울에 머물렀던 극히 짧은 기간이었다. 그들은 각각 서울과 안동, 서울과 광주, 광주와 안동에 살았기 때문에 주로 인편을 통해 전달되는 편지로 교류하였다. 기대승은 이황과의 첫 만남에 대하여 1559년 3월 5일 편지에서 다음과 같이 밝힌다.

> 연전(1558년)에 다행히 선생님을 방문하여 사단칠정론에 대한 몇 마디 말씀을 듣고는 개발된 것이 진실로 많았습니다. 황홀할 정도로 심취하여 머물러 있으면서 모시고자 하였으나, 병든 몸이 심한 추위를 견디기 어려웠고, 게다가 또 그렇게 할 수 없는 사정이 있어서 드디어 떠날 계획을 하였습니다.[7]

기대승은 1558년 10월에 이황과 처음으로 만나게 된다. 이 때 나누었던 사단칠정에 관한 내용이 구체적으로 무엇이었는지는 확인할 수 없다. 그러나 후일의 기록인 이황의 1559년 정월의 편지[8]를 통해 추정한다면, 이들은 추만 정지운의 〈천명도〉에 대해서 대략적인 의견만을 교환한 듯하다.[9]

이황도 기대승과의 첫 만남에 대해 1560년 9월 1일의 편지에서 다음과 같이 기록하고 있다.

> 내가 지난 무오년(1558)에 서울로 갔을 때에는 매우 낭패스러웠으나, 그래도 스스로 다행으로 여겼던 것은 우리 명언을 만났기 때문이었습니다.[10]

이황은 1558년 자신이 서울로 가게 된 것이 '매우 낭패스러웠다'고 한다. 왜냐하면 그가 원하지도 않는 관직에 대한 문제가 조정에서 논의되고, 계속되는 왕의 부름[徵召]이 있었기 때문이었다. 이황은 7월에 소를 올렸으나 왕이 허락하지 않자 서울로 올라간다.[11] 이황은 불편한 마음으로 서울에 갔다가 당시 지식인 사회에 이름이 나 있었던 기대승을 만나게 된 것은 뜻밖의 기쁨이었노라고 말하는 것이다.

기대승은 1558년 이황과 우연히 만나 인연을 맺게 된 이후, 말년까지 학술과 친교를 지속한다. 이 과정에서 조선유학사의 일대 사건이라고 할 수 있는 기대승과 이황의 사단칠정논변이 나온다. 그러나 이들은 사단칠정이나 리기와 같은 이론철학적인 문제만 토론한 것이 아니라 행위의 정당함을 찾는 구체적 실천의 문제出處·進退 등 일상의 다반사를 함께 의논한다.

이렇듯 기대승에게 이황은 주자학을 포함한 유가철학의 본령에 대해서 토론할 수 있는 학문적 선배이자 삶의 정향을 제시해주는 유일한 '선생'이었고, 이황에게 기대승은 재기발랄하면서도 끊임없이 학문적 자극을 제공하는 후학이었다.

이황이 안동으로 귀향하는 날, 기대승은 전별하는 배 위에서 이황에게 이별의 시를 전한다.

> 한강수는 넘실넘실 밤낮으로 흐르니
> 떠나시는 우리 선생 어찌하면 만류하리
> 강변에서 닻줄 끌고 이리저리 배회할 제
> 애에 가득한 이 시름을 어이하리[12]

기대승의 시를 받은 이황은 다음과 같이 화답한다.

> 배 위에 앉아 있는 인물들 참으로 명류이니
> 돌아가고픈 마음 종일토록 매여 있네
> 이 한강수 떠다 벼룻물로 써서
> 끝없는 작별 시름 써 볼거나[13]

이황이 서울을 떠나면서 기대승과 주고받았던 이 두 편의 화답시는 두 사람의 이별의 심회를 잘 보여주고 있다. 떠나가는 선생님을 차마 붙잡지는 못하여 닻줄만 이리저리 끌고 다니는 '애에 가득한 시름'에 젖은 기대승과 훌륭한 후학들과 이별하는 아쉬움에 한강물을 벼룻물로 다 쓸 정도의 한량없는 우수를 느끼는 이황이다.

그렇게 이황과 기대승은 운명의 시간을 예감하였던 것일까? 그 별리의 시간은 결국 이황이 1570년 12월에 작고함으로써 마지막 만남이 된다. 기대승은 중앙 정계에 진출 한 이후, 강직한 성품과 직선적인 언행으로 인해 탄핵되기도 하였지만, 이황은 그에게 '마음의 위안처'였다. 이황은 기대승을 책망하면서도 위인과 격려를 아끼지 않았던 '선생'이었다. 그런 이황과 이별하게 되니 기대승은 슬프지 않을 수 없었다.

그러나 기대승의 서글픔은 이별이 주는 안타까움만은 아니었을 것이다. 또한 연로한 이황을 더 이상 만날 수 없을 것만 같은 기약 없음에 대한 애달픔만은 아니었을 것이다. 이황의 떠남은 어지러운 현실정치의 와중에서 믿고 의지한 선생을 떠나보내는 것만이 아니라, 함께 성리학적 진리를 추진할 동지이자 정신적 지주를 보내는 것이기도 했다. 그러하니 불순한 시대의 우울과 별리의 안타까움은 기대승에게 증폭된 슬픔으로 각인된다.

이황과의 이별이 있기 전, 1568년 12월에 기대승은 즉위한지 1년밖에 되지 않은 선조에게 이황을 만나볼 것을 건의 하였었다.

> 이황은 나이가 이미 일흔인데 소견이 심히 높으면서도, 털끝만큼도 스스로 만족해하는 마음이 없고, 남의 말을 겸허히 듣고 아울러 보아서, 자신의 의견을 버리고 남의 선을 따라 하기를 마치 미치지 못할 듯이 합니다. 비록 젊은 사람들이 말하는 것이라도 반드시 헤아려보며, 옛 책을 볼 때에는 조금도 고집세우는 일이 없고, 정주학을 독신하여 공부가

순수한 경지에 이르렀습니다…. 후일 입시할 때에 성상께서 그와 더불어 의리를 강론하신다면 제왕의 학문에 어찌 큰 유익함이 없겠습니까. 다만 이 사람은 천성이 담박하고 젊었을 때부터 편안히 물러나 있어서 이러한 습관이 천성으로 되었습니다.[14]

기대승은 선조에게 당대 사림의 영수격인 이황을 추천하여 국정운영과 학문하는 방법에 대한 견해를 듣도록 요청하고 있다. 사림에 의해 정국이 주도되고 있기는 하지만 불안정한 국정을 조정할 수 있는 인물로 기대승은 이황을 추천하고 있는 것이다. 이러한 기대승의 건의가 수용되어 이황은 선조를 만나게 된다.

이황은 선조에게 인정과 의리에 합당하게 처신하는 출처의 도리와 정치를 하는 근본, 학문하는 방법 등을 제언하면서 기대승에 대해서 말한다.

선조가 말하였다. "학문한 사람 중에 아뢰고자 하는 자가 없는가? 어려워하지 말고 말하라."

이황이 대답하였다. "이 일은 말하기 어렵습니다. 제가 생각하고 있는 사람이 한두 명이 아닙니다만… 기대승이 옛 문자를 많이 보았고, 성리학에 있어서도 소견이 가장 뛰어나니, 그는 바로 통유입니다. 다만 수렴하는 공부가 부족하니, 이것이 미진한 부분입니다. 소신도 항시 이것을 가지고 그의 단점으로 여겨 공부를 더할 것을 권면합니다. 그러나 이와 같은 유학자도 얻기가 쉽지 않습니다."

선조가 말하였다. "이 말이 지당하다. 어찌 그 학문의 만분의 일인들 알 수 있겠는가. 그러나 나도 항시 생각하기를 그가 문장을 잘 짓는다고 여겼다."

이황이 대답하였다. "그의 문장 또한 쉽게 구할 수 없습니다."[15]

이황은 당시 문하에 수학하는 제자들이 많았음에도 기대승을 통유通儒라고 추천하고 있다. 다만 기대승이 대신들과 의견대립으로 마찰을 많이 빚고 있는 터라 '수렴收斂 공부가 부족하다'는 단서를 달고 있기는 하다. 이황은 기대승이 지극히 온당하고 합리적인 기준을 통하여 사안을 판단하고 의견을 제시하는 비판적 합리주의자라는 것을 잘 안다. 그러나 기대승은 자신의 감정을 억제하지 않고 직설적으로 표출하기 때문에 타인에게 저항감을 불러일으키는 점도 없지 않았다. 이황은 그러한 점을 '수렴공부의 부족'으로 말하는 것이다. 일종의 겸사이다.

그렇지만 선조는 이황의 평가가 부담스러웠던지 기대승을 '문장지사'로 폄하한다. 기대승이 통유임을 인정한다면, 조정의 신료들과 의견을 다툴 때, 선조는 아무래도 통유인 기대승의 의견을 존중해야 하는 부담이 있기 때문이다. 이황도 선조가 말하는 의도를 잘 알고 있기에 오히려 기대승을 적극적으로 옹호하고 있는 것이다.

최고의 지성으로 인정되던 이황에서 통유라는 평가를 받을 만큼 학문적 자부심이 강했던 기대승이었고, 게다가 기묘명현의 한 사람이었던 기준이 그의 숙부였다는 가계의 내력은 어쩌면 그에게 영광이자 무거운 짐이었을 것이다. 기대승의 말과 행동은 주목의 대상이었고, 그를 강개한 선비로 인정하는 만큼 그에 대한 비토자들도 늘어만 가게 된다.

세상과의 불화

낙향과 오래된 꿈

기대승이 낙향을 결심하게 된 이유는 여러 면에서 고려될 수 있지만, 직접적인 계기가 되는 것은 1569년 6월 9일 대사헌 김개金鎧가 선조에게 전달한 내용과 연관된다. 김개는 특진관의 자격으로 선조에게 국정의 전반에 대해 다음과 같이 말한다.

> 때로 쓸데없는 의논을 하는 자가 있어 삼공三公을 존대하지 않고 일일이 비방하므로 삼공이 다 불안해하고 있는데, 특히 영상을 비난한다고 합니다…. 조광조는 학문과 용심用心이 실로 보통이 아니나, 다만 사람을 너무 지나치게 믿은 나머지 말만 잘하는 자도 착한 사람이라고 여겨 마침내 이들을 모두 끌어올려 끝내는 일을 내고 말았습니다…. 기묘년의 사람들이 또한 한두 명이 아니니, 이들이 어찌 다 선할 수 있겠습니까. 선한 사람 가운데에도 잘못된 생각이 있어서 실수한 것이 없겠습니까. 후세에서 기묘년의 명현들을 잊지 못하는 이유는 다만 대강이 옳았기 때문입니다. 하지만 지금 나이 젊은 사람들은 혹 잘못하는 자가 있을 경우 너무 지나치게 비난하는데, 그 당사자가 어찌 자신이 잘못했다고 여겨 스스로 승복하겠습니까. 이로 말미암아 인심이 불화하게 되는 것입니다.[16]

김개의 논리는 이러하다. 근래에 젊은 대간들이 대신들의 의견에 반대하고, 더구나 원로대신들을 존경하지 않고 비방하며, 그러한 대간들의 태도는 기묘년의 조광조를 비롯한 기묘명현들이 문제를 일으킨 국면과 유사하다. 따라서 그러한 대간들의 행태는 국정을 어지럽히는 일이며 나아가 국가적인 불화를 자초하는 것이다. 그러므로 젊은 대간들을 제재해야 한다는 논리이다. 김개의 의견은 일견 조정의 분란을 미연에 방지하고자 하는 충언으로 받아들여질 수 있는 내용이다. 실제로 선조는 그렇게 여긴 듯하다. 그러자 기대승(좌승지)을 비롯한 우승지 심의겸, 좌부승지 김취문, 우부승지 이담, 동부승지 송하, 주서 윤승길,

한림 정이주, 이산보 등의 간원들은 김개가 선조에게 아뢴 내용을 문제 삼는다.

기대승은 선조에게 면담을 요청한다. 김개의 말은 기묘명현을 모욕하는 일이며, 더구나 젊은 간원들이 삼정승을 비방하고 있다는 말은 신료들 간의 위화감을 조장하는 것이기 때문이다. 근거 없는 소문과 비방은 오해와 갈등을 조장하고, 갈등의 긴장 국면은 사림의 화를 불러일으킬 우려가 있다. 기묘사화의 전례를 보아도 그러하다. 그렇기 때문에 기대승은 '국가의 안위'와 관계되는 사안으로 판단한다. 기대승은 강경한 어조로 말한다.

> 이른바 젊은 사람들이 삼공을 일일이 비난한다는 것은 실로 자취가 없는 말인데, 이것을 지어내어 발설해서 사람을 모함하고자 하니, 어찌 놀라운 일이 아니겠습니까…. 이제 김개는 이것을 틈타 기회로 삼아서 지난날 경연 석상에서 기묘년의 일을 들어 성상의 뜻을 은근히 시험해 보았고, 그런 다음에는 또 젊은 사람들이 쓸데없이 의논을 하느니 대신을 비방하느니 하는 등의 말로써 이리저리 얽어 만들어 장차 사림을 일망타진하는 계책을 삼으려 하였습니다. 이것이 어찌 하루아침 하루저녁에 나온 일이겠습니까. 반드시 까닭이 있을 것입니다…. 기묘년의 명현들에 대한 옳고 그름은 어린아이에서부터 군졸에 이르기 까지 모두 알고 있으니, 김개가 판서의 고위직 반열에 있으면서 이것을 몰랐다고 할 수는 없습니다. 그런데 감히 조광조를 비난하고 남곤을 죄주는 것이 온당치 못하다 하여 경연 석상에서 이것을 아뢰어 성상의 총명을 현혹시켜서 사람들의 마음을 혼란시키려 하였으니, 그 죄는 이미 죽어도 남음이 있다 하겠습니다…. 오늘 대간과 시종관이 모두 다 그의 부당함을 아뢰었는데도, 상께서는 나이 많은 사람이라 하여 그를 애석히 여기는 뜻이 계신 듯하니, 어찌 온당치 못한 일이 아니겠습니까.[17]

기대승은 김개의 논리를 간파하고, 간원들을 비난하는 그의 사람됨을 지적한다. 적어도 대사헌인 김개는 유언비어를 차단해야 함에도 오히려 갈등을 조장하며, 젊은 대간들을 조광조를 비롯한 기묘명현들에 견주어 '분란'을 일으키는 존재라고 비난하는 것은 매우 우려되는 상황이다. 올바른 인물을 가장한 김개와 같은 사람이 득세하고, 왕이 힘의 경중을 잘못 판단하게 된다면 젊은 사림들이 화를 당할 수밖에 없음을 역사적 경험을 통해 잘 알고 있기 때문이다. 그것은 사화로 이어질 수 있기 때문에 기대승과 그의 동료 대간들은 극력 항의를 하고 있는 셈이다.

그런데 선조는 정작 김개를 두둔하려는 태도를 보이고 있으니 기대승으로서는 참담할 따름이다. 그래서 기대승은 김개에 대해 '성상의 총명을 현혹시킨 자'이므로 '그 죄는 죽어도 남음이 있다'라고 할 정도로 강경하게 말하고 있다. 기대승도 자신의 말로 인하여 타인들과 원한을 맺게 되고, 그러한 자신의 말이 임금의 심기를 불편하게 하는 것임을 잘 알고 있다.

기대승은 후일 이황에게 보낸 편지에서 자신의 격정적인 태도에 대해서 다음과 같이 기술한다.

> 저는 동료들과 의논하여 면대를 청해서 소인의 정상을 극력 진술하고 아울러 시사까지 언급하였는데, 저도 모르는 사이에 충의로 인한 분한 마음이 격발하고 또 점점 생각을 펴서 아뢰다 보니 감정이 격해져서 자못 말을 가려서 하지 못한 잘못이 있었으나, 대의는 진실로 정당하였으니 성패의 여부는 계산할 바가 아니었습니다.[18]

기대승은 자신이 감정을 순화하기 않고 격렬하게 표현한 것은 일단

잘못임을 인정한다. 그러나 그러한 행위는 '옳음을 위한 것'이므로 정당성이 있으며, 후회는 하지 않겠다는 결연한 의지를 내보인다. 기대승은 이황에게 선조와의 면담 내용을 자세히 전하면서 "저도 오늘부터 물러나 숨어 살고자 합니다. 세속의 기상이 투박하여 오로지 이해만으로 마음을 삼고 다시 도의가 무엇인지도 모르므로, 비록 평소에 서로 기약한 자들이라 하더라도 힘을 얻기 어렵습니다. 우리 도吾道의 외로움이 이에 이르렀으니 슬퍼서 기가 막힙니다."[19]라고 하여 낙향을 결심하게 된다.

사실 기대승을 비롯한 젊은 대간들과 대신들의 의견충돌은 이미 예견되어 있던 일이기도 하다. 김개의 젊은 대간들에 대한 비난이 있기 이전에 조정에서는 문소전에 인종의 위패를 안치하고 제사 지내는 일祔祭과 그에 따른 공간 확충의 문제가 논란이 되어 대간들과 삼정승 사이에 의견이 엇갈렸다.

인종의 신위를 문소전에 모시는 일은 왕실의 종통과 예법에 관련된 매우 민감한 사안이다. 인종이 사망하였을 당시 신주를 문소전에 안치하는 것이 마땅함에도 득세한 윤원형 일파는 재위 기간이 해를 넘기지 못했다는 이유를 들어 반대하였다. 문소전에 인종을 모실 경우, 형제이지만 왕위를 계승한 아우인 명종은 종통의 위계상 하위가 될 수 있기 때문이다. 결국 인종의 위패를 연은전에 모시게 된다. 이 일은 인정과 도리상 어긋난 일이었음에도 누구하나 반론을 하지 못하였고, 명종이 죽자 문소전에 모시게 되면서 인종의 부묘에 대한 논의가 다시 재론된 것이다.

선조는 인종의 부제와 관련하여 의견을 거듭 번복하며 결정하지 못하고, 공론은 엇갈리고 있어서 자칫 사림의 화가 될 요인마저 있었다.

기대승은 인종의 신주를 문소전에 모시고 제사지내는 것이 합당하다는 의견을 제시하였지만, 대신들과 마찰을 빚고 있는 터였다. 기대승의 견해는 인정과 의리의 마땅함에 따른 것이었고 그것은 또한 그가 학습한 『주자대전』에 의거한 것이기도 하였다. 기대승은 1566년 6월에 이미 『주자대전』을 전거로 하여 신주를 모시는 일에 관한 글을 작성한 바 있는데, 그것이 「이주설」이다.[20]

그러나 '이치의 합당함'과 '의리의 정당성'으로 시비를 가르는 기대승의 두 기준은 양날의 칼처럼 작동한다. 기대승의 기준은 현실적 사안의 판단에 적용되어 타인을 겨냥하지만, 때론 그 자신을 겨누는 비수가 되기도 한다. 원칙과 기준에 따른 기대승의 명쾌한 말과 격정적인 행동은 좋아하고 싫어함이 분명하여 연대를 맺는 동지를 만들지만, 한편 원망하고 적대시하는 적을 만들기도 한다. 비판받은 당사자는 자신의 판단착오나 도덕적 결여에 대해 반성하기보다는 모멸감과 분노의 감정에 휩싸여 오히려 기대승에게 원망과 적대감의 비수를 꽂는다. 그 파장은 기대승에 대한 부정적인 소문과 비방, 질시와 배척으로 나타난다. 사리판단의 합당함과 의리의 강직함이 오히려 관료집단 내부에서 화합보다는 분란을 일으키는 요인으로 지목되는 것이다. 기대승은 그 점을 괴로워한다. 기대승은 그 답답함과 우울을 이황에게 토로한다.

> 문소전의 의논으로 상부의 노여움이 대단한데, 제가 가장 지목을 받고 있습니다. 그러므로 상부가 저를 매우 좋아하지 않는 기색이 있자, 어떤 자는 저를 지방관으로 내보내라고 하고, 어떤 자는 저를 대사간 후보자로 추천하지 말라고 하였습니다. 저도 또한 그간의 정상을 알고서 오래 전부터 사직하고 떠나고자 하였으나, 친지들의 만류로 아직까지 결정을 하지 못하였으니 마음이 괴롭고 답답합니다.[21]

'문소전의 의논'이란 연은전에 모셔진 인종의 위패를 전례에 따라 문소전에 모시는 것과 관련한 논의를 말한다. 기대승은 인종의 위패를 문소전에 모시는 것이 인정과 의리상 합당하다고 적극 주장한다. 공론은 인종의 위패를 문소전에 모시는 것으로 모아진다. 그런데 문제는 중종의 맏아들인 인종과 둘째 아들인 명종이 형제이면서 계통을 이은 군주이므로 어떻게 위패의 순서를 정해야 하고, 그럴 경우 위패를 모실 공간이 부족하기 때문에 문소전을 증축해야 마땅한지, 아니면 위패를 놓을 탁자와 제기를 조정할 것인지 등 다양한 의론이 제기된다. 문소전을 증수할 수 없게 되자 대신들 가운데는 인종의 위패를 그대로 연은전에 모시는 것도 무방하다는 의견을 제시한다. 그들은 세조의 위패를 모시면서 문종의 위패를 옮긴 사례도 있다는 것을 근거로 한다.

기대승은 대신들의 견해는 인정仁情에 어긋나고 의리義理상 정당하지도 않으며, 게다가 예법禮法에 합당하지도 않음을 들어 반대한다. 대신들의 주장은 예법을 참고하여 제안한 것이지만 그것은 엄밀한 전거도 없이 편의성을 따라 제안된 것이다. 반면 기대승은 자신의 주장에 대한 이론적 전거를 『주자가례』나 『주자대전』과 같은 주자학에서 찾았고, 그러한 전거를 통해 상식적 수준의 견해를 논박해 나간다. 기대승은 사안의 옳고 그름을 '이치에 합당함'과 '의리의 정당성'에서 찾고 있는 것이다. 그렇기에 주자학에 정통하지 못한 대신들의 입장은 위축될 수밖에 없었고, 그럴수록 기대승의 입지는 오히려 좁아져만 가게 된다.

인종을 문소전에 부묘하는 문제는 단순히 위패를 봉안하고 제사지내는 것에 국한되는 것이 아니다. 이것은 선대 왕위와 현재 통치자의 계통과 관련한 정통성의 문제이고, 그것은 또한 국가의 전례와 제도,

예법에 관한 것이기도 하다. 기대승은 자신의 철학과 삶의 과정으로서 철학함을 통해 도의와 이치에 따른 원칙과 기준을 제안하고, 그러한 원칙과 기준에 따른 현실의 운용을 요청하는 것이다.

인종의 위패를 문소전에 모시는 문제에서 비롯한 의리의 정당함과 이치의 합당에 대한 논란은 현실 운영과 관련한 복합적인 문제를 포함하게 되면서 해결되지 않은 채 난항을 계속한다. 기대승은 이 과정에서 더욱 좌절하게 되고 결국 1570년 2월 낙향하고 만다.

낙향한 기대승은 비로소 오래된 꿈을 찾아간다. 오래전부터 꿈꿔왔던 진실한 공부를 시작하는 것이다. 기대승도 자기 자신에 대해서 "내면적 덕성을 닦고 천명을 기다리는 공부修身以俟에는 전혀 부족한 듯하다"[22]고 고백한다. 그의 격정적인 성향은 다른 무엇보다 '문제적'이었음이 분명하다. 그에게는 '조화의 관계성' 영역이 부족하였다.

기대승이 비록 당대 최고의 통유로 평가되고, 의리의 강직함으로 소기묘로 불린다 해도 '마음으로 따르고 존경하는 인물'이 되기에는 한계가 있었다. 기대승도 그러한 자신의 한계를 잘 알고 있다. 기대승은 자신의 문제점과 한계를 넘어서기 위해 '삶으로서의 철학적 기준'을 세우고 공부를 시작한다. 기대승은 삶의 기준을 '도'로 확정하고 있는 셈이다. 그 도의 내용은 유가철학이 담고 있는 삶의 진실성, 그 자체이다.

그래서 기대승은 집 근처에 작은 초당을 짓고 진실한 공부를 시작한다. 그는 초당의 이름을 낙암樂庵이라고 짓는다. 1570년 5월에 완성된 낙암은 "가난을 마땅히 즐겁게 여겨야 한다"貧當可樂고 했던 이황의 편지글에서 취한 것이다.[23] 기대승이 그토록 고대했던 '오래된 꿈'을 찾아가는 모습은 멀리 안동의 이황에게도 기쁨이었다. 이황은 학문에 침잠하게 된 기대승의 낙암 풍경을 축하하고 그곳의 풍광을 직접 보지

못함을 아쉬워한다.[24]

기대승이 자신의 학문하는 장소를 낙암으로 명명한 것은 의미심장하다. 기대승은 경세지사經世之士가 아닌 자수自守의 학문하는 자로 돌아온 것이다. 벼슬을 하지 않으니 가난할 수밖에 없음에도 '삶의 족함'을 알기에 세속적인 힘겨움을 넘어선다. 삶의 자족이란 단순히 족함을 아는知足 심리적 차원의 문제만은 아니다. 그것은 삶의 본질이 인仁과 의義라는 것을 체험적으로 깨닫는 것이다.

기대승은 낙樂의 본질, 곧 진정한 삶의 가치를 추구하는 것이다. 그렇기에 기대승은 도리가 너무도 멀리 있는 세상에서 도리를 실현하기 위한 자신의 책무로써 '삶의 진정성'을 자신의 철학적 탐구이자 실천영역으로 설정한다. 바로 삶의 본령인 진락眞樂을 찾아가는 것이다.[25]

도학의 감성

삶의 도리

기대승의 철학적 학습은 가학에서부터 시작한다. 여기서 '철학적 학습'이란 유가철학적 가치와 질서, 규범의식 등을 체계적으로 훈육 받는 것을 말한다. 훈육의 과정은 유가경전이라고 하는 텍스트를 배우는데 국한되지 않는다. 텍스트에 대한 기초적 학습뿐만 아니라 일상적 생활의 과정에서 온몸으로 배우고 실천하게 되는 다양한 행위와 의례적 절차를 포함한다. 그렇기 때문에 전통시대에 성장기의 교육내용과 교육 환경은 개인의 인격 형성에 지대한 영향을 미치게 된다.

기대승은 기묘사화의 영향 속에 태어나고 성장한다. 그가 호남의 광주에서 출생하게 된 경위가 그러한 사정을 잘 보여준다. 원래 기대승의 가계는 대대로 서울 인근에 거주하였으며, 학행으로 이름이 높았던 고조할아버지 기건의 경우, 단종을 폐위하고 무도하게 정권을 탈취한 세조가 출사를 강권했지만 끝내 거부한 인물로 알려져 있다.

기대승이 태어나기 이전, 기대승의 아버지 물재 기진(1487~1555)은 동생 복재 기준(1492~1521)과 함께 성리학을 학습한다. 이들은 "우리들이 뜻을 얻으면 마땅히 궁핍한 사람들을 구휼하고, 만일 뜻을 얻지 못한다면 다른 사람의 도움을 받지는 말자"[26]고 굳건하게 다짐한다. 기준은 남다른 재능으로 일찍부터 두각을 나타내어 23세(1514년, 중종 9)에 과거에 급제하여 출사한다. 그는 학통상으로 정암 조광조 → 한훤당 김굉필로 연결된다.

출사한 기준은 조광조, 김정 등 사림들과 교유하며 이상적인 왕도정치의 실현을 위한 정치적 실천운동을 전개한다. 그는 도학의 실천을 위한 공부를 중시하여 임금이 솔선수범하여 먼저 『소학』으로 근본을 세울 것을 건의 한다. 이것은 일종의 성왕군주론의 사고인데, 기준은 임금도 『소학』 공부로 근본을 삼고 도학에 힘써야 함을 강조하는 것이다. 그러나 그는 1519년 11월 15일 기묘사화가 발발하자 홍문관에 숙직하던 중 체포된다. 이어 유배된 후 1521년에는 사약을 받아 죽임을 당하게 된다.

아우를 잃은 기대승의 아버지는 감당할 수 없는 슬픔에 잠긴다. 게다가 참혹한 화가 언제 닥칠지 모르는 불안한 상황이었다. 참담한 마음으로 기대승의 아버지 기진은 형 기원과 함께 가족을 이끌고 광주로 낙향한다. 기대승은 그러한 와중에 1527년 광주에서 출생한다. 기대승은 아버지가 자식들에게 가르쳤던 말씀을 회상하며 이렇게 기록하고 있다.

> 학문을 하는 데는 모름지기 부지런해야 하고, 또 반드시 외워야 하며, 슬쩍 지나쳐버려서는 안 된다. 읽으며 생각하고, 생각하며 글을 짓되, 모두 부지런히 해야 하며, 또 그 중에 한 가지도 소홀히 해서는 안 된다. 내가 너희들에게 학문에 힘쓰라고 한 것이 어찌 벼슬사리와 녹봉을 바라서였겠느냐. 너희들이 부모에게 효도하고 형제간에 우애롭게 지내는 도리를 실천해서, 다만 조상을 욕되게 하지 않고자 할 뿐이다.[27]

기묘사화의 폭압으로 인해 사랑하는 아우를 잃고, 고향을 버리고 뿌리 뽑힌 존재가 되어 낯선 광주로 이주할 수밖에 없었던 현실의 조건은 참담함 그 자체였다. 기대승의 아버지는 자식들에게 삶의 도리와 학문함의 근본에 대해 가르친다. 학문하는 태도는 무엇보다 부지런해야 하며, 독서를 할 경우에는 정신을 집중하여 사색하고, 자신의 의사는 명확하게 표현할 줄 알아야 한다.

이렇게 학문하는 것은 자신의 이름을 드러내고 관직을 얻기 위한 것이 아니라 사람의 도리를 다하기 위함이다. 곧 사람답게 사는 근본을 배우는 것이 학문함이라는 것이다. 그 근본은 효제孝悌로부터 시작된다. 가계가 갖고 있는 자긍심과 멸문지화를 피해 낯선 곳으로 이주할 수밖에 없었던 분노와 굴욕, 고향 잃은 상실감이 교차하고 있지만 기대승의 아버지는 자식들에게 근본에 대해 가르치고 있는 것이다.

아버지로부터 학문함의 근본은 바로 일상적 행위의 바탕인 효제에 있음을 배웠기에 기대승은 입신출세보다는 위기지학爲己之學에 몰두한다. 그러한 학습의 과정은 기묘명현의 후예로서 성리학적 가치질서를 실현할 수 있는 도덕적 기준과 의리를 몸에 새기는 과정이기도 하였다. 그러나 열망만으로 학문이 성취되는 것은 아니다. 성취를 위해서는 노력도 중요하지만, 체계적인 학습의 과정이 있어야 하고, 자신이 지향하는 학문의 목표가 반드시 설정되어야 한다. 그렇지 못했기에 기대승은 시행착오를 겪게 된다. 그는 그러한 반성을 18세 되던 1544년, 「자경설」을 통해 정리한다.

> 유학을 공부한 지도 꽤 오래 되었고 세상에 태어난 것도 적은 햇수가 아니건만, 버릴 것과 제대로 확립해야 것들을 미처 헤아리지 못했다. 심하다, 나의 무지함이여! 역시 좋은 쪽으로 변화하지 못하였다. 돌이켜 생각하니 참으로 분하고 가슴 아프기 그지없었다. 슬프고 괴로운 생각으로 인하여 한밤중에 일어나 앉아 사리를 헤아리고 스스로를 돌아보니, 슬픔이 가슴에 가득하여 그것을 말하지 않을 수가 없다. 그래서 지나온 일들을 순서에 따라 편집하여 행해온 일들이 어떠했는가를 돌아보고, 한편으로는 경계를 하고 한편으로는 권면을 하고자 한다. 스스로 좋지 않은 때에 내가 태어났음을 슬퍼하는 바이다.[28]

「자경설」을 읽어보면 기대승이 얼마나 자존감이 강하고 자기 확신에 차 있었던 인물이었는가를 짐작하게 한다. 그는 지나온 시간을 돌이켜 보면서 스스로 자책한다. 「자경설」에는 기대승이 18세까지 『고문진보』와 같은 책을 통해 문장을 익히고, 사서를 통해 유가 경전 학습했다는 기록이 보인다. 그리고 그가 『소학』을 중시하고, 『소학』 공부를 통해 성리학의 기본적 소양을 익혔음을 알려준다. 기묘사화 이후 한동안 『소학』은 금서로 지정되어 금기시되었음에도 기대승은 도학의 실천정신을 배우고 익히고 있는 셈이다.

그러나 기대승은 자신의 학문함이 구체적이지 못하고 막연하여 아무 것도 이룬 것이 없음을 한탄한다. 학문을 왜 하는지에 대한 근본적인 물음이 없었기 때문이다. 자신이 지향하고자 하는 분명한 학문의 방향이 서 있지 않기 때문에 성과를 낼 수 없는 것은 당연하다. 그러한 무지함을 스스로 깨닫는다. 자신의 가장 밑바닥, 보이고 싶지 않은 부끄러움을 인정한다는 것은 쉬운 일이 아니다. 기대승은 용감하게 그것을 확인한 것이다.

스스로를 경계하는 반성적 행위는 기준이 있을 때 가능하다. 기대승은 그러한 기준을 찾아가는 것이다. 그것은 성인 지향의 공부이다. 이와 같은 기대승의 반성은 흥미롭게도 10살 연하인 율곡 이이(1536~1584)에게서도 나타난다. 이이는 청년기의 방황하던 시간을 끝내고 20세에 스스로를 경계하고 포부를 다지는 「자경문」을 짓는다. 그 핵심은 유학적 성인을 모범으로 하여 학문을 통해 "성인되기를 기약하는 것聖人自期"[29]이다.

「자경설」을 기록했던 기대승의 반성적 시간은 그가 자신의 학문이 나아가야 할 방향을 새롭게 구체화하는 계기가 된다. 이 반성적 전회의 계기는 그가 더 이상 곁가지의 학문탐구에 머무는 것이 아니라 주자학 자체로 향하게 되었음을 보여준다. 기대승이 32세에 보여준 일련의 성리학 주제에 대한 토론은 19세 이후로 그가 어떠한 학습을 했는지 가늠하게 한다.[30]

이 시기에 기대승은 당시 동아시아 학술사상을 총망라한 주희의 『주자대전』을 학습하고, 31세(1557년)에 『주자대전』을 발췌하여 상권, 중권, 하권과 속집으로 편집한 『주자문록』을 저술한다.[31] 원집만 100여 권에 달하는 『주자대전』을 읽는다는 것도 어려운데, 기대승이 그와 같은 저술을 읽고 자기 나름대로 정리하고 있다는 것은 그의 주자학에 대한 이해가 일정한 수준을 넘어섰음을 의미한다.[32]

이와 같은 주자철학에 대한 학술적 탐구가 있었기에 기대승은 32세

되던 1558년, 과거를 보러 가면서 일재 이항과 '태극음양'에 대해 토론하였고,[33] 1558년 10월, 서울에서 추만 정지운과 〈천명도〉에 대해서 논의하였으며, 이황과 첫 대면에서 사단칠정에 대한 논의를 하게 된다.[34] 또한 1565년에는 소재 노수신과 나흠순과 인심도심체용의 문제를 토론한다.[35]

특히 사단칠정에 관한 토론은 기대승의 철학적 사색의 치밀함과 학문적 성취를 확인해준다. 사단칠정논변은 존재-본질에 관한 철학적 물음이자 윤리적 실천에 관한 탐구이다. 1558년 10월, 32세의 기대승이 이황과 추만을 만나면서 토론하였던 사단칠정에 대한 문제는 1559년 이황의 사단칠정에 관한 첫 편지로 논변이 시작되어 1566년 기대승의 사단칠정 총론과 후설, 그리고 이황의 답장으로 마무리되기까지 총 8년간 진행된다. 이 과정에서 정주성리학의 난점들이 쟁점으로 부각하고, 이황과 기대승은 자신의 철학적 관점에 입각하여 쟁점을 정련한다.

이 논변의 표면적 쟁점은 이황이 칠정-기발을 인정하면서도 사단-리발에 강조점을 두는 것에 비하여, 기대승은 사단-리발을 인정하지만 칠정-기발을 동시에 인정해야 한다는 관점이다. 그러나 이 논변의 본질은 도덕규범의 근거와 도덕적 실천의 가능성에 대한 철학적 탐구였다. 그렇기에 절충될 수 있는 문제는 아니었다. 이황이 사단-리발을 정당화 하는 것은 규범의 근거를 내재적인 것-본질적인 것으로 파악하고자 하는 명확한 철학적 관점에서 기인한다.

기대승은 이황의 관점을 인정하지만 그것만이 전부는 아니라고 본다. 기대승이 사단-리발을 인정하면서 칠정-기발에 대해 주목하는 것은 규범의 내재적 근거 이외에 객관적 규범 또한 현실적으로 필요하다는 철학적 관점에서 비롯한다.[36] 기대승이 이황의 논점을 수용하지만

전적으로 동의하지 못하는 이유가 여기에 있다.

결국 기대승과 이황의 사단칠정에 관한 논변은 리발/기발이 함의하는 은유의 지점에 대한 이해를 요구한다.[37] 이처럼 주자철학의 이론에 대한 토론의 과정은 곧 실천철학으로서의 도학, 삶으로서의 철학을 구체화하는 일련의 과정이다.[38]

32세에 과거에 급제하여 관직 생활을 시작한 이후, 기대승은 '도덕과 의리'가 사사로운 이익에 의해 좌우되는 현실에 직면하게 된다. 중앙 정계에는 훈구와 척신의 대신들이 주도권을 다투고 있었고, 사림은 세력이 미약하였다. 인사와 행정은 능력과 실적에 따른 합리적인 결정보다도 혈연과 가문, 정치적 지향에 따라 결정되는 것이 현실이었다. 그러하다 보니 관료들뿐만 아니라 학문하는 자들도 올바른 공부를 하지 않고 일신의 안위를 보존하는 데 급급하고, 세태에 따라 구태의연하기만 하였다. 그렇지만 기대승은 '멀리 있는 도'를 현실로 가져오기 위한 막중한 책무를 자임任重道遠한다.

기대승은 옳고 그름이 분명한 기준의 정립과 정실情實에 좌우되지 않는 합당하고 엄정한 판단을 요구한다. 그렇게 하기 위해서는 모범이 필요하다. 현실의 부조리함에 맞서는 전형성이 요청되는 것이다. 기대승은 유학의 정통성을 말할 때 사용되었던 '유학적 진리 수호자들의 계보학', 곧 도통道統을 세우고자 한다. 그리고 그 도통을 기묘명현들에게 연결하고자 한다. 도통은 기묘명현의 상징성인 '조광조'에게 연결된다.

도통을 강조하는 기대승의 논리는 이러하다. 천하의 일에는 반드시 옳고 그름이 있다. 옳고 그름의 시비가 분명하지 않다면 사람들은 복종하지 않게 되고, 정치는 어지럽게 된다. 조광조는 도학을 제창하여 옳고 그름의 기준을 제시하려 했던 인물이다. 그는 세상을 요순의 시대처럼 이상적인 상태로 만드는 것을 자신의 책임으로 삼았다. 불행하게도 간악한 소인들의 모함을 받아 귀양 가고, 죽임을 당하였다. 그래서 사림들은 원통하게 여긴다.

도학을 제창한 조광조의 학문에는 연원淵源이 있다. 그 연원을 따져보면, 조광조의 학문은 김굉필에게서 전해 받은 것이고, 김굉필은 김종직에게서 전해 받았으며, 김종직은 정몽주를 스승으로 삼아 배웠다. 그 연원淵源의 유래한 바가 바르고 순수하여 하자가 없다. 조선유학의 도통의 계보는 정몽주 → 김종직 → 김굉필 → 조광조이다. 기대승은 조광조의 참된 학문적 배경을 조선유학의 연원에 소급하고 도통에 근거한 조광조의 지치적 이상은 그런 점에서 정당하다는 논리를 펴는 것이다.

기대승은 이처럼 조광조가 중심이 되어 중종 연간에 사림들이 추진한 지치주의至治主義를 옹호한다. 기대승은 비록 급격하게 개혁을 추진했던 방식에는 적극 찬동하지 않지만 지치주의에는 공명하는 것이다. '지치'는 『서경』, 「군진편」에서 "지극한 다스림은 그 향기가 멀리까지 풍겨 신명까지 감동시킨다.[39]라고 한 구절에서 유래한다. 이러한 사고의 밑바탕에는 '사람의 일'은 '하늘의 뜻'과 연결되어 있다는 천인합일天人合一의 관념이 전제된다. 사림은 그들이 살았던 당대를 유가적 이상정치인 왕도정치, 곧 도덕이상주의가 실현된 사회로 만들려고 하였다. 도덕과 의리에 따르는 성리학적 가치질서를 정초하고 윤리적 규범의식을 고양하는 실천 공부가 그에게 있어서는 바로 도학道學이었다.

인정과 옳음

소기묘의 자부심

기대승은 당대 최고의 지성인 통유였다. 뿐만 아니라 강개한 기개와 의리의 투철함을 지닌 기묘명현의 후예였다. 그는 이치에 합당한 논리를 추구하고, 비판적이지만 인정과 의리의 정당함으로 기준 삼고자 하였다. 그렇기에 기대승은 자기 확신과 당당함을 유지할 수 있었다.

기대승은 기묘명현들이 주창했던 지치주의를 계승한다. 그는 기묘명현의 일원이었던 작은 아버지 기준과 조광조 등이 실현하고자 했던 왕도정치의 이상을 1560년대의 엄혹한 현실에서 실현하고자 한다. 조선유학의 도통을 이루고 있는 조광조 등 기묘명현이 추구했던 학문과 이상의 정당성이 있기에 기대승은 불의에 타협하지 않고 도덕과 의리의 세계를 만들어 간다. 이 과정에서 기대승은 훈구척신의 대신들과 불화한다. 그러한 기대승의 참여적 실천은 소기묘小己卯와 같은 기개와 절개를 보여주며, 또한 그는 의리의 학문을 정립하기 위한 노력도 게을리 하지 않는다.

그러나 기대승은 결국 현실세계의 정치에서 실패하였다. 아니 올바른 도리, 사람다운 가치를 실현하려는 그의 시도는 실패하고 만다. 도를 실현할 수 있는 최후의 지지자라 여겼던 임금 선조마저 등을 돌려버린 현실은 사림들에게 또 다른 희생을 야기할 수 있는 상황이었기에, 기대승은 현실정치를 떠나게 된다. 그래서 낙향한다. 불의함에 눈을 감고 인정을 버린 잔인함을 외면하는 사람들에 분노하고 그러한 현실에 상처입고 상심한 그였지만, 그러나 기대승은 상실로부터, 도덕적 슬픔으로부터 자신의 오래된 꿈을 만난다. 그 오래된 꿈은 '자기를 찾는 진실한 공부'의 착수였다. 자신의 존재감을 잃어버리게 될 때, 그러한 상황이 타의에 의해서 주어진 것이라면 대부분의 사람들은 좌절하고 상실의 아픔을 겪는다. 기대승도 예외일 수는 없다. 그러나 그는 자신의 내면에서 울려오는 진동에 주파수를 맞춤으로써 슬픔의 외피를 벗고 '자기를 찾는 공부'를 시작한다. 이러한 기대승의 태도는 그가 체험적으로 익혀온 삶의 태도이기도 했다. 그가 읽어낸 삶은 그래서 온전히 철학함의 실천이었다고 해도 좋을 것이다.

기대승은 격정적이기는 했지만, 담대하게도 성공과 실패에 연연하지 않고 자신이 향해서 나아갈 길을 가겠노라 선언하기도 했었다. 그러한 자신감과 당당함은 세상에 대해서, 타인에 대해서, 아니 자기 자신에 대해서 부끄럽지 않을 때 가능한 태도이다. 자신을 속이지 않기에 부끄러울 것이 없고, 자유인으로 실천적 삶을 살 수 있는 것이다.

그러나 기대승도 한계적인 인물이었다. 기대승은 찬사와 함께 비난의 표적이 된다. 과격하고 신중하지 못한 태도, 극단적인 말, 과도한 음주는 '학문은 뛰어나지만 인간적 품격'은 문제가 있다고 지적된다. 그렇지만 기대승은 자신을 유일하게 용납하는 이황에는 사사로운 자신의 결점까지 드러내 보이며 조언을 구한다. 기대승은 강직하고 기개가 있었지만 여리고 아픈 감성적인 인물이기도 하였다.

기대승은 자신의 시대 현실을 정면에서 보려고 노력했던 사람이다. 불의와 억압이 올바른 도리를 짓누르던 시절에도 인정人情에 따른 도리를 구하고자 한다. 그가 인종의 신주를 문묘에 모시려고 했던 것도 인정에 근본하는 인륜의 바른 도리를 세우고자 함에 있었다. 그것은 통치 전반에 대한 원칙과 기준에 대한 문제를 제기하는 것이다. 그렇기 때문에 기대승은 시비판정의 기준을 혈연이나 지연과 같은 사적인 의리에 기준하지 않고 도덕적 기준의 정당함에서 찾는다. 공적인 정당성에 근거하기에 정실에 얽매지 않고, 부도덕한 힘에 근거한 부당함은 용납될 수 없는 것이다. 그가 중앙정계에서 상급자들인 대신들과 불화하고 심지어 임금에게까지 질시를 받게 되는 것은 옳음의 실천과 인정을 거스르지 않는 일상적 도리를 중시함에 있었다.

기대승이 합리적 판단의 준거를 세우기 위해 노력했던 것은 주관적 판단에 따른 자의성의 위험을 사화의 추체험으로부터 알았고, 그것을 경험적 일상에서 체험적으로 익혔기 때문이다. 기대승은 그러한 판단의 준거를 의리의 정당함과 인정의 합당함에서 찾는다. 기대승의 도리를 실천하기 위한 의리의 정당함과 날선 강직함에 윤기를 더해주는 따듯한 감성은 시대를 넘어서는 공정성의 준거이다.

우리 시대에는 학문함이나 철학에 있어 유용성을 강조한다. 틀린 것은 아니다. 그러나 어느 시대의 철학이건 학문의 진실성은 유용한 적용 가능성에만 있는 것은 아니다. 학문이, 철학이 시대를 넘어서 재해석될 수 있는 것은 객관적이면서도 인간을 위한 열린 지평이 있을 때 가능하다. 비판적 합리성뿐 만아니라 거기에는 응당 인간을 놓치지 않는 울림이 있어야 한다. 기대승의 삶의 철학이 현대적일 수 있는 가능성은 바로 이러한 지점에서 찾아진다.

제3장

늙음의 새벽: 장현광의 노년

제대로 늙는다는 것

웰에이징과 노년

이 글에서는 전통시대에 늙음과 노년이 갖는 가치와 의미를 해명하기 위하여 조선시대 유학자 여헌 장현광(1554~1637)의 철학적 사유를 고찰한다. 특히 노년에 대한 장현광의 인식을 노인 사업으로 주제화하여 노년의 삶과 관련한 그의 철학적 성찰과 함의를 웰에이징well-aging의 관점에서 논의할 것이다.

인간은 탄생과 더불어 늙어가는 존재이다. 유한한 삶의 기간을 알 수는 없지만, 탄생으로부터 성장의 과정을 거치면서 노년기의 노화 과정을 겪고, 필연적으로 죽음에 이르는 존재이다. 이러한 노화와 늙음 그리고 노년에 대해서 전통시대의 사람들은 어떠한 인식을 갖고 있었을까? 전통시대의 사람들은 노년과 늙음을 어떻게 파악하고, 또 어떠한 의미를 부여하고 살았을까? 이 글은 노년의 시기와 늙음에 대한 전통시대의 인식을 확인하고, 전통시대의 노년에 대한 논의를 통해 현재 고령화 사회로 진행하고 있는 한국사회의 노인과 노년의 문제를 반성적으로 검토할 것이다.

이 글에서 주제화하고 있는 웰에이징이란 현대적인 개념과 조선시대 장현광의 노년에 대한 논의를 연결하여 탐구하는 것은 사실 낯설게 여겨지는 점이 있다. 그 낯설음은 웰에이징이라고 하는 현대적 개념의 생경함에서 비롯하는 점이 있겠지만, 보다 근본적으로는 전통시대의 노년 혹은 늙음에 대한 제한된 정보에서 기인하기도 한다.[1] 그러나 다행스럽게도 장현광의 경우, 그는 통상적으로 지칭되는 노인 혹은 노년의 삶을 학술적 영역으로 끌어들여 주제화하고, 그러한 노년시기에 노인은 마땅히 자신이 수행해야 할 사업이 있다고 제기한다. 그것이 노인사업이다.

현대적인 관점에서 볼 때, 장현광이 조선시대 중기에 노인 혹은 노년의 역할에 대해 주목하고, 노년과 관련한 사업을 학술적 영역으로 끌어들여 논의하고 있다는 점은 특기할 만하다. 전통시대의 유학자들 가운데 노인이나 노년의 삶에 대하여 상식적인 수준의 논의는 있지만, 장현광처럼 학술적인 주제로 설정하여 탐색하고 있는 경우는 좀처럼 찾아볼 수 없기 때문이다. 고령화 사회로 진행하고 있는 현재의 한국적 상황에서 노인 혹은 노년의 삶에 대한 장현광의 논의를 웰에이징이라고 하는 개념으로 포착하여 고찰하는 것은 유의미한 연구가 아닐 수 없다.

생물학적인 측면에서 인간은 늙어가는 존재이다. 늙음은 인간이 경험해야 하는 보편적 상황이기에 늙음과 노년의 시간에 대한 인식은 전통시대라고 해서 크게 다르지 않다. 81세까지 살았던 고려 말의 우탁禹倬(1262~1342)도 찾아오는 늙음의 시간을 '한 손에 막대 잡고 또 한 손에 가시 쥐고 늙는 길 가시로 막고 오는 백발 막대로 치려하더니, 백발이 제 먼저 알고 지름길로 오더라.'라고 '탄로가嘆老歌'를 통해 탄식한다. 백발이 곧 노년의 증거이고, 노화로서의 늙음의 현상은 다가오는 죽음의 시간을 예비하기 때문에 노년은 한탄의 대상이다. 이렇듯 노화 혹은 늙음의 생물학적 변화는 죽음과 직결되는 것이기에 생물학적 존재로서의 인간은 전통시대나 현대를 불문하고 노년에 대하여 불안과 공포를 느끼게 된다.[2]

그러나 노년은 단지 생물학적 노화에 따른 늙음의 시간 속에서 죽음으로 향하는 시간만은 아니다. 노년의 시간은 인생을 '초년-중년-노년'의 3단계로 구분하여 나눌 때처럼, 인생의 연속적인 한 과정이며 통과의례처럼 거쳐야 할 삶의 시간이다. 노년은 전체적인 '하나의 삶'의 역사적 과정이기에 늙음의 과정은 오히려 인간적 경험이 누적되는 원숙한 존재 확립의 시기라고도 볼 수 있다. 그러한 점에서 노년은 긍정적으로 파악될 수 있다.

장현광에 있어서 노인이 담당해야 할 노인사업은 인생의 후반기에 마땅히 수행되어야 할 과업이다. 노인이 삶에 대한 주체적 자각을 통해 자신의 책무를 수행해 가는 과정은 '삶으로서 자기완성의 시간'이라고 할 수 있다. 그 시기가 바로 노년의 시기이다.

나는 장현광이 제안하고 있는 것처럼 노인이 자신의 직분을 수행해 가는 노년을 '삶으로서의 자기완성의 시기'로 이해한다. 그리고 이 노년이라고 하는 삶의 연속적인 과정적 시간을 웰에이징으로 파악한다. 웰에이징은 곧 자기완성을 위한 존엄한 노년으로 보는 것이다. 한마디로 '제대로 늙기'이다.

웰에이징이란 용어는 웰빙well-being이나 웰다잉well-dying의 사회문화적 현상과 맞물려 최근에 만들어진 신조어이다. 웰빙이나 웰다잉이 급속한 산업화 과정에서 피폐해진 현재를 반성하고 참다운 삶과 아름다운 죽음에 대한 관심을 반영한다면, 웰에이징은 에이지퀘이크agequake라고 표현될 만큼 전지구적인 고령화 현상과 기대수명의 연장으로 늘어난 노년의 시간에 대한 불안과 기대를 반영한다.

피터 G. 피터슨은 폭발적인 고령화 현상을 '황혼의 새벽'이라 표현하면서 고령화는 '지구를 그 어떤 시대나 사회보다 훨씬 늙은 사회로 탈바꿈시킬 것'이고, '근로 인구에게 엄청난 경제적 부담을 안겨줄 것'이며, '가계도의 형태를 극단적으로 좁고 길게 늘여놓음으로써 가족의 모습에 혁명적인 변화를 불러 올 것'이라고 진단한다.[3] 고령화 사회로 급속히 전환되고 있는 현대사회는 무한 경쟁과 폭력적인 자본의 논리에 따라 승자 독식의 문화를 양산하면서 삶의 구조를 재편하고 있다. 자본의 논리는 냉혹하게 승자와 패자를 가르고, 인간을 수치로 환산한다. 그러나 자본으로 환산될 수 없는 인간은 잉여로 남거나 포함 속에 배제되고 만다.[4] 여기에서 소위 말하는 루저loser가 될 수밖에 없는 사람들이 나타나고 사회적 약자들이 무관심속에 방치되고 있다.

채울 수 없는 결핍의 구조를 재생산하는 현대사회에 대하여 울리히 벡Ulrich Beck은 위험사회라고 지적한다. 울리히 벡은 『위험사회』에서 명확한 물질적 필요, 결핍scarcity의 독재가 사람들의 사고와 행위를 지배하는 한, 사회적으로 생산된 부와 함께 그와 연관된 갈등의 분배가 전면에 떠오르게 된다[5]고 현대사회를 진단한다.

위험한 사회에 대한 우려는 사람들로 하여금 그동안 방기하였던 조화로운 삶과 인간의 존엄성에 대해 새로운 관점으로 접근하게 한다. 여기에는 사회적 약자로서의 노인과 노년의 문제도 포함된다. 노년은 타인의 문제가 아니라 바로 우리들 당사자의 문제이기 때문이다. 웰에이징은 바로 노년의 삶을 다룬다. 웰에이징은 단순히 안티에이징anti-aging 같은 육체적 노화 혹은 늙어감에 대한 거부가 아니다. 그것은 늙어가는 것 그 자체를 수용하면서 노년의 시기를 긍정적인 자기 변화의 시간으로 받아들이려는 삶의 양식과 태도이다.

이 글에서는 웰에이징을 생물학적 노화의 관점에서 다루기보다는 사회문화적 측면에서 다루고, 노년의 삶에서 제대로 늙는다는 것이 무엇을 의미하는지 탐구하겠다. 그리고 이러한 노년의 삶에 대한 장현광의 철학적 성찰을 통해 웰에이징을 '자기완성을 위한 존엄한 노년'이라는 개념으로 정의한다. 이 글은 분리될 수 없는 연속된 삶의 시기인 노년기에 노인은 과연 어떻게 자신의 존엄성을 유지하면서 늙어갈 수 있는가를 장현광의 철학사상을 통해 탐색한다.

나는 2004년도에 한국의 유가철학적 관점에서 퇴계 이황과 율곡 이이를 통해 늙음 혹은 노년기의 문제를 '늙음의 철학적 성찰'이란 주제로 다루어본 적이 있다.[6] 이황과 이이가 자신들의 노년 혹은 늙음의 시간에 보여주었던 삶에 대한 성찰은 장현광과 유사한 점이 많다. 그러나 장현광은 이황이나 이이에 비하여 보다 명시적으로 노인의 역할과 책무를 포착하고 있으며, 이를 구체적으로 노인사업으로 규정하고 있다는 점은 특별하다.

이 글은 장현광의 노인과 노년의 삶에 대한 제안을 웰에이징의 관점에서 고찰하지만, 그렇다고 현대에도 그의 제안을 그대로 따르자고 주장하지는 않는다. 장현광의 제안은 전통시대의 사회문화적 배경에서 형성된 것이기에 현대적 삶의 양상과는 많은 차이가 있다. 현대적 관점에서 볼 때 장현광의 관점은 분명 한계가 있는 것이 사실이지만, 그의 노년에 대한 철학적 숙고에서 현대에도 유의미한 시사점을 발견할 수 있기를 기대한다.

철학적 주제로서 노년

늙음 혹은 노인

시몬 드 보부아르Simone de Beauvoir는 서양의 문화적 전통은 늙음 혹은 노년에 대하여 부정적인 인식을 갖고 있다고 지적한다. 늙음은 "온갖 새들이 깃들여 노래하는 꽃 핀 아름다운 숲"과 같은 '젊음'의 시기와 대비되는 "파리 떼들이 덤벼들어 귀를 물어뜯는 말라빠진 개"와 같은 시기로 인식되었다고 말한다.[7] 시몬 드 보부아르가 서양의 노년 혹은 늙음에 대한 긍정적 인식보다 부정적 인식을 끄집어내는 것은 서구 사회에서도 늙음의 문제는 논의하기 껄끄러운 금지된 주제로 인식되어왔고, 이러한 사회적 통념으로 형성된 침묵의 음모가 깊게 깔려 있다고 보기 때문이다.[8] 죠르주 미누아Georges Minois도 "노년이란 우리를 가장 빈번히 전율케 하는 용어이자 걱정과 나약함, 때로는 불안으로 가득 찬 단어"라고 적시한다.[9]

동아시아의 문화적 전통에서, 특히 한국의 유가적인 문화적 전통에서 노인 혹은 노년은 노화의 과정을 통해 육신이 쇠약해져서 가는 시기로 보며, 그렇기에 노인은 돌보고 부양해야 할 양로養老의 존재이자 경로敬老의 대상으로 인식되었다.[10] 그래서 국가적 차원에서는 노인들을 특별히 공경하고 우대하는 시책을 마련하여 제도화하기도 한다. 조선시대에 설치된 기로소耆老所나 기로사耆老社는 대표적인 사례이며, 나이 많은 노인들에게 위계만을 부여하는 '노인직'을 만들기도 하였다.

대체로 노인을 부정하는 것은 자신의 현재와 자기 자신도 살아가야 할 알 수 없는 미래적 삶을 부정하는 것과 다르지 않기에, 공경과 부양은 당연한 것으로 받아들여졌다. 특히 늙어서 자식이 없는 노인은 환과고독鰥寡孤獨 즉, 홀아비나 과부, 어리고 부모 없는 아이와 같은 특수한 계층으로 분류되어 보호의 대상이었다.

그러나 한국사회도 급속한 산업화의 과정을 거치면서 노인과 노년에 대한 사회문화적 인식도 급격히 변하고 있다. 노인은 공경과 부양의 대상에서 점차 질시와 기피의 대상으로 바뀌어 가고 있다. 게다가 늘어나는 노인 인구와 길어진 노년의 시간에 대한 우리 사회의 대책 없음은 노년기를 힘겹고 고독하게 만다. 이러한 상황에서 근래에(2012년) 서울시가 제안한 노인 명칭의 변경과 그와 관련한 논란은 동시대 한국사회의 노인 혹은 노년에 대한 인식의 한 단면을 보여준다.

명칭 변경 논란에 앞서 노인 혹은 노년에 대한 전통적 인식을 살펴보자. 전통시대부터 사용되어 왔던 노인이라는 용어에는 생물학적 노화의 과정을 거쳐 늙어가는 사람 혹은 이미 늙은 사람이라는 의미가 담겨 있다. 누구나 찾아오는 노년의 시간은 노인의 삶을 구성하고, 노인으로서의 노년기는 자연스런 삶의 과정이다. 그래서 노년은 일찍 죽지 않는 한에 있어 대부분의 사람들이 삶의 단계에서 겪어야 할 시기이다.

한편으로 늙음은 그만큼 누적된 경험의 시간을 의미하기도 한다. 경우에 따라서 누적된 경험의 시간은 삶의 연륜으로 평가되며, 이것은 삶의 지혜로 나타나기도 한다. 그렇기에 전통시대의 지식인들은 자신의 호에 늙은 사람을 의미하는 노인老人 혹은 옹翁이라는 명칭을 즐겨 사용한다. 장현광의 경우도 자신을 여옹旅翁이라고 표현하기도 한다. 따라서 전통시대에는 대체로 나이 듦에 대해서 한탄은 하지만, 겸허하게 받아들이기 때문에 노인이라는 용어에 대하여 특별히 거부감을 보이지는 않는다.

이처럼 전통시대에 통상적으로 사용되었던 노인에 대한 명칭은 그 지칭이 갖는 사회문화적인 인식의 변화에 따라 폐기처분될 운명에 처해 있다. 2012년 9월 10일, 서울시에서는 모든 공문서와 공식 행사에서 노인이란 용어를 어르신으로 바꿔 쓰기로 했다고 발표하였다.[11] 명칭을 변경하기로 한 배경에는 많은 이유가 있겠지만 사회적 약자인 노인을 사회적·문화적 차원에서 접근하겠다는 의지를 표명하고 있다는 점은 긍정적이다. 노인이라 불렸던 지칭 대신에 어르신이라는 호칭을 사용함으로써 고령화 시대에 노인과 관련한 기존 관념을 개선하고, 노인들 당사자에게 어르신으로서의 위상을 제고하게 만든다는 것이 변경의 취지이다. 노인에 대한 외부적 시선에서는 존경심을 부여하고 노인 스스로는 내면적으로 자긍심과 책임감을 느끼게 하자는 발상이다.

용어는 시대의식과 문화적 흐름을 반영하기 때문에 얼마든지 변경 가능하다. 경우에 따라서는 전혀 새로운 신조어를 만들어낼 수도 있다. 노인이라고 하는 명칭을 변경하자는 논의는 이미 1982년 경로헌장敬老憲章이 제정될 때부터 제기되었고, 이후 1998년에도 한국사회복지협의회에서도 노인을 대신할 좋은 호칭을 현상 공모하여 공론화한 적이 있다.[12] 노인 명칭의 변경을 주장하는 사람들은 노인에 대한 이미지가 '나이 많은 사람' 혹은 늙은이로 한정되고 있다는 점에서 그 이유를 찾고 있다. 그래서 변경론자들은 '나이 들어 늙은 사람'을 의미하는 노인이란 명칭을 외국처럼 바꾸자고 제안한다. 일부 외국에서는 노인 혹은 노년을 숙년熟年, 실버에이지silver age, 시니어 시티즌senior citizen, 골든에이지golden age, 시니어senior 등으로 대체하는 사례를 들어서 어르신 혹은 희년稀年으로 바꾸자고 주장한다.

문제는 용어 그 자체에 있지 않다. 변경론자들은 과연 변경하려는 노인이란 용어가 한국사회에서 어째서 폐기되어야만 하는가를 면밀하게 검토했을까? 노인이라는 일반적인 명칭이 왜 부정적인 이미지를 갖고 있는가 하는 점에 대해서 숙고했을까? 노인에 대한 부정적 이미지를 형성하게 만든 요인이 무엇인지에 대한 진지한 고민과, 만일 그러한 부정적인 요인이 있다면 그것을 제거하려는 실천적 노력이 수반되어야 한다. 한국사회가 안고 있는 노인의 문제는 단순히 어르신으로 격상된 호칭만으로 해결될 수 없음은 자명하다.

노인을 굳이 어르신으로 바꾸려는 시도가 압축적 근대화의 과정 속에서 증대한 우리 사회의 피로감을 은폐하면서 모호한 추상적인 개념으로 변경하는 방식이 되어서는 곤란하다. 본질은 보지 않고 다만 명칭 변경을 통해서 산적한 노인문제를 포장하려는 정책입안자들의 심리적 위안술이 되어서는 안된다는 것이다. 아울러 노인에게 어르신이란 호칭을 부여함으로써 우리는 또 다른 미덕의 본보기와 품격을 그 용어 속에서 강제해서도 안된다.

그런데 어르신이라는 호칭은 온정적인 공경하는 마음보다는 표현하기 힘든 알 수 없는 저항감을 갖게 한다. 어째서 그럴까? 따져보면 어르신이란 지칭은 그리 친숙한 용어가 아니다. 어르신은 현대적인 표현이 아니라 전통사회에서 지체 높은 위계적 지위를 갖는 사람을 지칭할 때 쓰던 용어와 유사하다. 나리 혹은 대감마님과 같은 용어가 오히려 연상된다.

나이가 들었다고 해서 모두가 그와 같은 지위를 갖게 되는 것은 분명 아니다. 노인을 어르신으로 변경하는 것은 억지스러움이 있다. 그렇지만 노인에 대한 용어 변경의 논란은 그 자체로 긍정적이다. 이러한 논의는 변화하는 사회문화적 흐름을 반영하기 때문이다. 더욱 중요한 것은 한국사회에 무관심한 영역으로 방치되고 있는 노인 혹은 노년의 문제에 대해서 환기할 수 있는 계기를 만들기 때문이다.

그렇다면 노인 명칭 변경 논란이 1980년대부터 무려 30여 년 동안 진행되었는데, 그러한 관심만큼 한국사회에서 노인의 현실적 지위와 인식은 긍정적으로 변모하였을까? 결론부터 말하자면 그렇지 않다.

유엔에서는 65세 이상 노인이 전체 인구에서 7% 이상일 경우 고령화 사회로 분류한다. 그리고 14% 이상일 때는 고령사회로 보며, 20% 이상일 때는 초고령사회로 구분한다. 대한민국은 이미 2000년 7월에 65세 이상 노인의 인구비율이 전체 인구의 7.1%에 달함으로써 유엔이 정한 고령화 사회에 진입하였다. 그리고 통계청 추계인구로 볼 때, 2012년 대한민국 인구를 5000만 명으로 추산할 경우 65세 이상 인구는 전체 인구의 11.78%를 차지하고, 2018년에는 전체 인구의 14.3%를 차지하여 고령사회로 진입하게 되며, 2026년에는 초고령사회가 된다고 한다. 2012년 18대 대통령 선거에서 나타난 세대별 인구 구성 비율을 보더라도 2030세대 및 40대는 16대(2002년) · 17대(2007년)에 비해 줄어든 반면 5060세대 이상은 확연히 증가하고 있음이 가시적으로 드러나고 있다.[13]

우리 사회의 노인 인구의 증가와 그에 따른 노인 문제는 복합적이고 다양한 요인이 결합되어 있지만, 산업화와 도시화로 인한 전통적인 가족구조의 변화가 주요한 원인으로 지적된다. 자녀의 출가나 이주 혹은 배우자나 자녀 · 친인척의 사망 등 사회적 환경의 변화도 고립감과 고독감을 촉발하는 요인이다.

가족구조의 변화로부터 사회적 존재로서 노인이 느끼는 고립감이 나타나고 아울러 사회적 관계의 단절과 결여로 인한 고독감은 심화된다. 혼자 사는 독거노인이 점차 증가하고 있다는 것은 이와 같은 세태를 반영한다. 사회적 관계의 단절과 외로움 속에서 노년기의 노인들은 자아의 존중감을 상실하고 심각한 경우에는 우울증과 같은 정신적인 질환을 겪는다.

그러나 고립감과 고독감은 단순히 관계의 단절에서만 비롯하는 것은 아니다. 노년기의 고립감과 고독감을 심화하는 결정적인 요인은 '더 이상 쓸모없는 존재'가 되어 버렸다는 존재감의 상실에서 비롯한다. 존재감의 상실은 자신의 삶을 책임질 수 있는 활동적인 존재로서의 노년이 아닌 무기력한 자기를 확인하는 데서 비롯한다. 더 이상 경제활동을 할 수 없게 됨에 따라 나타나는 경제적 무력감은 삶의 의욕을 저하시키고, 치료비조차 없는 상황에서 생물학적으로 육체적 기능이 저하됨으로써 나타나는 질병은 고통스럽다. 이러한 상황에 직면한 노인들은 해결의 방책이 없기 때문에 극단적인 선택으로 자살을 시도한다. 2009년 통계청 자료에 따르면 대한민국의 인구 10만 명당 65세~74세 노인의 자살률은 81.8명으로 OECD국가 중 최고수준이다.

통계수치가 모든 것을 대변해 주지는 않는다. 그렇지만 65세 이상 노인의 자살률이 세계 최고 수준이라는 부끄러운 사실은 한국의 노인들이 처한 삶의 현실과 노년기를 단적으로 보여준다. 노년에 겪게 되는 경제활동 기회의 박탈과 경제적 어려움, 질병, 외로움은 더 이상 삶을 지속할 수 없게 한다. 노인의 자살보다 더 무서운 것은 그러한 죽음에 대한 사회적인 무관심이다. 점증하는 고독사 뿐만 아니라 자살은 개인의 단순한 죽음이 아니라 사회적 타살이다.

따라서 노년의 문제는 복지적 차원뿐만 아니라 인권의 차원에서 적극적으로 국가사회가 개입할 필요성을 제기한다. 그리고 동시에 사회적 관계망의 구축이 시급하게 요청된다. 이제 노인과 노년의 문제는 노인 당사자나 그 가족만의 문제가 아니라 국가사회 관여하는 사회적 시스템의 관점에서 접근되어야 한다. 힘들더라도 사회적 시스템을 함께 만들어가고, 개인들의 관심과 참여적 실천이 요청된다.

이처럼 노년에 제기되는 다양한 문제들은 남의 문제가 아니라 바로 자기 자신의 문제라는 인식의 전환을 필요로 한다. 타자의 늙음을 통해 나의 늙음을 바라볼 수 있어야 한다. 우리는 살아가는 동안 늙어가고 있는 존재이기 때문이다. 노년은 변화하는 시간과 그러한 시간 속에서 자기 자신뿐만 아니라 타자와도 지속적으로 관계 맺는 시기이다.

노년은 자신의 동일성을 유지하면서 과거의 현재를 미래의 오늘로 살아가는 시기이다. 이 시기에 무엇보다 중요한 것은 늙음의 당사자로서 노인이 자신의 삶에 대해 어떤 관점과 가치를 부여하는가 하는 점이다. 이러한 점에서 노년 혹은 노인의 문제는 사회복지적 문제일 뿐만 아니라 보다 근본적인 삶과 죽음에 관련되어 있으며, 그렇기 때문에 자아와 타자와의 관계성에 관한 철학적 문제로 논의되어야 한다. 장현광의 노인사업은 이러한 늙음 혹은 노년의 문제를 철학적 문제로 파악하여 접근한다.

천지만물은 모두 나그네

나그네 같은 삶

장현광은 17세기 사람으로는 드물게 84세까지 살았다. 그러나 그의 전 생애는 전쟁으로 인한 피난과 유랑의 시간이었다고 해도 지나치지 않다. 그는 생애 동안 두 차례의 왜란(임진1592 · 정유1597)과 두 차례의 호란(정묘1627 · 병자1636)을 겪는다.

장현광은 40대 초반 자신의 신산했던 삶의 단면을 기술하면서, "나는 옥산 사람인데 어려서 아버지를 여의고 사방에 돌아다니며 배웠다.

집안에 있지 못한 것은 어렸을 때부터 그러하였다. 지난 임진년 여름에 내 고향 옥산은 왜적이 곧바로 올라오는 길목이었다. 나의 집은 길가에 있었으므로 다른 사람들보다 먼저 달아나 피신해서 숨어야 했고, 집은 병화에 불타버려서 빈터만 남았다. 그런 이유로 비록 왜구가 물러간 뒤에도 고향으로 돌아갈 수 없었다. 이런 까닭에 친척에 의탁하거나 그렇지 않으면 벗들에게 의지하여 처자를 이끌고 이곳저곳으로 옮겨 다녔다. 한 해에도 서너 번씩 옮겨 다녀서 여기저기를 떠도는 정처 없는 사람이 되었다. 이러하니 나그네가 된 것이 나보다 더한 자가 있겠는가!"[14]라고 한다. 홀몸으로 동가숙, 서가식하는 것도 아니라 온 가족을 이끌고 이곳저곳을 떠돌아 다녀야 할 그의 신세는 참으로 참담하였을 터이다.

그러나 장현광은 전란과 가난의 궁핍한 시대 환경 속에서도 삶의 시간을 운명으로 기약하고 의리실천의 도덕적 책무를 자신의 사명으로 생각하며 처사적 삶을 살았던 인물이기도 하였다.[15] 그는 스스로를 '일개 좀벌레'로 자평한다.

> 나는 천지 사이에 살아가는 한 마리 좀벌레와 같은 존재일 뿐, 장인도 아니고 장사치도 아니며 농사꾼도 아니요 선비도 아니다. 비록 일찍이 문자를 배워서 학문에 종사하였지만 사실 몸과 마음을 다스리는 공부에 독실하지 않았음에도 오히려 떳떳한 분수를 지키지 않고 거짓 이름을 훔쳐서 세상을 속이고 관직을 받았다. 이제는 나 자신의 분수가 아닌 줄을 알아서 물러나 산야에서 편안히 쉬고 있으면서 직접 밭을 갈지 않고 오히려 배불리 먹으면서 따뜻이 살아간다. 이러한 나의 평생을 돌아보면 세상에 빌붙어 사는 좀벌레와 같은 존재가 아니고 무엇이겠는가.[16]

장현광은 자신의 삶을 돌이켜 보면서 스스로에 대해서 성찰한다. 그는 자신을 '천지간에 살아가는 일개 좀벌레天地間一蠹'와 같은 아주 미미한 존재라고 한다. 이 일두一蠹라는 표현은 연원이 있다. 북송의 정이程頤(1033~1107)는 자신을 '천지간의 한 마리 좀벌레一蠹'라 겸양하고 있는데,[17] 조선시대 정여창鄭汝昌(1450~1504)은 그러한 일두를 자신의 호로 삼고 있다. 장현광도 자기 자신을 이 세계를 살아가는 한 마리의 좀벌레로 표현하고 있는 것이다.

이처럼 자신을 한 마리 좀벌레로 받아들이고 거처 없이 떠도는 삶을 살았기에 장현광은 자신의 호를 나그네라는 의미의 여헌旅軒으로 삼게 된다. 그는 자신의 호를 여헌으로 정하면서 그 의미를 설명한다.

> 헌이 일정한 곳이 없고 또 자신의 소유가 아니기 때문에 여旅라고 헌의 명칭을 삼은 것이니, 헌에 여라고 이름한 것은 명칭이 진실로 실제에 합당한 것이다. 헌이 일정한 장소성을 의미하는 것이 아니라 가는 곳에 따라 있는 것이라면 내에게 헌이 있다는 것은 일정한 것이며, 헌을 가지고 있는 것이 일정하나 한 헌에 머물러 있지 않는다면 헌이 주인의 물건이 됨이 그대로인 것이다. 없으면서도 없음無에 빠지지 않고 있으면서도 있음有에 얽매이지 않으니, 이런 까닭에 내가 항상 나그네가 되고 나그네이면서도 반드시 헌이 있는 것이다.[18]

여헌이라는 호에는 장현광이 자신의 삶을 바라보는 관조적이면서 치열한 관점이 잘 드러난다. 그는 소유하지 않으면서 소유하고, 소유하면서도 소유하지 않으며, 머물지 않으면서도 머물고, 머물면서도 머물지 않는 것이 나그네, 곧 여旅의 본질임을 잘 알고 있다. 그렇기에 장현광은 자신의 삶을 나그네와 같은 존재임을 자각하는 것이다. '여헌

설'이 장현광의 나이 44세에 지어진 것이고 보면, 당시로서는 초로初老의 시기에 들어선 자신의 삶을 바라보는 인식의 일단을 엿보게 한다. 조선시대의 인물들은 40대에 이르면 스스로에게 노老나 옹翁이라는 명칭을 쓰고 있기 때문이다.

장현광은 자기 스스로를 지상에 사는 일개 벌레와 같은 존재이자 정처 없는 나그네와 같은 존재로 파악하기에, 천지간에 존재하는 모든 것도 나그네에 불과한 것으로 인식한다. 그가 인간의 시간을 나그네와 같이 사물에 고정되지 않고 또한 얽매이지 않으면서 살아갈 수 있는 마음의 태도는 무엇에 근거한 것일까? 장현광의 자유로움은 현실의 굴레에서 제약적이지만, 그럼에도 그가 추구하는 나그네로서의 삶은 자신의 존재에 대한 명확한 긍정과 그것에서 비롯한 확고한 믿음, 신념에 찬 당위에서 비롯한 것으로 보인다. 세상에 존재하는 모든 것들은 오고가는 시간의 변화 속에 있는 것이며, 시간의 변화는 우주자연의 섭리에 의해서 이루어지고 있다는 믿음에 근거한다. 그러한 믿음의 근거는 바로 장현광이 말하는 도道이다. 이 도에서 태극이 나오고, 사물에는 리가 있게 되며 기가 또한 있게 된다.

장현광에 따르면, 인간의 몸은 도인 태극의 원리에 의해 기와 질이 결합되어 구성된다. 그는 "사람의 이 몸은 하늘과 땅 사이에 위치하여 우주의 모든 사물과 변화의 허다한 도리가 한 몸 위에 서로 응하지 않음이 없으니, 돌아보건대 이 몸이 어디로부터 이러한 몸이 될 수 있었던 것인가? 이 도道가 태극太極이 되는 것이니, 본래 저절로 하늘이 되고 땅이 되고 사람이 된 이치가 있었다. 그러므로 마침내 사람이 되는 이치를 얻어 이 몸이 있지 않을 수 없었던 것이다. 사람의 몸도 물건이요 하늘과 땅도 또한 물건 중에 큰 것이니, 물건을 가지고 물건을 미루어 보면 서로 그 이치를 알 수 있다."[19]라고 말한다. 그렇기에 인간은 우주자연의 변화의 원리를 담은 존재로서 사람의 본성은 우주자연의 본질과 다르지 않다. 이러한 인간은 자신의 본성을 다하여 천명에 이르고, 천지의 조화에 참여하여 만물의 화육을 도와야 하는 책무를 갖는다. 그것을 장현광은 인간의 사업이라고 규정한다.[20] 함이 있는 것이 사事이고 일에 종사함을 업業이라고 하는데,[21] 하늘에는 하늘이 담당해야 할 사업이 있고, 땅에는 땅이 수행해야 할 사업이 있으며, 사람은 사람으로서 마땅히 해야 할 사업이 있다는 것이다.

사람이 마땅히 수행해야 할 사업이란 다름 아닌 도를 행하여 다하는 것을 의미한다.[22] 우주간의 모든 존재가 도에서 근거한다면 사업은 인간만이 아니라 천지간에 있는 모든 존재가 수행해야 할 임무이기도 한 셈이다. 존재하는 모든 것이 각자 수행해야 할 사업으로서의 역할을 부여받았다고 하는 것이 장현광의 인식이다. 그것을 장현광은 분分이라고 한다. 분은 모든 존재가 각각의 역할과 책임이 있음을 말한다.[23] 따라서 모든 존재는 이 세상에 존재하는 '존재이유'를 갖게 된다. 하찮은 돌멩이 하나라도 창가에 자라난 풀조차도 그에 합당한 임무가 있다고 보는 것이다.

이렇게 본다면, 장현광에게 있어 인간은 비록 하찮은 존재이지만 존재하는 이유가 분명히 있으며, 그러한 임무가 곧 그의 존재를 결정한다고 볼 수 있다.[24] 존재의 역할이 존재를 결정한다고 보는 시각인 것이다. 이러한 인식은 장현광이 "리理는 곧 도道의 경經(날실)이고 기氣는 곧 도道의 위緯(씨실)입니다. 경이 되고 위가 되는 것은 비록 구별되지만 실이라는 점에서는 같으니, 그 근본을 둘로 나눌 수 있겠습니까? 리가 되고 기가 되는 것은 비록 구분되지만 도라는 점에서는 같으니,

그 근원을 둘로 나눌 수 있겠습니까?"[25]라고 하는 것처럼, 도를 설명하는 경위經緯의 논거에서도 유추된다. 그에게 있어 인간은 자신의 존재 이유인 인간의 사업을 수행해하는, 곧 도덕사업을 수행해야 할 당위적 존재이다.

노인사업

노인의 할 일

장현광은 우주자연의 궁극적 시원은 도이고, 도에서 태극이 나오고 이 태극은 리라고 파악한다. 이 태극으로서의 리로부터 인간 및 존재 만물의 존립근거所以然之故와 마땅히 지켜야할 도덕적 사명所當然之則이 제기된다. 그는 사물에서 사물이 그렇게 존재하는 원리를 구하고 사업에서 마땅히 그렇게 되어야 할 당위를 구한다.[26] '존재하는 것有有者'인 사물과 '함이 있는 것爲爲者'인 사업은 이렇게 구분된다. 객관적 대상으로서의 사물로 구성된 세계가 우宇로서의 공간이고, 작위가 있는 사업의 연속이 주宙로서의 시간이다. 인간은 이 우와 주의 시공간에 존재하는 것이다.

장현광에 있어 인간은 사事와 물物로 채워진 이 우주라는 시공간에 존재하는 최고로 영명한 존재이며, 따라서 인간은 우주자연의 이법을 그대로 실현할 당위적인 사명 곧 도덕道德을 부여받은 존재이이다. 그리고 이러한 사명을 수행하는 것이 직분이 바로 사업事業이다. 그의 이같은 사고는 『주역』, 「계사」에서 우주자연의 변화하는 이치를 들어서 천하의 백성에게 두는 것을 사업이라고 하는 관점[27]의 연장선에 있음을 알 수 있게 한다. 장현광은 바로 이러한 인간으로서의 당위적인 책무를 도덕사업[28]으로서의 우주사업[29]으로 표현하고 있는 것이다. 그는 도덕사업으로서의 우주사업을 노인의 시기에도 지속할 수 있도록 노인의 특별한 임무를 설정하고 있는데, 그것이 노인사업老人事業이다.

그렇지만 노인사업은 인위적으로 억지로 할 수 있는 것이 아니다. 노인의 시기는 이미 육체적으로 노쇠하고 정신력 또한 강하지 못하기 때문이다. 장현광은 천지만물의 성장과 노쇠함을 기가 모이고 흩어짐, 곧 취산聚散으로 설명한다. 인간도 예외일 수는 없다. 이러한 변화의 단계는 유有와 무無의 시기로 구분된다. 인간은 하늘과 땅 사이에 태어나고 만물의 가운데에 처하여 이치를 따라 유의 단계를 살기도 하고 무의 단계를 살기도 한다. 처음에 유치하고 중간에 장성해지는 것은 바로 무로부터 유가 되는 것이며, 장성함이 지극해져서 점점 노쇠함으로 들어가는 것은 바로 유로부터 무로 돌아가는 것이다. 따라서 인간이 노쇠해지는 것은 진실로 당연한 이치로 받아들여진다.[30]

장현광은 인간이 노쇠해지는 늙음의 현상을 일곱 가지의 변화 양상으로 설명한다. 첫 번째는 모발의 변화이다.[31] 노년에는 혈기가 이미 쇠함에 이르면 검던 것이 희어지고 길던 것이 짧아지고 빽빽하던 것이 듬성해진다. 두 번째는 체형과 얼굴의 변화이다.[32] 노년에는 살이 빠져 살가죽이 쭈그러들고 피부가 언 배의 빛이 되어 때가 떠있는 듯하고 골절이 툭 튀어나오며 몸이 구부러진다. 세 번째는 음성의 변화이다.[33] 입술과 혀와 어금니와 이빨과 목구멍의 다섯 소리가 갖추어진 뒤에야 음운이 구비되어 언어가 이루어지는데 어금니가 빠지고 이빨이 빠짐에 이르면 다섯 소리 가운데에 두 소리를 이미 잃게 된다. 단지 입술과 혀와 목구멍의 세 소리를 쓰는데 이 또한 모두 가늘고 느리며 민첩하지 못하니, 언어가 이루어지지 못한다. 네 번째는 이목의 변화이다.[34] 마치 연기와 안개가 자욱한 가운데에 앉아 있는 것과 같아서 마주 대한 사람의 안면을 살피지 못하고, 담장과 벽이 막혀있는 것과 같아서 가까이 있는 사람의 말을 듣지 못한다. 다섯 번째는 기력의 변화이다.[35] 당과 뜰을 오르내림에 숨이 가쁘고, 응접하여 절하고 읍함에 넘어진다. 여섯 번째는 정신혼백의 변화이다.[36] 옛날 들은 것을 기억하지 못하여 새로 알기를 바랄 수가 없으며, 오랜 벗의 이름을 모두 잊고, 예전에 외우던 문자를 모르게 된다. 일곱 번째는 지기와 역량의 변화이다.[37] 비록 천만 명이 있더라도 직접 가서 대적하겠다는 용기를 가지고 단단한 뿌리와 마디를 만나도 무뎌지지 않는 재기로서 자신의 도를 짊어지고 당세를 경륜하며 우주를 담당하고 천지를 잡겠다는 마음과 담력을 떨치고 뽐낼 수가 없게 된다.

노년시기에 겪게 되는 혈기의 감퇴는 생물학적 인간이 직면한 필연적인 일이다. 그래서 공자는 "어려서는 혈기가 아직 정해지지 않았으니 여색色을 경계하고, 30~40대의 장년이 되어서는 혈기가 바야흐로 굳건하니 싸움을 경계하며, 노년에는 혈기가 이미 쇠약하여 졌으니, 탐득貪得을 경계한다."[38]라고 말한다. 공자의 군자삼계君子三戒로 알려진 이 구절은 나이에 따른 혈기의 문제를 소년少年-장년壯年-노년老年 3단계로 구분하여 경계하고 있다.

소년이란 장년 이전의 젊은 시절을 의미하고, 노년은 장년 이후의 시기를 의미한다. 혈기라는 것은 형체가 이루어진 이후에 생겨나는 것으로 혈기를 음양으로 나누면 혈은 음이고 기는 양이 된다. 혈기를 음양으로 나누어 보는 관점은 기운의 흐름이 음과 양으로 교차되어 있다는 것을 의미한다. 따라서 장년 이전의 시기에는 기운이 안정되어 있지 않기 때문에 감각적 욕구에 따라 반응하게 되고, 장년의 시기에는 혈기가 안정되기는 하지만 강하기 때문에 다투기 쉽다는 것이다. 그리고 노년에는 기운이 떨어졌으나 탐하는 욕구까지 약해지는 것은 아니어서 그로인해 얻으려는 마음이 강해지는 것을 경계해야 한다는 것이다. 정약용의 경우도 모든 생명체가 혈기에 따라 반응하는 것은 당연하다고 보면서, 청장년기에는 혈기가 넘치기 때문에 여색과 싸움을 좋아하고 노년기에는 혈기의 공허함을 음식이나 재물로 보충하려는 경향이 있다고 지적하기도 한다.[39]

이러한 노년의 시기에 감각기관과 인식적 판단능력은 지극히 떨어지게 되는데 과연 어떠한 일을 할 수 있을까? 장현광은 노년의 시기가 분명 청장년의 시기와 다름을 인정한다. 그렇기에 노년에는 노년에 맞게 수행되어야 할 일이 있다고 본다. 그 임무를 장현광은 도道라고 본다. 그는 "도를 행하는 것은 몸이 늙으면 쇠하지만 도를 보존하는 것은 마음이 늙더라도 또한 떠날 수 없는 것이다. 쇠한 것은 진실로 다시 성해질 수 없으나 떠날 수 없는 것은 마땅히 그대로 있다."[40]라고 하여 육체의 노쇠와 관계없이 누적된 시간 경험 속에서 지켜왔던 도는 보존하여 지켜갈 수 있다고 본다. 도의 보존은 우주자연에 산재하는 도의 법칙에 순응하는 것이다. 따라서 장현광은 인간의 마지막 단계에 노년의 사업을 수행하기 위해서는 자기 절제가 필요하다고 본다.

도를 보존하는 방법으로 장현광은 "방에 고요히 앉아서 일체 사무를 정지하고 경영을 그치며 출입을 끊고 왕래를 끊으며 응접을 적게 하라."[41]고 한다. 이에 따라서 나이든 사람이 해야 할 구체적인 일로 첫째, 억지로 생각하려 하지 말고, 둘째, 억지로 보고 듣고자 하지 말며, 셋째, 억지로 말하려 하지 말고, 넷째, 억지로 행동하려 하지 말며, 다

섯째, 앉고 눕기를 때에 따라 하고, 여섯째, 음식을 적절히 할 것을 제안한다.[42]

그러나 도를 보존하는 것에만 머물러서는 안된다. 다시 도를 회복할 있는 방법도 강구해야 한다. 장현광은 그러한 방법으로 첫째, 옛날에 읽고 외던 책을 다시 찾고 생각하여 의리를 보고 기뻐하며,[43] 둘째, 성정을 편안히 길러서 심기를 보양하는 것[44]을 제안한다. 이러한 방법으로 도를 보존하고 회복하게 되면, 도의 축적됨이 천지의 조화와 더불어 소통하게 되어[45] 무극과 태극의 오묘한 이치를 더욱 잘 깨달을 수 있는 경지에 도달할 수 있게 된다.[46] 결국 노년에 이르러 우주자연과 합일될 수 있는 경지에 다다르게 되는 셈이다. 이것은 유학자들이 꿈꾸어왔던 천인합일天人合一, 만물일체萬物一體의 이상을 실현하는 것이다.

장현광이 제안하고 있는 이와 같은 노년기의 사업은 자기 긍정으로부터 출발한다. 그는 인간이 나이 듦에 따라 늙어가는 것은 유로부터 무로 돌아가는 것과 다르지 않다고 인정한다.[47] 이는 역의 원리처럼 순리順理이지만, 완전히 무로 돌아가는 것이 아니요, 노인으로서 할 수 있는 일을 가능케 된다고 보는 것이다.

장현광은 노년의 시기에 자신의 몸과 마음을 보존하여 우주자연의 근본적인 이치를 더욱 명백히 알 수 있게 하는 것을 노인의 사업으로 파악한다. 이것이야말로 인위적으로 하고자 해서 할 수 있는 것이 아니기 때문에 장현광은 "일이 없는 가운데의 일이요, 업이 없는 가운데의 업"[48]이라고 정의한다.[49] 자연스러움, 곧 도와 덕에 따라서 우주와 인간의 사업을 수행해 나가는 것이 노년시기 인간이 가야할 길이다. 그 길이 바로 도이다.

활동적인 노년

존엄한 늙음

노년의 시기는 혈기의 쇠퇴로 인하여 육체적인 측면뿐만 아니라 정신적인 측면에까지 변화를 수반하게 된다. 생물학적으로 노년의 황혼기에 들어섰지만, 의지적인 존재로서 인간의 사명이 아직은 남아 있다. 그것을 장현광은 노인사업으로 잡아내고 '도를 보존할 것存道'을 제안한다. 노년의 시기에 비록 허물어져가는 육체의 외형을 갖고 있지만 자신의 그 육신 안에는 빛나는 별과 같은 도가 있다는 자각은 노인을 존엄한 인간으로 살게 한다.

오늘의 우리 시대에 노년기에 맞게 되는 외로움과 고독감의 원인은 다양한 형태로 제기된다. 특히 한국사회는 압축적인 근대화를 통한 산업화시대를 거치면 압축의 긴장만 강요당하고 이완의 느슨함에 대해서는 학습하지 못하였다. 사물의 운동변화에서 압축의 긴장은 이완의 느슨함을 오가면서 동력을 마련하는 것이 지극히 정상적인 성장의 과정임에도 우리의 현대사는 그러한 경험이 제한되었다.

우리사회는 긴장된 압축이 이완으로 전환되는 과정에 대한 학습이나 경험이 제약되었기에 이완의 현상에서 비롯하는 다양한 사태에 대해 제대로 대처하지 못하고 있다. 오늘날 사회적 문제로 나타나고 있는 노년이나 노인의 문제도 이완 현상의 하나이다. 강고하게 맺어졌던 가족제도나 가족 간의 유대와 같은 정서적 태도, 분배의 갈등 문제는 당연하게 겪음의 시간을 필요로 한다. 겪음을 통해 조절할 수 있는 완충기를 거쳐 가야 한다. 완충의 시간이 경우에 따라서는 고통을 수반하겠지만 견뎌내야 하는 것도 성숙의 과정이다. 그렇지만 압축의 이완

과정에서 잔인함이 나타날 가능성에 대해서는 끊임없이 경계해야 한다. 잔인함은 바로 타자와의 소통과 연대의 단절에서 나타난다. 그것은 장현광이 말한 도가 없는 상태와 다르지 않다.

우리는 장현광이 제안하고 있는 것처럼 나그네로서의 삶의 시간, 곧 변화의 시간 속에서 살아가고 있다는 것을 인정해야 한다. 노년의 시기에 육체적인 변화와 함께 관계의 변화도 있게 된다는 것을 당연하게 받아들여야 한다. 그렇지 못할 때 늙은 노인은 개인의 정체성 혹은 자아감을 상실하게 된다.

늙음은 생물학적 육체가 맞는 시간의 황혼기이지만, 장현광이 제안하고 있듯이 존도存道할 경우에는 정체성과 자아의 상실을 넘어서서 경험이 온축되어진 누적된 황금기로 전환될 수도 있다. 노년이 되어서도 자신이 해야 할 막중한 책무를 자각한다면, 그리고 그러한 책무를 성실히 수행한다면, 존재의 고독감은 해결될 수 있을 것이다. 담담히 노년의 자신을 완성해가는 과정은 노인으로서의 개인이 자기 존재감을 회복하는 것에 국한되지 않는다. 이는 활동적인 노년active aging을 통해 누적된 경험적 지혜를 활용함으로써 노인에 의한 사회적 기여도 가능케 한다. 이러할 때, 노인은 고령화시대의 노년기를 보내는 존재가 아니라 '인간으로서의 노년기'를 보낼 수 있게 된다. 자신을 완성해 나아가는 존엄한 인간으로서 노인의 시간을 맞이하게 되는 것이다. 노인의 책무가 오늘의 시대에 다시 조명될 수 있는 가능성은 바로 이점에 있다.

장현광이 노인사업에서 제안하고 있는 '도를 보존存道'한 인간으로서의 노인은 존엄한 존재이다. 그러한 자존감은 존재의 의미를 발견하게 한다. 장현광은 바로 이 점을 철학적 통찰을 통해 우리 시대에 전송하고 있다. 수신은 우리시대의 몫이다.

제4장

안팎의 사이: 박지원과 열하

낯설음 혹은 낯익음

발견의 미학

이 글은 연암燕巖 박지원朴趾源(1737~1805)의 중국 체험, 곧 열하熱河로 은유되고 있는 낯설음과 낯익음이 공존하는 지역과 공간에 대한 여행 체험을 통해 사유와 감성의 전환적 동력을 확인하고자 한다. 그리고 그러한 사유와 감성의 철학적 의미를 '겪음의 감성적 지평'에서 고찰한다.

이러한 점에서 이 글은 여행의 기록물로서 『열하일기熱河日記』에 대한 분석에 치중하지는 않는다. 이미 문학 분야에서 박지원의 『열하일기』에 대한 많은 선행연구가 이루어져 왔기 때문에, 이 글에서는 텍스트화된 『열하일기』 자체에 대해서 세세하게 분석하지는 않을 것이다.[1] 대신 열하 여행이라는 체험의 과정에 초점을 맞추어 경험의 시간을 통해 나타나고 있는 박지원의 사유의 궤적과 감성의 진폭을 추적하고자 한다.

박지원에게 있어 열하 여행은 열하라는 낯선 인문지리적 공간과 익숙하면서도 오래된 낯익은 상상의 공간을 접속시키는 통합의 체험적 시간이라고 할 수 있다. 왜냐하면 박지원은 타자로서의 열하라는 세계와 자발적으로 조우하기 위해 열하의 기록들을 사전 학습하고 그가 무엇을 볼 것인가를 고려하고 있기 때문이다. 박지원은 열하의 낯섦 속에 공존하는 낯익음의 통합과 불일치의 경험을 통해서 오래된 자신의 정체를 확인하는 계기적 시간을 만들고, 그러한 발견을 통해 자신의 사유를 재구성한다. 낯설음과 낯익음의 감성적 조우는 자신에 대한 확인과 조정이라는 성찰적 계기를 만든다.

이동 수단의 발달과 통신 장비의 기술적 진보로 오늘의 시대에 국경을 넘나드는 해외여행은 일상적인 경험이 되었다. 매체를 통하여 여행지의 정보는 실시간으로 제공된다. 해외여행이 마치 이웃 마을을 오고 가는 것과 같이 일상화되었다. 그러나 아무리 많은 정보가 제공된다 하더라도 타지를 체험하는 여행은 그 본질상 낯설음과 낯익음을 동반한다.

일반적으로 낯설다 혹은 낯익다라고 하는 상태는 인지적 판단이 들어 있는 느낌과 정서를 수반한다. 특정한 상황에 대해서 낯익다는 것은 그러한 상황이 이미 경험적으로 익숙하다는 것을 의미한다. 상황에 대한 경험이 이미 신체화되어 있기에 감각의 수행과정에서 감각을 수용하는 수용체와 전달된 정보를 해석하는 뇌의 인지적 과정에서 장애를 일으키지 않는다는 말이다. 대상에 대해 낯익다는 것은 이처럼 신체화된 기억의 양상을 띠게 되기 때문에 익숙하고 친숙한 감정을 느끼게 된다.

그러나 낯설다는 것은 다양한 감정이 결합된 복합적 층위를 보인다. 낯설다고 하는 것은 익숙하지 않다는 것과 연결된다. 익숙하지 않기에 어색하고 생경하다. 어색하고 생경하다는 것은 또한 이질감을 불러일으킨다. 이질적인 것에 대해서는 불편해하고, 두려움을 느끼거나 불안감을 느끼게 된다. 그러나 한편 익숙하지 않다는 것은 새로운 것이기도 하다. 그렇기 때문에 새로운 대상에 대해 호기심이 발동하고 설레임 혹은 떨림을 느끼기도 한다.

이처럼 낯설음은 이전에 경험한 적이 없거나 경험하였다 하더라도 익숙하지 않은 대상에 대해서 느끼게 되는 두려움과 동시에 설레임을 수반한다. 그리고 낯익음은 누적된 경험화의 과정을 통해 친숙함과 편안함을 느끼면서 정서적으로 안정된 상태를 갖게 한다. 이러한 낯설음 혹은 낯익음은 여행 당사자의 관점과 여행의 조건에 따라 증폭되기도 하고 반감되기도 한다.

여행 당사자가 어디에 갔었는가는 관심을 환기하는 점은 될 수 있지만, 크게 중요하지 않다. 정작 중요한 점은 여행 당사자가 '무엇을' 보고 싶어 하고 '왜' 보려고 하는가 하는 점이다. 대상을 보려고 하는 여행 당사자의 욕망과 목적의식은 온전히 여행자의 시선을 결정한다. 여행자가 만나려고 의욕하는 대상과 의도에 따라 낯설음과 낯익음은 증감된다.

떠남과 만남의 계기적 상황에서 나타나는 시공간의 점유와 분할의 과정은 여행 당사자에게 대상세계에 대한 의미meaning[2]를 구성하는 경험의 질성을 제공한다.[3] 이렇듯 낯설음과 낯익음이 공존하는 여행이라는 감성적 경계의 영역은 신체화된 경험embodied experience[4]으로 직조된다. 내가 박지원의 『열하일기』를 통해 탐구하고자 하는 것도 바로 여행이라고 하는 낯선 체험이 야기하는 인지적이면서도 정서적인 의미화 과정이다. 이는 또한 박지원에 의해 재구성된 중국여행의 경험이 어떻게 새로운 감성적 맥락으로서의 의미를 만들어내고 있는가 에 대한 탐구이다.

2장에서는 박지원이 중국을 여행하기 이전에 조선 바깥을 사유한 내용들을 중심으로 상상적 공간으로서의 중국과 세계에 대해 살펴본다. 3장에서는 박지원이 자발적으로 중국을 체험하면서 그가 보고, 듣고, 느꼈던 점을 열하의 세상과 조우 그리고 성찰이란 측면에서 고찰한다. 4장에서는 『열하일기』의 구성과 내용에 대해서 살펴보고, 그것이 당대 조선사회에 미친 영향을 경험의 재구성과 『열하일기』라는 측면에서 살펴본다. 마지막 5장에서는 박지원이 만났던 타자로서의 세계, 곧 중국과 서양에 대한 인식과 새로운 지평을 '균열된 낯익음'으로 정리한다.

상상적 공간

타자, 중국과 서양

세계사적으로 18세기는 전통사회에서 근대세계로 이행하는 시기이다. 대항해시대를 거치면서 서구 열강은 자신들의 문화를 폭력적으로 새로운 신세계, 곧 식민지에 이식시킨다. 이러한 흐름에서 동아시아도 예외일 수는 없었다. 중국은 역사상 가장 광대한 청 제국을 건설하여 동아시아에 막강한 힘을 행사하는 한편 서양의 선진 과학문물을 수용한다. 서구의 이식은 동아시아적 삶의 방식과 인식체계에 큰 충격으로 작동한다. 기존의 동아시아 세계에서 찾아볼 수 없었던 새로운 과학기술과 문명의 이기들은 서구에 대한 관심을 환기하기에 충분하였다.

박지원이 활동하였던 18세기 조선사회는 세계사적 문명의 한 축을 형성하고 있는 문명의 집결지로서의 청과 청에 의해 '번역된 문명으로서의 서양'이라는 두 타자[5]를 접하게 된다. 청나라는 인정하기는 불편하지만 인정할 수밖에 없는 강력한 제국을 건설해 나가는 타자였고, 서양은 동아시아에 없었던 과학사상과 기술을 가진 새로운 타자였다. 두 타자는 조선사회에 전면적으로 이식되지 않고 제한된 지식인들에 의해 수용되었다. 그러한 타자의 문명적 조류는 조선의 지식인들에게 충격으로 다가온다.

문화적 사상적 충격에 직면하여 조선의 지식인들은 크게 두 유형으로 나뉜다. 하나는 자신들이 익숙하게 지켜왔던 사상과 문화적 전통을 더욱 공고하게 유지하려는 형태이고, 다른 하나는 변화된 학술과 사상을 받아 들이이면서 새로운 가치체계를 모색하는 형태이다. 전자는 조선후기에 더욱 공고화되는 주자학적 이념의 전통이고, 후자는 소수에 불과하지만 새롭게 등장하는 실학적 흐름이다. 실학은 크게 두 흐름으로 나뉘는데, 토지를 기반으로 히는 국가제도 개혁을 시도히는 히는 그룹과 청나라를 통해 유입된 '서학'을 기반으로 조선사회를 새롭게 혁신하려는 그룹으로 나뉜다.

사실 이미 앞선 17세기 초중반에 조선은 청나라와 두 차례에 걸친 전쟁으로 속국이 된 상태임에도 청을 오랑캐라 하고 북벌의 대상으로 규정하여 인정하지 않으려는 분위가 지배적이었다. 존왕양이의 춘추대의적 의리관에 입각하여 사대의 대상이었던 명나라가 멸망하였음에도 조선의 위정자들은 문화적 소중화로 자처하고자 하였다. 북벌이라는 과거의 추상적 이념은 미래의 시간 속에서 점차 퇴색하고 있었지만 위정자들은 의리라는 명분을 고수하고자 하였다. 그러나 문명적 흐름에 민감했던 조선의 지식인들은 세계사의 조류 속에서 자신들을 바라보아야 하는 상황에 직면한다. 일군의 지식인들은 당대의 조선사회의 세태에 대한 숙고와 청나라로부터 유입되는 학술사상과 문명의 이기들을 통해 자신들의 시대와 세계 인식의 근거에 대해 비판적으로 바라보기 시작한다.

박지원을 비롯한 일군의 지식인들은 당대의 조선사회의 세태에 대한 비판적 시각과 청나라로부터 유입되는 새로운 학술사상적 조류에 대한 숙고를 통하여 '조선의 안-밖'에 대해 사유한다.[6] 특히 박지원은 자신이 살고 있는 18세기 중후반 조선의 학술사상과 문화, 삶의 양식이 구태의연함을 벗어나지 못하고 있음을 자각한다. 세상은 급변하여 바뀌고 있음에도 조선사회를 추동하는 지식인 그룹은 좀처럼 변화를 수용하지 않고 현상유지에만 급급해하고 있다는 것을 간파한다.

위선과 모순에 찬 현실에서 박지원은 과거를 위한 공부를 포기하고 실용적인 학문방법론의 모색에 매진하는 한편, 비판적 사유와 뛰어난 문장력을 바탕으로 풍자적인 글쓰기를 시도한다. 20대 초반부터 작성되는 「민옹전」과 「양반전」, 「광문자전」[7] 등은 기존과 다른 문체를 통해 서민들의 일상을 생생하게 묘사할 뿐만 아니라 위선적인 양반을 풍자하는 그의 대표적인 글이다.

한편 박지원은 자신이 봉착한 현실에 대한 숙고를 통해 다른 사유를 모색하고 추진한다. 감수성이 예민한 20대에 이미 내부에 대한 다른 시선을 통해 현실을 포착해내는 박지원의 비판적 능력은 30대를 지나면서 조선을 넘어 상상적 공간으로서의 중국과 서양에 이르게 된다. 이는 조선의 지식인으로서 사대의 대상으로서 중국만을 상상하는 것이 아니라 중국과는 또다른 타자인 서양의 학술, 곧 서학西學에 대해 사유한다는 점에서 특별하다고 할 수 있다.

박지원의 조선 바깥에 대한 사유의 단초를 제공하는 사람이 담헌湛軒 홍대용洪大容(1731~1783)이다.[8] 홍대용은 1765년에 북경에 파견된 사절단의 일원으로 연경을 다녀오게 된다. 그는 중국으로 떠나기 전에 중국어를 학습하고, 이전의 연행 기록의 학습을 통해 자신이 답사해야 할 대상을 선정하는 등 치밀한 여행계획을 세우기도 한다. 홍대용은 연행을 통해 청나라의 실상을 치밀하게 관찰하고 연경의 지식인들과 만나 필담으로 소통하며 국경을 넘는 우정을 나누게 된다. 이러한 여행의 체험과 여정은 「담헌연기湛軒燕記」와 국문으로 된 「을병연행록」으로 작성되고,[9] 학술사상에 대한 감회는 「의산문답醫山問答」[10]을 통해 구체화된다.[11] 홍대용은 중국에 다녀오기 이전에 이미 스스로 혼천의를 제작할 정도로 서양의 천문학에 지대한 관심을 갖고 있었고, 중국여행을 통해 서학의 실체로서 '서양'을 인식하고 지전설을 깨닫게 된다.[12]

홍대용이 중국 여행 체험을 통해 발견한 지점은 타자로서의 청淸과 또다른 타자인 서양이 조우한 상황이다. 「담헌연기」와 「의산문답」은 홍대용을 따르던 박지원에게 상상의 공간으로서의 중국과 서양의 과학사상에 대한 관심을 촉발시킨다. 이들의 밀접한 관계는 홍대용이 박지원(30세, 1766년)에게 자신이 중국 여행을 통해 만났던 문인들과의 필담을 모아 놓은 「건정동회우록乾淨衕會友錄」[13]에 서문을 의뢰하고 있다는 점에서도 확인된다.[14] 박지원은 당시 지식인들이 청나라의 문인들을 '오랑캐'라 하여 교류하는 것을 기피함에도 홍대용의 경우, 그들을 벗으로 삼아 친교를 나누고 있음을 찬탄한다. 청나라 지식인에 대한 편견을 갖지 않는 홍대용의 태도는 차후 박지원이 북경과 열하를 여행하는 시기에 그가 만났던 많은 사람들과 허물없이 대화할 수 있는 상상적 계기를 만든다.

박지원은 홍대용으로부터 중국의 문물제도와 과학사상에 대해서도 폭넓은 학습을 받는다. 박지원은 『열하일기』에서 수레와 관련한 논의를 하면서 홍대용과 이미 '수레를 만들 때는 먼저 궤도를 생각해야 된다'는 생각을 공유했음을 밝히고 있다.[15] 과학사상면에서 박지원은 지구구형설과 지전설을 주장하고 있는데, 이러한 사유의 원천도 홍대용과 연결[16]되고 있다.[17] 이처럼 박지원은 홍대용을 통해 당대 동아시아 최대의 문명국인 청을 통해 전해오는 문물과 사상에 대해 주목하게 된다. 청나라의 지적 흐름과 학술사상을 학습하고 자신들의 상상의 공간으로서 중국을 구획하면서 조선 바깥에 대해 사유하는 것이다.

그렇지만 박지원은 자신의 실존적 지위와 관련하여 고민하지 않을 수 없는 상황에 봉착한다. 노론 낙론 가문이라는 유력한 정치적 입지와 탁월한 문장력까지 갖춘 박지원은 비록 부친의 장지 문제로 인한 시비에 휘말리기는 하지만 과거를 통한 출사 여부의 갈림길에서 고민한다. 그는 당대 주류 학술사상이자 정치적 이념을 주도하는 주자학의 흐름과 중국을 통해 유입된 서학의 경계에 서게 된다.

주자학적 전통을 전면적으로 부정할 수 없으면서도 한편으로 서학에 대한 관심을 표명하는 박지원의 사유공간에서 익숙함과 낯설음은 공존한다. 그러나 경계적 사유는 현실 세계의 지반을 어떤 형태로든 가로지른다. 가르기 혹은 횡단의 구획은 실천적인 탐색을 통해 공고화된다. 박지원은 과거를 통한 출사를 포기한다. 출사를 포기한 이후, 박지원은 백탑 근처로 이사하여 초정 박제가, 청장관 이덕무, 영재 유득공, 척재 이서구 등 일련의 지식인과 교류하면서 새로운 사유 실험을 전개하게 된다.

열하의 세상

조우 그리고 성찰

자신이 보고 싶고 확인하고 싶은 세계를 찾아서 여행을 떠난다는 것은 오늘날에도 쉽지 않다. 그것도 해외여행이 자유롭지 않은 전통시대에 국경을 넘는 중국여행은 아무에게나 주어지는 기회가 아니었다. 박지원은 자신의 삼종형을 따라 견마잡이 시종 두 명을 대동하고 중국 여행길에 오른다.

박지원은 기존의 중국 여행의 기록과 교류하였던 홍대용, 박제가, 이덕무, 유득공 등 지인들의 중국 체험담[18]을 바탕으로 중국이라는 상상적 공간을 미리 구획하고 있었다.[19] 그는 직접 가보지도 않은 북경의 유리창의 책방을 훤히 머리에 그리고 있었고, 얼굴도 본적이 없는 유리창에 있는 당원항의 아들들 이름까지 외우고 있을 정도였다. 상상 속에서 그렸던 중국을 실제로 체험한다는 것은 박지원에겐 새로운 삶의 의미를 창조하는 역동적인 경험의 과정이었다.

박지원은 국경을 넘어 중국 땅 책문에 이르면서 중국사회의 규격화된 문물과 풍부한 물산에 충격을 받는다. 그 충격은 일종의 놀라움과 부러움 그리고 부끄러움이라는 정서적 상태로 나타난다.

> 여염집들이 다들 높직하고 대개는 겹들보가 다섯인 집들이다. 이엉으로 집을 이었으나 용마루가 높이 솟고 문호들이 번듯하며 거리는 곧고 판판하여 양측은 먹줄을 친 듯하다. 담장은 모두 벽돌로 쌓았고, 거리에는 사람 타는 수레, 짐 실은 수레가 왔다 갔다 한다. 벌여 둔 기명들은 모두 그림 놓은 꽃사기들로서 일반 풍물이 하나도 시골티가 없어 보인다. 전일 내 친구 홍덕보(홍대용)에게 중국 문물의 규모와 수법들을 들은 적도 있었지마는 오늘로 보아 책문은 중국의 맨 동쪽 끝 벽지인데도 오히려 이만하거든, 앞으로 구경할 것을 생각하니 문득 기가 꺾여 그만 여기서 발길을 돌리고 싶은 생각이 치밀면서 전신에 불을 끼얹은 것 같아 후끈한 느낌을 받았다.[20]

박지원은 중국의 동쪽 끝 시골인 책문의 풍부한 물산과 조선의 궁핍한 현실을 비교한다. 그는 앞서 중국여행을 했던 홍대용을 통해 중국의 사회경제적 수준과 문물·제도에 대해서 익히 들은 바가 있었다. 그러나 내심 상상적으로 그렸던 중국과 직접 확인한 중국의 현실은 상상 그 이상이었다. 변방의 도시에 넘쳐나는 화려하고 휘황한 물산들과 역동적인 삶의 모습은 박지원의 상상력을 제한한다. 박지원은 열패감을 느끼게 된다. '오랑캐'라고 무시했던 상대가 오히려 삶의 질이나 일상적 경제조건이 오히려 우월하다는 확인은 자존심의 손상을 가져온다. 박지원은 열이 날 정도로 부끄러움을 느끼게 된다.

박지원이 중국 여행을 통해 확인하고자 한 내용에는 당대 청나라의 학술사상, 법률제도, 정치경제, 사회문화, 기술산업, 풍속, 자연경관, 기물 등 다양한 내용이 포함되겠지만, 그의 우선적 관심은 사회경제의 토대를 이루고 있는 물산과 기술로 향한다. 그래서 박지원은 통일적인 기준에 의해 구획되고, 생산되는 방식에 관심을 기울인다. 집을 짓는 것과 관련해서 일정한 기준이 있고, 벽돌이나 굴뚝, 화로를 만드는데도 일정한 양식이 있음을 발견한다. 그러한 규격화는 수레와 바퀴와 같은 것에도 적용되어 물산의 이동을 용이하게 하고 효율적인 유통을 가능하게 한다는 점을 찾아낸다.

일상적 삶의 질을 높일 수 있는 이와 같은 효율성에 대한 관심은 박지원의 철학적 입장과 연동된다. 학문은 근본적인 원리를 탐구하는 철학적 방면과 도덕과 윤리적 실천에 관한 것도 있지만 일상에 유용한 것도 함께 구비되어야 한다는 입장이다. 박지원은 이 점을 이용利用-후생厚生-정덕正德의 철학적 주제로 계열화 한다.

> 비록 소 외양간, 돼지우리까지라도 되는 대로가 아니라 일정한 법식이 있으며 심지어 거름더미 똥구뎅이까지도 그림같이 정갈했다. 옳다! 이렇고 난 후에야 이용이라 말할 수 있을 것이다. 이용이 있은 후에야 비로소 후생이 될 것이요, 후생이 있은 후에야 그 질서를 바로 잡을 것이다. 물건을 이롭게 쓸 줄 모르고 그 생활을 넉넉하게 할 수는 없다. 물건을 이롭게 쓸 줄 몰라 생활 자료가 근본 부족하면서 억지로 잘살겠다고만 한다면 어떻게 그 도덕과 질서를 바로잡을 것인가?[21]

> 오랑캐로 부르는 오늘의 청조는 무엇이든지 중국의 이익이 될 만하고, 그것으로 오래 누릴 수 있음을 알기만 하면 억지로 빼앗아 와서라도 이를 지켜냈다. 만약 본래부터 있던 좋은 제도가 백성에게 이롭고 국가에 유용할 때는 비록 그 법이 오랑캐로부터 나왔다하더라도 주저 없이 이것을 그대로 이용하고 있다.[22]

박지원은 '물건을 이롭게 쓰는 것'을 문제 삼는다. 일상적으로 주어지는 무수한 물건들이 있지만, 그러한 물건이 각각의 쓰임에 맞게 사용되지 않는데서 항상 문제가 발생한다. 어그러짐 혹은 부조화는 장애를 유발한다. 사물도 마찬가지고 사람도 마찬가지이다. 적재적소에 가장 적합 것이 쓰이게 될 때, 문제가 발생하지 않고 조화롭게 된다. 그렇게 대상을 이롭게 하는 쓰임이 된다면 그러한 쓰임은 확대 재생산될 수 있다.

이용을 시스템적으로 효율성에 비유한다면, 후생은 그러한 효율성을 통해 배가 되는 생산량이라고 할 수 있다. 풍족한 생산은 삶의 질을 윤택하게 만들 수 있는 조건이 된다. 이용과 후생은 선순환적이다. 그 과정은 사람들이 옳은 마음을 가질 수 있게 한다. 그것이 정덕이다. 박지원이 제안하는 이용-후생-정덕의 철학적 입장은 유가철학의 오래된 명제를 시대의 필요에 맞게 변형한 것이다.

『서경』의 「대우모」 편에서는 '정덕-이용-후생'의 구조를 말하고 있다. 즉 「대우모」 편의 저자는 "덕으로써만 선정을 베풀 수 있으며 정치의 근본은 백성을 양육하는 데에 있다. 물, 불, 쇠, 나무, 흙, 곡식을 잘 가꾸고 정덕, 이용, 후생을 조화롭게 이루도록 해야 한다."[23]고 제안한다. 이처럼 정덕-이용-후생의 구조는 유학의 오래된 정치철학적 명제이다. 그런데 박지원은 이를 바꾼다.

박지원의 이와 같은 새로운 철학적 구상은 그가 20대에 저술한 「양반전」에서도 밝히고 있듯이 허울뿐인 양반의 조건이 아닌 실질의 측면에서 양반의 정체성을 모색하고 있는 것에서도 단초를 찾을 수 있다. 위선적인 양반에 대한 풍자적인 박지원의 의식은 삶의 구체성을 모색하는 새로운 경험의 층위에서 열하 여행에서도 반영되어 있다. 그것은 사회비판적인 「호질」[24]로 재구성된다. 박지원은 정덕의 도덕적 교화를 우선시하는 방법만으로는 사람들의 실제적인 삶을 변화시킬 수 없다고 본다. 그러한 의미의 발견을 중국의 낯선 사물들과의 조우를 통해 그는 체험적으로 독해하고 있다.

박지원이 열하의 여행을 통해 주목하는 또다른 측면은 사람과의 만남이다. 박지원은 낯선 타자로서의 '청나라 사람'을 객관적인 관점에서 만나보고자 한다. 당시 조선 사람에게 경험적으로 학습되고 인지된 청나라 사람은 오랑캐였기 때문이다. 청나라 사람을 중국인이 아닌 오랑캐라고 보는 인식에는 한족의 명을 멸망시킨 만주족의 청에 대한 검증되지 않은 문화적 우월감이 깔려있다. 그것은 조선조차도 청나라의 힘에 굴종할 수밖에 없었던 현실적 모멸감을 회피하려는 열등의식의 심리적 방어기제가 전제된 것이었다.

그러나 박지원은 그러한 선입견을 배제하고 실제적인 사람을 만나고자 하였다. 그는 편견과 타당하지 않은 견해의 배제를 통해 대상과 접촉과 접속을 시도한다. 그래서 거리의 노인과 상인, 객잔의 여주인을 비롯하여 지식인에 이르기까지 다양한 인간 군상을 만나서 그들과 대화하고 일상적 경험을 공유한다. 영토적 소속감을 완전히 배제할 수는 없겠지만 박지원은 보편적 인간을 만나고 체험한다.

직접 대면하는 과정을 통해 박지원은 타국의 타자들과 감성적으로 조우하고, 열림의 소통을 경험하게 된다. 다름과 차이의 분별이 극명한 타지의 여행자라는 낯설음의 극단적인 상황에서 오히려 유적 존재로서의 인간을 만나는 것이다. 그렇기에 타국의 낯선 노인은 길 떠나는 박지원에게 "부디 도중에 몸을 보중하시고, 요즘 첫가을 늦더위가 심하니 설익은 오이나 찬 음식에 조심하십시오."[25]라고 당부의 말도 전한다.

심양에서 만났던 전생이라는 청나라 사람과의 인연도 박지원에게는 인간에 대한 연대감을 느끼게 한 듯하다. 전생은 심양 시가에서 골동품점을 경영하는 인물이다. 골동품점인 예속재에서 청나라 사람들과 친해진 박지원은 그들의 초대를 받고, 여러 사람들과 필담으로 화제를 교환한다.[26] 헤어지는 날 전생은 골동품 감별 요령을 박지원에게 가르쳐 주고, 박지원을 북경의 한림원에 있는 대촌 선생께 소개하는 편지까지 써 준다. 골동품 감별 요령을 가르쳐준 이유는 당시 조선의 사신들이 청나라를 오고 갈 때 고가의 골동품을 매입하게 되는데, 그것을 노린 가짜가 많았기 때문이다. 전생은 박지원에게 쓴 편지에서 이렇게 적고 있다.

> 선생께서 전일 저를 하찮게 생각하지 않으면서 대하시어 외람되이 쓸 만한 인물을 찾으신다고 핑계로 길에서 만난 저와 서슴지않고 선자리에서 통정을 해 주셨습니다. 또 그렇게 쉽게도 발길을 돌려서 집에까지 걸음을 하신 것도 쉬운 일이 아니었지요.[27]

낯선 곳에서의 개방성은 상대적으로 열린 상황으로 인하여 폐쇄적인 상태를 유도하기도 한다. 제한된 공간에서 오히려 안정감을 찾게 되는 경우가 많다. 박지원의 경우에 낯선 장소와 낯선 사람이 주는 두려움이 전혀 없지 않았을 터이지만, 그는 편견 없이 사람들을 만나고 궁금한 것을 필담을 통해 문의한다. 그러한 과정은 박지원이 청나라의 일상인들, 곧 생활인들을 만나는 가운데서 청나라의 현실을 가감 없이 파악할 수 있게 만든다. 전생의 경우도 일개 장사꾼에 불과하지만 박지원은 선입견 없이 그를 만나고, 그를 통해 그의 동료들과 함께 한다.[28] 낯선 사람을 만나면서 생겨나는 인연의 즐거움은 전생이 써주는 소개서처럼 또 다른 인연의 고리를 만들기에 충분하다. 박지원은 사람의 만남이라는 실천적 과정을 통해 관념적으로 왜곡된 오랑캐 이미지의 청나라를 재정위하고 있다.

이와 같은 박지원의 대상 인식에 대한 재고는 결국 대상에 대한 선입견을 배제한 사실적 관찰을 통해 얻어질 수 있다. 나는 그러한 은유를 「상기象記」[29]에서 독해한다. 코끼리를 묘사하고 있는 박지원의 「상기」는 코끼리를 보았던 하나의 사실이 관점으로 굳어진 사례로 작동하고 있음을 보여준다.

박지원은 코끼리를 처음 보았을 때는 상방象房[30]에 열여섯 마리가 모두 쇠사슬로 발이 묶여 있어 움직이지 않았고, 두 번째는 열하 행궁에서 꿈틀거리며 움직여 가는 코끼리를 본다. 세 번째는 열 발자국 밖에서 코끼리를 보았는데 그 형상이 마치 언젠가 동해 바닷가에서 해가 돋기 전의 모습과 비슷하였다. 박지원은 코끼리의 형상을 부분적으로 세세하게 설명을 이어가면서 과연 코끼리를 어떻게 파악할 것인가를 묻는다. 코끼리는 분명 조선 사람에게는 당시로서는 보기 힘든 희귀한 동물이었을 것이고, 그것에 대한 묘사는 관찰자에 따라 주관적으로 기술되었다.[31] 박지원의 코끼리에 대한 묘사가 갖는 다양성은 선입견이 개입된 결과가 모여진 것이다. 코끼리에 대한 박지원의 은유는 타자 이해의 방식에서 의도된 선입견 혹은 편견을 배제하고 최소한의 객관성을 담보하는 방식인 셈이다.

그렇다면, 박지원이 열하라는 낯선 시공간의 기행을 통해 만났던 중국 체험에서 가장 중요하게 여기는 것은 무엇이었을까? 이 점은 박지원이 중국여행을 통해 찾고자 한 것이 무엇인지를 말해준다. 일반적으로 북경을 다녀온 사람들은 이국적 풍광을 보여주는 요동벌 천리나, 구요동 백탑, 혹은 계문의 숲을 장관이라고 꼽을 수 있고, 이국적 풍경의 노구교, 산해관, 각산사, 망해정, 조가의 패루, 통주의 선창, 금주위 목축, 서산 누대, 남해자, 동악묘, 북진묘 등을 장관으로 들 수 있다. 경우에 따라서는 길가의 점포들이나 북경의 유리창, 사천주당, 그리고 호랑이 우리나 코끼리 우리를 장관으로 들 수 있을 것이다.

박지원은 세 부류의 사람으로 나누어 설명한다. 박지원에 따르면, 자칭 일류라는 사람들은 오랑캐가 사는 땅에서는 아무 것도 볼만한 것이 없다고 한다. 오랑캐는 개돼지나 다를 바가 없다고 보는 인식이다. 두 번째 부류의 사람들은 명나라와 대명의리를 앞세워 청나라는 볼 것이 없는 나라라고 말한다. 이러한 사람들에게 박지원은 이렇게 말한다.

> 옛날 성인이 『춘추』를 지을 때는 그 본의가 중화를 떠받들고 오랑캐를 배척함에 있을지언정, 나는 아직 오랑캐가 중국을 손아귀에 넣었다고 분개하여 중국의 제도로써 숭상할 만한 알맹이까지 아울러 배척하라는 『춘추』를 보지 못했다. 지금 사람들이 참으로 오랑캐를 배척하려거든 중국의 발달된 법체를 알뜰하게 배울 것이요, 자기 나라의 무딘 습속을 바꿔 밭 갈고 누에 치고 질그릇 굽고 쇠 녹이는 야장이 일을 비롯하여 공업을 고루 보급하고 장사의 혜택을 넓게 하는데 이르기까지 모두가 배우지 않을 것이 없을 것이다. 다른 사람이 열 가지를 배울 때에 이녁은 백 가지를 배워 무엇보다도 먼저 우리나라 백성들에게 이익을 주어야만 할 것이다. 우리나라 백성들의 튼튼한 준비 앞에 저들의 굳센 갑옷과 날카로운 병장기가 맥을 쓰지 못하게 될 때에야만 비로소 중국에는 볼만한 것이 없다고 장담하는 것이 옳을 것이다.[32]

조선의 위정자와 지식인 가운데는 춘추대의에 근거하여 명나라를 받들고 청나라를 오랑캐로 규정함으로써 지나간 과거에 현실을 매어 놓고 있는 경우가 많음을 박지원은 지적한다. 이와 같은 현실 인식은 연호 사용의 문제와 연관된다. 멸망한 명나라에 대한 의리적 관점에서 존모는 명나라의 마지막 연호인 숭정崇禎을 사용하는 것으로 나타난다. 이 숭정 연호 사용의 논란은 '청나라를 인정할 것인가' 아니면 '청나라를 인정하지 않을 것인가'의 문제로 직결된다. 현실정치의 역학관계에서는 제국을 건설한 청나라의 연호를 쓰는 것이 마땅하다. 그러나 조선의 위정자와 지식인들은 청나라의 연호 대신 명나라의 연호를 지속적으로 사용한다. 이 문제는 『열하일기』의 첫 장 첫머리에 등장한다. 그는 어째서 이 연호를 쓴 것일까?

박지원은 "後三庚子我聖上四年, 淸乾隆四十五年"이라고 표기하고 있다. 여기서 후後는 명의 마지막 연호인 숭정崇禎 기원후라는 의미여서, 후삼경자後三庚子는 숭정 기원 후 세 번째 경자년이라는 의미이고, 아성상사년我聖上四年은 정조4년(1780년)을 의미한다. 이어지는 청건륭사십오년淸乾隆四十五年은 청나라의 연호로 '건륭 45년'이란 의미이다. 그런데 박지원은 「도강록渡江錄」의 머릿글 말미에 '숭정백오십육년崇禎百五十六年'라고 하여 명나라 연호인 숭정을 사용하여 숭정 156년(1783)라고 표기하고 있다. 박지원에게 보이는 이 두 표기 방식은 어떻게 해석되이야 할까?[33]

박지원은 현실적인 중국의 지배체제로서 청의 실체를 인정한다. 그가 열하 여행 곳곳에서 만났던 사람들은 청나라의 사람이었다. 박지원은 숭정이란 명나라의 오래된 유령에 묶이지 말 것을 제안한다. 그러나 한편으로 여전히 조선사회 내부에서는 숭정이라는 것에 대한 주도권을 쥐고 있는 세력 또한 상존하고 있음을 박지원은 시사한다. 그렇기에 그는 숭정이란 명의 연호를 폐기하지 못한다.

멸망한 명나라에 대하여 여전히 은혜의 나라로 받드는 현상을 현대적인 개념으로 본다면 인지부조화라고 할 수도 있겠지만, 꼭 그러한 것만은 아니다. 오히려 이러한 숭명 혹은 존명의 의식은 일종의 도덕성으로 작동한다. 곧 명이 임란 시기 왜(일본)로부터 조선을 구해준 은공은 '도덕의식'으로 작동하고, 그러한 은인을 배반하는 것은 도덕적으로 용납되지 않는다는 것이다. 엄격한 아버지 모형[34]에 충실한 존명론자들은 청을 인정하지 않으면서 멸망한 명에 가탁하여 소중화적 문화의식을 고취하려는 엄격한 아버지의 도덕성과 강고하게 결탁해 있다. 그것을 상징적으로 보여주는 것이 숭정 연호이다.

박지원은 그렇기에 자신은 삼류인사下士라 지칭하면서 낡은 관념적

이데올로기보다는 깨진 기와 조각과 냄새나는 똥거름이 장관이라고 말한다.[35] 박지원은 실제적인 일용에 도움을 주는 것들에 지극한 관심을 기울이고 있음이 확인된다. 이 점은 실용주의자로서 박지원이 이용후생의 관점에 서 있음을 명확히 보여준다.

경험의 재구성

열하일기

『열하일기』는 박지원이 이 책의 첫 부분인 「도강록」의 머리말에 숭정156년 그러니까 1783년에 작성된 것이라고 기록하고 있다. 박지원의 여행 기간은 1780년 6월 24일에 압록강을 건너 북경과 열하를 포함한 중국을 여행하고 한양에 돌아오는 10월 27일까지이다. 박지원은 중국에서 돌아와 자신이 여행 기간에 기록한 것을 정리하고 필담을 모아서 『열하일기』를 편집한다.

여행의 시기와 『열하일기』의 머리말이 작성된 기간은 자료의 보충과 수정의 시간이었으리라 여겨진다. 따라서 박지원이 경험한 열하와 경험에 의해 재구성된 『열하일기』에는 일정한 차이점이 내재한다. 이러한 추측은 실제 『열하일기』의 내용에는 열하 곧 중국 여행과는 별개의 내용이 산입되어 있다는 점에서도 드러난다. 〈일신수필〉에서 해돋이 장면을 묘사한 시는 박지원이 총석정에서 해돋이 광경을 보고 지은 시가 삽입된 것이다.[36]

편집의 가능성을 고려한다면, 박지원의 『열하일기』에서 논란이 될 수 있는 글 중의 하나가 〈관내정사〉 편에 실려 있는 「호질」이다. 박지원이 '호랑이의 꾸지람'이라는 의인화된 소설을 통해 양반사회를 신랄하게 풍자하고 있는 내용은 중국적 소재라고 밝히고 있다. 그렇지 않으면 국내의 양반지식인층에게 문제가 될 수 있는 성격의 글이기도 하다.

박지원은 『열하일기』를 완성하기 전에 박제가가 1778년의 연행 기록을 모은 『북학의』를 완성하자 1781년에 그에 대한 서문을 짓는다. 이 글에서 박지원은 "학문의 길은 다른 길이 없다. 모르는 것이 있으면 길가는 사람이라도 붙들고 물어야 한다."[37]고 전제한 후 이용후생의 도구는 날이 갈수록 빈약해져 가는 것이 조선의 현실이라고 적시한다. 따라서 박지원은 모르면 아는 사람에게 물어야 한다는 지론을 통해서 박제가의 북학北學을 제시한다.

> 만일 장차 배우고 묻기로 할진대 중국을 놓아두고 어디로 가겠는가. 그렇지만 그들의 말을 들어보면 "지금의 중국을 차지하고 있는 주인은 오랑캐들이다." 하면서 배우기를 부끄러워하여, 중국의 옛법마저도 다 함께 얕잡아 무시해 버린다. 저들이 진실로 변발을 하고 오랑캐 복장을 하고 있지만, 저들이 살고 있는 땅이 삼대 이래 한, 당, 송, 명의 대륙이 어찌 아니겠으며, 그 땅 안에 살고 있는 사람들이 삼대 이래 한, 당, 송, 명의 유민이 어찌 아니겠는가? 진실로 법이 훌륭하고 제도가 아름다울진대 장차 오랑캐에게라도 나아가 배워야 한다.[38]

박지원은 '사중국舍中國'이라는 표현을 쓰고 있다. 그 중국은 유령으로 존재하는 중국이 아니라 현실의 중국이다. 현실의 중국은 조선의 지식인들이 부정하려 하는 오랑캐이다. 그러나 박지원은 이용후생의 실용주의적 관점에서 훌륭한 제도나 기물은 배워서 이용해야한다는 입장이다. 그것을 박제가는 북학으로 표현하고 있는 것이다. 박지원은

『북학의』를 펴보니 자신의 열하일기와 조금도 어긋나는 것이 없어서 '마치 한 사람의 손에서 나온 것 같았다.'[39]고 평가한다.

1780년을 기점으로 하여 홍대용을 연원으로 하여 박지원과 접촉했던 일군의 지식인들은 청나라의 여행을 통해 그들이 공유할 수 있는 학술사상을 형성한다. 그것은 박지원이 제기하는 이용후생利用厚生이 될 수 있고, 박제가가 제안하는 북학北學으로 개념화될 수도 있다. 박지원의 이용후생과 관련한 사유체계는 열하라는 희소성[40]과 함께 『열하일기』를 통해 조선지식인층에 유포된다. 이들이 소개한 새로운 중국에 대한 이해는 중국풍 문화를 형성하면서 털모자가 서울을 중심으로 한 식자층에게 확산된다.

『열하일기』의 철학적 사유가 갖는 시의성과 박진감 넘치고 기이한 문체는 새로운 문체를 유포한 주범으로 지목되고 박지원은 왕인 정조에게까지 견책을 받게 된다. 박지원은 1792년 12월에 남공철이 보낸 편지 한 통을 1793년 1월에 받는다.

> 지난번에 문체가 명·청을 배웠다 하여 임금님의 꾸지람을 크게 받았고 치교(심상규) 등 여러 사람과 함께 서면으로 죄를 추궁 받았습니다. 저는 또 내각으로부터 무거운 쪽으로 처벌을 받아 죗값으로 돈을 바쳤습니다…. 어제 경연에서 제게 다음과 같이 하교하셨습니다. "요즈음 문풍이 이와 같이 된 것은 그 근본을 따져 보면 모두 박 아무개의 죄이다. '열하일기'는 내 이미 익히 보았으니 어찌 감히 속이고 숨길 수 있겠느냐? 이자는 바로 법망에서 빠져나간 거물이니, '열하일기'가 세상에 유행한 뒤에 문체가 이와 같이 되었으므로, 당연히 결자해지하게 해야 한다." 이에 제에게 이런 뜻으로 집사(박지원)께 편지를 쓰게 명령하셨습니다.[41]

정조는 18세기 후반의 동아시아 정세가 급격히 변모하고 있다는 시대적 흐름을 파악하면서 자신의 주도로 조선의 위상을 새롭게 정립하고자 한다. 그러한 정조의 실용적이면서도 실질을 강조하는 통치철학에 따라 참신하고 새로운 사고를 전개하는 인물들이 발굴되고 등용된다. 박지원을 중심으로 한 백탑파의 인물들인 박제가, 이덕무, 유득공 등과 정약용과 같은 남인계 인물이 중용되는 것도 그러한 맥락이다.

그러나 정조는 실용과 실질을 정학正學의 범주 안에서 허용한다. 그러하기에 청으로부터 유입되는 패관체 소설의 출판과 유통[42]뿐만 아니라 장신구나 골동품과 같은 사치품을 차단하고자 한다. 그러한 중국 열풍을 막기 위해 정조는 문체를 문제 삼는다.[43] 그 중심에 박지원이 있었고, 낯선 문체로 낯선 경험을 기록한 『열하일기』는 검열의 대상이었다. 정조는 박지원의 문체 전향을 명령하면서, 한편으로는 어르고 한편으로는 겁박한다. 신속하게 순정한 문체로 글을 바치면 음직으로 종2품의 벼슬을 내리는 것도 아깝지 않겠지만, 그렇게 하지 않으면 중죄를 내릴 것이라고 한다.[44]

이에 따라 박지원은 소명서를 고문체로 올리면서 용서를 구한다. 그는 "차츰차츰 패관소품으로 빠져 든 것은 저도 모르게 그렇게 된 것이요 이리저리 굴러다니다가 위항에서 흠모를 받게 된 것도 그러길 바라지 않았는데 그렇게 되고 만 것이었습니다. 문풍이 이로 말미암아 진작되지 못하고 선비의 풍습이 이로 말미암아 날로 퇴폐하여진다면, 이는 진실로 임금의 교화를 해치는 재앙스러운 백성이요 문단은 폐기되어야 할 것입니다. 현명한 군주가 통치하는 시대에 형벌을 면함만도 다행이라 하겠습니다."[45]라고 하면서 반성문을 제출하는 진풍경이 벌어진다. 흥미로운 사건이 아닐 수 없다.

균열된 낯익음

겪음의 과정

이 글은 박지원의 열하 여행과 그 기록의 산물인 『열하일기』를 통해서 여행이라는 행위를 통해 타자와 접속하게 되는 경험의 층위를 낯설음과 낯익음이라는 측면에서 살펴보았다. 박지원은 중국을 여행하기 이전에 조선 바깥을 사유하고 상상적 공간으로서의 중국과 세계를 구상하였고, 자발적으로 중국을 체험하면서 보고, 듣고, 느꼈던 경험의 시간을 『열하일기』로 재구성한다.

여행과 일기라는 사적인 기록물의 결합은 일기의 기록자인 여행 당사자가 직접적으로 보고 느낀 감각적 대상세계로부터 심원한 사유의 세계까지 폭넓은 진폭을 담는다. 그래서 여행의 일지는 여행지의 정보뿐만 아니라 여행 당사자의 풍부한 감성적 층위를 보여준다. 여행은 예기치 못한 우연성을 동반하기 때문에 불안정하지만, 그러한 불안과 불안정은 변화를 추동하는 동력이 된다. 낯선 것들과의 만남을 통해 신체화된 경험은 익숙하고 안정적인 낯익은 것들을 재발견하면서 낯설지만 익숙한 감각과 사유를 새롭게 정립하게 된다.

박지원은 관념 속에 고착된 중국이 아니라 유동하는 중국의 현실을 만나면서 문화적 충격을 받는다. 여행의 체험적 시간을 통해 박지원은 낯선 공간과 낯선 사람들을 만나면서 감성적으로 교류하고, 경이로운 문물과 제도와 접촉함으로써 감각과 사유는 자극받는다. 그러한 과정은 특별한 서사를 구성하고, 서사를 통해 분산적인 경험들은 새로운 의미망을 형성하게 된다. 의미의 발견은 이전과는 다른 삶의 층위를 조망하게 한다. 이러한 점에서 박지원의 『열하일기』는 전통시대의 한 여행자가 직면했던 낯선 여행의 성찰적 타자화의 한 과정이자 자기 성찰의 지층을 잘 보여준다.

박지원이 중국의 여행을 통해서 새롭게 주목하게 된 이용후생에 대한 발상도 경험을 통한 의미화의 산물이다. 이용후생을 통한 물질적 진보에 대한 요구는 어느 시대에도 있어 왔다. 인간의 생활에 있어서 먼저 기본적인 물질적 토대를 용이하게 할 수 있는 수단이 확보되어야 한다는 것, 그러한 연후에 의식주와 같은 재물을 풍요롭게 사용하게 되며, 그리고 교화가 가능해지게 된다는 것이다. 이러한 사유와 요청은 우리 시대라고 해서 다르지 않다. 문제는 시대의 급무急務가 무엇이고, 그래서 무엇을 시무時務로 채택할 것인가에 달려 있다. 그러한 시대적 급무가 박지원에게는 이용후생이었고, 그와 같은 급무를 파악 가능하게 했던 것은 여행을 통한 삶과 세계의 조우라는 감성적이고 경험적인 지평이 있었기 때문이다.

박지원이 중국여행이라는 겪음의 과정을 통해 발견한 창은 그래서 인습적 세계가 아닌 익숙하면서도 낯선 일상적 삶의 세계를 바라보게 한다. 반쯤 열린 문을 통해서 우리는 그 너머를 보는 것이다. 그와 같은 발견적 지점이 소중한 만큼이나 낯설음의 균열에 적응하지 못한 19세기 이후 조선의 역사적 선택은 그렇기에 오늘의 우리를 다시금 반성적으로 사유하게 한다.

제4부

감성의 재구성

제**1**장

몸과 체험: 세속적 삶의 성화

왜곡된 몸과 영성

이 글은 내면적 성찰의 수양 혹은 수행의 방법을 통한 도덕적 심성의 함양과 종교체험을 통한 영적인 몸의 변화를 종교·문화철학적인 관점에서 비판적으로 살펴본다. 구체적으로는 현대 한국의 사회·문화적 현실 속에서 나타나는 몸에 관한 담론을 살펴보고, 몸의 건강성 회복을 영성의 측면에서 탐구하려는 것이다.

현재 우리 사회에 팽배한 자본주의적 물신주의는 획일화되고 상품화된 왜곡된 몸을 조장한다. 왜곡되고 기획된 몸의 정신은 더 이상 인간의 존엄성을 담보하지 못하고 자신의 정체성마저 상실케 한다. 현대 한국사회에 나타나고 있는 무한 소비와 무한 욕망 추구 현상은 욕망의 담지체인 인간, 곧 몸과 마음의 왜곡됨으로부터 비롯한 측면이 있다. 이 비정상적인 왜곡의 문제를 해결할 지점은 몸과 마음의 문제에서 찾을 수밖에 없다.

이 글에서는 영성과 몸의 성화聖化를 통하여 해결의 실마리를 모색한다. 이것은 체험을 통한 몸의 변화 곧 영적인 몸의 회복을 통해서 세속적인 삶이 성화되는 과정으로 구체화된다. 몸을 직접적 매개로 하는 영적 차원의 각성은 인간이 온생명의 유기성과 상호 소통함을 직관적으로 깨닫게 만드는 기제이다. 영성의 회복을 통하여 우주적 존재와 합일을 희구하는 종교적 열망은 단순히 믿음의 수준으로 대체되는 것만이 아니라, 인간 스스로의 자기 변화를 유도한다는 점에서 긍정적이다. 따라서 이 글은 영적인 몸과 삶의 성화 문제를 현대 사회에서 나타나고 있는 몸 관련 담론과 관련하여 고찰하며, 그 의미 맥락에 대한 분석을 시도한다.

이와 같은 연구를 수행하기 위하여 이 글에서는 윌리엄 제임스와 엘리아데의 종교철학적인 관점을 차용하여 욕구 욕망의 담지체인 인간의 몸과 마음에 대한 논의를 진행한다. 이 과정에서 몸과 마음의 이원적 분리 혹은 왜곡이 아닌 그 온전함을 긍정하는 성리학과 민중 종교인 동학을 살펴볼 것이고, 수행과 체험을 통한 영성의 회복과 몸의 성화 문제를 다룬다. 또한 유학에서 제기하는 성誠과 천인합일天人合一의 이상, 그리고 민중종교인 동학東學에서 제안하는 내유신령內有神靈, 외유기화外有氣化, 시천주侍天主 등의 실천적 체험의 과정을 몸과 영성의 문제와 관련하여 고찰한다.

이 글에서 다루는 종교적 체험은 교단과 지도자 그리고 의식을 행할 수 있는 공소가 마련된 특정 종교의 종교적 활동에 따른 경험만을 대상으로 하는 것이 아니다. 여기서는 우주자연의 신성성을 체득하는 무의식적 각성의 영역까지를 포함한다.

세속적 삶의 선회

정보화 사회로 이행하고 있는 현대사회는 자본주의적인 욕구와 욕망이 넘쳐나는 사회이다. 물신주의物神主義, Fetishism로 표방되는 자본주의적 욕망의 질주는 파편화된 인격과 조작된 몸을 조장하고 허기진 마음을 부추긴다.

결핍으로부터 비롯하는 욕구 충족에 대한 갈망은 몸과 마음을 병들게 하고, 단말마적인 향락에 노출된 육체는 마음을 자극한다. 자극된 마음은 육체의 쾌락[1]을 지속적으로 요구하는 무한 순환이 반복되고,

공허와 상실을 대체하고자 하는 욕구와 욕망의 충동은 표면적이고 외향적인 드러남을 강조할 뿐이다.[2]

욕망과 결핍으로부터 파생된 소외와 불안은 종교적 행위조차 왜곡된 양상으로 몰고 간다. 사랑과 자비, 자기희생과 봉사를 통해 이타적 삶을 추구하는 종교의 본질도 자기 소외의 극복과 존재의 불안을 해소하기 위한 개인적 차원의 은총을 갈구하게 되고, 타자와의 공생공존을 모색하기 보다는 오로지 일신의 안위만을 열망하는 기복적 성격으로 바뀌어 가고 있다. 자기헌신을 통한 화해와 평화의 희구는 어느새 자기만족을 위한 종교적 욕구라는 새로운 욕망의 이름으로 변색되어 가고 있는 현실이다.

이러한 현실의 세태는 부조리하고 왜곡된 삶의 태도를 무반성적으로 용인하게 만들고, 일상 세계의 가치를 황폐화시킨다. 소외로부터 비롯한 사회적 고립감과 연대감의 상실로 인한 타인에 대한 불신은 스스로를 더욱더 유폐시키고 파괴적인 존재를 양산한다. 고립감과 불신감에 의해 증폭된 존재의 불안은 음산한 죽음의 기분을 유포시키고, 대상화된 몸의 정신은 더 이상 인간의 존엄성을 담보하지 못한다. 떠도는 영혼처럼, 젊음을 위해 영혼을 담보한 파우스트처럼, 자신의 정체성마저 상실한 슬픈 존재이다. 자기 긍정성과 자존감을 상실한 상처받은 몸과 영혼은 연민과 사랑의 부재이다. 상처받은 존재는 속내의 사랑을 잃은 존재이며, 정처 없이 떠도는 길을 잃은 존재이다. 그는 유랑하는 존재이며, 어디에도 안착할 수 없는 나그네이다.

현대인이 체감하는 상실의 위기는 곧 임시적이고 가상적인 꿈같은 현실의 덧없음에 대한 두려움이다. 그것은 사라짐에 대한 집착이기도 하다. 이는 반대로 진정한 참의 세계에 대한 희구이기도 하다. 불가해한 삶의 시간에서 현대인은 과연 어떻게 환幻의 세계를 참眞의 세계로 바꿀 수 있을까? 과연 참다운 나를 찾는다는 것은 가능한가? 이 문제를 덜어냄 혹은 비움을 통한 존재와의 합일에서 찾아보자.

덜어냄 혹은 비움은 몸으로부터 비롯하는 욕구와 욕망을 충족하기 위해 타자로 향한 집착과 갈증을 끊임없이 갈구하기 보다는 마음에 켜켜이 쌓인 갈등과 번민을 덜어내고 비워냄으로써 자신의 진면목을 회복하는 자기화의 과정이다. 그러나 이 덜어냄과 비움의 과정은 또 다른 욕구 충족을 위한 재충전의 휴지기가 아니다. 결핍된 무엇을 새롭게 담기 위해서 혹은 채우기 위해서 덜어내고 비우는 것도 아니다. 경이롭고 신성한 뭇 생명들과 소통하고 그러한 생명성을 공유할 수 있는 몸과 마음자리를 회복하는 것이다. 이는 영적靈인 몸身의 회복을 통해서 세속적인 것俗으로부터 성스러운 것聖으로 다가섬이다. 이러한 의미에서 덜어냄과 비움의 과정은 외부로 향하던 시선을 내부로 돌리는 '존재의 선회'이며, 이것은 일종의 종교체험의 형태로서 온전한 영성靈性을 회복하는 과정이기도 하다.[3]

성리학의 개념으로 말하면, 우리의 몸은 틀을 이루는 형상形象과 형상이 없는 기운氣運 그리고 질료적 특성質性이 결합하여 구성된다. 이것을 형기形氣 혹은 기질氣質이라 하고, 형기와 기질의 존재가 갖는 개별적 특성을 기질성氣質之性이라 한다. 그리고 인간은 어찌할 수 없는 불변적인 본연의 특성인 본성性과 목숨이나 운명처럼 태어나면서 부여받은 명命이 결합된 성명性命의 존재이다. 이것을 인간의 본연성本然之性이라 한다. 성리학적 인간 이해는 이처럼 몸을 구성하는 물리적인 형기形氣와 기질氣質에 더하여 천부적으로 부여받은 비물리적인 성명性命이 결합된 존재다.

인간은 몸이라고 하는 물리적인 틀을 구성하는데 있어 특질을 갖고 있는 기질성氣質之性의 존재이지만, 동시에 우주적 본질과 동질적인 본연성本然之性의 존재이다. 그러나 인간의 본연성은 기질적인 특이성에 의해 제약된다. 인간의 기질은 물리적인 성질의 것이므로 욕구나 욕망에 의해 쉽게 변형된다. 그렇지만 한편으로, 가변적인 기질의 특성을 가진 인간이지만 경敬이라고 하는 수행적인 경건성을 전제로 한 성誠의 과정을 통해서 성聖스러운 존재로 전이할 수도 있다. 이 과정은 몸성(육체성)에 의해 가리워진 성명性命의 본래성이 내적인 자기 확충을 통해 참됨誠을 확보함으로써 본래적인 성聖스러움을 회복하는 것이다.

이처럼 성性의 존재가 생명성의 긍정인 성誠을 통해 성聖의 존재로 거듭난다고 하는 이 단계적 전환에 대한 기획은 자기 전회를 의미하는 일종의 수평적 초월horizontal transcendence이다. 인간의 창발적 전환에 대한 성찰은 유학사에서 유학confucianism과 신유학neo-confucianism을 나누는 분수령이다. 성인은 타고나기도 하지만 학문을 통해서 도달할 수 있는 인격聖人可學이라고 하는 인간에 대한 혁명적인 성찰은 그래서 성리학 이전(유학)과 이후(신유학)를 가르는 분기점이 된다.

삶의 세계가 균질하지 않다고 하는 자각은 공간의 비균질성[4]에 대한 통찰과 다르지 않다. 이 글에서는 이러한 자각을 '존재의 선회'를 추동하는 종교체험의 한 형태로 파악한다. 이 같은 관점에서 동양의 전통철학에서 논의되어 오던 존재 체험의 형태라고 할 수 있는 성리학의 천인합일天人合一, 불교의 정각正覺, 노장의 좌망坐忘, 동학의 시천주侍天主 등 다양한 직관적 체험의 형태도 일종의 종교체험의 사례라고 할 수 있다.

전일적 세계인식을 가능케 하는 영성靈性의 문제는 지금까지 주로 종교적 영역에서 논의되었고, 특히 기독교의 신앙생활과 관련하여 다루어져 왔다.[5] 최근에는 심리치료적인 관점과 심리철학적 관점, 몸철학의 관점에서도 영성의 문제에 접근하는 책들이 소개되고 있다.[6]

기독교의 관점에서는 하느님과 그 믿음의 세계를 복원하기 위한 방법론의 차원에서 종교적 영성의 문제에 접근하고 있다. 기독교에서 다루는 종교적 영성의 문제는 기본적으로 신 앞의 원죄적 인간을 다루고 있다는 점에서 의타적인 신앙의 형태를 띤다. 여기서 문제가 될 수 있는 것은 신의 은총과 구원이라는 점이 강조될 경우, 기존에 보아왔던 몸과 마음이 이원화되는 현상이 빚어질 수도 있다는 점이다.

동아시아의 문화적 전통, 특히 유학적 세계관에서 영성의 문제는 기독교와 달리 영성의 본원으로 간주하는 절대적 신성의 영역을 따로 설정하지는 않는다. 비록 우주자연의 신령神靈하면서도 외경畏敬스러운 특질을 인격적 대상으로 의인화하여 상제上帝와 같은 존재가 언급되기는 한다. 하지만 그것은 신앙의 대상이 아니며, 더욱이 절대자를 통한 은총과 구원의 문제를 제기하지도 않는다. 신령스런 경이의 대상은 우리의 일상적 삶의 공간인 우주자연이고, 인간은 우주자연의 일부로 파악되는 작은 우주자연이다. 때문에 우주자연의 일부로서 몸-마음은 이원적으로 분리되지 않고, 상호 연관되는 하나의 유기체로 파악된다. 영성의 문제도 이와 같은 차원에서 접근된다.

이처럼 동양과 서양에서 영성의 문제에 접근하는 방향성과 기본전제가 일정부분 차이 나기는 하지만, 삶의 성화聖化를 위한 영성 회복의 노력은 지속적으로 진행되어 왔다. 건강한 육체를 통한 경건하고 진실한 마음의 상태는 영적인 각성을 유도한다. 이와 같은 자기 체현과 현시의 과정은 문화적 구성에 따라, 지향하는 종교적 신념에 따라 접근

방법은 다를 수 있다. 이 과정은 근본적으로 주체와 대상의 구분을 넘어서 자신과 타자의 본질을 직관하려는 시도이며, 전일적 세계인식을 가능케 하는 '확장된 몸-마음'의 상태이다.

문화적 자산과 마음의 현실을 중시하는 유학의 세계는 초월적 존재자에 대한 신앙 차원의 믿음이 아니라 자기 본질에 대한 공부의 실천적 노력을 강조한다. 공부를 통해 나를 회복함으로써 내 안에 있는 우주자연을 발견할 것을 역설한다. 따라서 나의 몸은 곧 우주의 몸이고 나의 마음이 곧 우주의 마음이 됨을 지각할 것을 가르친다. 이 자기 회복의 전 과정이 곧 영성 회복의 여정이다.

성스러운 몸과 결여된 몸

몸을 보는 두 시선

엑카르트Eckhart(1260~1328)는 인간의 생명이란 하느님으로부터 직접 흘러들어 온 것이어서 나의 생명이 곧 하느님의 존재이고, 하느님의 존재와 본질은 곧 나의 존재와 본질이라고 한다.[7] 그는 "우리들의 생명은 존재인 하느님 안에 있다. 우리들의 생명이 존재에 감싸여 있는 한 그것은 하느님과 연관되어 있다.… 우리가 하느님 안에 있는 것으로 인식하는 한 그렇다. 단지 한 송이 꽃이라도 하느님 안에서 존재를 가지고 있는 대로 인식한다면, 그것은 온 세계보다도 고귀할 것이다."[8]라고 말한다. 엑카르트의 성스러움에 대한 인식은 합리적으로 설명될 수 없는 직관에 의한 신의 받아들임이라는 점에서 신비주의적인 면을 보여준다.

이러한 성스러움에 대한 인식은 관점의 차이는 있지만, M. 엘리아데 Mircea Eliade(1907~1986)에게서도 찾을 수 있다. 그는 성스러운 것을 세속적인 것에 대비하여 설명하고 있다. 그는 성스러운 것numinous에 대하여, 신성한 것에 직면할 때 인간이 스스로 느끼는 감정이라고 한다. 성스러운 것에 대한 엘리아데의 관점은, "존재의 완전한 충만성이 꽃피어나는 매혹적인 신비 앞에서의 경건한 두려움을 발견"하는 것과 같은 "경외와 비합리적인 모든 경험"이라고 한 루돌프 오토의 견해를 따르는 것이다.

신적인 힘을 느끼고 신성한 것에 직면한 인간은 항상 성스러운 우주 가운데 살려고 노력하는 종교적 인간homo religiosus이다. 종교적 경험을 가진 전통사회의 인간에게는 모든 자연이 우주적 신성성으로 제시되고, 인간은 그러한 우주적 신성성 앞에 놓인 존재이다. 반면 그에게 있어 세속은 "성스러움을 잃어버린 세계"이고, "모든 생활체험이 종교적 감정을 가지지 않는" 인간이 사는 세계이다.[9]

M. 엘리아데는 종교적 인간은 우주 가운데서 인식하는 신성성을 자기 자신의 내부에서 발견하고 그 결과 그의 생명은 우주적 생명과 일치하게 된다고 본다.[10] 왜냐하면 "세계의 일부가 그의 몸 안에 살아 있기" 때문이다.[11] 인간과 우주를 동일시하는 이러한 사고는 몸이 곧 소우주이고 그가 거주하는 공간으로서의 집도 또한 소우주라는 관념이 결합되어 있다.[12] 따라서 인간의 신체는 신들과 교류가 가능한 거주지이고, 그 거주지로서의 신체는 집이자 소우주라고 이해한다.

신성한 몸

인간의 몸을 우주나 하느님과 동일시하는 엘리아데나 엑카르트의 사유는 성리학에서도 유사하게 발견된다. 성리학에서 인간의 몸은 우주와 소통할 수 있는 신성한 몸이다. 조선시대 성리학자인 장현광張顯光(1554~1637, 旅軒)은 다음과 같이 말한다.

> 우리 인간의 이 몸은 하늘과 땅 두 사이에 위치하여 우주의 모든 사물과 변화의 허다한 도리가 한 몸 위에 서로 응하지 않음이 없으니, 돌아보건대 이 몸이 어디로부터 이러한 몸이 될 수 있었던 것인가? 이와 같은 도가 태극이 되었는데, 본래 하늘이 되고 땅이 되고 사람이 되는 이치를 지니고 있다. 그러므로 마침내 사람이 되는 이치를 얻어 이 몸이 있지 않을 수 없었던 것이다.[13]

성리학에서 바라보는 인간은 우주자연의 변화易처럼 변화의 시간數 속에 놓인 존재이다. 이 변화의 시간 속에서 순간을 영원처럼 살아가는 인간은 끊임없는 욕구를 가진 존재이며, 또한 생로병사의 과정에서 벗어날 수 없는 존재이다. 그러나 인간은 천지만물 가운데 가장 뛰어난 존재로 이해한다.[14] 왜냐하면 인간은 하늘이 하늘이 되고 땅이 땅이 된 것과 동일한 우주자연의 근거太極인 원리성理을 품부 받아 태어난 존재이기 때문이다. 인간은 우주라는 거대한 시간의 흐름에서 보면 순간의 존재에 불과하고 끊임없이 생생하는 욕구와 욕망의 휩싸인 육체적 존재이다. 그와 동시에 허령불매虛靈不昧한 직관적이며 인지적인 통찰력과 자신의 감성적 요소-감정, 정서, 느낌, 분위기-를 통제 조절할 수 있는 경敬이라고 하는 집중concentration과 주재superintendence의 능력을 지닌 존재이다.

종교체험을 거론하지 않더라도 성리학적 인간은 하늘의 이치가 마음에 들어 와 있어서 본성이 되고天命之謂性, 이러한 본성을 몸으로 행하는 것이 도가 된다率性之謂道. 그렇기에 사람의 본성은 곧 하늘의 본성天卽理과 다를 바가 없는 것이다. 사事와 물物로 채워진 이 우주라는 시공간에 존재하는 최고로 영명한 존재가 성리학에서 파악하는 인간이다. 인간은 우주자연의 이법을 그대로 실현할 당위적인 사명인 도덕道德을 부여받은 도덕적인 존재이다. 도덕적 존재가 당위적 사명인 도덕을 수행하는 것이 직분職分으로서의 사업事業이다.[15] 바로 인간은 도덕사업道德事業의 주체이다.

이처럼 우주자연과 상통하는 인간의 몸은 우주자연의 도를 실현할 성스러운 공간이다. 성스러운 몸을 갖고 태어난 인간이 천지자연의 조화로움에 참여하여 뭇생명이 자신의 본분과 역할을 다할 수 있도록 돕는 것, 이것이 인간의 사업이다. 장현광은 이를 우주사업宇宙事業이라 한다.[16]

이렇듯 엑카르트나 엘리아데에게 인간의 몸은 하느님이 머물고 신들과 교류가 가능한 성스러운 공간인 것처럼, 장현광에 있어서도 인간의 몸은 우주자연의 이치天理가 담겨진 성聖스러운 몸身이다. 이러한 성스러움을 체험할 때 인간의 삶은 성화聖化되고, 영성의 회복을 통해 성화된 육신은 우주사업을 실현할 수 있는 새로운 몸으로 재탄생한다.[17]

성스러움의 결여

그러나 성스러움의 결여는 신성의 잃어버림이며 존재의 결함이다. 결여는 또한 세계와의 단절과 균열이다. 이를 엑카르트는 "결함이 있는 모든 것은 존재로부터의 탈락이다."[18]라고 말한다. 우주 안에 편만한 성聖으로서의 생명 전체인 존재를 느낄 수 없음은 바로 신성의 결핍이며, '하느님으로부터의 탈락'이라고 보는 것이다.

엘리아데는 '우주-몸'의 성스러움을 잃은 현대인들은 신들과의 교류를 단절함으로써 우주론적 가치를 잃게 되었고, 신들의 거주지도 상실하게 되었다고 본다. 따라서 신성한 신들의 거주지였던 인간의 신체도 종교적 혹은 정신적 의미를 잃어버렸다고 진단한다. 이것은 현대인에게 있어 우주는 불투명하고 둔하고 말 못하는 존재가 되었다는 것이며, 더 이상 우주는 어떤 메시지도 전해 주지 않으며, 어떤 암호도 갖고 있지 않다는 탈신성화된 존재가 되었다는 것이다.

탈신성화된 존재는 성스러움을 잃어버린 세계에 사는 인간이며, 더 이상 우주적 신성성에 대해서 종교적 감성을 가지지 않는 인간이다. 실존의 탈신성화 과정으로 인하여 인간은 결핍된 존재로서 삶의 중심을 상실하고 우주자연으로부터 소외되며 고립은 심화된다. 장현광도 동일한 맥락에서 다음과 같이 지적한다.

> 아, 이 몸이 가장 영명하고 가장 존귀함이 이미 이와 같은데, 스스로 그 영명하고 존귀함을 알지 못하여, 돌아다니는 시신이 되고 달리는 살덩어리가 되어서 곧 금수와 같고, 술에 취하여 잠자는 중에 꾸는 꿈처럼 살고 죽는 지경에 이르니 어찌 심히 가련한 자가 아니겠는가![19]

성리학적 세계관에서 인간은 형形과 질質로 표현되는 몸의 존재임과 동시에 모든 이치를 저장하고具衆理 사태에 대응할 수 있는應萬事 탁월한 능력虛靈洞徹을 지닌 영명靈明한 존재이다. 여기에 덧붙여 인간은 우주자연의 섭리를 그대로 실현해야 할 당위적 사명을 가진 성명性命의 존재이기도 하다.

그런데 이러한 자신을 망각하면 어떻게 될까? 장현광은 인간의 몸이 이미 우주적 진리를 담고 있음에도 이것을 깨닫지 못하고, 스스로를 방기함으로써 성스러움을 잃어버리는 것에 대해 비판한다. 이런 존재는 생명이 사라진 시신屍이나 좀비와 같은 살덩어리肉이며, 금수禽獸와 다를 바 없는 무가치한 몰인격적 존재이다. 그래서 자신을 망각하고 방기한 인간은 취생몽사醉生夢死[20]하는 것처럼 이룬 것 없이 덧없이 죽음에 이르는 자이다. 따라서 장현광은 이러한 인간에 대해서, "심히 가련한 자"일 수밖에 없다고 통탄하는 것이다.

성리학적 삶의 성화

진실함과 천인합일

성리학에서 우주적 생명성의 감응은 천인합일天人合一의 경지로 표현된다. 인간과 우주자연이 합일될 수 있다고 하는 가능성의 탐색은 인간과 우주자연이 불이적不二的임을 시사한다. 곧 우주자연의 원리성이 그대로 응축된 소우주가 바로 인간의 몸인 셈이다.

여기서 하늘天은 단순히 물리적인 푸르른 하늘蒼天만을 의미하는 것이 아니라 우주자연을 포괄하는 개념으로 사용된다. 전통적인 하늘 관념은 텅 빈 맑은 하늘을 의미하는 창천蒼天, 우주자연의 이법을 의미하는 천리天理, 인격적 존재로서 하느님上帝를 의미하는 호천昊天 등 다양한 함의를 갖는 개념이 적용되었다. 특히 『중용』에서 언급되고 있는 "하늘이 명한 것, 그것을 일러 성이라 하고, 그러한 하늘의 명을 받은 성을 따르는 것이 도이며, 도를 닦아서 넓히는 것이 가르침"[21]이라고 하는 하늘天-인간人 관계를 상정한다면, 천리와 상제는 더욱 중요한 함의를 갖는다.

천天-명命의 도식은 우주자연의 법칙성뿐만 아니라 우주자연이 인간에게 요구하는 도덕적 명령까지도 포함한다. 곧 우주자연의 이법理이 인간에게 내재性卽理되어 있을 뿐만 아니라 인격적 존재로 상징되는 상제上帝를 '내(몸) 안에 영접'하고 있음을 시사한다. 이러하기 때문에 인간의 몸은 엘리아데의 표현처럼 신성한 우주적 몸이며 우주적 법칙의 구현체이다.

그러나 대다수의 인간은 신령함이 깃든 성스러운 몸을 자각하지 못한다. 텅 비워 있으면서도 꽉 차 있는 인간의 신성함에 대한 자각은 순수하고 예민한 감성을 요구하기 때문이다. 우주자연의 기운氣을 느끼고感, 그 기운에 반응應할 수 있는 인간이 하늘과 소통할 수 있는 인간이며, 이 경계가 바로 천인합일天人合一이다. 공자와 같은 성스런 속인이 그와 같은 단계에 도달한 표준으로서 성인聖人이다. 천인합일의 추구는 성스러움의 지향으로서 성인의 실현이다.

따라서 성리학에서는 우주자연의 성스러움을 체현한 완전한 인격으로서 성인을 배우고자 한다. 선진시대의 유학에서 성인은 도달할 수 없는 이상의 존재였지만 성리학에서의 성인은 배움을 통해 도달할 수 있는 존재, 즉 성가학聖可學[22]의 존재로 자리한다. 주돈이周敦頤(1017~1073, 濂溪)는 성가학의 근거를 성誠이라고 하는 생명의 근원성에 대한 재발견을 통해 정립하고,[23] 이것을 「태극도설太極圖說」이라고 하는 통시적 성찰을 통하여 그림과 이론으로 설명圖解한다.

주돈이는 '무극이면서 태극無極而太極'으로부터 우주만물이 생성되는 시원을 설명한다. 우주만물의 창생 원리성은 그대로 인간의 몸을 구성하는 원리이가 된다. 따라서 인간은 생명의 원리성太極을 삶의 표준人極으로 세움으로써 만물과 일체감을 형성할 수 있게 된다. 이와 같은 인간과 우주만물의 발생과 단계적 전환 가정을 일관된 체계로 설명하고 있는 것이 「태극도설」이다.[24]

주돈이의 이와 같은 사유는 기본적으로 인간은 신성한 우주자연의 일부로 파악하는 것이다. 그리고 생명성을 배태한 정靜의 상태에서 욕심이 없는 무욕無慾의 마음이어야만 사물의 존재 원리인 성誠[25]을 확보할 수 있다고 본다. 주돈이는 이러한 경지는 수양공부를 통해 체험해야 하는 길이라는 것을 제시한다.

이처럼 주돈이가 제안하는 성誠의 의미는 결국 생명성의 확장을 위한 온전한 자기 몰입의 순일한 과정이라고 할 수 있다. 이 자기 몰입의 순일한 과정을 지지하고 가능케 하는 힘이 곧 대상에 대한 정성스러움과 진정성의 감성적 태도이다.

주돈이에게서 비롯한 자기 성찰省察과 정성精誠스러운 성리학적 체험은 성인에 도달할 수 있는 의지적 실천공부의 과정이며, 성誠으로서의 우주적 본질을 체현한 성숙한 인격의 성취과정이다. 이 흐름은 조선조 성리학에서 천인합일에 대한 논의로 나타나게 된다.

조선조 성리학자들은 인간과 우주자연이 합일되는 이상적 경지를 이론적 설명뿐만 아니라 도상圖像과 해설解說을 결합한 도설圖說의 방식을 통해 제시한다. 이러한 방식을 통해 성숙한 인격의 성취 곧 성인의 성취를 추구한다.[26] 도설과 같은 방법론은 우주적 신성함과 인간이 연결되어 있음을 직관적으로 보여준다. 이러한 첫 번째 시도는 조선유학사에서 권근權近(1352~1409, 陽村)에게서 발견된다.

천인심성합일의 도상학

권근은 우주자연과 인간이 합일되어 있음을 〈천인심성합일지도天人心性合一之圖〉를 통해 보여준다. 권근은 이 도해圖解를 통해 "도상은 주렴계의 「태극도」와 주자의 『중용장구』의 설에 의거해서 사람의 심성을 대상으로 하여 리기와 선악의 차이를 배우는 자에게 보이려는 것이었으며, 때문에 미처 만물이 화생하는 모습까지는 밝히지 못했다."[27]고 해명한다. 권근의 겸사가 있기는 하지만, 이 도상을 통해 우리는 인간의 몸이 우주자연과 연결되어 있음을 전제로 하는 성리학자들의 인식의 깊이는 충분히 가늠할 수 있다.

우선 이 〈천인심성합일지도〉에서 특히 주목되는 것은 도상의 형태이다. 이 도상은 사람의 몸을 형상화하면서 태극太極으로서의 우주자연의 이법理이 인간의 몸을 통해 구현되어 있는 방식을 도해하고 있다. 이것은 인간이 몸의 존재임과 동시에 외부의 우주자연과도 긴밀하게 연결되어 있는 환경적 존재라는 것을 보여준다. 또한 인간은 각각의 세계를 마음을 통해 연결하는 확장된 마음extended mind-heart의 존재임을 보여준다.

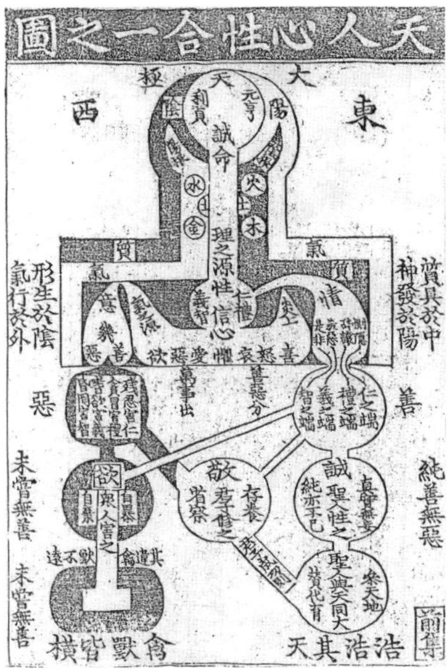

〈權近: 天人心性合一之圖〉

맨 윗머리에 해당하는 천권天圈 부분을 보면, 가운데에 하늘을 놓고 그 주위를 생성의 원리인 원형이정元亨利貞의 사덕四德이 에워싸고 있다. 여기에 천도의 본질을 의미하는 성誠을 표시하였다. 권근은 "하늘이란 가장 큰 하나이다. 하나란 이치로 말하면 짝할 상대가 없다는 것이고, 유행하여 운동 변화하는 것으로 말하면 그침이 없다는 것이다. 크다고 한 것은 본체로 말하면 절대적으로 큰 것이어서 그 밖이 없다는 것이고, 조화로 말하면 다함이 없다는 것이다. 따라서 하늘이란 모든 변화운동의 근원이요, 모든 나뉨의 근본인 것이다."[28]라고 한다. 우주적 생명의 근원으로서 무궁無窮 무한無限한 것이 바로 하늘이라는 것이다. 그것은 올바른 도리이기도 하다. 곧 천도天道이다. 이 천도天道의 본질을 권근은 성誠으로 표현하고 있다.

성誠은 우주자연 그 자체를 의미하는 하늘이 갖는 뭇생명의 시원임과 동시에 거스르지 않는 이치의 원리성을 의미한다. 『중용』에서는 "참됨은 하늘의 도이고, 참되려하는 것은 사람의 도이다"[29]라고 하여 천도天道와 인도人道를 구분하면서, 천도로서의 성誠을 사물의 존재원리로 파악하여, 참됨이 없다면 사물도 존재할 수 없음을 언급한다.[30]

이처럼 성誠은 생명의 원리라는 점에서 대상에 대한 순연한 몰입이며 거짓되지 않은 진실함으로 대상을 향하는 정성스러움이라고 재해석할 수 있다. 이 점에서 성誠은 존재가 대상과 분리되지 않고 혼연한 일체로 만날 수 있는 합일의 가능성이며 영적인 소통을 가능케 하는 신성의 가치이기도 하다.

따라서 이이李珥의 경우에는 이러한 성誠을 형이상학적인 측면에서 항구불변의 객관적 가치의 기준이자 표준으로 파악하여 실리實理라고 하고 있으며, 윤리적인 측면에서는 진실무망眞實無妄하여 자신조차도 속이지 않는 불기不欺의 마음으로서 실심實心[31]이며 성실誠實[32]이라고도 한다.

이처럼 천도天道이자 실리實理인 성誠은 인간의 몸속에 실심實心으로 자리하고 있다는 성리학적 사고는 특별히 신적인 존재를 상정하지 않더라도 끊임없는 자기성찰을 요구한다. 이 성찰은 자신의 전존재를 다 투여하여 자기 자신뿐만 아니라 대상과 접촉하는 과정에서 성실誠實·성의誠意·성심誠心·정성精誠·지성至誠으로 표출된다. 여기서 드러나는 지극한 정성스러움은 성스러운 것과 관련한 종교적 심성처럼 대상세계와 주체가 불이적不二的이라는 것을 깨닫게 한다. 이것은 신성한 존재와 나와의 합일이라는 또 다른 형태이며, 이를 종교적 체험의 양상이라고 해도 좋을 것이다. 이러한 내용을 함축적으로 도시하고 있는 것이 천권天圈이다.

천권天圈의 바깥 부분에는 음양오행陰陽五行을 배열하고 있다. 천권天圈의 아래로 명命을 놓아 천명天命에 의해 성性이 있게 된다는 것을 사람의 심장 부분에 해당하는 심권心圈의 중앙에 표시하면서 인의예지신 오상五常을 표시하고 있다. 그리고 이것이 리理의 근원임을 병기하고 있다. 심권心圈에는 마음心을 놓고 기氣의 근원임을 표시하였다. 두 팔에 해당하는 부분에는 정情과 의意를 표시하고, 감정의 분기과정을 함께 표시하고 있다. 다리 부분의 좌우에는 성誠과 욕欲을 놓고, 그 가운데 단전 부분에는 경敬을 배치하여 수양공부의 양상을 표시하고 있다.

권근은 이 도상圖像을 통하여 몸의 각 부위에 성리학적 주요 개념들을 배치하여 자신이 이해하고 있는 성리학적 세계를 펼쳐 보이고 있다. 권근은 특히 천天-명命-성性-리理-경敬을 수직으로 배열함으로써, 하늘의 이치와 상제의 도덕적 명령이 인간의 몸에 본성으로 자리하고, 그러한 본성을 '각성된 의식의 상태'인 '경敬' 공부와 같은 실천적 노력에 의해 회복되어야 함을 보여주고 있다. 권근은 〈천인심성합일지도〉를 통해 우주자연과 더불어서 온갖 생명을 화육化育할 수 있는 성스러운 인간, 곧 성인에 도달할 수 있는 방법을 제시하고 있는 것이다.[33]

권근에 의해 제시된 "우주자연과 인간이 합하여 하나가 되고자 하는"[34] 천인합일天人合一의 성리학적 가능성은 인간의 몸이 단순히 욕망만을 산출하는 물리적 유기체가 아니라 분출하는 욕구조차도 경敬과 성誠에 의해 조절하면서 우주자연의 환경과 접속할 수 있는 마음의 존재이기 때문이다. 이 천인합일을 위한 과정이 곧 공부의 과정이고 삶의 과정이다. 따라서 이러한 존재 선회의 시도는 다름 아닌 세속적인 세계俗의 존재가 성스러운 세계聖의 생명성을 회복하려는 노력의 일환이다. 이것은 세속적인 세계를 끊임없이 성화聖化하려는 자기 변혁의 시도이기도 하다.

이 같은 성리학의 성속聖俗 합일의 이상은 권근 이후에도 지속적으로 보이는데, 권근의 문인인 김반金泮의 『속입학도설續入學圖說』, 조카인 권채權採(1399-1438)의 〈작성도作聖圖〉·〈작성도론作聖圖論〉 등으로 나타나고, 정지운鄭之雲(1509-1561, 秋巒)의 〈천명도天命圖〉와 이황李滉(1501-1570, 退溪)의 〈천명신도天命新圖〉 등에서는 보다 정교한 형태로 제시된다. 특히 이황의 〈천명신도天命新圖〉는 천인합일을 지향하는 16세기 조선 성리학의 인간과 우주자연에 대한 포괄적 이해를 담고 있어 후대에 많은 영향을 미치게 된다.

동학의 종교 체험

정성스러움과 시천주

동학은 "내 마음이 곧 너의 마음吾心卽汝心"[35]이라고 하는 체험적 자각과 수행을 중시한다. 이러한 근본적인 가르침은 우주적 존재인 하늘님[36]인 천주天主를 나의 몸에 모심으로써 신성성과 영원한 생명을 깨닫게 한다는 점에서 몸의 성화聖化를 요청한다. 즉 하늘님이라고 하는 초월적 존재이면서 내재적인 존재가 바로 나의 몸 안에, 내 마음 속에 모셔져 있다는 것이다. 그래서 나의 몸은 성스러운 존재자를 모시고 있는 성스러운 공간이다. 이것이 동학의 핵심 사상인 시천주侍天主이다.[37]

동학의 하늘님은 다양한 이름으로 불려지고 있다. 한문 경전인 『동경대전東經大全』[38]과 한글 가사체인 『용담유사龍潭遺辭』[39]에서 하늘님은 신이한 존재로서 천주天主, 신선神仙, 상제上帝, 천령天靈 혹은 지기至氣 등으로 표현된다.

일반적으로 가장 많이 언급되는 하늘님에 대한 한자 표현이 천주라고 할 경우, 여기에는 동양적 사유의 원형성을 보여주는 하늘天 관념과 그러한 하늘을 존숭한다는 의미에서 님主이라고 하는 존칭이 결합되어 있다. 하늘로 표상된 '내 몸 안에 있는 신령스러운 존재內有神靈'[40]는 고정된 실체가 있는 것은 아니다. 그렇지만 만물을 화생하는 생명의 원리이자 인격적인 존재로 '나에게 다가와 있기에' 부모님처럼 공경해야 할 대상이다. 천주는 신령으로 경험되며 '말을 건네기도 하는降話'[41] 존재이다. 이러한 천주는 조화의 시간 속에 있기 때문에 지극한 기운 곧 지기로 표현되기도 한다.

> 지라는 것은 지극한 것이요, 기라는 것은 허령이 창창하여 일에 임하여 간섭하지 않음이 없고, 명령하지 않음이 없다. 모양이 있는 것 같으나 형상하기 어렵고 들리는 것 같으나 보기는 어려우니, 이것은 또한 혼원한 한 기운이다.[42]

지기至氣는 우주의 혼원한 기운으로 초월성과 신령성을 갖고 있으면서도 또한 주재의 능력도 있는 궁극적 존재이다. 이 지기의 활동을 통해서 우주자연의 변화가 일어나고, 이 기운이 인간에 체험될 때는 천주라고 하는 인격적 존재로서 파악된다. 지기와 천주는 하늘님을 표현하는 동일한 낱말이다. 굳이 구분하자면, 천주는 인격적 존재를 의미할 때 주로 사용되고, 우주적인 변화운동의 실재를 의미할 때는 지기가 사용된다.

동학의 하늘님은 의지적이기도 하고 인격적이기도 하지만, 절대적인 권능을 가진 존재는 아니다. 이 하늘님은 인위적으로 행함이 없이 조화를 이루고無爲而化 수고로우나 공이 없으며勞而無功, 선악을 변별하는 존재가 아니다不擇善惡. 여기서 선악에 대해서 판단하지 않는다는 것의 의미는 하늘님은 지극히 공정하고 사사로움이 없기 때문에至公無私 선한 인간이나 악한 인간 누구에게도 모셔져 있다는 것을 말한다. 따라서 이미 모든 인간에게 존재하는 하늘님은 조건적인 선택사항이 아니라는 것이다. 이러한 점에서 모든 인간은 주체적으로 하늘님을 모시고 공경을 다하여 정성스러운 방향으로 자신을 돌려야하는 책무를 갖게 된다. 곧 하늘님의 선택이 아닌 인간의 자율적 의지에 따라 조화를 이루어 나감을 긍정하는 것이다.

그렇다면, 동학은 어떠한 과정을 통하여 나의 몸이 성스런 존재가 거처하는 영적靈 공간임을 깨닫는가? 영성靈性은 몸을 통하여 어떻게 드러난다고 이해하는 것인가?

동학을 창도한 최제우崔濟愚(1824~1864, 水雲)는 1860년 경 종교적 신비체험을 한다. 이 경험 이후 성경신誠敬信 수행[43]의 과정을 통하여 시천주侍天主의 개념을 정립하게 된다. 최제우는 신비체험의 과정을 「포덕문」과 「논학문」 두 글을 통해 다음과 같이 밝히고 있다.

> 뜻밖에 사월에 마음이 섬뜩해지고 몸이 떨려서 무슨 병인지 집중할 수도 없고 말로 형상하기도 어려울 즈음에 어떤 신선의 말씀이 있어 문득 귀에 들려서 놀라 캐어물었더니 답하였다. "두려워하지 말고 두려워하지 말라. 세상 사람이 나를 상제라 하거늘 너는 상제를 알지 못하느

> 냐?" 그 까닭을 물었더니 답하였다. "나 역시 공이 없으므로 너를 세상에 내어 사람들에게 이 법을 가르치게 하니 의심하지 말고 의심하지 말라."[44]

> 몸이 몹시 떨리면서 밖으로 접령하는 기운이 있고 안으로 강화의 가르침이 있어서 보이는데 보이지 않고 들리는데 들리지 않으므로 마음이 오히려 이상해져서 수심정기하고 물었다. "어찌하여 이러합니까?" 대답하였다. "내 마음이 곧 네 마음이다. 사람이 어찌 이를 알겠는가. 천지는 알아도 귀신은 모르니 귀신이라는 것도 나이다. 너는 무궁한 도에 이르렀으니 닦고 단련하여 그 글을 지어 사람들을 가르치고 그 법을 바르게 하여 덕을 펴면 너로 하여금 장생하여 천하에 빛나게 하니라."[45]

위 인용문에서는 하늘님을 직접적으로 상제上帝나 신선神仙, 귀신鬼神으로 표현하고, 간접적으로는 '신령한 기운靈之氣', '말을 건네 가르침降話之教을 전하는 존재'로 묘사하고 있다. 이러한 표현만 본다면, 하늘님은 인간의 영역에서 범접하기 어려운 지고至高의 존재이다. 하지만, 한편으로는 신령神靈스런 기운으로 경험되면서 내게 말을 전하기도 하는 존재降話로 파악되기도 한다.

이처럼 하늘님은 이중적 특성을 갖고 있다. 그러한 존재가 나에게 말을 걸어와서 "하늘님인 나의 마음이 곧 너의 마음吾心卽汝心"이라 하고 있으니, 두렵고 또 두려운 것은 당연하다. 나도 알 수 없는 나의 마음을 내 안에 있는 타자로서의 하늘님이 알고 있다고 한다면, 그것은 두려움을 수반할 수밖에 없다. 또 그 자체에 대해 의심하고 회의할 수밖에 없다. 그러하기 때문에 일상적 세계에서 경험할 수 없는 특별한 이 계시적 존재체험은 경험자 자신도 의심할 수밖에 없는 것이다.

여기에서 믿음信의 문제가 제기된다. 하늘님이라고 하는 신성한 존재가 내 몸 안에 있음을 먼저 믿는 것은 종교체험에서 무엇보다 중요한 일이다.[46] 그 믿음을 바탕으로 하여 정성스러움誠이 나올 수 있다.[47] 이 특별한 체험은 일회적인 경험으로 끝나는 것이 아니라 정성스러움과 공경스러움敬의 수행[48]을 통해서 자기화하는 과정을 거치게 된다. 이것이 영성靈性을 회복하는 길이고 세속적인 육체를 성화聖化하는 과정이다.

그렇다면 하늘님을 모신다는 것은 어떤 의미인가? 수운은 시侍를 다음과 같이 설명한다.

> 모신다는 것은 안으로 신령이 있고, 밖으로 기화작용이 있다는 것을 세상 사람들이 각각 알아서 어기지 않는 것이다.[49]

이 인용문은 동학의 특성을 잘 드러내는 21자의 주문呪文이다. 주문은 신령한 존재에 대한 가장 단순하면서도 직접적인 기원을 함축한다. 동학의 하늘님은 주문에 대하여, "나의 주문을 받아 사람을 가르쳐서 나를 위하게 하면 너도 또한 장생하여 덕을 천하에 펴리라"[50]라고 말한다.

이 짧은 주문은 주문을 암송하는 주문자가 이미 영적인 존재임을 각성하게 하고, 동시에 스스로를 영성을 통한 성화를 지향하게 한다. 왜냐하면 내유신령內有神靈의 의미는 내 몸 안에 이미 신령神靈으로서의 영성靈性이 이미 상존하고 있다는 것이고, 이렇게 영적인 몸의 작용으로서의 외유기화外有氣化는 마땅히 성스러운 행위로 드러날 수밖에 없기 때문이다.

따라서 영적인 존재를 모시고 있는 내 몸과 마음은 하늘님을 지극히 정성스럽고 공경하여 모셔야 한다. 이 행위 자체는 바로 나를, 너를 공경하고 정성스럽게 대하는 태도다.[51] 결국 동학의 하늘님은 내 몸 안에 있기도 하고, 나의 밖에 있기도 하다. 그래서 내 몸 안에 있는 내게 있는 하늘님을 공경하는 것은 곧 나를 공경하는 것이고, 나의 밖에 있는 타재한 하늘님을 공경하는 것은 곧 타인을 공경하라는 가르침이 된다.

이러한 시천주侍天主에 대한 체험은 신령스런 존재인 하늘님이 나의 몸 안에 모셔져 있고, 또한 나의 몸은 하늘님을 모시는 성스러운 공간임을 다시금 자각하는 것이다. 하늘님을 모시는 몸이라는 점에서 이것은 몸을 성화하는 과정이고, 그러한 하늘님을 공경한다는 점에서 이것은 영성의 회복이다.

영적 존재의 회복

인간이 천지의 순일함과 연결된다는 천인합일의 경지와 내 몸에 하늘님을 모시고 있다고 하는 시천주의 종교적 체험을 통해서 몸의 성화를 통한 영성의 회복 측면을 살펴보았다. 성리학에서는 인간이 우주자연과 하나가 되는 과정적 노력의 상태를 성지誠之라 하고, 우주자연의 본래성과 하나가 되는 것을 성誠으로 표현한다. 곧 천인합일의 경지이다.

성리학에서는 이렇듯 우주자연과 합일될 수 있다는 것을 전일한 수행 체험을 통해서 확보하고자 한다. 이런 과정에서 나 자신조차도 속이지 않는 마음毋自欺을 유지하게 되고, 진실하여 거짓됨이 없고眞實無

妄는 참다움誠의 회복으로 이행한다.

이 일련의 수행 과정은 우주자연의 이법이며 천리라고 하는 것이 바로 오심吾心 즉 내 마음에 있음을 확인하는 것이다. 그리고 이 같은 자기 발견과 깨달음을 통해 인간은 우주자연과 소통할 수 있는 존재가 된다. 이를 달리 표현한다면, 나의 몸과 마음을 각성함으로서 우주자연의 영성과 연될 수 있는 통로를 회복하는 것이라고 볼 수 있다. 성리학이 갖고 있는 이러한 자기 본래성의 회복은 영적인 존재의 회복이라고 할 수 있으며, 이러한 측면을 보다 종교적으로 구체화 하고 있는 것이 동학이다.

동학은 내 안에 영적인 존재가 머물러 있고內有神靈, 그 영적인 존재가 바로 하늘님으로서의 천주天主이고, 나는 그 천주를 모시고 있는 존재이다侍天主. 따라서 나의 몸은 함부로 할 수 없는 영적인 몸임을 자각해야 한다. 성화된 몸과 영적인 마음의 상태는 사람이 곧 하늘님人乃天임을 온전히 받아들일 수 있는 충만한 인격적 성숙을 유도한다.

시천주의 사유는 나의 몸이 영적인 몸이라는 자각을 통해 자타의 구분 없이 하늘님이 편재遍在한다는 믿음이다. 그러한 의미에서 세계와 나를 이분하지 않는 사유체계이다. 곧 나와 너, 자타自他의 구분을 넘어서 내가 바로 너이고 네가 바로 나이기에 하나로 합일될 수 있는 존재 충만의 열림이다. 이것을 보다 적극적으로 해석한다면 하늘님을 모시고 있는 신성한 나의 몸은 나의 타자에 머물고 있는 하늘님과 연결될 수 있다는 것이다. 따라서 이 같은 사유는 개별자로서의 나의 한계와 장애를 극복하고 타자와 소통할 수 있는 생명성 회복의 전일적 인식을 보여주는 것이다.

이처럼 성리학(유학)과 동학에서 보이는 영적인 존재에 대한 스스로의 자각은 스스로를 존중하고 공경敬하여 정성스럽게誠 대하는 태도이다. 동시에 타자를 공경하고 정성스럽게 대하는 행위 자체가 된다. 이러한 점에서 본다면, 영성 회복을 위한 성리학이나 동학에서 동시에 요청되는 수행의 태도는 경敬을 바탕으로 하는 성誠의 태도이다. 이 성誠은 형이상학적인 면에서 존재의 근거이고, 윤리적인 측면에서는 욕구와 욕망을 덜어내는 진실 · 성실 · 성의 · 정성의 의미를 지니는 생명의 원리성이기 때문이다.

생명을 가능케 하는 성誠의 긍정성은 스스로를 진실하게 비움으로써 자신뿐만 아니라 나의 타자로서 너를 긍정하게 하며, 연대를 통한 상생과 조화로움을 추구하게 한다. 곧 생명성의 공유이다. 생명성을 공유할 수 있다는 것은 채울 수 없는 무한 소유의 욕망을 중지할 수 있는 결단과, 결핍에 분노하지 않으면서 비우고 덜어냄에 안분지족安分知足할 수 있는 여유를 요구한다. 피폐한 육신을 성화하고 영적인 세계를 회복하기 위한 삶의 여정은 이 길에서 그리 멀리 있지 않다. 삶은 종교적 체험의 연장인 셈이다.

제2장

삶의 재정향: 일상과 세계에 대한 성찰

삶의 모색

비균질적인 세상

과거와 현재, 저기와 여기에 삶은 있었고 또한 있으며, 삶의 시간은 지속된다. 우리는 분명 물리적인 시간을 살아가는 유한한 시간생명의 존재이지만, 체험할 수 없는 미래를 과거적 시간경험을 통해 현재화하면서 살아가는 존재이기도 하다. 이러한 점에서 삶의 시간은 단선적이지 않고 중층적이며 복합적이다. 중층적이면서 복합적인 우리가 살아가는 이 세계는 비균질적이고, 물리적인 법칙에 의해 작동되는 것만은 아니다. 익숙함에 은폐되어 있던 비가시적인, 비대칭적인, 비인과적인 다양한 사태가 혼재해 있는 세계가 우리가 살아가고 있는 복잡계의 시공간이다.

그러나 우리는 무수하게 주름 잡힌 세계상을 직면하여 받아들이기보다는 오히려 화려한 조명에 따라 연출되고 구획된 격자[틀]의 세계를 선호한다. 관성적으로 길들여진 우리의 의식은 표정이 정지된 마네킹같이 단일하고 획일화된 균질성을 적극적으로 수용하고자 한다. 그러나 불현듯 우리가 알고 있는 세계가 반드시 그러하지만은 않을 것이라는 자각이 밀려올 때, 드러나는 세계의 틈과 사이, 여백의 그림자가 삶의 주변에 서성거릴 때 우리는 불안과 두려움을 느끼게 된다. 그 불안 혹은 두려움의 직접성은 알 수 없는 풍문만큼이나 실체가 포착되지 않고 보이지 않기에, 또한 가지적이지 않기에 더욱 증폭된다.

회피할 수 없는 불안과 두려움, 공포가 던져주는 한계 상황 속에서 우리는 관성적인 삶의 제 형식에 덧씌워져 있던 비균질적인 세계상을 비로소 만나게 된다. 당연하게 받아들여졌던, 그리고 또한 그러할 것이라고 믿어왔던 세계가 더 이상 참이 아님을 확인하는 순간, 우리는 반성적 성찰을 통해서 이전과는 다른 세계상을 만나게 된다. 성찰이란 단순히 새로운 인식적 지평의 확대에 한정하지 않고, 우리의 실존 자체에 대한 반성과 회의를 포함한다.

분절적이고 고착된 프레임의 시공간 속에서는 나의 있음이 다른 무엇보다 중요시되고 우선시 된다. 그러나 산재한 주변의 다름이 확인될 때 나와 타자, 나와 세계는 긴밀하게 상호 연관된 개방계Open System에 속해 있음을 체감하게 된다. 이 계기적 순간에 반성적 성찰이 일어난다. 이러할 때 비로소 내밀한 관계성을 새로운 시선으로 응시할 수 있게 된다. 이것이 곧 내밀한 관계적 장으로 시선이 이동할 수 있는 성찰적 전회이다. 이 성찰적 전회로부터 삶에 대한 재정향이 모색되며, 재정향의 실천적 과정은 온전히 삶의 진정성을 찾아가는 과정이다.

삶의 재정향Reorientation은 간짓대 위에 서 있는 나를, 백척간두에 서 있는 나를 받아들임에서부터 시작된다. 그러하기 때문에 반성적 성찰은 '있음'의 논리로부터 '함'이라는 윤리적 결단을 포함하는 실천과 분리될 수 없다. 반성의 맥락이 지적인 성찰에 그치지 않고 윤리적 실천으로 연결되기 때문에 '앎으로부터 함'으로의 과정은 전인적 인격 변화의 과정이라고 할 수 있다. 성찰적인 앎과 실천적인 함을 통하여 삶의 재정향을 모색하는 이와 같은 계기성은 그러한 점에서 심미적 감성의 영역이다.

유학에서 앎과 함의 문제는 지知와 행行의 문제로 논의된다. 그러나 유학에서는 이 두 영역을 이원적으로 설정하지 않는다. 앎知은 인지적 세계의 확장만을 의미하지 않고 함行은 맹목적 실천만을 의미하지 않는다. 앎知과 함行의 비분절적인 연속성은 선후의 문제가 제기[1]되기는 하여도 윤리적 실천지의 성격을 띠게 된다.

이이의 경우에 있어 실천지의 문제는 삶의 진실을 성취하는 문제와 연결된다. 이 글에서는 이이의 삶의 진실 혹은 진정성[2]을 찾아가는 과정을 몽蒙과 지志에 대한 입장에서 조망한다. 이이에 있어서 몽蒙에 대한 성찰은 격몽擊蒙이라고 하는 실천성으로 구체화 되고, 이러한 성찰과 실천은 마음의 지향성을 세우는 것立志과 연동되기 때문이다.

이이의 격몽과 입지에 대한 논의는 그의 다층적인 성리철학적 입장에서 추출된 것으로 교육적 의미를 함축하고 있다. 이이는 도덕적이면서도 윤리적 실천을 담보할 수 있는 개인의 덕성함양의 교육뿐만 아니라 개인이 사회적 관계망을 통해 동시대인들과 공유할 수 있는 규범적 질서 및 가치 실현을 위한 사회적·정치적 교화의 방책을 다양한 저술을 통해 제시한다.

「자경문自警文」(1555년)으로부터 「서원향약西原鄕約」(1571년), 「성학집요聖學輯要」(1575년), 「격몽요결擊蒙要訣」(1577년), 「은병정사학규隱屛精舍學規」(1578년), 「학교모범學校模範」(1582년)에 이르기까지 다양한 방면에 걸쳐 저술[3]이 제출되는 이유를 여러 면에서 추측해 볼 수 있다. 하지만 나는 삶의 재정향을 위한 두 좌표인 몽蒙과 지志의 문제가 이이에게 매우 실존적으로 다가왔기 때문이라고 본다. 이이의 몽에 대한 동시대적 인식과 그에 따른 격몽의 실천적 지향성을 담보할 수 있는 대안의 모색, 곧 입지에 대한 문제가 주요한 원인이 되었을 것으로 판단한다.

부조리한 삶의 세계

불의한 시대

나는 독서인이자 학자적 관료로서 유학자들이 직면했던 16세기 조선사회 초·중기를 삶의 재정향을 위한 유예적 시간으로 파악한다. 16세기 초엽부터 조광조를 중심으로 한 계몽적 지식인들은 성리학적 가치에 근거하여 당대 사회의 모순을 '합리적'으로 혁신할 새로운 이념을 제시하고자 한다.[4] 일군의 성리학자들에 의해서 시도된 '도덕과 의리 실천'을 통한 '지치적 이상 투쟁'은 통치권력과 조직사회의 위계적 명분질서에 의해 좌절된다. 그 대표적인 사건이 중종 14년에 발화한 기묘사화이다.[5] 이 과정에서 많은 지식인들이 죽음과 유배라는 몰상식의 폭력에 희생된다.

사화士禍라고 명명된 정치적 사건은 단순한 권력투쟁의 산물만이 아니다. 사화는 학술사상의 계몽을 통하여 이전과는 다른 삶의 가치를 정립하기 위한 사상투쟁이었으며 지향적 가치와 믿음의 신념체계에 근거한 이념투쟁이기도 하였다. 나는 사화를 부조리한 시대의 현실에서 삶의 재정향을 위한 사회적 갈등의 도덕적 표출형태인 인정투쟁recognition struggle의 한 양상이라고 이해한다.

각성을 통하여 삶의 세계를 다른 시선으로 바라보고, 성리학적 도덕이상의 실현을 추구했던 지치주의는 정치적 실패이자 윤리적 실천의 패배였다. 그래서 현상적으로 피의 대가를 지불할 수밖에 없었다. 현실적인 실패와 좌절의 고통은 참담함만 안겨준 것은 아니다. 조선사회의 유학자들이 무오사화戊午士禍(1498년), 갑자사화甲子士禍(1504년)를 거쳐 기묘사화己卯士禍(1519년), 을사사화乙巳士禍(1545년) 등 4대 사화를 겪는 과정과 그 이후에 보여주었던 성찰적 시간은 분노와 한탄을 넘어 내일을 위한 재생과 열망의 시간으로 전환된다.[6]

선조의 즉위는 이전 시기에 실패한 조선사회의 지치적 이상이 다시 실현될 수 있는 가능성이 엿보였다는 점에서 희망의 지표였다.[7] 그러나 다사다난한 삶의 세계는 이전의 시간을 기억으로 돌리고, 또다시 망각 속에 표류한다. 달라질 것이라고 예상되었던 현실의 삶은 고식적인 힘과 권위에 의해 작동되고, 보신주의와 무사안일의 타성에 젖은 세태는 개혁을 거부하고 임시방편적이다.[8] 근본적인 자기 혁신이 전제되지 않은 이념적 지향은 현실에 의하여 전도될 수밖에 없는 상황에 직면한다.

이이는 자신의 시대가 떠안고 있는 만연한 시간의 불감성, 부조리한 제도와 통치 질서, 가치의 왜곡과 그에 수반하는 폭력성을 다시금 확인한다. 사람들의 곤궁함과 현실의 궁핍함에 괴로워하는 학자적 관료로서,[9] 삶의 신산함에 가슴아파하는 감성어린 시인으로서 그가 감당해야 할 시대는 그래서 무겁고 답답하다. 켜켜이 쌓인 장벽에 갇힌 시대이다. 개인의 정당하지 못한 욕구와 정파의 이해에 따라 이합집산하는 삶의 세계는 정의롭지 못한 시간이다. 이이는 이렇게 말한다.

> 우리나라에서 현능한 인재가 쓰이지 않고 많은 공적이 허물어진 것은 하루아침에 생긴 일이 아닙니다. 사림의 기풍은 己卯年에 잘리고 을사년에 끊어졌습니다. 그 뒤로 벼슬을 구하는 사람은 바른 도를 버리고 원만함만을 취하고, 도를 지키는 사람은 재능을 감추어 자취를 숨겨버렸습니다. 아버지는 자기 아들을 경계하고 형은 아우를 타일러서 모두 “절대

> 로 국사를 경영하여 화근거리를 만들지 말라."고 합니다. 이러하니 서로 관망하여 학자는 다만 어물어물 세속을 따르고, 직책은 다하지 않고 녹봉만 받아먹는 것을 좋은 계책으로 삼고 있습니다. 처음 벼슬길에 나서서부터 대관에 이르기까지 모두가 자기 이익에만 힘쓰고 국가의 안위와 백성들의 이해는 남의 나라 일처럼 보아 전혀 상관하지 않습니다. 혹시 나라를 걱정하고 공직에 충실한 사람이 있어서 그 사이에서 강개하게 정색을 하고 바른 도를 지키면 군중들이 비방하여 반드시 그로 하여금 용납하지 못하게 합니다. 그리고 각 관아의 낮은 벼슬아치들도 모두 비위나 맞추고 아첨하는 태도에 익숙하여 위로는 바로잡는 바가 없고 아래로는 규탄하는 바가 없습니다. 태만하고 느슨한 자는 벼슬을 보전하고 직무를 실행하는 자는 반드시 실패합니다. 그래서 기강이 크게 허물어지고 서리가 방자해지게 되었습니다. 도적질을 금하게 하고 해독을 막지 않으니 일체의 폐단이 모두 힘없는 백성에게로 돌아가서 온 나라 안이 신음하게 된 것입니다.[10]

유학적 지식인인 선비가 학문을 하는 이유는 우선 올바른 삶의 도리를 체득함에 있는 것이고, 장차 국가를 경륜할 기회가 온다면 그것을 긴요하게 써서 민民의 복리를 증진하고 교화를 실현함에 있다. 그러나 이이가 파악하는 당대는 시시비비의 정당성보다는 사사로운 이익을 우선시하여 불의에 침묵하고, 아예 눈을 가려버리는 부도덕한 사회이다. 그것은 단지 학문하는 자와 관료의 문제만이 아니라 군주를 포함한 사회 지도층의 도덕적 해이에 따른 위험성이 국가 제도 전반에 걸친 시스템의 문제로 심화되고 있기에 심각성을 더하게 된다. 나라의 기강紀綱은 날로 문란해지고 공공을 위한 올바른 도리公道는 이미 없어졌기에 모든 부조리의 폐해는 온전히 가난하고 힘없는 백성들에게 귀착될 뿐이다. 마치 어둠이 빛을 이기고 도적이 앞길을 막는 장애의 상황이다. 이이가 직면했던 당대는 그래서 몽蒙의 시대요, 몽매함蒙昧의 시대이다.

몽과 격몽

산하출천

이이가 살고 있는 동시대는 몽蒙의 상태에 봉착해 있기 때문에, 그 상황을 누구보다 예민하게 파악하고 해결책을 모색하는 이이이기에, 그는 전전긍긍한다. 몽蒙의 현실적 조건을 어떻게 타파할 것인가? 어떻게 몽매함으로부터 벗어날 수 있는가?

이 몽蒙은 〈몽괘蒙卦〉 효사爻辭에서 '발몽發蒙 · 포몽包蒙 · 곤몽困蒙 · 동몽童蒙 · 격몽擊蒙 등으로 표현된다. 『주역』의 〈몽괘蒙卦〉, 단사彖辭에는 이렇게 기록되어 있다: "몽은 산 아래 험한 것이 있고, 험해서 그치는 것이 몽이다"[11] 〈몽괘〉는 간괘艮卦(☶)와 감괘坎卦(☵)로 이루어져 있어 '산 아래 물이 있다는 의미'에서 '산수몽괘山水蒙卦'라고도 한다. 곧 험난한 지경에 이르러 어떻게 행해야할 바를 모르고 멈춰 있는 상황을 지시한다.

상象에는 이렇게 기록되어 있다: "산 아래 샘이 솟아나는 것이 몽이다. 군자는 이것을 본받아 과감히 행하며 덕을 기른다."[12] 산이라는 장애가 가로 막혀있는데, 그곳에서 샘물이 솟아나는 것은 물이 흐를 수 없는 상태임을 모른다는 것을 상징한다. 이는 곧 몽蒙이 열악한 조건에 있음을 의미하기도 하고, 그러한 점에서 자신의 몽매함을 알지 못하는 것을 의미하기도 한다.

그러나 한편으로 상황의 열악함에도 불구하고 물이 솟는다는 것은 그와 같은 현실적 조건을 넘어설 수 있는 잠재적 가능성을 담고 있다는 점에서 희망적이기도 하다.[13] '산 아래 작은 샘물'은 몽매한 어린아이와 같은 동몽童蒙[14]의 시간이다. 흘러서 냇물을 이루고 대하大河를 이루어야 하는데, 그렇지 못한 현재는 장애의 시간이다. 험준함에 막혀 흐르지 못하는 물이 비록 어디로 향할 바를 모르기는 하지만, 물의 본성은 흐르는 것이다. 막힘을 두려워하지 않고, 간힘을 인내하면서, 끊임없이 흐름의 시간을 준비하는 것이 물이다.

산이라고 하는 장애에 막혀 흐르지 못하는 물을 흐르게 해 줄, 막힌 것을 뚫어서疏 통하게通 해줄 사람이 필요하다. 샘물이 동몽의 상태를 의미한다면, 동몽의 상태를 계도할 수 있는 스승이 필요하다. 그 스승은 천지자연의 이치를 알아 바른 판단을 내릴 수 있고, 또한 인격적인 교화를 통해서 막힘을 뚫어주는 소통자이다. 막힌 것을 툭 터서 흐르게 해 주는 사람, 그가 바로 군자이다.

한편 〈몽괘〉 상구上九의 효사爻辭에서는 격몽擊蒙을 이렇게 풀이한다. "몽을 치는 것이니, 도적이 됨이 이롭지 않고, 도적을 막음이 이롭다."[15] 효사의 구성을 단계적으로 보면 발몽發蒙: 初六 → 포몽包蒙: 九二 → 곤몽困蒙: 六四 → 동몽童蒙: 六五 → 격몽擊蒙: 上九의 구조를 이루고 있는데, 상구上九의 위치에 격몽을 놓고 있다. 이것은 〈몽괘〉가 격몽으로 수렴됨을 가시적으로 보여준다. 이러한 점에서 이전보다 나은 계명啓明한 상태로 옮겨가는 격몽의 과정은 곧 배움이며 동시에 가르침의 연속된 과정으로 파악되고, 부정적인 악惡의 닫힘 상태를 긍정적인 선善의 열림 상태를 지향하기 때문에 계몽啓蒙과 연결된다.

동아시아의 유학적 전통에서 『주역』에서 제시된 격몽과 계몽은 몽매한 상태를 벗어나 삶의 지혜를 확장해 가는 배움과 가르침을 포섭하는 용어이다. 이 때문에 유학자들은 자신의 저술에 격몽이나 계몽을 차용해서 쓰는 것을 선호한다. 특정한 용어를 자신의 저술에 사용한다고 하는 것은 그 이유가 있을 터인데, 이이의 경우에는 계몽보다는 격몽을 쓰고 있다. 그것은 어떠한 이유 때문일까?

계몽은 주희와 이황의 저술에서 찾아 볼 수 있다. 주희朱熹(1130~1200)의 경우, 『주역』을 보다 용이하게 해설하기 위해 『역학계몽易學啓蒙』(1186년)을 저술 하는데, 여기서 계몽을 쓰고 있다. 조선시대 유학자 가운데 계몽을 사용한 저술을 살펴보면, 『역학계몽易學啓蒙』에 대한 주해서를 저술한 최항崔恒이 『역학계몽요해易學啓蒙要解』(1465년)라고 하여 계몽을 쓰고 있으며, 이황은 『계몽전의啓蒙傳疑』(1557년)를 저술한다. 이황은 『계몽전의』서문에서 "내가 살피건대, 『역학계몽』은 심오하고 찬란한 이치를 마치 해와 별처럼 밝게 드러내었고 여러 유자들의 변론과 해석 또한 모두 정밀하고 두루 통하여 더 이상 유감이 없다. 그러나 이수理數의 학문은 너무 넓고 미묘하며, 복잡하고 착란하여 연구하기가 쉽지 않다. 한 겹을 뚫으면 또 한 겹이 있어서 연구할수록 더욱 끝이 없다."[16]라고 하면서, 자신이 스스로 의문을 품었던 것을 기록하고 참고하여 열람하고자 주해서를 저술하였다고 밝히고 있다. 이 외에도 서명응徐命膺(1716~1787)이 『역학계몽』을 도상과 해설을 덧붙여 주해한 『계몽도설啓蒙圖說』(1772년)에서 계몽의 용례를 찾을 수 있다.

이이의 경우 『주역』에 해박한 지식을 갖고 있고 주희뿐만 아니라 송대 유자들의 역과 관련한 서적을 섭렵했지만, 계몽이란 용어는 사용하지 않았다. 이이의 역에 대한 이해 수준은[17] 「천도책」·「역수책」과 같은 저술을 통해 확인할 수 있으며, 특히 경장更張과 관련한 부분에서는 『주역』을 많이 인용하고 있다.[18] 이이는 〈몽괘〉 상구의 효사에서 격몽을 취하여 『격몽요결擊蒙要訣』을 저술하고 있다. 이이는 『격몽요결擊蒙要訣』을 저술한 이후 구봉 송익필에게 질정을 구하고 있으며,[19] 개성유수開城留守 최응룡崔應龍(1514~1580)이 용암龍巖 박운朴雲이 저술한 『격몽편擊蒙編』을 인쇄하면서 발문을 구하자 이에 대한 발문도 쓰고 있다.[20] 많지 않은 사례를 통하여 추측한다는 것의 위험성은 있으나, 위와 같은 사례를 통해서 볼 때 이이는 계몽이란 용어보다는 상대적으로 격몽을 선호한다고 볼 수 있지 않을까? 이이는 격몽을 통해서 무엇을 말하고자 한 것일까?

이이는 「격몽요결」 서문에서 "학문하지 않은 사람은 마음이 막히고 식견이 좁게 마련이다. 그러므로 모름지기 글을 읽고 이치를 궁구하여 마땅히 향할 길을 밝힌 연후에야 조예가 올바르고 실천에 중도를 얻게 된다. 요즘 사람들은 학문이 일상생활에 있는 줄은 모르고 망령되이 높고 멀어 행하기 어려운 것으로 생각하는 까닭에 특별한 사람에게 미루고 자기는 자포자기하고 만다. 이 어찌 불쌍한 일이 아니랴.… 이에 간략하게 한 책을 써서 대략 마음을 세우는 것, 몸가짐을 단속하는 일, 부모를 봉양하는 법, 남을 접대하는 방법을 서술하고 이를 「격몽요결」이라 명명하여 학도들로 하여금 이것을 보아 마음을 씻고 뜻을 세워 즉시 공부에 착수하게 하고, 나 역시 오랫동안 구습에 얽매어 괴로워하던 차에 이것으로 스스로 경계하고 반성하게 하고자 한다."[21]라고 말하고 있다.

이이는 몽의 상태란 학문을 닦지 않아 마음이 막히고 식견이 좁은 상태여서 마땅히 향할 길을 알지 못하고 자포자기하며, 구습에 얽매여 있는 상태라고 진단한다. 이것은 학문이 일상생활에 기반을 두고 있는 것임을 모르기 때문이라는 것이다. 이이는 일상적인 생활에 담겨 있는 윤리적 행위가 곧 학문의 내용임을 말하고 있는 것이다. 다시 말하면, 일상에서 부딪히는 다양한 상황에 대처하는 방식으로부터 앎의 세계가 형성된다는 말이다.[22]

일상성의 재구성으로부터 학문이 출발한다는 것을 알지 못하고, 고원한 것에서 찾고자 하는 경향성은 단지 초학자의 문제가 아니라 당시 이이가 살아가던 시대의 현주소임을 의미한다. 이이는 사물의 이치와 삶의 도리인 상도常道를 찾지 못하는 무지몽매한 상태로부터, 구습에 얽매여 자유롭지 못하는 상태로부터 그 보다 나은 단계로 전이해야 할 필요성을 절감하고 있는 것이다. 이러한 점에서 이이는 계몽주의자의 일단을 가시적으로 보여준다.

그러나 이이는 강고한 듯 보이는 몽의 현상적 시간이 갖는 비본질성을 누구보다 잘 알고 있는 예민한 지성의 소유자이다. 그가 살아가는 삶의 세계가 비록 비합리적이고 모순적인 장애의 시간이기는 하지만, 이이는 오히려 몽의 상황이 던져주는 암울함을 전환할 수 있는 가능성을 찾는다. 산하출천山下出泉에서 막힌 물의 현상이 갖고 있는 비본질성에 낙담하지 않고 전화위복의 잠재적 가능성을 파악할 수 있는 지혜智와 믿음信과 용기勇가 있기에 이이는 어둠·장애·부조리함의 정의롭지 못한 현실을 깨고자 한다. 삶에 대한 긍정성으로부터 부정적인 요소들을 부수고자 하는 것이다. 따라서 그러한 현상적 어둠과 막힘, 장애와 부조리를 깨기 위한 '반성적 성찰'과 '실천적 함'이 요청되는데, 이이는 그것을 『주역』의 '격몽'에서 찾아 몽매함을 쳐내고자 한 것이다. 〈몽괘〉 상구의 효사의 표현처럼 몽蒙을 치는 것擊이다.

몽의 세계상은 어두움이다. 보이지 않는 은폐된 몽의 공지에 쌓여 있는 것들을 파지해낼 수 있는 힘은 닫힌 사고로는 불가능하다. 직관과 예민한 감성에 의해 은폐된 세계를 투시하고, 합리성과 상상력을 통해 가려진 진실을 파악해 내야 한다. 그래서 창조적이면서도 열린 사고와 실천을 필요로 한다. 그렇기 때문에 이이는 예민한 감성과 반복적 학습을 통한 합리적 판단의 중요성을 강화하고자 한다. 이 때 합리合理는 이치에 합당함이다. 이치에 합당함은 그래서 거짓됨이 없는 성誠의 참다움, 진실함을 의미한다. 그러므로 합리는 이성과 오성에 의한 인식의 영역에 한정되지 않고, 삶의 영역으로 곧 도덕적이면서 윤리적 실천의 영역, 감성의 영역까지도 포함한다. 공자가 비록 70세의 나이에도 욕구하는 바대로 행한다 하여도 어긋남이 없었다고 하는 것이 바로 이치의 합당함이다. 이치에 합당함은 이러한 점에서 사람답게 살아감, 사람다움을 의미하는 심미적 감성의 영역이다.

대상의 외피가 보여주는 현상이 아닌 진실에 접근하고자 하는 합리성과 상상적 직관을 포함한 감성적 세계는 그래서 상징적이고 은유적이다. 의지의 강고함과 실천의 역동성이 요청되는 삶의 세계이다. 격몽은 이렇듯 〈몽괘〉가 궁극적으로 지향해야 할 바를 상징과 은유로 드러내고 있다. 즉 몽매한 상태를 '배움과 가르침'에 의해 극복해 냄으로써 〈몽괘〉에서 말하는 도적이라는 부정성인 악을 긍정성인 선으로 전화시키는 것이다.

일상의 재발견

배움과 가르침

이이는 문자의 학문이 아니라 참다운 인격적 성취를 학문하는 지향점으로 삼고 있다. 그래서 이이는 '성인의 인격을 성취해 가는 과정적 지향'을 교육적 측면에서 지속적으로 제기한다. 이이가 살았던 16세기의 삶의 시공간에서 교육은 타자를 훈육하는 것에 머물지 않고 자기 도야의 과정과 긴밀하게 연동되기 때문이다.

전통시대의 교육은 단순히 가르침의 영역에 한정되지 않는다. 교육이라는 용어는 맹자가 군자의 세 가지 즐거움君子有三樂을 언급하면서, "천하의 영재를 얻어서 교육하는 것이 세 번째 즐거움이다"[23]라고 한 것에서 찾아볼 수 있다. 그러나 일반적으로 '가르치다'를 의미하는 교教자 하나를 사용하더라도 교육적 의미를 포괄하였다. 이러한 내용은 교教의 고어와 용례를 살펴보면, 보다 명확하게 파악된다.

교教의 옛 글자는 효斆이다. 효에 대해 『서경書經』「열명說命」에서는 "가르침과 배움은 반반이다斆學半"라 한다. 효斆는 절구를 의미하는 구臼자와 사귐을 의미하는 효爻자, 덮음을 의미하는 멱冖자, 씨앗 종자를 의미하는 자子자, 그리고 두드린다는 의미를 갖는 복攴자가 결합된 글자이다. 이 교教자는 거친 씨앗을 껍질을 벗겨내고 먹을 수 있는 알곡으로 만든다는 것을 상징적으로 표현하고 있다. 이렇듯 효斆자에 담긴 상징성은 조야한 상태로부터의 단계적 전이를 의미하며, 이 전이의 과정은 이전과는 다른 성숙의 단계로 진입함을 시사한다. 이것이 '배우다'를 의미하는 학學자와 결합하여 교학教學이 되고, '기르다'를 의미하는 육育자와 결합하여 교육教育이 된다.

따라서 교학 혹은 교육이라고 할 경우에는 '가르치고 배우며 기른다'는 의미로 확장되어 상호성을 띠게 된다. 즉 교학·교육은 가르침과 배움의 문제, 가르치는 자와 배우는 자의 교수-학습의 위계를 설정하기도 하지만, 두 가지 위상이 서로 상호적임을 시사한다. 예컨대 교학상장教學相長이나 줄탁동시啐啄同時는 가르침과 배움, 스승과 제자라고 하는 이원적 위상이 일방향이 아닌 적절한 쌍방향의 상호적 관계성을 띠고 있음을 보여준다.

그렇다면 이와 같은 교가 함의하고 있는 본질적인 내용은 무엇일까? 『중용』의 첫 장에서는 "인간이 하늘로부터 부여 받은 본성이라 하고, 이러한 인간이 지닌 성을 따르는 것을 도라 하며, 도가 장애 없이 드러날 수 있도록 닦아 나아가는 것을 교라 한다."[24]고 적시하고 있다. 교는 인간이 삶의 과정에서 획득한 다양한 도리를 자기화 하는 과정이며, 하늘이 함축하고 있는 천리天理 혹은 법칙성理이 인간의 본성에 내재해 있음을 자각하고 실현해 나가는 실천적 과정이다.

이러한 점에서 유학자로서 이이가 추구하는 교육적 지향은 성리학적 가치세계의 표준을 제시하는 천도라고 하는 실리實理로서의 성誠이 삶의 맥락人道에서 실심實心으로서의 성誠으로 구체화 될 수 있도록 하는 것[25]과 크게 다르지 않다. 이이가 말하는 실리實理와 실심實心은 성誠의 동실이명으로 천리의 이법이 인간의 본바탕을 이룬다는 의미이다. 이렇기 때문에 하늘의 원리성을 그대로 실현하고자 하는 수행적 과정[誠之]을 통해 인간과 하늘이 감통感通하는 효험이 드러나게 된다. 이이는 성지誠之의 수행적 과정을 교육의 과정으로 보는 것이고, 실천적 지향을 통해 성誠을 성취하고자 하는 것이다. 이는 바로 성인의 인격을 성취하는 것으로 이 과정에 필수적인 것이 진실성이다.

이이는 성인과 군자를 구분하기도 한다. 이이는 「사서에서 성을 말한 데 대한 의문」에서 『대학』에서 말하는 '뜻을 성실히 한다誠其意'는 것과 『논어』에서 말하는 충신忠信, 『맹자』에서 말하는 '자기를 반성하여 성하게 한다反身而誠'는 것은 (『중용』에서 말하는) '성하게 하는 것誠之者'과 다르지 않다고 설명한다.[26] 그렇기 때문에 천도인 성誠을 그대로 본성으로 하는 사람이 성인性此誠者이고, 삶의 맥락에서 인격적 완성을 이루고자 하는 사람이 군자反此誠者라고 본다.[27]

이이는 이처럼 성인과 군자에 대하여 미묘하지만 단계적 차이를 설정한다. 따라서 이이는 "물物이 그 궁구窮究되기를 극진히 하고, 지知가 그 이르게 되기를 극진히 하고, 뜻이 그 성誠을 극진히 하고 마음이 그 바루기를 극진히 한 사람"을 성인이라 하고, "격물치지하고 성의정심하여도 아직 그 극진한 데 가지 못하는 사람"을 군자라 정의한다.[28]

그렇다면 배우는 사람은 성인과 군자에 비교하여 볼 때 어떤 단계에 있을까? 이이는 '배우는 사람'은 "아직 '격물치지'를 못하여 '격물치지'를 하려고 하고, 아직 성의정심을 못하여 성의정심을 하려고 하는 사람"이라고 정의한다.[29] 이이는 배우는 사람이 모범으로서 삼는 인격적 모델이 성인이라고 할지라도, 이 성인을 고원高遠하고 황홀한 경지에서 구하는 것은 옳지 않다고 지적한다.[30] 성인의 가르침을 따른다고 할지라도 그 배움의 내용은 일상성을 벗어나지 않음을 경계하고 있는 것이다.

그래서 이이는 "학문이란 일상생활에 있는 것"[31]이라고 말하면서, 「격몽요결」 서문에서 "학문이란 이상하거나 별다른 것이 아니다. 다만 아비가 되어서는 자애롭고, 자식이 되어서는 효도하고, 신하가 되어서는 충성하고, 부부간에는 분별이 있고, 형제간에는 우애롭고, 젊은이는 어른을 공경하고, 친구 간에는 신의를 두는 것으로서 일용의 모든 일에 있어 그 일에 따라 각기 마땅하게 할 뿐이요, 현묘한 것에 마음을 두거나 기이한 것을 노리는 것이 아니다.[32]"라고 한다.

인격적 표본인 성인은 일상을 떠나 고원한 것을 찾아 공부하고 특별한 경지를 추구했던 것은 아니다. 성인도 심상한 일상성으로부터 스스로 체득해 나아가는 과정적 누적의 시간을 통해 인격의 성취를 이룬 사람이다. 공자는 바로 그러한 예이다. 일상에서 비롯하는 삶의 제 과정은 곧 이치와 의리의 마땅함을 실천하는 시간이며, 이를 통해서 삶의 이치와 원리성을 체득해 나아가는 것이다. 그러하기 때문에 이이는 제자들과 배움을 구하는 이들에게 일상적인 삶의 도리로부터 출발할 것을 당부한다. 이이의 교육은 바로 '일상에서부터' 출발한다.

마음의 지향

체득과 성인 기약

성인이라는 이상적 인격은 범속한 일상인이 과연 도달할 수 있을까? 성인은커녕 군자라도 만나볼 수 있기를 희망하는 공자의 토로[33]는 그러한 인격적 존재가 실재로 성취되기 어려움을 보여준다. 그러나 공자 시대와 다른 정치·경제적, 사상·문화적 지반위에서 성립한 북송대의 삶의 시공간은 적극적으로 성인의 존재를 요청한다.

북송의 성리학자, 특히 주돈이周敦頤는 '성인聖은 성誠을 다한 존재'[34]

이고, 이 성誠의 인격은 배움을 통해서 성취할 수 있다고 천명한다.[35] 이러한 흐름은 주돈이에게 배운 정이程頤에게서도 나타난다. 그는 「안자가 좋아했던 공부는 무엇인가를 논함」이라는 글을 통해서 안자의 호학好學은 '성인의 도에 이르는 방법을 배우는 것'이라고 하면서 성인은 배움을 통해서 도달할 수 있다고 한다.[36] 주희 또한 배우는 자로서 가장 중요한 것은 뜻을 세워 성인처럼 되기를 추구해야 하며,[37] 비록 성인에 미치지는 못하더라도 적어도 현인과 같은 인격이 되어야 함을 자신이 책무로 삼아야 한다고 강조한다.[38]

이이도 주돈이나 정이·주희처럼 성인을 표준으로 하여 배움을 통해 성인됨을 추구하고,[39] 또한 스스로 그렇게 되기를 기약한다.[40] 이와 같은 '성인됨을 스스로 기약聖人自期'하는 그 출발점을 이이는 입지立志로 설정하고 있다. 이이는 자신의 주요한 저작의 첫머리에 입지에 대하여 기술하고 있는데, 다음은 제자인 김진강金振綱과의 문답이다.

> 입지에 대하여 선현들은 무수히 많이 논의하였는데, 선생님께서는 글을 써서 말씀을 하실 때마다 언제나 첫머리에 입지를 말씀하신 것은 무슨 뜻이 있습니까?
>
> 뜻이 서지 않으면 만사가 이루어지지 않기 때문이다.[41]

「율곡어록」을 기록하고 있는 김진강은 많은 선현들이 입지에 대해서 이미 언급하였음에도 이이는 어떤 이유로 입지의 문제에 천착하고 있는지를 묻고 있다. 이이는 제자의 물음에 뜻이 서지 않으면 만사가 이루어지지 않기 때문이라고 간명하게 답한다. 입지가 모든 일을 시작함에 있어 근간이 되기 때문이라는 것이다. 이런 식의 답변은 굳이 이이가 아니더라도 이전의 현인들이 이미 말했던 내용이다. 위 문답에 이어지는 대화 내용이 없기 때문에 보다 구체적인 이유를 확인할 수는 없다. 그러나 나는 이이가 입지를 이렇듯 끊임없이 제기하는데는 그럴 만한 이유가 있다고 판단한다.

이이는 「자경문」에서 이렇게 "먼저 모름지기 그 뜻을 크게 하여 성인으로 표준을 삼되 조금이라도 성인에 미치지 못함이 있다면 나의 일은 마쳤다고 할 수 없다.[42]"라고 말한다. 이이는 자신이 성인의 인격에 조금이라도 미치지 못한다면 '인생을 잘못 산 것吾事未了'이라고 선언한다. 그래서 이이는 뜻을 크게 세워 성인을 표준으로 삼을 것을 천명한다. 20세(1555년)의 나이에 이이는 어째서 '스스로 경계하는 글'을 통해 자기자신에게 다짐하는 것일까?[43] 이이가 「자경문」과 같은 글을 짓게 되는 동기를 유추해 볼 수 있는 자료가 있다.

이이는 「외숙 홍호를 작별하는 서문」에서 20세 이전 자신의 삶을 되돌아보고 스스로 반성하면서 뉘우치고 경계하며 기약하는 마음을 밝힌다. 이이는 16세에 어머니 사임당 신씨의 죽음을 맞게 되는데, 당시 수운판관인 아버지를 따라 해서海西 지방을 다녀오는 길이라 어머니의 임종도 지켜보지 못하였다. 사랑하는 어머니의 죽음을 맞은 비통함과 임종마저도 지키지 못한 불효한 자식으로서의 참담함이 중첩된 이이는 삼년상을 마치고 금강산에 들어가게 된다. 삶과 죽음, 인생의 허무함과 질곡에 대해 번민하던 방황기에 이이는 인생의 본질을 찾아 유랑의 길을 떠나게 된다.

이 과정에서 이이는 금강산에서 선승들을 만나고 이들과 대화하면서 삶의 의미를 되묻지만, 이이는 삶의 진실이 산중에 있지 않음을 깨닫고 20세에 하산하여 강릉 외할머니 댁에 머물게 된다. 이 때 이이가 글을 쓰고 있는 대상인 외숙 홍상사를 만나게 되고, 그에게서 책망과 훈계를 듣게 된 것이다. 유학자들이 불교에 잠심하는 것은 비일비재한 일이기는 하였지만, 이이는 자신이 방심放心하여 의지적 지향성을 놓치고 방황했던 것을 크게 반성한다.

이이는 자신의 잘못을 잊지 않기 위하여, 또다시 방심하는 어리석음을 반복하지 않기 위하여 스스로 경계하여 '성인자기'라는 분명한 지향을 설정한다. 이 지점이 이이에게 있어 삶의 재정위 하기 위한 계기성을 제공한다. 이이는 스스로 반성적 성찰을 통하여 성찰적 전회의 지점에 서게 된 것이다. 그렇기 때문에 이이는 한 번의 잘못된 생각과 행위를 두 번에 걸쳐 반복하지 않을 수 있게 된다. 외숙에게 보내는 글과 「자경문」은 이러한 과정에서 저술된 것이다. 이러한 점에서 입지를 파악하고 있는 이이의 태도는 스스로 자기의 삶에 대한 엄밀한 반성과 성찰을 통해서 체득한 것으로, 그것은 체험적 진실이라해도 좋을 것이다.

이처럼 이이에게 있어 입지의 문제는 체험적 경험에 비롯한 절실함 그 자체였다. 각인된 방심放心의 흔적을 이이는 자신의 몸과 마음에 입지로 재각인하고 있는 것이다. 이이가 이미 많은 선현들이 입지에 대해서 말하고 있음에도 지속적으로 '뜻을 세우는 마음의 결심'을 말하는 것은 바로 그와 같은 이유 때문이다. 이이는 다양한 저술에서 '의지적 지향의 정립'을 의미하는 입지 문제를 언급하고 있다.[44]

이이에 있어서 입지는 기어코 성인이 되고 말겠다고 하는 강고한 의지적 표현이다. 그렇기 때문에 이이는 빈번하게 입지를 강조하는 것이다. 입지는 이이 이전에도 쓰였고 이후에도 쓰이고 있지만 그에게는 체화된 것이다. 그렇기에 체화된 입지의 진정성은 이이의 감성철학적 층위에서 특화된 개념으로 자리하는 것이다.

이이가 입지의 문제를 거론함으로써 추구하고자 하는 지향을 추출해 본다면, 네 가지로 요약할 수 있다.

첫째, 도덕적 측면에서 유학적 가치실현의 문제이다. 입지는 그 자체로서 유학적 가치의 완성태는 아니지만, 입지라고 하는 지향성은 유가적 도덕 가치를 끊임없이 추동케 하는 원인자로 작동하는 능동적 실천성을 담보한다.

둘째, 인격적 측면에서 성취의 문제이다. 입지는 스스로 성인됨을 기약[聖人自期]함으로써 이상적 인간형을 닮아가고자 하는 열망을 담고 있다. 그러한 점에서 입지는 성인과 같은 성숙한 인격성취를 위한 가능적 키워드인 셈이다.

셋째, 실용적 측면에서 실효實效·공효功效의 문제이다. 즉 실제적인 효과를 낼 수 있는가의 여부이다. 실효·실공을 중시하는 이이의 입장에서 본다면, 입지가 굳건하다는 것은 학문탐구나 정책 시행에 있어 설정한 목표를 성취할 가능성이 높다는 것이다.

넷째, 실천적 측면에서 태도의 문제이다. 이이는 입지의 문제를 제기함으로써 행위와 인식의 주체인 자신의 존재가치를 긍정하게 하고, 이를 통해 실천적 주체화의 가능성을 보여준다.

이이는 자신이 살아가는 세계를 합리적으로 변모시킬 가능성을 성인자기聖人自期의 성학聖人之學·聖王之學에서 찾고 있다. 그래서 성학실현의 가능성을 배우는 자-학인이나 군주-의 의지와 역량에서 비롯하는 입지의 문제로 압축하고 있다. 이이가 비록 삶의 장애를 야기하는 제도와 규범에 대한 경장책을 지속적으로 제기하지만, 제도와 규범을 제정하고 운영하는 주체는 인간이기에 자신이 시대가 안고 있는 문제의 핵심을 '인간의 마음 양상'에게서 찾고 있는 셈이다. 그렇기 때문에 입지, 곧 마음이 드러난 상태인 지志를 포함한 정情과 의意는 무엇보다 중요한 문제로 다가올 수밖에 없다. 주희는 "지는 심의 지향한 바로서 정과 의에 비하면 더욱 중하다"[45]고 한다.

이이에 따르면, 정은 마음의 이치인 성이 마음의 움직임에 의해서 드러난 것이고,[46] 의意는 정을 인연하여 계교計較 하는 것이다.[47] 지는 '마음이 가는 바心之所之'[48]로, 이것은 일종의 지향성을 의미한다. 이 지는 마음의 방향성이면서 덕으로 나아가는 기반이다.[49]

그러나 지는 어쨌든 마음의 현상화라는 점에서 정情에서 분화된 것이다. 정은 본성이 마음의 움직임에 의하여 드러난 것인데, 정이 이미 드러나면서 일정한 방향성을 갖게 되는 것이 지이다. 지는 선으로 가기도 하고 악으로 가기도 하는 일정한 방향성이 있다는 점에서 이이는 지를 '추향趨向을 정한 것'이라고 표현하고 있다.

정情과 의意와 지志를 비교한다면, 정은 마음의 움직임에 따라 드러나는 것이어서 조작적이지 못하지만, 의는 염念·여慮·사思와 같이 헤아리고計較 판단하는 것商量이다. 따라서 선악 판단에 유동적이다.

그러나 지는 일정한 방향성을 유지하는 것이다. 외물의 자극에 의해 마음이 작동할 때, 마음이 발하는 그 기미에서 의意에 의하여 선악이 갈리게 되므로 성의誠意가 긴요한 공부처가 되고, 지는 옳고 그른 것이 명백해지면 반드시 선을 향하고 악을 등진다는 점에서 정향定向이 있어 목표지향적인 특성을 나타낸다.

이처럼 이이는 입지를 통하여 자신의 학술적 이상과 교육적 지향점이 성인과 같은 인격성취에 있음을 명확히 하고 있는데, 그가 살았던 삶의 세계는 과연 성인과 같은 인격성을 고취할 수 있는 시대였을까?

16세기 중반의 조선사회는 시대적 모순과 장애가 누적되어 국가의 존망마저 위태로운 상태였다는 점에서 몽蒙의 국면에 놓여있었다. 이러한 점에서 이이가 의지적 결단과 지속성이 요구되는 입지를 끊임없이 제기하는 것은 자기 존재에 대한 긍정적 가능성[50]을 기반으로 하는 성선론적 인간 이해에 근거한 것만은 아니다. 이이가 입지, 곧 마음의 지향성 문제를 제기하는 것은 그만큼 올바른 지향을 정초하기에 힘겨운 시대 상황에서 오히려 의도적으로 이 문제를 적극적으로 제기했을 수도 있다.

이이는 「입지의 반대에 대한 말」에서 "신이 살피건대 뜻이란 것은 기의 장수이니, 뜻이 전일하면 기가 동하지 아니함이 없는데, 배우는 이가 종신토록 글을 읽어도 성공하지 못하는 것은, 다만 뜻이 서지 못했기 때문입니다. 뜻이 서지 않는 데는 그 병통이 세 가지가 있는데, 첫째는 불신이요, 둘째는 부지이며, 셋째는 불용입니다."[51]라고 말하고 있다. 이이는 입지할 수 없는 이유를 불신不信 부지不智 불용不勇의 세 가지로 적시한다. 삶의 진실을 일깨워주는 성현의 말을 진정으로 믿지 않기에 문자만 음미하고 몸으로 실천하지 않는 것이 불신이다.[52] 사람마다 기질적 차이는 있음에도 힘써 알고 힘써 행하면 일정한 성취를 이룰 수 있는데, 스스로 자신의 자질을 의심하여 자포자기하는 것이 부지이다.[53] 성현의 가르침이 거짓됨이 없고 자신의 기질이 변화 가능하다는 것을 알면서도 구태의연하게 현재에 머물고자 하는 것이 불용이다.[54]

이이는 왜 이 세 요소를 '뜻이 서지 않는 이유'로 설정했을까? 불신과 부지, 불용은 당시의 세태를 표현하는 이이의 일침이 아니었을까? 성현의 가르침을 신뢰하지 않고 타자를 인정하지 않으면서 불신하며,

자신의 욕망을 채워가는 모리배의 현실은 자신의 능력마저도 불신하게 만들고, 현상에 안주하게 만든다. 성인을 표본으로 하여 자기에 대한 믿음을 통해서 현재적 삶을 변화시키고자 하는 용기가 없는 세태를 이이는 이와 같이 비판하고 있는 것은 아닐까?

그렇다면 뜻을 세우기 위해서는 어떠한 공부가 필요한가? 이이는 제자 김진강과 다음과 같은 대화를 나눈다.

> 뜻을 세우려고 하는 사람은 마땅히 어떻게 공부를 해야 합니까?
>
> 성誠하면 뜻이 저절로 서게 되지만, 경敬으로 이것을 지속하는 것이 좋다.[55]

뜻을 세운다는 것은 전일한 마음의 태도와 인격적 각성을 전제로 하는데, 이것을 원리적으로 뒷받침하는 것이 성과 경의 문제이다. 성경誠敬의 문제는 이이에 있어서 인간의 가치실현과 그 실천적 방법에 관한 논의이다. 이 성과 경을 근거로 이이는 배움과 교육에 있어 구체적인 실천의 문제를 연결하고 있다. 여기에는 자신의 사적인 욕망을 극복해내는 극기의 문제, 예의 실천을 위한 역행의 문제, 도덕적 윤리적 지혜를 함양하는 명선明善의 문제, 궁리를 통한 격물치지의 문제, 함양성찰의 문제, 외적인 행위를 다스리는 검신檢身의 문제뿐만 아니라 기질의 구폐拘蔽를 극복하고 본성을 회복하기 위한 기질변화의 문제까지도 포함한다.[56]

이이에 있어 학문과 교육의 과정은 마음이 드러나지 않은 상태인 미발의 때나 마음이 이미 드러나서 판단하고 운영되는 이발의 시기를 포함한다. 그러하기에 지경持敬은 미발과 이발의 시기를 관통하고, 완전한 인격의 세계를 의미하는 성誠은 지향해야 할 목적으로 설정된다.

이이는 「정사 제생에게 주다」에서도 "학문의 공부는 다만 마음을 구차하지 않게 갖고 사물을 바르게 응할 뿐이네. 이 마음이 성실하여 의리에 있으면, 온종일 속세를 응접해도 그 바른 것을 잃지 않을 것이나, 이 마음이 성실하지 못해서 보존한 듯 마는 듯하면, 비록 온종일 바르게 앉아서 글을 읽어도 또한 유익함이 없네. 간절히 바라건대, 여러분들은 마음을 세워서 항상 성실한 경지에 있게 하여 사물의 이치를 강명하는 근본을 삼아야 하네."[57]라고 말하고 있다.

이이는 마음을 오로지 하여 잡념을 가지지 않고主一無適, 외모를 단정히 하여 엄숙하게 하며整齊嚴肅, 항상 마음을 혼미하지 않게 하여 깨어 있어야 하며常惺惺法, 마음을 거두어 들여서 하나라도 용납하지 않게 하는 것其心收斂을 요청하는 경의 태도가 학문의 전제가 되어야 함을 말한다. 그러한 후에야 사물의 이치를 강명하여 자득함을 체득할 수 있게 된다는 것이다.

사물의 이치를 체득하면서 인격적 완성을 도모하는 과정은 사실 쉬운 일이 아니다. 그것은 도달할 이상의 방향이 명확히 설정되어도 쉽지 않다. 그렇기 때문에 이이는 그 목표에 대한 지향성을 정립하는 것, 곧 입지를 강조하게 되는 것이다. 이렇게 입지가 구체화 될 때, 비로소 '성인에 다다름'이라고 하는 목적 지향의식이 실현될 수 있는 가능성이 열리게 되는 셈이다.

이이는 마음의 방만함과 흔들림을 방지하는 지향점으로서 진실무망한 하늘의 이치인 실리實理와 또한 속이지 않는 불기不欺의 마음으로서 실심實心인 성誠을 기획하는 것이다. 그러나 이이는 여기에 한정하지 않는다. 이미 목표를 설정하였다면, 당연히 완수해야 한다. 이이는

「자경문」에서 "조금이라도 성인에 미치지 못함이 있다면 나의 일은 마쳤다고 할 수 없다."[58]고 분명히 말하고 있다. 이것은 과정의 중요성만큼이나 목표의 완수 또한 중요함을 의미한다. 그렇기 때문에 무실務實을 말하고, 이 무실은 실리·실심인 성의 '성실'로 연결된다. 이이는 이 성실을 바탕으로 무실의 과정적 구체성을 통해 덕성함양의 도덕사업을 완수하고자 한다.

삶을 위한 재성찰

이 글을 통해 이이가 삶의 진정성을 찾아가는 과정을 삶의 재정향이라는 관점에서 파악하고, 이를 몽蒙과 지志에 대한 입장에서 조명하였다. 이이에 있어서 몽蒙에 대한 반성적 성찰은 그가 살아가는 당대적 삶의 제 형식과 내용을 반영하고 있으며, 그러한 성찰로부터 격몽擊蒙이라고 하는 실천성이 견인되고, 실천성은 마음의 지향성을 세우는 것인 입지立志와 긴밀하게 연동한다.

이이의 격몽과 입지에 대한 의지적이면서도 지향적인 논의는 그의 삶에 대한 통찰과 성리철학적 입장에서 추출된 것이다. 이이는 이를 바탕으로 도덕적 실천을 담보할 있는 덕성함양의 교육적 측면뿐만 아니라 사회적 관계망을 통해 동시대인이 함께 공유할 수 있는 윤리적 공동선을 확보하기 위하여 다양한 교화의 방책을 제시한다.

이이는 몽蒙의 현상적 시간이 갖고 있는 비본질성을 누구보다 잘 알고 있는 예민한 지성의 소유자이기에 그가 살아가던 삶의 세계에 짙게 드리워진 암울함을 제거하고자 한다. 이러한 점에서 이이가 '몽蒙을 격

擊해야 한다'고 주장하는 것은 절실할 수밖에 없다. 몽매함의 부도덕한 현실이 주는 부당성은 마땅히 극복되어야 하는 당위를 제공한다. 그렇기 때문에 이이에 있어서 현상적으로 주어지는 부조리한 사태를 파지해내는 성찰적 이고 실천적 지향적인 의지로서의 입지가 강조될 수밖에 없다. 이이가 현실의 질곡을 분석해 내고, 그 현상에 대한 타개책을 경장更張의 방책으로 제시하면서 군주의 옳음에 대한 자각과 정의에 대한 의지적 실천을 끊임없이 언설하는 것도 이와 같은 맥락이다. 통치의 근간은 민의民意와 민생民生으로부터 비롯하기 때문이다.

경敬을 통해 성誠을 성취하려는 사람됨의 성숙한 과정은 이이가 살았던 시간 속에서, 지난한 자기 성찰과 구체적인 실천이라는 삶의 주름으로 드러난다. 그것이 곧 이이의 철학적 사유의 지반을 형성함과 동시에 체화된 가르침의 영역에서 무수히 되뇌게 되는 격몽과 입지이다. 이이에 있어 학문함과 교육이란 사람됨의 과정이고, 그것은 '있음의 존재'로부터 '되어감'의 과정이다. 이이에게 있어서 격몽과 입지는 성인의 성취라고 하는 도덕적 지향과 그 과정적 진실함의 윤리적 실천성을 담보하는 것이기 때문이다.

이러한 진정성을 담보하는 이이의 격몽과 입지에 대한 논의는 감성적 주체의 전인적 변화를 가능하게 하는 실천지-이것이 지성이다-를 체득하기 위한 배움이요 가르침이다. 이러한 가르침은 이후 김장생, 김집, 송시열, 송준길 등과 같은 17세기 율곡학파 인물들에게 변형되어 계승된다.

언제나 현재를 살아가는 사람들에게 자신의 시대는 현대이고 동시대이다. 우리가 살고 있는 이 시대와 이이가 살았던 시대는 과연 얼마만큼 같고 다른가? 이이는 자신의 현대를 이치에 합당함과 의리의 정당성에 의해 운영되는 사회라고 보지 않는다. 사사로운 이익을 우선시하여 불의에 침묵하고, 아예 눈을 가려버리는 부도덕한 몽蒙의 시대이자 몽매함蒙昧의 시대였다. 그래서 격몽·계몽이 필요했던 시대였다.

그렇다면 오늘의 우리 시대는 어떠한가? 아도르노와 호르크하이머는 『계몽의 변증법』에서 '계몽의 자기 파괴성'을 비판한다.[59] 그러나 우리가 정작 두려워해야 할 것은 격몽·계몽의 폐해보다 〈몽괘〉가 함축하는 산하출천山下出泉의 상상적 지향성과 실천적 역동성을 옹색하게 막아버리려는 은폐된 비합리성의 기도, 곧 꿈과 희망조차 갖지 못하게 만드는 폐몽閉蒙[60]의 기도는 아닐까?

제3장

지향적 세계: 유토피아를 위한 분투

생존투쟁

분노와 봉기

인간이 삶의 조건에서 맞닥뜨리는 모든 일은 존재의 한 순간을 결정하는 생존투쟁의 연속이다. 동아시아의 문화적 전통과 사유방식에서 제시되었던 천명天命을 통한 혁명革命의 논리도 사실 생존을 위한 투쟁의 연장이었고, 맹자가 제안한 사생취의舍生取義[1]라는 목숨을 담보로 한 가치투쟁도 생존투쟁의 연장이었다. 또한 일제 강점기에 신채호가 제안했던 아我와 비아非我의 투쟁[2]이라는 역사인식과 무장투쟁의 방식도 이상을 향한 민중들의 주체적 생존투쟁의 연장이었다.[3] 이러한 투쟁은 곧 생존을 억압하는 일체의 조건에 대한 저항이자 분노 표현의 한 양상이다. 이 글에서는 이상을 향한 분노와 분투를 인간의 생존을 위한 다양한 투쟁 가운데 실천적 가치 투쟁으로 파악한다.[4]

부조리한 삶의 경험적 세계에서 빈번하게 드러나는 분노는 인간의 기본적인 감정이다.[5] 분노는 특히 강제와 억압에 의한 무시와 폭력, 그리고 비인간적인 정서적 모멸과 같이 인격적으로 침해 받았을 때, 그에 대한 저항의 형태로 드러난다. 한마디로 부당한 상황에 봉착했을 때, 그것에 대한 인정투쟁의 한 감정적 표현 양식이 분노이다. 분노는 분노의 대상이나 상황이 존재한다는 점에서 관계적 감정이다. 이러한 분노가 공감의 과정을 통해 타자에게 전염되고 들불처럼 확산될 때, 개인적 분노는 집단적 분노의 형태로 전이된다.

생존의 반응 방식으로 표출되었던 분노에 대해서 레이코프와 존슨은 개념적 은유 이론을 통해 '타오르는 불꽃'과 같으며, '끓고 있는 그릇 속에 담긴 액체'와 같다고 주장한다.[6] 이것은 분노 감정이 단순히 상황발생적으로 표출되는 것만이 아니라, 나름의 서사화 과정을 통해 의미화 되고, 그 과정에서 '에너지-힘'이 누적될 수 있음을 의미한다. 이 신체화된 감정embodied emotion으로서의 분노는 나의 신체성을 뿌리로 하여 경험적으로 구성되고 재귀적으로 작동한다.[7]

분노 감정의 집단적 공감과 그 에너지의 응축과정은 예기치 않은 우연적인 계기성을 통해 증폭되면서 사회적인 저항의 형식으로 발화한다. 누적된 집단적 분노의 원인들이 중층적으로 결합되어 임계점에 이른 상황에서는 문제가 마치 불꽃처럼 지속적으로 분출한다. 집단을 이룬 군중들에 의해서 분출되는 감정의 동력은 팔, 주먹, 다리 따위를 불쑥 내뻗는 것과 같은 역동적인 힘으로 표출되고, 그 힘은 마치 사방에서 솟아오르는 불길이 되어 제어하기 힘든 들불처럼 번져간다.[8] 그것이 봉기蜂起, Uprising이다. 제어되고 통제되었던 분노가 터지는 순간이 봉기의 발화점이며, 발화를 통해서 문제적 상황은 보다 명확하게 드러나게 된다. 그래서 집단적 봉기를 상징하는 선전 문구나 포스터에는 강렬한 힘을 표현하는 주먹 쥔 팔이나 불꽃이 사용된다. 봉기는 '분노의 불(꽃)'이라는 개념적 은유로부터 들불과 같은 확대된 불의 형태로 포착된다.

봉기의 동참자들은 봉기를 통해서 봉기를 학습하게 되며, 그러한 상황이 응축하고 있는 문제의식을 적나라하게 직시하게 된다. 균열된 지점들이 새롭게 복원되는 것이 아니라 분열을 가속하는 방식으로 진행된다는 점에서 봉기의 동역학은 파괴적이며 동시에 창조적인 힘을 응축한다. 봉기는 혁명처럼 문제 상황의 해결이나 해소를 통한 국면의 전환이 아니라 문제 상황이 지속되는 변화 운동의 과정이다. '디스토피아와 함께 봉기가 시작된다'고 주장하는 히로세 준도 봉기를 "문제를 창출하면서 문제를 껴안고 준안정에서 준안정으로 끊임없이 움직이는 운동"으로 파악한다.[9]

폭력과 억압으로부터 해방된 이상사회를 추구하는 봉기의 양상은 그러나 분노를 파생하는 동력과 봉기의 역량에 따라 지속성이 결정된다. 이 과정은 감성적이면서도 정치적이다. 이 글에서 해명하려고 하는 것도 바로 이 지점이다. 따라서 이 글은 봉기를 통하여 이상사회에 도달하려는 열망과 바램이 단일한 방법에 의해서 추구되지만은 않았다는 점을 감안하여, 두 가지 사례를 통해 논의를 전개할 것이다. 그 하나는 투쟁의 동역을 감성적 층위에서 모색하면서 대동세상을 꿈꾸었던 사유방식을 중심으로 탐구하는 것이다. 다른 하나는 대동세상의 이상과는 이질적으로 보이지만, 투쟁적 사유와 실천을 통해서 이상사회를 추구했던 신채호의 관점을 살펴보는 것이다.[10]

나는 이 글에서 유가철학에서 제시하였던 대동이라는 이상사회에 대한 모델과 신채호가 제안하였던 무장투쟁을 통한 무산계급의 '차별 없는 세상'이라는 이상이 그리 큰 간극을 갖지 않는다고 주장할 것이다.[11] 비록 구현하고자 한 정체政體와 실현 방법에서 차이가 나지만 감성적 억압으로부터 감성적 해방을 위한 봉기의 동력은 크게 다르지 않기 때문이다. 봉기가 일어날 수 있는 동력의 토대는 인간다운 삶의 조건 곧 사람사는 세상에 있다.

이 글은 다음의 두 가지 점을 탐구한다. 첫째, 인간의 현실적 조건에서 제기되는 다양한 사태들 가운데 인간으로 하여금 보다 나은 삶의 조건 혹은 그러한 상태를 추동하게 하는 봉기의 감성동력을 확인한다. 둘째, 봉기의 감성동력은 개별적 사태라는 특수성으로부터 어떻게 재구성되어 보편적 가치를 담보하는 이론으로 성립되는가를 고찰한다.

부재하는 열망

여백의 현실

'유가적 이상사회가 실현되었는가?'에 대한 물음에는 이견이 있을 수 있다.[12] 물론 이 물음이 가능하려면, 먼저 유가적 이상사회 모델에 대한 정체가 해명되어야 하고, 그러한 모델은 어떠한 방법론에 의해 구체화되는지도 밝혀져야 한다. 그러나 공자 이전의 유가적 이상사회에 대한 모델은 구체적인 논거를 통해 해명되었다기 보다는 하나의 믿음의 체계로 자리한다.

루이스 멈퍼드에 따르면, 이상사회 혹은 유토피아는 '어디에도 없는 곳outopia'을 의미하기도 하지만 '가장 좋은 곳eutopia'이라는 의미를 갖는다.[13] '어디에도 없지만' 그러나 '가장 좋은 곳'으로서의 유토피아 혹은 이상사회는 인간의 현실과 절연된 독립된 세계가 아니라 인간의 현실에 동시에 존재하는 여백이다.[14] 그래서 그 여백의 공지는 현실과 공존하면서도 시대와 공간에 따라 다른 이름으로 호명되고, 다른 형태로 그 시대의 현실에 존재한다.

이상 실현을 위한 인간의 분투는 합리적인 사유의 형태로 나타날 수도 있지만, 때로는 과격한 폭력을 수반하기도 한다. 합리성과 폭력성의 이질적인 두 양상은 물질적이면서도 정신적인 존재로 규정되는 인간의 신체 속에 배접되어 있는 인지와 정서의 결합으로 나타난다. 그렇기에 유토피아 혹은 이상향을 실현하기 위한 인간의 분투는 언제나 동일한 형태로 나타나는 것이 아니라 인간의 존재 조건이나 시공에 따라 다를 수 있다. 그런 점에서 분투의 형태는 가치적 우열로 재단될 성질의 것이 아니다.

공자는 하은주 삼대시대의 성왕들에 의한 통치의 시대, 곧 요, 순, 우, 탕, 문, 무, 주공이라고 하는 성왕 혹은 성인에 의한 통치된 시대를 이상사회의 전형으로 간주한다. 공자는 특히 주공에 의해 정비된 주대 사회를 이상사회의 원형으로 파악하여 '나는 주나라를 따르겠다吾從周'[15]라고 천명한다. 그래서 공자는 주공을 꿈에서도 그린다.[16]

공자가 호고好古[17]라는 표현을 사용하는 것에서도 드러나듯이, 그는 복고적復古的이면서도 상고주의적尙古主義的인 면모를 보인다. 현재가 아닌 과거의 이상사회를 제안하는 공자의 복고적 경향은 역사적 미래주의를 향해 열려있지만 성왕 혹은 성인과 같은 통치자의 지배질서와 규범을 중요시한다는 점에서는 보수적인 성격을 보여준다. 이 점은 유학의 이상사회론이 현재적 지반에서 복고적이면서도 창신創新을 통해 미래적 성격을 어떻게 확보할 수 있는가 하는 딜레마를 낳는다.[18] 어쨌든 공자가 말하는 이상적 사회의 형태는 성왕들의 시대를 올바른 도가 실현된 시대라고 믿고 있다는 점은 분명해 보인다. 후대의 유가적 이상사회에 대한 논의는 공자의 이와 같은 믿음을 근거로 설정된 것이다.

공자가 제안하는 이상사회에 대한 구체적인 입장은 대동大同이란 개념에서 찾을 수 있다. 그러나 대동은 공자만이 전유한 개념이 아니라 『장자』 「재유」편에도 보이고, 『여씨춘추』에도 등장하며,[19] 노자나 묵자에도 현동玄同이나 상동尙同과 같은 유사한 개념이 사용되고 있다.[20] 동아시아의 문화적 전통에서 제안되었던 대동이라고 하는 이상은 고정된 언어에 묶여있는 개념이 아니다. 대동은 특정한 학파나 사람에 의해 전유되지 않고, 그것을 필요로 했던 사람들에 의해 호출되고 호명되면서 의미의 지평을 확장한다. 비록 용어는 다르다 할지라도 대동이라고 하는 삶의 지향과 가치를 공유하였던 사람들은 역사적 시간을 통해 부조리한 자신들의 현실을 변혁하는 근거로 그것을 변용한다. 이런 점에서 대동이란 개념은 선진시대에 학파적 구별없이 다양한 집단에게 공유되었던 가치나 지향이었음에 분명하다.[21] 이 대동을 이상적 사회 모델로 구체화하고 있는 것이 『예기』이다.

공자의 탄식

이상사회에 대한 사유

『예기』는 공자와 그 후학들에 의해 제안된 유가의 예禮 뿐만 아니라 악樂·형刑·정政에 관한 논의를 담아 놓은 전적이지만, 오경五經 가운데 비교적 후대인 한대漢代에 이르러 정현鄭玄(127~200)에 의하여 오늘날과 같은 형태로 편정된다. 따라서 『예기』에는 유가의 논의뿐만이 아니라 한대 이전 시기, 즉 전국시대 말엽에 제기되었던 다양한 사상이 혼재하고 있다. 이러한 점에서 '대동'에 대한 사유를 유가만의 전유물이 아니라 당대의 사회적 함의를 담고 있는 지향으로 독해하는 것이 타당하다.[22] 그렇지만, 『예기』에 표현된 '대동'에는 사회적 통합과 화해의 세계를 지향하는 유가적 이상세계에 대한 강렬한 열망이 담겨 있다는 점은 분명하다. 『예기』의 「예운」편에서는 유가적 이상사회 모델을 대동과 소강으로 설명하고 있다.

자유가 곁에 있다가 말하였다. "선생님께서는 무엇을 탄식하십니까?"

공자가 말했다. "대도가 행해진 일과 삼대의 어진 인물들을 내가 직접 보지 못했으나 그에 관한 기록은 남아 있다. 대도가 행해지자 천하를 공공의 것으로 생각하여 어질고 유능한 자들을 뽑았으며, 성신을 익히고 화목함을 닦았다. 그러므로 사람들은 자기 어버이만을 어버이로 친애하지 않았고, 자기 자식만을 자식으로 사랑하지 않았다. 늙은이로 하여금 그 생을 편안히 마칠 수 있게 하였고, 젊은이로 하여금 그 쓰일 곳이 있게 하였으며, 어린이로 하여금 의지하여 성장하는 곳이 있게 하고, 홀아비, 과부, 고아, 늙고 자식 없는 사람, 몸이 성치 못한 사람들로 하여금 모두 부양받을 수 있게 했으며, 남자는 일정한 직분이 있고 여자는 시집가서 살 곳이 있었다. 재화가 땅에 함부로 버려지지 않도록 하긴 해도 사사로이 감춰 두지는 않았으며, 힘쓰지 않는 것을 미워하긴 해도 꼭 자기만을 위해 힘쓰지는 않았다. 이러하기 때문에 간사한 꾀를 부리는 자가 없었고, 도둑이나 세상을 어지럽히는 무리가 생기지 않았다. 그러므로 바깥 대문을 닫는 일이 없었으니, 이런 세상을 일러 대동이라 한다.

지금은 대도가 사라져 천하를 사사로운 집으로 생각하므로 각자 자기 어버이만을 친애하며, 각자 자기 자식만을 자식으로 여기고, 재화를 자기만을 위해 쓴다. 천자와 제후는 세습하는 일을 예로 여기며, 성곽과 해자를 견고하게 만들고, 예의로써 기강을 삼아서 임금과 신하의 분수를 바로잡고, 부자 사이를 돈독하게 하며, 형제를 화목하게 하고, 부부 사이를 화합하게 한다. 제도를 두어 밭과 고을을 정하고, 용맹과 지식을 훌륭하다고 여기며, 공을 자기의 것으로 삼는다. 그러므로 계략이 이 때문에 나타나고, 전쟁이 이로 말미암아 일어난다. 우임금, 탕임금, 문왕, 무왕, 성왕, 주공은 이런 연유로 빼어난 것이다. 이 여섯 성인들은 모두 삼가 예를 받들었다. 그리하여 의를 드러내고, 신을 이루며, 과실을 밝히고, 인을 본받으며, 겸양을 익혀 백성들에게 상도가 있음을 보여주었다. 만일 이에 따르지 않는 자가 있으면 권세가 있는 자라도 내쫓으므로 백성들이 재앙으로 여겼다. 이런 세상을 소강이라고 한다.[23]

공자가 노나라에서 거행하는 제례에 참석하여 그 의례 과정을 돕고 나서 밖으로 나와 한탄한다. 그 광경을 지켜본 제자 자유가 묻자 공자가 대답한 내용이다. 공자의 한탄 속에서 동아시아의 문화적 전통에서 회자되던 대동의 개념이 제안된다. 공자는 여기서 대동大同과 짝 개념을 이루는 소강小康도 함께 거론한다.

공자가 말하는 대동은 천하위공天下爲公의 사회로 현능한 사람에게 권력을 이양禪讓하여 통치되는 덕치의 사회이다. 반면, 소강은 '천하위가天下爲家'의 사회로 천하를 가족의 일원에게 세습世襲하여 통치되기 때문에 통치자의 인간적 자질 못지않게 법제라는 제도적 장치들이 요구되는 사회이다. 따라서 대동사회는 천하가 공공의 영역이라는 점에서 '너와 나'의 구별 대신에 '공동체'로 묶이고, 구성원들은 사적인 이득을 취할 필요가 없기 때문에 정서적 장애 없이 소통가능하다. 그렇지만 소강사회는 이미 너와 나의 구별을 전제로 하기 때문에 사적 영역이 구분되며, 그러한 점에서 완전한 심정적 일치를 이루기는 쉽지 않다. 유학의 역사적 전개 과정은 이 두 유형의 사회 모델을 '이미 실현되었던 인간의 현실'로 긍정하는데, 그것이 요순우탕무주공을 포함한 삼대시대이다. 그러나 유가적 사유에서는 소강의 모델보다는 보편적 인류애가 실현된 것으로 간주하는 대동의 사회 모델을 지향한다.

그렇다면, 공자는 어째서 한탄했을까? 한탄의 감정적 표현은 기대한 것이 그러한 수준에 미치지 못한 것에 대한 낙담이나 실망감을 동반한다. 경우에 따라서는 자괴감을 동반한다. 공자가 문제 삼은 경험적 사건은 노나라의 제사를 집행하는 과정에 불과하지만,[24] 공자는 그러한 행위가 제대로 시행되지 않음에서 자조적으로 한탄하고 있음을 알 수 있다. 그래서 그는 자신이 추구하는 궁극적인 이상적 세계상을

'대동'으로, 그리고 대동과 비견되는 현실적인 가능적 세계상을 '소강'으로 말한다.

공자의 자괴감과 한탄에는 자신이 살아가고 있는 현실에 대한 진단이 자리하고 있다. 공자는 그가 살아가는 현재가 소강과도 맞지 않고, 대동에는 더더욱 멀기에 한탄스럽다. 이와 같은 자괴와 비탄이라는 감성적 인식에는 공자가 구상하는 상상적 사회, 곧 이상적 사회에 대한 단계적 구상이 구획되어 있기 때문이다. 그 사회적 발전 단계가 부조리한 현실 → 지향된 가능적 현실세계(소강) → 궁극적인 이상세계(대동)의 사회 모델이고,[25] 그러한 이상사회는 '이미 실현되었던 오래된 미래'인 요순시대와 접속된다.

공자는 이처럼 부조리한 현실에 대한 진단으로부터 대동의 이상적 세계를 모색하면서도 그 중간단계로 소강을 설정하고 있다는 점이 중요하다. 비록 공자의 제안은 모순적인 현실에 저항하면서도 현재를 전복하기에는 한계를 갖지만 부재하는 이상적 사회의 여백을 소강을 통해서라도 확보하려는 열망을 보여주고 있다. 공자가 제안한 소강과 대동사회는 삼대의 시대에나 가능했던 '오래된 과거'이자 실현되기를 기다리는 '희망의 미래'이다.

맹자의 봉기

방벌의 감성동력

공자의 대동과 소강의 개념에는 친친親親과 존존尊尊 그리고 분분分分에 덧붙여 기층민의 생존을 담보할 수 있는 복지 정책과 이타적 사랑, 약육강식의 쟁탈의 방지, 가혹한 수탈의 방지에 관한 사유가 포함되어 있다. 이것은 공자가 자신의 철학적 사유의 근본으로 삼고 있는 인仁의 덕성이 감정적으로 적실하게 적용되는 것과 연관된다. 곧 정명正名과 서恕, 애인愛人 그리고 인정仁政의 방식과 연결된다. 삶의 온전한 도리로 표현될 수 있는 도가 실현된 이상적인 사회는 다름 아닌 인仁이라고 하는 덕성이 감성적으로 구현된 사회이다. 공자에게서는 정서적 차원에서 비롯하는 행위의 절목들에 대한 분노나 부당한 월권적 힘의 사용에 대한 분노는 보이지만, 봉기와 같은 수준의 결집된 분노의 역량은 보이지 않는다.

공자의 인仁에 근본한 대동사회의 이상을 계승하는 인물이 맹자이다. 그런데 재미있는 사실은 맹자가 인의 차원에 또 다른 덕목을 부가하고 있다는 점이다. 그것이 의義이다. 맹자는 인과 더불어 의의 덕목을 제안하고 있는데, 그는 어째서 새롭게 '의'를 포함시킨 것일까?

인이 지극히 따듯한 정서적 층위로 표현되는 것이라면, 의는 차가우면서도 엄격한 분리와 분별의 합리적인 가르기의 층위를 보여준다. 이 지점에서 삶의 조건의 정당성에 관한 맹자적 사유는 매우 과단성이 있게 나타난다.

맹자는 인간의 본성에는 인의예지의 덕성이 있다고 주장한다. 그 덕성은 마음의 양상으로 드러나게 되는데, 그것을 맹자는 측은지심과 수오지심, 사양지심 그리고 시비지심이라 하여 사단四端이라 이름한다. 그래서 맹자는 인간의 본성이 선하다, 곧 성선性善이라고 말하지만, 사실 이 주장은 인간의 마음이 선하다는 것, 곧 심선心善을 의미한다. 마음에는 선한 본성이 담겨져 있다는 것이다.

그러나 한편으로 맹자는 인간이 금수와 그렇게 차이가 있는 존재가 아니라고 경계한다. 그래서 맹자는 지속적인 자신에 대한 관찰과 공부를 강조한다. 그것은 왜일까? 인간은 맹자가 보기에 그렇게 엄정한 자기 기준이나 도덕적 지향성을 갖는 존재가 아니라고 보기 때문이다. 도덕적 자기 방기가 얼마든지 일어날 수 있는 나약한 존재라는 것이다. 그것의 직접적인 표현이 '방심放心'이며, 그래서 맹자는 '구방심求放心'을 공부로 강조한다.

그렇다면, 자신의 본래 마음을 잃어버린 사람은 어떻게 해야 할까? 특히 그것이 통치자라면 어떻게 해야 할까? 맹자는 당시로서는 쉽게 제안할 수 없는 이론을 제기한다. 그것이 방벌放伐이다. 방벌론은 맹자가 제선왕을 만나서 나누는 대화에서 나온다.

> 제선왕이 물었다. "탕왕이 걸왕을 잡아두고, 무왕이 주왕을 정벌하였다고 하는데, 그런 일이 있었습니까?"
>
> 맹자가 답하였다. "『서경』에 기록되어 있습니다."
>
> 제선왕이 말했다. "신하가 그 군주를 시해하는 것이 옳습니까?"
>
> 맹자가 답하였다. "인을 해치는 자를 적이라 하고, 의를 해치는 자를 잔이라 하며, 잔적한 사람을 일부라 합니다. 저는 일부인 주를 베었다는 말은 들었지만 군주를 시해하였다는 말은 듣지 못했습니다.[26]

맹자는 인과 의를 해치는 자는 아무리 그가 제후의 지위에 있다 하더라도 '한 남자' 곧 독부獨夫 혹은 일부一夫에 불과하다고 정리한다. 군주가 군주답지 못하면 신하라 하더라도 봉기하여 왕을 끌어내릴 수 있다는 당대로써는 과격한 논리이다. 맹자는 이 방벌의 논리를 탕왕의 역성혁명易性革命과 연결한다.

맹자는 기러기와 사슴이 노니는 못이 있는 정원에서 양혜왕을 만난다. 양혜왕은 자신의 정원을 뽐내면서 맹자에게 '현자도 이와 같은 풍광을 마음으로 흡족해 하면서 즐기냐'고 묻는다. 맹자는 대답한다.

> 『서경』의 「탕서」에는 이렇게 말하고 있습니다. '이 해는 언제나 없어질까? 나는 너와 함께 망하겠다.' 백성들이 그와 더불어 망하고자 한다면, 비록 아름다운 누대나 연못, 그리고 조수가 있다한들 어찌 홀로 즐거워할 수 있겠습니까?[27]

맹자는 탕왕의 행적이 기록되어 있는 「탕서」의 내용을 인용한다. 탕왕은 공식적으로 기록된 역성혁명을 일으킨 최초의 인물이다. 여기서 '해'로 은유된 인물이 하나라의 걸왕이다. 걸왕은 패악만을 일삼고 정사를 돌보지 않았으며, 게다가 잔인무도하기까지 했다. 이러하니 백성들은 하나같이 탄식하면서, '이 해는 언제 없어지려는가?時日害喪'하였다. 천하의 민심은 '너(왕)와 더불어 차라리 죽었으면 좋겠다予及女偕亡'는 울분이 폭발직전까지 이르게 된다. 백성들의 분노가 왕답지 못한 왕을 차라리 죽었으면 하는 지경에 이르렀을 때, 봉기하는 인물이 탕이다.

탕은 걸왕의 신하이자 일개 제후에 불과하였지만, 그는 봉기한다. 그가 봉기할 수 있었던 명분은 무엇이었을까? 다름 아닌 학정에 시달리는 백성들의 고통을 풀어주는 것이 그 하나였고, 다른 하나는 '하늘이 명했다는 것' 곧 천명天命이었다.[28] 그러나 천명에 의해 확보된 도덕적 정당성은 항구적이지 않다고 맹자는 다시 경계한다. 그것이 천명미상天命靡常이다.[29] 천명미상은 하늘의 명령도 바뀔 수 있음을 시사한다. 그래서 군주는 항상 도덕적 긴장감을 늦추지 말아야 함을 맹자는 말하고자 한다.

맹자가 제기하는 시일갈상時日害喪은 더 이상 참을 수 없는 고통에 직면한 인민들의 처절한 분노의 봉기가 발화되는 지점을 상징적으로 보여준다. 그리고 그러한 정서적 파단은 하늘까지 닿아서 탕왕에 의해 무도한 왕조를 뒤엎었다고 하는 서사의 단초를 제공한다. 백성들의 집단적 원성과 분노가 결집되어 왕의 분노로 이어져 봉기가 촉발되고, 그 봉기는 역성혁명易性革命으로 귀결된다. 봉기가 제기된 문제적 상황이 혁명을 통해 완수되었음을 의미한다.[30]

맹자는 이와 유사한 또다른 왕의 분노를 통해 세상의 고통을 해결하고 있음을 문왕과 무왕의 분노의 사례를 통해 제시한다.[31] 맹자는 인민의 삶을 도외시하는 무도한 정권은 정서적인 차원에서 뿐만 아니라 도덕적인 정당성을 상실했기 때문에 존립할 아무런 근거도 없다고 보는 것이다. 그래서 그러한 정권은 인민의 분노가 결집된 봉기와 혁명을 통해 재정위되어야 한다는 입장이다. 그것이 맹자의 역성혁명론이다.

맹자는 이처럼 백성들의 분노는 봉기로 이어지고, 그러한 봉기를 결집하는 주동적인 인물로 영웅으로서의 왕을 내세운다.[32] 즉 인민의 분노가 왕의 분노로 이어지는 과정을 통해서 왕과 인민의 간극을 최소화하려한다.

그러나 맹자에게 있어서 가장 존귀한 존재는 백성으로 설정된다. 맹자는 "인민이 가장 귀중하고, 사직이 그 다음이며, 군주는 가벼운 것이다."[33]라고 한다. 맹자에 따르면, 군주의 지위는 하루아침에 일개의 독부獨夫나 일부一夫로 전락할 수 있다고 주장한다. 전통시대에 왕의 지위가 인민-사직에 이어 세 번째에 해당한다고 하는 맹자의 이 발언은 도발적이기도 하다. 그리고 이러한 맹자적 사유는 제한적이기는 하지만 국가적 정체에 관한 현대적 사유와 통할 수 있는 귀중한 지점이다. 맹자가 왕의 지위와 존귀함은 국가의 근간인 인민과 국가의 안위를 위해 제사지내는 사직의 존망에 달려 있다고 하는 것은 상징적이다. 그만큼 군왕은 백성의 삶과 안위를 책임질 수 있어야 한다고 보는 것이다. 그래서 맹자는 힘에 의한 무도한 통치를 배제하고 인의仁義에 의한 정치 곧 왕도정치를 실시할 것을 주장한다. 그러한 왕도정치의 근간은 인민들과 함께 즐거움을 나누는 것에서 시작한다. 그것이 동락同樂이다.

신채호의 무장투쟁

유토피아 기획

삶의 조건을 극도로 억압하는 '낙이 없는 세상'의 부조리함에 대한 분노와 저항은 고려시대나 조선시대에도 예외가 아니었다. 신채호가 '조선역사상 일천년래 제일대사건'이라고 명명한 묘청의 봉기나 삼별초의 항쟁, 임꺽정이나 홍경래의 봉기, 진주와 함평의 농민 봉기[34]와 동학농민 혁명[35]이 그러했다. 일제에 의해 강점당했던 시기에도 마찬가지였다.

일제 강점기에 조선의 식민화라는 모순을 극복하기 위한 저항운동은 의식교화와 계몽을 통한 문화투쟁[36]이나 직접적인 무장투쟁으로 나타난다. 문화투쟁과 아울러 직접적인 무장투쟁을 병행했던 대표적인 인물이 신채호(1880～1936)이다.[37] 그는 의식개혁을 위한 통한 애국계몽운동을 전개하다 중국으로 망명한 이후 아나키즘의 방법론을 적극 수용하여 조선의 독립을 위한 폭력적 무장투쟁을 전개한다.[38] 신채호는 조선의 독립이라는 급무急務는 무장투쟁을 통해 가능하다는 점에서 투쟁을 역사와 현실의 동력으로 파악한다.[39]

신채호는 한국이 진취적인 기상을 잃고 쇠약한 나라로 전락하여 일제의 지배에 놓이게 된 가장 큰 원인을 지배적인 전통사상, 곧 유교에서 찾고 있다. 그는 유교가 중화주의와 사대에 기반하여 노예성을 강요한 주범이라고 지목하면서 근본적 입장에서 유교를 격렬하게 비판한다. 신채호는 고대사에 대한 새로운 학습을 통해서 단군 이래로 삼국시대까지 면면히 이어져 오는 낭가사상이라는 고유사상을 발견한다. 이를 통해 그는 유교의 사대성을 문제 삼는다. 이것이 낭가사상과 유교주의의 대립이며 신채호는 이를 '아我와 비아非我의 투쟁'이라는 입장에서 이해한다.[40]

신채호는 역사상 조선 사람들이 살았던 기록은 조선인의 관점에서 파악되어야 한다는 입장이다. 그것이 아의 주체적인 입장이다. 그리고 이러한 주체적 관점에서 침략과 지배가 아니라 침략과 지배에 대항하여 투쟁하였던 웅혼한 기상을 '아我로서의 조선과 조선 이외의 비아非我와의 투쟁'으로 파악한다. 아라고 하는 고유의 강건하고 용맹스런 낭가사상이 고려시대 묘청의 난 이후 비아인 사대적인 유교주의에 패퇴함으로써 웅혼하고 역동적인 생명력을 상실해 결국 일제의 식민지로 전락했다고 파악한다. 따라서 신채호는 묻혀있던 낭가사상의 전통을 부활함으로써 국권의 회복은 물론 완전한 독립의 쟁취를 염원하는 입장을 보인다.

한편 낭가사상과 중첩되는 양상을 보이기도 하지만, 아나키즘의 수용을 통해 노예적 문화사상(유교)의 타파라는 극단적인 주장을 하게 된다. 아나키즘의 영향으로 신채호는 자신이 견지해왔던 사회진화론에 입각한 약육강식의 패권적 경쟁주의를 버리게 된다는 점에서 사상적 변모를 맞는다. 왜냐하면 패권적 경쟁주의를 통해서 강자만이 살아남는 적자생존의 자강론을 주장하게 될 때, 타도의 대상인 제국주의 일본이 조선을 침탈한 것은 정당화될 수밖에 없기 때문이다. 이러한 시기에 신채호가 찾은 대안은 바로 억압 없는 자율과 자유, 그리고 상부상조의 연대를 중시하는 아나키즘이었다. 이 과정에서 신채호는 조선의 독립은 비폭력·무저항·외교노선으로는 성취될 수 없다는 것을 자각하고 아나키즘을 기조로 하는 폭력적 무장투쟁을 전개하게 된다. 아나키즘을 통한 이상적 사회, 곧 유토피아를 기획하는 것[41]이 신채호이다.

> 조선민족의 생존을 유지하자면 강도 일본을 구축할지며, 강도 일본을 구축하자면 오직 혁명으로써 할뿐이니, 혁명이 아니고는 강도 일본을 구축할 방법이 없는 바이다. 그러나 우리가 혁명에 종사하려면 어느 방면부터 착수하겠는가? 구시대의 혁명으로 말하면, 인민은 국가의 노예가 되고 그 이상에 인민을 지배하는 상전 곧 특수세력이 있어 그 소위 혁명이란 것은 특수 세력의 명칭을 변경함에 불과하였다.…… 그러므로 인민은 혁명에 대하여 다만 갑을 양 세력 곧 신·구 양상전의 누가 인하고 누가 포악하며 누가 선하고 누가 악한가를 보아 그 향배를 정할 뿐이요, 직접의 관계가 없었다.…… 금일 혁명으로 말하면 민중이 곧 자기를 위하여 하는 혁명인 고로 '민중혁명'이라 '직접 혁명'이라 칭함이며, 민중직접의 혁명인 고로 그 비등 팽창의 열도가 숫자상 강약 비교의 관념을 타파하며, 그 결과의 성패가 매양 전쟁학상의 정궤에 일출하여 무전무병한 민중으로 백만의 군대와 억 만의 부력을 가진 제왕도 타도하며 외구도 구축하나니, 그러므로 우리 혁명의 제일보는 민중 각오의 요구니라.

> 노예적 문화사상을 파괴하자 함이다. 왜? 유래하던 문화사상의 종교·윤리·문학·미술·풍속·습관 그 어느 무엇이 강자가 제조하여 강자를 옹호하던 것이 아니더냐? 강자의 오락에 공급하던 제구가 아니더냐? 일반 민중을 노예화하던 마취제가 아니더냐? 소수 계급은 강자가 되고 다수 민중은 도리어 약자가 되어 불의의 압제를 반항치 못함은 전혀 노예적 문화사상의 속박을 받은 까닭이니, 만일 민중적 문화를 제창하여 그 속박의 철쇄를 끊지 아니하면, 일반 민중은 권리 사상이 박약하며 자유 향상의 흥미가 결핍하여 노예의 운명 속에서 윤회할 뿐이다. 그러므로 민중문화를 제창하기 위하여 노예적 문화사상을 파괴함이니라. 다시 말하자면 '고유적 조선의', '자유적 조선민중의', '민중적 경제의', '민중적 사회의', '민중적 문화의' 조선을 건설하기 위하여 '이족통치의', '약탈제도의', '사회적 불평균의', '노예적 문화사상의' 현상을 타파함이니라. …… 민중은 우리 혁명의 대본영이다. 폭력은 우리 혁명의 유일 무기이다. 우리는 민중 속에 가서 민중과 제휴하여 끊임없는 폭력-암살·파괴·폭동으로써 강도 일본의 통치를 타도하고, 우리 생활에 불합리한 일체 제도를 개조하여 인류로써 인류를 압박치 못하며, 사회로써 사회를 해치지 못하는 이상적 조선을 건설할지니라.[42]

이와 같은 신채호의 혁명을 통한 새로운 이상사회의 모색은 장애로서의 일본 제국주의를 겨냥하고 있다. 일본을 축출해야 할 당위성을 그는 민족의 생존에서 찾고 있다. 조선민족이 생존하기 위해서는 강도처럼 힘을 앞세운 일본 제국주의에 대해서 생존투쟁을 벌일 수밖에 없다는 것이다. 그 생존투쟁은 구시대에서 적용되었던 지배권력의 이동이 아닌 근본적인 혁명의 방식으로 실현된다.

신채호는 인민에 의한 직접적인 민중혁명이 그 방식이라고 제안한다. 그리고 혁명의 유일한 무기는 폭력일 수밖에 없다고 주장한다. 민중의 직접혁명에 의해서 도달해야 할 이상적인 조선은 그래서 '고유적 조선'이고, '자유적 조선민중'에 의한 것이고, '민중적 경제'이면서 '민중적 사회'로 구성되며, '민중적 문화'의 그러한 조선이다.

고유하고 자유스러우며 민중적인 정치경제사회는 인민이 살아가는 삶의 질과 직접적으로 연관된다. 그것은 물질적 안락함이나 풍요뿐만 아니라 정신적이면서도 정서적인 행복을 추구하는 감성적인 세계와 다르지 않다. 그 핵심은 결국 함께 즐거움을 나눌 수 있는 세상이며, 그래서 함께 나눌 수 있는 즐거움이 없는 세상은 부정의하다.

신채호는 이상사회를 막고 있는 장애를 제거하기 위한 방식으로 무력 투쟁을 제안하고 있다는 점에서 급진성이 엿보인다. 그러나 신채호가 제안하고 있는 혁명과 그 무력투쟁의 당위성은 폭력을 위한 폭력의 옹호가 아니라 부당한 폭력에 저항하는 최후의 방식이다. 그리고 그러한 투쟁의 동력은 다름 아닌 민중의 생존권에서 비롯한다.

민중의 생존을 위한 투쟁을 근본으로 하는 신채호의 사유는 더욱 진보하여 무산민중의 연대와 혁명을 제안하는 지점까지 나아간다. 그는 일본뿐만 아니라 영국과 프랑스와 같은 유럽의 자본제국의 경제적 착취와 정치적 압력에 주목한다.[43] 그러한 착취와 불평등한 압력을 벗어나기 위해서라도 조선만이 아닌 동방민중에 의한 혁명세상, 곧 '사람답게 사는 세상'을 위한 유토피아를 사유하는 것이다.[44]

봉기의 감성적 지평

이 글에서는 현실의 부조리함에 대해 집단적으로 저항하는 분노의 역량을 봉기로 파악하고, 낙樂 혹은 동락同樂의 대동세상을 위한 현실의 불온한 전복적 기도를 감정의 동역학적인 층위에서 고찰하고자 하였다. 이러한 점에서 역사적 사건으로서의 봉기라고 하는 개별적 현상보다는 현상을 추동하는 투쟁의 동력으로서 정서적 층위를 확인하고, 그러한 동력이 개별적 사례에 그치지 않고 어떻게 낙樂의 차원에서 보편적인 지반을 갖게 되는가를 살펴보았다. 결국 이 글은 봉기라는 사건이 갖는 특수성을 메타적인 관점에서 조망함으로써 봉기의 감성적 층위를 해명하려는 시도였다.

봉기의 감성적 층위를 해명하기 위한 이 글은 일정한 한계가 있지만, 나는 이 논의를 통하여 동아시아의 전통에서 제안되었던 이상사회 모델에는 '함께 나눌 수 있는 즐거움'으로서의 동락同樂 혹은 삶의 희열로서의 낙樂이라는 감성적 층위가 제언되고 있음은 확인하였다. 대동사회를 지향하는 유가철학의 궁극적 이상이 제시될 수 있는 기본적 토대는 여러 사람이 따르고 감화될 수 있는 정서적 공감 곧 동락에 기초한다. 이렇게 본다면, 대동사회가 갖는 추상적인 의미는 정서적 토대에서부터 형성되는 것이라고 할 수 있다.[45] 대동은 단지 제도적 완비나 규범 적용의 문제가 아니라 '삶의 질'과 연관된다는 점에서 낙樂은 유가적 이상사회 모델의 경험적 특성을 가늠하게 한다.

한편 유가적인 대동의 이상은 맹자가 강조하는 것처럼 인민과 인민의 복지가 최우선임에도 불구하고, 그러한 조건은 농업생산력을 유지하기 위해 통치지배자에 제정된 규범이나 가치 질서를 근거로 하기 때문에 제약적이라는 점 또한 발견된다. 유가적 가치질서가 갖는 체제안정적이고 보수적인 성격은 그래서 부조리한 모순과 억압에 저항하기 보다는 견딤을 숙명처럼 전파한다. 여기서 동락을 위한 방법론은 시대에 따른 삶의 가치와 사회적 요구를 최소한으로 반영하는 제도 개혁의 수준으로 제안될 뿐, 체제나 정체의 변화는 기약할 수 없다는 구조적인 문제를 야기한다.

다른 세상을 향한 불온함을 꿈꾸는 것 자체가 억압되고 제한될 수밖에 없다는 점에서 신채호는 유가적인 대동의 이상을 포기하고 혁명을 위한 봉기의 동력, 곧 무장 투쟁을 적극적으로 사유한다. 신채호는 청년시절까지 유학을 학습한 유학자였음에도 유학을 통렬하게 비판한다. 그의 유학 비판 근저에는 일제의 제국주의적인 폭력과 불법적 강점이라는 모순에도 불구하고 기득권 유지를 위한 유가적 지식인들의 권모술수와 민중에 대한 부당한 억압과 수탈이 자행되는 현실이 놓여 있기 때문이었다. 그렇기에 동락同樂의 유연성을 상실하고 독락獨樂을 추구하는 경화된 유학은 신채호에게 타도의 대상이 된다. 그래서 신채호가 제기하는 혁명을 위한 투쟁의 관점은 대동사회 실현을 위한 유가철학적 논의와 그 방향성이 애초부터 다르다. 그가 지향하는 이상적 유토피아는 국가적 정체를 벗어나 무산자 계급에 의한 혁명을 통해 성취될 수 있기 때문이다.

그러나 유가의 대동과 신채호의 혁명을 위한 투쟁의 관점 사이에 이질적인 점만 있는 것은 아니다. 근본적으로 대동과 혁명을 위한 투쟁은 낙樂이 없는 세상을 지양하고 낙樂과 악樂이 있는 세계를 지향한다는 점에서는 봉기의 가능성을 전제한다는 점이다. 그리고 진정한 해방과 자유를 실현하는 역사의 주체로서 신채호가 설정한 존재가 영웅도 근대적 신민도 아닌 무산자・민중이라는 점에서 특히 맹자가 말하는 인민과 닿아 있다. 또한 신채호가 제안하고 있는 혁명의 동력은 과학적 사회주의에서 지향하는 이념이 아니라 억압받는 민중의 해방에 놓여 있다는 점에서도 유가적 대동의 이상과 연결된다.

이처럼 사람사는 세상을 위한 감성적 근거는 삶의 분투로써 동아시아의 역사적 전개과정에서 봉기의 동력으로 작동되어 왔다. 그리고 그러한 이상을 향한 봉기와 동력은 오늘의 현실뿐만 아니라 미래를 추동하는 힘으로 표출될 개연성이 충분하다. 생존투쟁을 위한 분노감정의 응집으로 나타나는 봉기와 공감적 소통을 전제로 한 낙樂이라는 경험의 층위를 감성철학적 관점에서 지속적으로 탐구해야 하는 까닭도 바로 이러한 점에 있다. 봉기와 낙樂의 경험적 층위가 곧 우리 삶의 변곡점이 되기 때문이다.

참고문헌

【원전】

『高峯集』

『論語』

『湛軒書』

『大正新脩大藏經』

『東經大典』

『孟子』

『墨子』

『史記』

『三國志』

『書經』

『世說新語』

『宋子大全』

『荀子』

『詩經』

『呂氏春秋』

『與猶堂全書』

『旅軒全書』

『燕巖集』

『列子』

『禮記』

『龍潭遺詞』

『栗谷全書』

『二程遺書』

『二程全書』

『入學圖說』

『莊子』

『戰國策』

『傳習錄』

『周易』

『朱子大全』

『朱子語類』

『中庸』

『中宗實錄』

『通書』

『退溪全書』

『河西全集』

【단행본】

고미숙, 『삶과 문명의 눈부신 비전 열하일기』, 작은길, 2012.

고봉학술원 편, 『고봉과 현대의 대화』, 이화, 2012.

고봉학술원 편저, 『고봉 기대승 연구』, 이화, 2009.

길희성, 『마이스터 엑카르트의 영성 사상』, 분도출판사, 2003.

김경호, 『동양적 사유는 어떻게 탄생했는가』, 글항아리, 2012.

김경호, 『인격 성숙의 새로운 지평-율곡 이이의 인간론』, 정보와사람, 2008

김명호, 『열하일기 연구』, 창비, 1990.

김문용, 『홍대용의 실학과 18세기 북학사상』, 예문서원, 2005.

김유경, 『고통과 동정』, 역사비평사, 2008.

김학주 역저, 『시경』, 명문당, 2010.

김형찬 옮김, 『논어』, 홍익출판사, 1999.

김호경, 『바울-차별과 불평등의 장벽을 넘어서』, 살림출판사, 2009.

노양진, 『몸, 언어, 철학』, 서광사, 2009.

노양진, 『몸이 철학을 말하다: 인지적 전환과 체험주의의 물음』, 서광사, 2013.

데비드 S. 니비슨, 김민철 옮김, 『유학의 갈림길』, 철학과 현실사, 2006.

데이비드 호킨스, 이종수 역, 『의식혁명』, 한문화, 2006.

동양고전연구회 번역, 『논어』, 지식산업사, 2003.

딜런 에번스, 임건태 옮김, 『감정』, 이소출판사, 2002.

루이스 멈퍼드, 박홍규 역, 『유토피아 이야기』, 텍스트, 2010

류승국 외, 『하서 김인후의 도학사상과 현대문명』, 성균관대출판부, 2011.

마크 존슨, 김동환·최영호 옮김, 『몸의 의미-인간 이해의 미학』, 동문선, 2012.

마크 존슨, 『도덕적 상상력-체험주의 윤리학의 새로운 도전』, 서광사, 2008.

마크 존슨, 노양진 옮김, 『마음 속의 몸-의미·상상력·이성의 신체적 근거』, 철학과현실사, 2000.

마르셀 그라네, 신하령·김태완 옮김, 『중국 고대 축제와 가요』, 살림, 2005; Marcel Granet, *Fêtes et chansons anciennes de la Chine*, Pierre Palpant, Paris, 1919.

마르코 야코보니, 김미선 역, 『미러링 피플』, 갤리온, 2009; Iacoboni, Marco, *Mirroring people: the new science of how we connect with others*, Farrar Straus & Giroux, 2008.

문화/과학편집위원회, 『문화과학 68호-2011 겨울-지금 다시 유토피아』, 문화과학사, 2011.

박삼열, 『스피노자의 윤리학 연구』, 선학사, 2002.

박영순, 『한국어 의미론』, 고려대학교 출판부, 2004.

박지원, 리상호 역, 『열하일기』, 보리, 2004.

박지원, 신호열·김명호 옮김, 『연암집』, 돌베개, 2007.

백승종, 『금서의 시대를 읽다』, 산처럼, 2012.

B. 스피노자, 강영계 옮김, 『에티카』, 서광사, 2008.

빅토르 위고, 정기수 역, 『레미제라블』, 민음사, 2012.

사카이 다키시, 김은주 옮김, 『폭력의 철학-지배와 저항의 논리』, 산눈, 2007.

서복관, 권덕주 외 옮김, 『중국예술정신』, 동문선, 2000.

성백효 역주, 『논어집주』, 전통문화연구회, 1991.

스털링 P. 램브레히트, 최명관 외 옮김, 『서양철학사』, 을유문화사, 1989.
스테판 에셀, 임희근 역, 『분노하라(Indignez-vous!)』, 돌베개, 2011.
시몬 드 보부아르, 홍상희·박혜영, 『노년-나이듦의 의미와 위대함』, 책세상, 2002.
신채호, 『단재신채호전집』 상·중·하, 형설출판사, 1995.
아도르노·호르크하이머, 김유동 역, 『계몽의 변증법』, 문학과지성사, 2003.
악셀 호네트, 문성훈·이현재 옮김, 『인정투쟁』, 사월의책, 2011.
안토니오 다마지오 지음, 김린 옮김, 『데카르트의 오류』, 중앙문화사, 1999.
안토니오 다마지오, 임지원 옮김, 『스피노자의 뇌』, 사이언스북스, 2007.
앙드레 베르제즈 외, 이정우 옮김, 『새로운 철학강의Ⅱ』, 인간사랑, 1989.
애덤 스미스, 박세일·민경국 옮김, 『도덕감정론』, 비봉출판사, 2009.
야나부 아키라, 서혜영 옮김, 『번역어 성립사정』, 일빛, 2003.
에바 일루즈 지음, 김희상 옮김, 『사랑은 왜 아픈가』, 돌베개, 2013.
엘리아스 카네티, 강두식 역, 『군중과 권력』, (주)주우, 1983.
엘리아스 카네티, 강두식·박병덕 옮김, 『군중과 권력』, 바다출판사, 2002.
오규원, 『가슴이 붉은 딱새』, 문학동네, 1996.
울리히 벡, 홍성태 옮김, 『위험사회』, 새물결, 1997.
움베르또 마뚜라나·프란시스코 바렐라, 최호영 역, 『앎의 나무』, 갈무리, 2007.
윤사순, 『한국유학사상론』, 예문서원, 1997.
율곡학회 편, 『율곡학연구총서7-교육』, 사단법인 율곡학회, 2007.
이상성, 『조광조-한국도학의 태산북두』, 성균대 출판부, 2006.

이이화, 『이이화의 못 다한 한국사 이야기』, 푸른역사, 2000.
이정원, 『의식과 자유』, 동녘, 2001.
이택후, 정병석 옮김, 『중국고대사상사론』, 한길사, 2005.
이향준, 『켄타우로스를 상상한 유학자들』, 예문서원, 2012.
임지룡, 『말하는 몸』, 한국문화사, 2006.
임철규, 『왜 유토피아인가』, 한길사, 2009.
정대환·이승환·박정순 외, 『감성의 철학』, 민음사, 1996.
정두희, 『조광조』, 아카넷, 2000.
조기영, 『하서 김인후의 시문학 연구』, 아세아문화사, 1994.
조르조 아감벤, 김상운·양창렬 옮김, 『목적없는 수단』, 난장, 2009.
J. E. 스타인벡, 맹후빈 역, 『분노의 포도』, 홍신문화사, 2012.
J. W. Kalat, 민경환 외 옮김, 『정서심리학』, 시그마프레스, 2007.
졸탄 쾨벡세스, 김동환 외 옮김, 『은유와 문화의 만남-보편성과 다양성』, 연세대학교 출판부, 2009.
졸탄 쾨벡세스, 김동환·최영호 옮김, 『은유와 감정』, 동문선, 2009.
죠지 레이코프, 마크 존슨, 노양진·나익주 옮김, 『삶으로서의 은유』, 서광사, 1995.
죠지 레이코프, 마크 존슨, 임지룡 외 옮김, 『몸의 철학: 신체화된 마음의 서구 사상에 대한 도전』, 박이정, 2002.
죠르주 미누아, 박규현·김소라 옮김, 『노년의 역사』, 아모르문디, 2010.
죠지 레이코프, 마크 존슨, 임지룡 외 역, 『몸의 철학』, 박이정, 2002.
질베르 뒤랑, 진형준 옮김, 『상상계의 인류학적 구조들』, 문학동네, 2010.
찰스 테일러, 송영배 역, 『불안한 현대사회』, 이학사, 2001.
최유준 외, 『우리시대의 분노』, 전남대학교출판부, 2013.
캉유웨이, 이성애 역, 『대동서』, 을유문화사, 2006.

켄 윌버, 김철수 역, 『아이 투 아이: 감각의 눈·이성의 눈·관조의 눈』, 대원출판사, 2004.

켄 윌버, 김철수 역, 『무경계-자기성장을 위한 동서양의 통합접근』, 무수우, 2005.

펫 테인 엮음, 안병직 옮김, 『노년의 역사-고정관념과 편견을 걷어낸 노년의 초상』, 글항아리, 2012.

프란시스코 J. 바렐라, 유권종·박충식 옮김, 『윤리적 노하우』, 갈무리, 2009.

플라톤, 박종현 옮김, 『에우티프론, 소크라테스의 변론, 크리톤, 파이돈』, 서광사, 2003.

피터 G. 피터슨, 강연희 역, 『노인들의 사회 그 불안한 미래』, 에코리브르, 2002.

핑가레트, 송영배 옮김, 『공자의 철학』, 서광사, 1993.

하서기념회, 『하서 김인후의 사상과 문학』 1·2·3, 하서기념회, 1994; 2005.

학교 철학사상연구소, 2008.

한국사상연구소 편, 『자료와 해설 한국의 철학사상』, 고려대 민족문화연구원, 예문서원, 2001.

한우근, 『동학농민봉기』, 세종대왕기념사업회, 1998.

호르헤 루이스 보르헤스 외, 남진희 옮김, 『상상동물 이야기』, 까치, 1994.

홉스, 신재일 옮김, 『리바이어던-만인의 만인에 의한 투쟁을 중단하라』, 서해문집, 2007.

황의동, 『고봉 기대승의 철학연구』, 고봉학술원, 2002.

히로세 준, 김경원 옮김, 『봉기와 함께 사랑이 시작된다』, 바다출판사, 2013.

『새가정(Christian home)』 10, 새가정사, 1949.
『신가정』 12, 동아일보사, 1935.

A. C. Graham, Disputers of the Tao: Philosophical Argument in Ancient China, Open Court Publishing, 1989; 그레이엄, 나성 역, 『도의 논쟁자들』, 새물결, 2001.

Lau, D. C. Tr. Mencius, Columbia University Press, 1997.

Lau, D. C. Tr. Mencius, Columbia University Press, 1997.

Michael Lewis(ed), Handbook of Emotion-third edition, New York: The Guiford Press, 2008.

Slingerland, Edward Gilman Tr, Confucius Analects: With Selections from Traditional Commentaries, Hackett, 2003.

Slingerland, Edward Gilman, Confucius: The Essential Analects, Hackett Publishing Company, 2006.

Slingerland, Edward Gilman, Effortless Action: Wu-wei as Conceptual Metaphor and Spiritual Ideal in Early China, (Oxford University Press, 2003.

Slingerland, Edward Gilman, What Science Offers the Humanities: Integrating Body and Culture, NY: Cambridge University Press.

Tu Wei-ming, Humanity and self-cultivation: Essays in confucian thought, Asian humanities press, Berkeley, 1979.

『河西先生全集』(전자판)

『CD-ROM 율곡전집』, 사단법인 율곡학회, 2004.

스탠포드 철학백과사전(인터넷) http://plato.stanford.edu

【논문】

권순열, 「하서 김인후 연구」, 『고시가연구』 28, 한국고시가문학회, 2011.

김경호, 「고봉 기대승의 삶으로서의 철학」, 『인물사연구』 17, 한국인물사연구회, 2012.

김경호, 「그리움의 분노-하서 김인후의 통곡과 유소사」, 『한국인물사연구』 19, 한국인물사연구소, 2013.

김경호, 「늙음에 대한 철학적 성찰」, 『율곡사상연구』 9, 율곡학회, 2004.

김경호, 「봉기의 동력에 대한 철학적 성찰」, 『감성연구』 7, 전남대학교 호남학연구원, 2013.

김경호, 「선비의 감성-고봉의 낙을 중심으로」, 『호남문화연구』 45, 전남대 호남학연구원, 2009.

김경호, 「성명과 형기-욕망 조절의 성리학적 도식」, 『한국사상사학』 26, 한국사상사학회, 2006.

김경호, 「슬픔은 어디에서 오는가?-신체화된 마음을 중심으로」, 『철학탐구』 31, 중앙대학교 중앙철학연구소, 2012.

김경호, 「유학적 감성세계와 공감」, 『감성연구』 1, 전남대호남학연구원, 2010.

김경호, 「율곡 이이의 무실 지향적 경학관」, 『태동고전연구』 25, 2009.

김기주, 「공자의 정치적 이상사회, 정명의 세상」, 『동방한문학』 43, 동방한문학회, 2010.

김낙진, 「주리론으로 읽어본 기대승의 사단칠정론」, 『퇴계학보』 124, 퇴계학연구원, 2008.

김도일, 「맹자의 측은지심과 수양론-묵가 이지와의 논변을 중심으로」, 서울대대학원 석사학위논문, 2004.

김명석, 「호오 개념의 도덕심리학적 분석」, 『동양철학』 31, 한국동양철학회, 2009.

김명호, 「연행록의 전통과 열하일기」, 『한국한문학연구』 11, 한국한문학회, 1988.

김문식, 「박지원이 파악한 18세기 동아시아의 정세」, 『한국실학연구』 10, 한국실학학회, 2005.

김병환, 「유가의 친친윤리와 묵가의 겸애윤리에 대한 다원주의적 독해」, 『범한철학』 54, 범한철학회, 2009.

김신중, 「고시조에 나타난 대竹의 형상」, 『호남문화연구』 39, 전남대호남학연구원, 2006.

김영진, 「조선후기 서적 출판과 유통에 관한 일고찰」, 『동양한문학연구』 30, 동양한문학회, 2010.

김용헌, 「고봉 기대승의 사칠론변과 천명도」, 『전통과현실』 8, 고봉학술원, 1996.

김용헌, 「사단칠정에 대한 고봉 기대승의 입장」, 『중국철학』 3, 중국철학회, 1992.

김용환, 「공감과 연민의 감정의 도덕적 함의」, 『철학』 76, 한국철학회, 2003.

김용휘, 「시천주 사상의 변천을 통해 본 동학 연구」, 고려대학교 박사학위논문, 2005.

김종진, 「하서 김인후의 '主情的道學'의 시관과 시세계, 『한문교육연구』 11, 한국한문교육학회, 1997.

김지영, 「연애의 형성과 초기 근대소설」, 『현대소설연구』 27, 한국현대소설학회, 2005.

김철운, 「욕망의 동력으로 이루는 유가공동체」, 『철학연구』 41, 고려대학교 철학연구소, 2010.

김홍중, 「진정성의 기원과 구조」, 『한국사회학』 43-5, 한국사회학회, 2009.

나익주, 「사랑의 개념화: 문화적 변이 가능성 탐구」, 『담화 · 인지언어학회 제30회 정기학술대회 논문집』, 담화 · 인지언어학회, 2008.

노양진, 「다원성과 다원주의: 신체화된 경험과 다원주의의 제약」, 『철학연구』 89, 대한철학회, 2004.

노양진, 「상상력의 윤리학적 함의」, 『범한철학』 41, 범한철학회, 2006.

민은경, 「타인의 고통과 공감의 원리」, 『철학사상』 27, 서울대학교 철학사상연구소, 2008.

박광성, 「임술 민란의 연구」, 『경인교육대학교 논문집』 4, 경인교육대학교, 1969.

박정순, 「감정의 윤리학적 사활」, 『감성의 철학』, 민음사, 1996.

박준규, 「하서시조의 도학적 이해」, 『선청어문』 23, 서울대국어교육과, 1995.

박찬승, 「한말 신채호의 역사관과 역사학-청말 양계초와의 비교를 중심으로」, 『한국문화』 9, 규장각한국학연구소, 1988.

서병창, 「토마스 아퀴나스의 분노 개념」, 『인간연구』 19, 가톨릭대학교 인간학연구소, 2010.

손병석, 「분노는 정당화될 수 있는가?: 아리스토텔레스의 분노(opγη)론을 중심으로」, 『철학연구』 93, 철학연구회, 2011.

신정근, 「선진시대 초기문헌의 仁의 의미」, 『동양철학연구』 31, 동양철학연구회, 2002.

신정근, 「신채호의 투쟁적 자아관」, 『철학』 109, 한국철학회, 2011.

신주석, 「한대 악부시에 나타난 언어특색」, 『중국문학연구』 40, 한국중문학회, 2010.

안수현, 「이성, 정서, 느낌의 관계-안토니오 다마지오의 "신체화된 마음" 이론을 중심으로」, 경북대학교 대학원, 2008.

오 성, 「감정에 대한 인지주의 이론의 경계 짓기-Nussbaum과 de Sousa의 논의를 중심으로」, 『철학사상』 27, 서울대

우응순, 「16세기 기호사림파의 형성과 그 문학적 지향」, 『한국한문학연구』 31, 한국한문학회, 2003.

유권종, 「천명도 비교 연구」, 『한국사상사학』 19, 한국사상사학회, 2002.

유명종, 「유가의 사랑과 인의 문제」, 『석당논총』 19, 동아대학교 석당학술원, 1993.

윤사순, 「고봉심성설의 리기론적 특색-그의 사칠론의 특색에 관한 재평가」, 『아세아연구』 49, 고려대 아연, 1973.

윤사순, 「주자문록 간행에 붙여-그 해제를 겸하여」, 『국역 주자문록』, 고봉학술원, 2003.

이강엽, 「연행록의 코끼리 기사와 박지원의 상기」, 『한국한문학연구』 48, 한국한문학회, 2011.

이규성, 「강유위의 세계의식과 이상사회」, 『철학사상』 17, 서울대학교 철학사상연구소, 2003.

이상은, 「사칠논변과 대설·인설의 의의」, 『아세아연구』 49, 고려대 아연, 1973.

이성원, 「고대 중국의 악의 기원과 그 변화」, 『동양사학연구』 94, 동양사학회, 2006.

이승연, 「유가에 있어 노인」, 『유교사상연구』 42, 한국유교학회, 2010.

이승환, 「몸, 신체, 육체」, 『우리말 철학사전』, 지식산업사, 2002.

이승환, 「유가적 몸과 소속된 삶」, 『전통과 현대』 8, 1999.

이연도, 「대동과 유토피아: 강유위 사상의 특색」, 『한국철학논집』 18, 한국철학사연구회, 2006.

이현식, 「도강록서, 열하일기를 위한 위장」, 『동방학지』 152, 연세대학교 국학연구원, 2010.

임지룡, 「화의 개념화 양상」, 『언어』 25-4, 한국언어학회, 2000.

장숙필, 「여헌의 순천적 삶과 그 의미」, 『동양고전연구』 45, 동양고전학회, 2011.

정경운, 「근대 정의를 이해하는 두 가지 방식-이광수와 신채호를 중심으로」, 『현대문학이론연구』 38, 현대문학이론학회, 2009.

정대현, 「슬픔: 또 하나의 실존 범주」, 『철학』 100집, 한국철학회, 2009.

정병설, 「사도세자가 명해서 만든 화첩 중국소설회모본」, 『문헌과 해석』 47, 문헌과해석사, 2009.

정옥자, 「새로운 지식인상의 모색」, 『전통과 현대』 창간호, 전통과현대사, 1997.

정용환, 「다원주의 사회에서의 인 개념」, 『동양철학연구』 49, 동양철학연구회, 2007.

정인재, 「강유위의 대동사상 연구」, 『동아연구』 38, 서강대학교 동아연구소, 2000.

천현득, 「감정은 자연종인가?」, 『철학사상』 27, 서울대 철학사상연구소, 2008.

최두진, 「담헌 홍대용의 연행 중 교우활동과 교육적 의의」, 『교육사상연구』 제25권 제1호, 한국교육사상연구회, 2011.

최희봉, 「감성과 취미에 관한 흄의 견해」, 『동서철학연구』 42, 한국동서철학회, 2006.

허남진, 신정근, 「고대 유가에 나타난 인간의 특성과 이상 사회-고립에서 참여로 이르는 기나긴 여정」, 『동아문화』 38, 서울대학교 동아문화연구소, 2000.

황갑연, 「恕를 중심으로 한 유가철학의 이상사회-자율성 존중 원칙의 화해사상」, 『양명학』 23, 한국양명학회, 2009.

| 주 |

제1부 감성과 유학

1 감성感性이란 낱말은 sentiment를 일본어로 번역하는 과정에서 출현한 신조어였고, 우리는 현재도 일본어식 표현을 그대로 빌려와 '감성'이란 용어를 사용하고 있다. sentiment의 번역어로 쓰였던 '감성'은 그러나 현대 한국어의 일상적 용법에서는 emotion의 번역어로 사용되고 있다. 감성은 대상에 대한 지각 능력 및 수용 능력을 뜻하는 것에서 점차 의미가 확장되어 대상에 대한 느낌이나 기분을 포함하며, 인지적이면서도 정서적인 층위를 포괄하는 개념으로 사용된다. 이 책에서 감성emotion은 감정과 정서를 포괄하는 '넓은 개념'으로 사용하고, 감정과 정서는 감성에 비해 상대적으로 '좁은 개념'으로 사용한다. 나는 우리말의 어감을 위해 문맥에 따라 감성뿐만 아니라 감정과 정서라는 용어도 함께 사용하겠다.

2 최희봉, 「감성과 취미에 관한 흄의 견해」 42, 『동서철학연구』, 한국동서철학회, 2006. 206-211쪽.

3 이성과 감성, 감성과 정서에 관한 서양철학사적 흐름에 대해서는 다음을 참조하라. 정대현 외, 「감정의 윤리학적 사활」, 『감성의 철학』, 민음사, 1996.

4 스털링 P. 램브레히트, 최명관 외 옮김, 『서양철학사』, 을유문화사, 1989. 70쪽.

5 스털링 P. 램브레히트, 최명관 외 옮김, 『서양철학사』, 을유문화사, 1989. 361쪽.

6 안토니오 다마지오, 임지원 외 옮김, 『스피노자의 뇌』, 사이언스 북스, 2007. 20쪽.

7 스털링 P. 램브레히트, 최명관 외 옮김, 『서양철학사』, 을유문화사,

1989. 484쪽.

8 김용환, 「공감과 연민의 감정의 도덕적 함의」, 『철학』 76, 한국철학회, 2003. 159쪽.

9 Michael Lewis(ed), *Handbook of Emotion-third edition* (New York: The Guiford Press, 2008)

10 로널드 드 수사Ronald de Sousa는 인지주의자로서 감성은 세계에 대한 인식의 한 부류이고, 감성은 별도의 인식체계라는 입장이다.

11 스탠포드 철학백과사전(인터넷), http://plato.stanford.edu

12 다마지오는 '감정(정서)의 생물학'이라는 용어를 사용하면서 감정(정서)가 '생명 조절에 직접적으로 관여하거나 사회적 관계를 촉진함으로써 간접적으로 관여'한다는 입장을 피력한다. 안토니오 다마지오, 임지원 외 옮김, 『스피노자의 뇌』, 사이언스북스, 2007.

13 인지이론자들은 감성(감정)이 일종의 '인식적 기능epistemic function'을 가지고 있음을 인정한다. 솔로몬의 경우도 "감성(감정)은 세계에 관한 것이다Emotions, I have always insisted, are about the world."라고 말한다. 누스바움, 로널드 드 수사도 같은 입장을 보여준다. 그러나 이들은 감정이 인식 혹은 인식능력이라고 할 때, 명제내용을 갖는가, 갖지 않는가에 따라 인지주의적 입장과 비인지주의적 입장으로 나뉜다. 이와 관련한 누스바움과 드 수사와의 입장에 대해서는 다음을 참조하라. 오성, 「감정에 대한 인지주의 이론의 경계 짓기-Nussbaum과 de Sousa의 논의를 중심으로」, 『철학사상』 27, 서울대학교 철학사상연구소, 2008.

14 천현득, 「감정은 자연종인가?」, 『철학사상』 27, 서울대 철학사상연구소, 2008. 318-319쪽.

15 Tu Wei-ming, *Humanity and self-cultivation: Essays in confucian thought*, Asian humanities press, Berkeley, 1979. 35쪽.

16 고원한 세계에 대한 탐구조차도 일상적 삶의 세계를 터전으로 한다. 이는 공자에게 '下學而上達'로 표현된다.

17 『禮記』, 「樂記」. "人生而靜, 天之性也. 感物而動, 性之害也. 物至而應, 智之動也. 智與物接, 而好憎生焉."

18 『論語』, 「先秦」. "暮春者春服旣成, 冠者五六人, 童子六七人, 浴乎沂, 風乎舞雩, 咏而歸."

19 『論語』, 「先秦」. "夫子喟然嘆曰 吾與點也."

20 타인의 체험과 공감의 관련성에 관해서는 다음을 참조하라. 앙드레 베르제즈 외, 이정우 옮김, 「제5장 타인의 인식」, 『새로운 철학강의 Ⅱ』, 인간사랑, 1989.

21 『論語』, 「陽貨」. "子曰 予之不仁也! 子生三年, 然後免於父母之懷. 夫三年之喪, 天下之通喪也. 予也有三年之愛於其父母乎?"

22 정옥자, 「새로운 지식인상의 모색」, 『전통과 현대』 창간호, 전통과현대사, 1997. 286-288쪽.

23 맹자는 공감할 수 있는 능력을 불인인지심不忍人之心에서 포착한다. 공감 능력이 실제로 신체화된 조건에 근거하고 있음을 알려주는 증거가 1990년대 이탈리아의 신경심리학자인 자코모 리초라티Giacomo Rizzolatti 교수의 연구팀에 의해 발견되었다. 거울 뉴런mirror neurons이 그것이다. 이와 관련해서는 뇌신경과학자인 야코보니Marco Iacoboni의 저서를 참고할 만하다. 마르코 야코보니, 김미선 역, 『미러링 피플』, 갤리온, 2009; Iacoboni, Marco, Mirroring people: the new science of how we connect with others, Farrar Straus & Giroux, 2008.

24 『論語』, 「泰伯」. "子曰 興於詩, 立於禮, 成於樂."

25 『論語』, 「爲政」. "詩三百 一言以蔽之, 曰 思無邪."

26 『論語』, 「八佾」. "關雎, 樂而不淫, 哀而不傷."

27 예는 인간적 충동의 완성, 즉 충동의 문명적 표현이지, 결코 형식주의적 비인간화가 아니며, 인간과 인간간의 관계를 생동적으로 살려내기 위한 인간 고유의 형식이라고 설명한다. 핑가레트, 송영배 옮김, 『공자의 철학』, 서광사, 1993. 29쪽; 그러나 이택후는 핑가레트가 "공자철학의 핵심이 외재적 예의에 있지 내재적 개체심리仁가 아니라고

한 점"에 대해서는 동의하지만, 그러나 "공자가 외재적인 예를 내재적인 인仁으로 변화시킨 중요한 의미를 간과하고 있다"고 비판한다. 이택후, 정병석 옮김, 『중국고대사상사론』, 한길사, 2005. 67쪽.

28 『論語』, 「顔淵」. "子曰 克己復禮爲仁."

29 徐復觀, 권덕주 외 옮김, 『중국예술정신』, 동문선, 2000. 59쪽.

30 『論語』, 「子路」. "葉公語孔子曰 吾黨有直躬者, 其父攘羊, 而子證之. 孔子曰 吾黨之直者異於是, 父爲子隱, 子爲父隱. 直在其中矣."

31 『論語』, 「子路」. "葉公問政. 子曰 近者說, 遠者來."

32 『論語』, 「學而」. "有子曰 其爲人也, 孝弟, 而好犯上者, 鮮矣. 不好犯上, 而好作亂者, 未之有也."

33 『論語』, 「顔淵」. "樊遲問仁. 子曰愛人."

34 플라톤, 박종현 옮김, 『에우티프론, 소크라테스의 변론, 크리톤, 파이돈』, 서광사, 2003.

35 1989년에 제작·개봉되었던 제시카 랭 주연의 〈Music Box〉에서도 변호사인 딸은 아버지를 고발한다.

36 딜런 에번스의 emotion을 번역자인 임건태는 감정으로 옮기고 있다.

37 딜런 에번스, 임건태 옮김, 『감정』, 이소출판사, 2002. 22-24쪽.

38 김유경은 "주체가 느끼는 것은 타인의 고통 자체가 아니라 타인의 고통에 대한 자기 나름의 상상적 재현"이라고 표현한다. 김유경, 『고통과 동정』, 역사비평사, 2008. 17쪽.

39 '차마 어찌하지 못하는 마음'은 인간에게만 적용되는 것은 아니다. 맹자는 인간이 아닌 동물에게도 적용된다고 한다. 희생의 제물로 쓰기 위해 끌려가는 소를 보고 느끼는 양혜왕의 마음도 '차마 어찌하지 못하는 마음'이라고 맹자는 말한다. 『孟子』, 「梁惠王」 上 7. "曰王坐於堂上, 有牽牛而過堂下者, 王見之, 曰牛何之? 對曰 將以釁鐘. 王曰 舍之. 吾不忍其觳觫若無罪而就死地. 對曰 然則廢釁鐘與? 曰何可廢也, 以羊易之.… 曰是心, 足以王矣. 百姓皆以王爲愛也, 臣固知王之不忍也."

40 여기서 주의할 것은 스미스와 맹자가 감성론에 있어 유사성을 보이

고 있지만, 그들이 자신의 도덕감정론을 전개하던 시대적 배경을 고려해야만 한다는 점이다. 기본적으로 스미스의 도덕감정론은 산업혁명 이후 전개되는 18세기 이후, 영국의 조화로운 연대를 위한 윤리적 기획으로 제출되었기 때문이다.

41 애덤 스미스, 박세일·민경국 옮김, 『도덕감정론』, 비봉출판사, 2009. 7쪽.

42 애덤 스미스, 『도덕감정론』. 5쪽.

43 민은경, 「타인의 고통과 공감의 원리」, 『철학사상』 27, 서울대학교 철학사상연구소, 2008. 75쪽.

44 민은경은 데이빗 마샬David Marshall이 『도덕감정론』에 대해 지적한 내용을 인용하여 설명하고 있다. "스미스가 『도덕감정론』에서 그리는 공감과 관망의 복잡한 관계는 일종의 만화경처럼 얽히고 설킨 응시의 관계망이다." 민은경, 「타인의 고통과 공감의 원리」, 75쪽.

45 김경호, 「성명과 형기-욕망 조절의 성리학적 도식」, 『한국사상사학』 26, 한국사상사학회, 2006. 70-71쪽.

46 『論語』, 「顔淵」. "子曰 克己復禮爲仁."

47 『論語』, 「顔淵」. "樊遲問仁. 子曰愛人."

48 『論語』, 「里仁」. "子曰 參乎! 吾道一以貫之. 曾子曰 唯. 門人問曰 何謂也? 曾子曰 夫子之道, 忠恕而已矣."

49 『論語』, 「衛靈公」. "其恕乎, 己所不欲, 勿施於人."

50 『論語』, 「雍也」. "夫仁者, 己欲立而立人, 己欲達而達人."

제2부 감성의 별자리

제1장 슬픔: 어디에서 오는가

1 정대현, 「슬픔: 또 하나의 실존 범주」, 『철학』 100집, 한국철학회, 2009. 63-68쪽.

2 익명의 심사자들은 이 글이 철학적인 글인지 아니면 문학적인 글인지 그 성격이 모호하다고 평가하였다. 또한 서양철학 영역의 글인지

아니면 동양철학 영역의 글인지도 애매하다고 지적하였다. 이러한 지적은 단순히 글의 소재적 측면에 대한 비판만은 아니다. 시론적이라는 한계가 있지만, 이 글은 한국철학을 중심으로 하는 동양철학적인 관점을 기본적으로 전제하면서, 영미현대철학(몸철학 · 언어철학), 인지언어학, 문학, 인지생물학, 인류학 등 현대의 분과학문적 성과들을 수용하여 슬픔에 관한 새로운 관점과 해석을 제안한다. 특히 슬픔의 도덕화(도덕적 슬픔)와 상징화에 대한 가설적 입장이 그것이다.

3 호르헤 루이스 보르헤스 외 지음, 남진희 옮김, 『상상동물 이야기』, 까치, 1994. 223-224쪽.

4 질베르 뒤랑 지음, 진형준 옮김, 『상상계의 인류학적 구조들』, 문학동네, 2010. 391쪽.

5 오규원 지음, 『가슴이 붉은 딱새』, 문학동네, 1996. 52-53쪽.

6 질베르 뒤랑 지음, 진형준 옮김, 『상상계의 인류학적 구조들』, 문학동네, 2010. 391쪽. 질베르 뒤랑은 우리의 상상력 속에 등장하는 "동물은 자발적인 추상체, 즉 상징적 동화의 대상으로서 나타난다. 또한 그것은 문명화된 의식 속에서 뿐만 아니라 원시적 정신세계 속에서 보편성과 복수성을 가지고 있음을 보여준다."고 말한다. 그러나 예외적으로 "동물은 동물성에 직접 종속되어 있지 않은 특징들에 의하여 다원적으로 결정되어 있는 것 같다"고 말하기도 한다.

7 G. 레이코프 · M. 존슨 지음, 임지룡 외 옮김, 『몸의 철학』, 박이정, 2002. 60-65쪽. 기본층위 범주는 몸에 근거한 특성을 갖는데, 범주 위계에서 중간에 있는 범주를 말한다. 이를테면 가구-의자-안락의자에서 상위범주인 가구와 하위범주인 안락의자 보다 중간층위범주인 의자가 인지적으로 기본적이라는 것이다.

8 임지룡 지음, 『말하는 몸』, 한국문화사, 2007. 19-20쪽.

9 이성원, 「고대 중국의 악의 기원과 그 변화-사회통합성 이해를 중심으로」, 『동양사학연구』 94, 동양사학회, 2006. 34-42쪽.

10 스피노자 지음, 강영계 옮김, 『에티카』, 〈3부 정의3〉, 서광사, 2008.

153쪽.

11 『論語』, 「八佾」. “子曰 關雎, 樂而不淫, 哀而不傷.”

12 『世說新語』, 「黜免」 第二十八. “桓公入蜀, 至三峽中, 部伍中有得猿子者. 其母猿岸哀號, 行百餘里不去, 遂跳上船, 至便卽絶. 破視其腹中, 腸皆寸寸斷.”

13 G. 레이코프 · M. 존슨 지음, 임지룡 외 옮김, 『몸의 철학』, 박이정, 2002. 796쪽.

14 안토니오 다마지오 지음, 임지원 옮김, 『스피노자의 뇌』, 사이언스북스, 2007. 다마지오는 『데카르트의 오류』(안토니오 다마지오 지음, 김린 옮김, 중앙문화사, 1999.)를 통해서 감정과 마음, 뇌와 신체와의 관계를 통합적으로 검토하기도 하였다.

15 정서적 반응의 과정은 의식적 판단을 수반하지만 그것이 되는 반사적인 경우도 있다. 반사적이라는 것은 자극의 입력과 그에 대한 반응이 즉각적으로 이루어진다는 것을 의미한다. 그렇다 하더라도 반사의 능력은 유사한 자극에 대한 누적된 ‘신체화된 경험’의 산물이다.

16 노양진 지음, 『몸, 언어, 철학』, 서광사, 2009. 40쪽.

17 노양진 지음, 『몸, 언어, 철학』, 서광사, 2009. 21쪽.

18 노양진 지음, 『몸, 언어, 철학』, 서광사, 2009. 40쪽.

19 노양진 지음, 『몸, 언어, 철학』, 서광사, 2009. 68쪽.

20 노양진 지음, 『몸, 언어, 철학』, 서광사, 2009. 74쪽.

21 임지룡 지음, 『말하는 몸』, 한국문화사, 2007. 210쪽.

22 졸탄 쾨벡세스 지음, 김동환 · 최영호 옮김, 『은유와 감정』, 동문선, 2009. 58-60쪽.

23 G. 레이코프 · M. 존슨 지음, 임지룡 외 옮김, 『몸의 철학』, 박이정, 2002. 253-345쪽.

24 G. 레이코프 · M. 존슨 지음, 임지룡 외 옮김, 『몸의 철학』, 박이정, 2002. 391-426쪽.

25 이향준 지음, 『켄타우로스를 상상한 유학자들』, 예문서원, 2012.

26 안토니오 다마지오 지음, 임지원 옮김, 『스피노자의 뇌』, 사이언스북스, 2007. 49-50쪽.

27 조르조 아감벤 지음, 김상운 · 양창렬 옮김, 『목적없는 수단』, 난장, 2009. 14쪽.

28 조르조 아감벤 지음, 김상운 · 양창렬 옮김, 『목적없는 수단』, 난장, 2009. 225쪽.

29 데비드 S. 니비슨 지음, 김민철 옮김, 『유학의 갈림길』, 철학과현실사, 2006. 192-201쪽.

30 '슬픔의 도덕화' 문제를 논의하기 위해서는 감정이입의 문제, 도덕적 상상력을 통한 도덕적 슬픔의 문제 등을 구체적으로 논증해야 하지만, 이 글에서는 제한적으로 언급하도록 하겠다. 나는 유가철학에서 통념적으로 인정하고 있는 도덕(성)의 문제에 대해, 특히 맹자가 제안하고 있는 사단과 인간의 도덕적 본질로 상정하고 있는 인의예지와 같은 덕성은 경험적으로 구성된 것이라는 관점을 취한다.

31 『孟子』, 「梁惠王」 上7. "吾何愛一牛? 即不忍其觳觫, 若無罪而就死地, 故以羊易之也."

32 제선왕이 애처로움을 느꼈다면 소든 말이든 희생하지 말아야 한다. 그러나 그는 눈 앞에 보이는 소의 애처로움을 구제할 목적만을 우선시하기 때문에 소를 양으로 바꾸라고 지시하여 양의 희생은 간과하고 있다. 이러한 점에서 제선왕은 자신의 목적을 통해 행위를 정당화한다.

33 이러한 방식은 일종의 '도덕적 추론'에 해당한다. M. 존슨에 따르면, 도덕적 추론은 보편적 도덕 법칙에 의해서 주어지는 것이 아니라 의미의 신체화된 구조들에 근거한 상상적 것이라고 보며, 이 과정이 '도덕적 상상력'이다. M. 존슨 지음, 노양진 옮김, 『도덕적 상상력』, 서광사, 2008. 27-30쪽.

34 프란시스코 J. 바렐라 지음, 유권종 · 박충식 옮김, 『윤리적 노하우』,

갈무리, 2009. 55-56쪽.

35 M. 존슨 지음, 노양진 옮김, 『마음 속의 몸-의미 · 상상력 · 이성의 신체적 근거』, 철학과현실사, 2000. 198쪽.

36 〈제망매가〉 "生死 길은/ 예 있으매 머뭇거리고/ 나는 간다는 말도/ 몯다 이르고 어찌 갑니까/ 어느 가을 이른 바람에/ 이에 저에 떨어질 잎처럼/ 한 가지에 나고/ 가는 곳 모르온저/ 아아, 彌陀刹에서 만날 나/ 道 닦아 기다리겠노라"

37 〈부용산〉 "부용산 오리 길에/ 잔디만 푸르러 푸르러/ 솔밭 사이사이로/ 회오리바람 타고/ 간다는 말 한마디 없이/ 너는 가고 말았구나/ 피어나지 못한 채/ 병든 장미는 시들어지고/ 부용산 봉우리에/ 하늘만 푸르러 푸르러"

38 이정원 지음, 『의식과 자유』, 동녘, 2001. 125-130쪽. 이정원은 다마지오의 '감정 기제가 손상된 상태'를 '외다리 보행'으로 설명한다.

제2장 분노: 어떻게 작동하는가

1 분노의 폭력성과 야만성은 경계의 대상이었지만 아리스토텔레스의 경우는 예외적이다. 그는 분노해야할 때 분노하지 않는 것을 오히려 문제 삼고 있는데, 이와 관련해서는 다음을 참조하라. 손병석, 「분노는 정당화될 수 있는가?: 아리스토텔레스의 분노론을 중심으로」, 『철학연구』 93, 철학연구회, 2011.

2 스테판 에셀은 인간다운 삶을 쟁취하기 위해 저항하고 '분노하라 Indignez- vous!'고 강력하게 주문한다. 스테판 에셀, 임희근 역, 『분노하라』, 돌베개, 2011.

3 나는 분노의 동력학을 '동락과 봉기'라는 관점에서 고찰한 바 있다. 김경호, 「봉기의 동력에 대한 철학적 성찰」, 『감성연구』 7, 전남대학교 호남학연구원, 2013.

4 심리학에서 분노를 파악하는 관점에 대해서는 다음을 참고하라. J. W. Kalat, 민경환 외 옮김, 『정서심리학』, 시그마프레스, 2007. 159-190쪽.

5 『인간연구』 19(가톨릭대학교 인간학연구소, 2012)에서는 '감성의 인간학1-분노'라는 특집을 다루었고 있다.

6 나는 슬픔을 다루었던 선행 연구에서 '신체화된 마음 이론embodied mind theory'에 근거하여 '신체화된 감정embodied emotion'이라는 새로운 개념을 제안한 바 있다. 분노 감정에 대한 기본적 관점은 선행연구로 발표했던 슬픔의 연장선에 있음을 밝혀둔다. 김경호, 「슬픔은 어디에서 오는가?-신체화된 마음을 중심으로」, 『철학탐구』 31, 중앙철학연구소, 2012.

7 다마지오는 "정서는 뇌와 마음이 생명체 내부와 외부의 환경을 평가하고 그에 따라 반응하고 적응해 나갈 수 있는 자연적 도구를 제공한다."고 주장한다. 분노의 감정도 자연적 도구인 셈이다. 안토니오 다마지오, 임지원 역, 『스피노자의 뇌』, 사이언스북스, 2007. 69쪽.

8 「봉기의 동력에 대한 철학적 성찰」, 『감성연구』 7, 전남대학교 호남학연구원, 2013. 44쪽.

9 임지룡은 화와 관련된 어휘들을 분석하여 한국어에서 화의 개념과 개념화 양상에 대해 연구하고 있는데, 다음을 참조하라. 임지룡, 「화의 개념화 양상」, 『언어』 25-4, 한국언어학회, 2000. 694-696쪽.

10 토마스 아퀴나스의 분노 개념에 대해서는 다음을 참조하라. 서병창, 「토마스 아퀴나스의 분노 개념」, 『인간연구』 19, 가톨릭대학교 인간학연구소, 2010. 57-61쪽.

11 레이코프와 존슨은 분노를 '그릇 속의 액체'라는 개념적 은유를 통해 해석할 것을 제안한다. 레이코프와 공동 연구를 수행하기도 하였던 졸탄 쾨벡세스는 인지언어학 분야에서 개념적 은유를 적용하여 분노에 대해서 체계적인 분석을 시도하고 있다. 졸탄 쾨벡세스, 김동환·최영호 옮김, 『은유와 감정-언어, 문화, 몸의 통섭』, 동문선, 2009.

12 개념적 은유 이론과 관련해서는 다음을 참조하라. 죠지 레이코프·마크존슨, 임지룡 외 역, 『몸의 철학』, 박이정, 2002.

13 분노를 '끓는다', '타오른다'라고 하는 감정의 격발로 은유하는 것은

유학자들이 마음을 이해하는 방식과도 유사하다. 보이지 않는 마음의 작동방식을 마치 '불꽃이 타오르는 것'과 같은 가시적 이미지로 포착한다. 그것이 염상炎上이다. 권근, 『入學圖說』, 「天人心性分釋之圖」. "心者, …其字形方者, 象居中方寸之地也. 其中一點, 象性理之源也. 至圓至正, 無所偏倚, 心之體也. 其下凹者, 象其中虛, 惟虛故具衆理也. 其首之尖, 自上而下者, 象氣之源, 所以妙合而成心者也. 其尾之銳, 自下而上者, 心於五行屬火, 象火之炎上也. 故能光明發動, 以應萬事也."

14 졸탄 쾨벡세스, 김동환 · 최영호 옮김, 『은유와 감정』, 동문선, 2009. 236쪽.

15 졸탄 쾨벡세스, 김동환 · 최영호 옮김, 『은유와 감정-언어, 문화, 몸의 통섭』, 동문선, 2009. 236쪽.

16 졸탄 쾨벡세스, 김동환 · 최영호 옮김, 『은유와 감정-언어, 문화, 몸의 통섭』, 동문선, 2009. 239쪽.

17 졸탄 쾨벡세스, 김동환 · 최영호 옮김, 『은유와 감정-언어, 문화, 몸의 통섭』, 동문선, 2009. 259쪽.

18 보편적 '인간 조건'에 대해 탐구했던 엘리아스 카네티는 한 공간에서 사람들이 취하는 자세에도 이미 권력의 힘이 미치고 있다고 지적하면서, 우리는 결코 '권력의 자장'에서 벗어날 수 없다고 말한다. 엘리아스 카네티, 강두식 역, 『군중과 권력』, (主)主友, 1983. 374쪽. "우리는 잘 알고 있다. 이렇게 두서없이 몇 가지를 나열해 보는 것만으로도 우리는 권력이 말없는 가운데 다양하게 표출되고 있음을 알 수 있다."[2002년, 바다출판사 재간행]

19 부조리한 삶의 경험적 세계에서 분노는 부당한 상황에 대한 저항의 형태로 제기된다. 이 글에서 분노의 동력학을 주목하는 것은 분노 감정이 비록 사적인 감정이기는 하여도 그것은 관계적 영역, 곧 정치적 역학관계를 갖는다는 점이다. 그래서 나는 생존과 이상을 향한 분투의 형식으로 드러나는 분노의 동력에 주목하는 것이다.

20 『大正新脩大藏經』 50, 「大唐大慈恩寺三藏法師傳」 卷9. "慈恩傳九曰守察心猿, 觀法實相."

21 왕수인도 초학자들의 심리상태를 '심원의마'로 표현한다. 『傳習錄』 上, 39條(陸澄錄). "一日論爲學工夫. 先生曰: 敎人爲學, 不可執一偏. 初學時心猿意馬, 拴縛不定, 其所思慮, 多是人欲一邊, 故且敎之靜坐息思慮."

22 『列子』, 「黃帝」 第二. "宋有狙公者, 愛狙, 養之成羣, 能解狙之意, 狙亦得公之心. 損其家口, 充狙之欲. 俄而匱焉, 將限其食. 恐衆狙之不馴於己也, 先誑之曰 與若芧, 朝三而暮四足乎. 衆狙皆起而怒. 俄而曰 與若芧, 朝四而暮三足乎. 衆狙皆伏而喜. 物之以能鄙相籠, 皆猶此也. 聖人以智籠羣愚, 亦猶狙公之以智籠衆狙也. 名實不虧, 使其喜怒哉."

23 『莊子』, 「齊物論」. "勞神明爲一, 而不知其同也, 謂之朝三. 何謂朝三. 狙公賦芧曰 朝三而暮四. 衆狙皆怒. 曰 然則朝四而暮三. 衆狙皆悅. 名實未虧而喜怒爲用, 亦因是也."

24 다마지오는 정서적 촉발에 대해서 이렇게 주장한다. "정서적 촉발은 진화 과정에서 고착된 것도 있고, 그렇지 않은 것도 있다. 그렇지 않은 경우는 각 개인의 경험을 통해서 정서적으로 유효한 대상이 그의 뇌에 결부되는 것이다." 안토니오 다마지오, 임지원 역, 『스피노자의 뇌』, 사이언스북스, 2007. 70쪽.

25 이러한 입장은 스피노자의 생각과 유사하다. 박삼열에 따르면, 스피노자는 "인간이 감정의 노예 상태에서 벗어나는 길은 외부대상에 대해 적합한 인식을 함으로써 능동 감정을 가지는 것이다. 인간 정신은 능동적으로 인식해서 타당한 관념들을 가질 때, 모든 수동 감정에서 벗어나서 기쁨과 욕망이라는 능동 감정을 가지게 된다."는 입장이라고 한다. 박삼열, 선학사, 『스피노자의 윤리학 연구』, 2002. 190쪽.

26 움베르또 마뚜라나 · 프란시스코 바렐라, 최호영 역, 『앎의 나무』, 갈무리, 2007.

27 죠지 레이코프, 마크 존슨, 임지룡 외 역, 『몸의 철학』, 박이정, 2002.

28 안토니오 다마지오, 임지원 역, 『스피노자의 뇌』, 사이언스북스,

2007. 48쪽.

29 안토니오 다마지오, 임지원 역, 『스피노자의 뇌』, 사이언스북스, 2007. 41-42쪽.

30 안토니오 다마지오, 임지원 역, 『스피노자의 뇌』, 사이언스북스, 2007. 47쪽.

31 안토니오 다마지오, 임지원 역, 『스피노자의 뇌』, 사이언스북스, 2007. 48쪽.

32 안수현, 『이성, 정서, 느낌의 관계-안토니오 다마지오의 "신체화된 마음" 이론을 중심으로』, 경북대학교 대학원, 2008. 40쪽.

33 다마지오는 '합리적rational'이라는 용어보다는 '합당한reasonable'이라는 용어가 정서의 생명활동적인 측면에서는 적확할 수 있다고 본다. 안토니오 다마지오, 임지원 역, 『스피노자의 뇌』, 사이언스북스, 2007. 177쪽.

34 안토니오 다마지오, 임지원 역, 『스피노자의 뇌』, 사이언스북스, 2007. 176-177쪽.

35 『莊子』「達生篇」. "紀渻子, 爲王養鬪鷄. 十日而問鷄已乎. 曰未也. 方虛憍而恃氣. 十日又問, 曰未也. 猶應嚮景. 十日又問, 曰未也. 猶疾視而盛氣. 十日又問, 曰幾矣. 鷄雖有鳴者, 已無變矣. 望之似木鷄矣, 其德全矣. 異鷄, 無敢應者, 反走矣."

36 M. 존슨, 노양진 역, 『마음 속의 몸』, 철학과현실사, 2000.

37 안토니오 다마지오, 임지원 역, 『스피노자의 뇌』, 사이언스북스, 2007. 67쪽.

38 사카이 다키시, 김은주 옮김, 『폭력의 철학-지배와 저항의 논리』, 산눈, 2007. 57쪽.

39 한국사회의 병리현상을 야기하는 근본적인 원인 가운데에는 타자에 대한 불인정과 획일화된 동일성의 강박이 자리하고 있다. 여기에서 비롯하는 타자에 대한 증오심은 지역과 지역, 계층과 계층, 세대와 세대의 갈등을 끊임없이 재생산하는 '도구화된 이념'으로 유통되고

있다. 이 점에 문제의 심각성이 있다. 이와 관련해서는 다음을 참조하라. 최유준 외, 「분노한다 고로 살아간다」, 『우리시대의 분노』, 전남대학교출판부, 2013. 262-264쪽.

40 마크 존슨, 노양진 역, 『도덕적 상상력-체험주의 윤리학의 새로운 도전』, 서광사, 2008. 310-311쪽.

41 아라비안나이트에 나오는 사산왕조의 샤푸리아르 왕은 아내에게서 당한 배신감과 적개심으로 인해 세상의 여성을 증오한다.

42 빅토르 위고, 정기수 역, 『레미제라블』, 민음사, 2012.

43 J. E. 스타인벡, 맹후빈 역, 『분노의 포도』, 홍신문화사, 2012.

44 마크 존슨, 『도덕적 상상력-체험주의 윤리학의 새로운 도전』, 서광사, 2008. 315쪽.

45 이와 같은 과정은 일종의 종교적인 신비 체험으로 설명되지만 체험주의자의 철학자들은 "우리의 몸은 단지 탈신체화된 마음의 그릇이 아니며, 또 그럴 수도 없다"는 관점이다. 그래서 이들은 영성과 같은 것도 '몸으로부터 분리된 탈신체화된 마음'이 아니라 삶을 통해서 겪게 되는 신체화된 경험으로부터 발생한다고 본다. 영성은 탈신체화와 세계의 초월과 연관된 것이 아니라 '신체화된 영성'이라고 주장한다. 죠지 레이코프·마크존슨, 임지룡 외 역, 『몸의 철학』, 박이정, 2002. 810-818쪽.

제3장 사랑: 무엇을 의미하는가

1 박영순은 중세국어의 'ᄉᆞ랑'은 사思, 연戀, 억憶, 애愛 등의 의미를 가졌었으나 '애'의 뜻으로 편중되어 쓰이게 되어 현대에까지 이르게 되었다고 주장한다. 박영순, 『한국어 의미론』, 고려대학교 출판부, 2004.

2 한국어 표현에서 나타나는 사랑 개념에 대한 연구는 개념적 은유와 환유의 방법론을 포함하는 인지언어학적 성과를 참조하라. 나익주, 「사랑의 개념화: 문화적 변이 가능성 탐구」, 『담화·인지언어학회 제30회 정기학술대회 논문집』, 담화·인지언어학회, 2008.

3 낭만적 사랑romantic love은 흔히 로맨틱한 사랑이라고도 부르는데, 이 개념은 동아시아의 문화적 전통에서 발견할 수 없었던 새로운 것이었다. 이것은 탈아脫亞를 지향했던 일본인들에게 연애戀愛로 번역된다. 이와 관련해서는 다음을 참조하라. 야나부 아키라, 서혜영 옮김, 『번역어 성립사정』, 일빛, 2003.

4 우리가 현재 사랑을 말할 경우에는 근대 이후의 낭만적 사랑이란 의미가 부가되어 있는데, 이렇게 형성된 '사랑' 개념을 전통시대에 적용하는데서 혼란이 야기된다. 분명한 것은 유학에서 통칭되던 '애'에는 근대적 개인의 발견을 통해 제기되었던 자유로운 만남과 정서적 교류, 성적 접촉 행위를 포함하는 낭만적 사랑romantic love은 없었다는 것이다. 그렇지만 낭만적 사랑의 기저에 깔려있는 상대에 대한 갈망과 그리움과 같은 정서적 교감이나, 함께하고자 하는 결합의 욕구와 충동적 행위는 전통시대라고 해서 없었던 것은 아니다. 이러한 점을 제한적이지만 좁은 범위의 연애의 감정으로 설정하여 〈2장 『시경』의 사랑〉에서 다룬다.

5 신체화된 감정embodied emotion은 「슬픔은 어디서 오는가?」(2012)에서 제안했던 개념이다. 감정은 몸의 생리적 반응과 연관되고, 우리는 신체 경험을 통해 감정을 직접적으로 인지하거나 추상적인 개념으로 전환하여 인식한다. 사랑과 같은 추상적 감정은 뇌-마음의 작용에 의해서 발생하는 것이 아니라 우리의 신체를 기반으로 하는 생리적 반응과 체험에 기초하여 개념화된다. 스피노자가 감정을 '신체의 변용인 동시에 그러한 변용의 관념'이라 정의하는 것도 이와 연관된다. 김경호, 「슬픔은 어디서 오는가?」, 『철학탐구』 31, 중앙대학교 중앙철학연구소, 2012. 132-133쪽.

6 에바 일루즈는 사랑의 기준이 변동하는 과정을 사회학적인 관점에서 깊이 있게 통찰하고 있다. 에바 일루즈 지음, 김희상 옮김, 『사랑은 왜 아픈가』, 돌베개, 2013.

7 '체험주의'라는 용어는 이미 사용되고 있는 '경험주의'와의 혼선을 피

하기 위해 노양진이 제안하였다. 체험주의에 관한 전반적인 논점을 확인하려면 다음을 참고하라. 노양진, 『몸이 철학을 말하다: 인지적 전환과 체험주의의 물음』, 서광사, 2013.

8 인지언어학자인 레이코프와 언어철학자인 존슨은 자신들의 철학적 입장을 experientialism이라 부른다. 이들은 인지과학의 세 가지 주요한 발견, 즉 '마음은 본유적으로 신체화되어 있다', '사고는 대부분 무의식적이다', '추상적 개념들은 대체로 은유적이다'라는 발견적 지점에 근거하여 선험적인 철학적 사색이 아닌 경험적으로 책임있는 철학을 제안한다. 이들의 철학적 입장은 다음을 참조하라. G. 레이코프 · M. 존슨, 노양진 · 나익주 옮김, 『삶으로서의 은유』, 서광사, 1995; G. 레이코프 · M. 존슨, 임지룡 외 옮김, 『몸의 철학: 신체화된 마음의 서구 사상에 대한 도전』, 박이정, 2002.

9 『詩經』, 「邶風」 〈靜女〉. "愛而不見."

10 『詩經』, 「鄭風」 〈將仲子〉. "豈敢愛之?"

11 공자는 〈관저〉 편을 '樂而不淫', '哀而不傷'이라고 평가한다.(『論語』, 「八佾」. "關雎, 樂而不淫, 哀而不傷.") 대상을 통한 즐거움을 찾지만 그것이 음란하지 않고, 비록 도달할 수 없어 슬프지만 몸과 마음을 상하게 하지 않는다는 것이다. 이와 같은 공자의 평가가 의미하는 지점이 정확히 무엇인지가 또다른 해석의 기폭제가 되지만, 어쨌든 〈관저〉 편을 재해석하기 위한 유가 주석가들의 지난한 작업은 반복적으로 수행된다.

12 익명의 심사자는 '의미심장하다'고 하는 평가적 기술을 지적하면서, "이미 경經"이라고 했을 때, 국가차원의 이데올로기적 변주와 해석이 가해졌음"을 상기시켜 주었다. 나는 '관저'를 주석가들에 의해서 만들어진 전통적 해석과 달리, 몸을 기반으로 한 경험의 층위, 곧 '신체화된 감정으로서의 사랑'으로 파악한다. 이 때문에 심사자의 우려에도 불구하고 '의미심장하다'는 표현을 쓴다.

13 시의 한글 번역은 김학주의 선행연구를 따랐다. 김학주 역저, 『시경』,

명문당, 2010. 90쪽.

14 『詩經』, 「國風」, 「召南」, 〈卷耳〉

15 정서의 촉발과 실행의 메커니즘에 대해서는 다음을 참조하라. 안토니오 다마지오, 임지원 옮김, 『스피노자의 뇌』, 사이언스북스, 2011. 72-81쪽.

16 김인후는 인종의 기일이면 난산에 들어가 통음하고 통곡했으며, 제자 양자징과 『宋史』의 「岳飛傳」을 강독하다 폐강하고 통음하기도 한다. 김경호, 「그리움의 분노-하서 김인후의 통곡과 유소사」, 『한국인물사연구』 제19호, 한국인물사연구소, 2013. 163쪽.

17 『論語』, 「爲政」. "詩三百, 一言而蔽之, 日 思無邪."

18 뒤르켐의 영향을 받은 마르셀 그라네는 『시경』에 대한 새로운 해석(사회학적인 분석)을 통해 『중국 고대 축제와 가요』를 저술한다. 그는 도덕적 의무 에 사로잡힌 학자들의 상징주의적 편견에서 벗어나 사회학적인 관점에서 『시경』의 생활세계를 보여준다. 이 저술은 1919년-1929년에 완성된다.

19 마르셀 그라네, 신하령·김태완 옮김, 『중국 고대 축제와 가요』, 살림, 2005. 19쪽.

20 『禮記』, 「禮運」. "飮食男女, 人之大欲存焉."

21 『論語』, 「學而」. "子曰 不患人之不己知, 患不知人也."

22 『論語』, 「學而」. "子曰 學而時習之, 不亦說乎. 有朋自遠方來, 不亦樂乎. 人不知而不慍, 不亦君子乎."

23 『論語』, 「八佾」. "關雎, 樂而不淫, 哀而不傷."

24 신정근, 「선진시대 초기문헌의 仁의 의미」, 『東洋哲學硏究』 31, 동양철학연구회, 2002. 231쪽.

25 『論語』, 「顔淵」. "顔淵問仁. 子曰 克己復禮爲仁. 一日克己復禮, 天下歸仁焉. 爲仁由己, 而由人乎哉?"

26 『論語』, 「顔淵」. "仲弓問仁. 子曰 出門如見大賓, 使民如承大祭. 己所不欲, 勿施於人."

27 『論語』, 「顔淵」. "樊遲問仁. 子曰 愛人."

28 이 한글 번역은 이강수 · 김병채 · 장숙필 · 고재욱, 이명한, 김백현, 유권종, 정상봉 등 8명의 동양철학 전공 교수들이 수행한 것이다. 동양고전연구회 번역 · 주석 · 해설, 『논어』, 지식산업사, 2003; 성백효와 김형찬도 "사람을 사랑하는 것이다."라고 번역한다. 성백효 역주, 『논어집주』, 전통문화연구회, 1991; 김형찬 옮김, 『논어』, 홍익출판사, 1999.

29 『論語』, 「學而」. "子曰 道千乘之國, 敬事而信, 節用而愛人, 使民以時."

30 『論語』, 「學而」. "子曰 弟子立則孝, 出則弟, 謹而信, 汎愛衆, 而親仁. 行有餘力, 則以學文."

31 『論語』, 「八佾」. "子曰 賜也. 爾愛其羊, 我愛其禮."

32 『論語』, 「顔淵」. "子張問崇德辨惑. 子曰 主忠信, 徙矣, 崇德也. 愛之欲其生, 惡之欲其死. 旣欲其生, 又欲其死, 是惑也."

33 『論語』, 「憲問」. "子曰 愛之, 能勿勞乎? 忠焉, 能勿悔乎?"

34 Slingerland, Edward Gilman Tr, *Confucius Analects: With Selections from Traditional Commentaries*, Hackett, 2003. 『논어』를 영문으로 번역한 많은 저서 가운데 슬링거랜드의 저작을 선택한 것은 다음과 같은 이유 때문이다. 슬링거랜드는 인지과학의 연구성과를 바탕으로 기존의 인식론과 존재론을 비판하고 있다는 점에서 체험주의 철학과 긴밀한 연계성을 갖고 있다. 게다가 그는 개념적 은유이론의 방법론을 적용하여 중국철학을 탐구하고, '중국사상과 체화된 인지(Chinese Thought and Embodied Cognition)' 영역에 대한 연구를 지속하고 있다. 그의 저술에는 2008년에 출간된 *What Science Offers the Humanities: Integrating Body and Culture*(NY: Cambridge University Press)를 비롯하여, *Confucius: The Essential Analects*(Hackett Publishing Company, 2006), *Effortless Action: Wu-wei as Conceptual Metaphor and Spiritual Ideal in Early China* (Oxford University Press, 2003) 등이 있다.

35 김명석의 경우, 애인을 해석함에 있어서 타인에 대한 "친절이나 호의

를 기독교적인 박애와 비슷하게 해석할 필요는 없다."고 주장한다. 왜냐하면 공자의 애인은 같은 지배계급에 속한 사람들과 직접적으로 관련되기 때문이다. 김명석, 「호오 개념의 도덕심리학적 분석」, 『동양철학』 31, 한국동양철학회, 2009. 108쪽, 각주 29.

36 『墨子』, 「兼愛」 上. "若使天下兼相愛, 愛人若愛其身, 猶有不孝者乎?視父兄與君若其身, 惡施不孝?猶有不慈者乎?視弟子與臣若其身, 惡施不慈?"

37 『墨子』, 「兼愛」 中. "子墨子言 視人之國, 若視其國, 視人之家, 若視其家, 視人之身, 若視其身."

38 『墨子』, 「兼愛」 中. "今諸侯獨知愛其國, 不愛人之國, 是以不憚擧其國, 以攻人之國. 今家主獨知愛其家, 而不愛人之家, 是以不憚擧, 其家以簒人之家. 今人獨知愛其身, 不愛人之身, 是以不憚擧, 其身以賊人之身…. 凡天下禍簒怨恨, 其所以起者, 以不相愛生也."

39 A.C.Graham, *Disputers of the Tao: Philosophical Argument in Ancient China*, Open Court Publishing, 1989. 42쪽.

40 『墨子』, 「兼愛」 中. "子墨子言曰 以兼相愛, 交相利之法易之."

41 김병환의 경우도, 묵자의 겸애를 '보편적 사랑'으로 해석하는 것은 제고될 여지가 있음을 지적한다. 김병환, 「유가의 친친윤리와 묵가의 겸애윤리에 대한 다원주의적 독해」, 『범한철학』 54, 범한철학회, 2009. 35쪽.

42 『孟子』, 「藤文公」 上. "吾爲此懼 閑先聖之道 距楊墨."

43 유명종은 맹자가 묵가의 일원이었던 이지와의 논변을 통해 평등애(겸애)를 반대하고 차별애를 주장한 것은 그것이 인정에 맞는 사랑이었기 때문이라고 주장한다. 유명종, 「유가의 사랑과 인의 문제」, 『석당논총』 19, 동아대학교 석당학술원, 1993. 185쪽.

44 『孟子』, 「藤文公」 上, "聖王不作, 諸侯放恣, 處士橫議, 楊朱墨翟之言, 盈天下, 天下之言, 不歸楊則歸墨. 楊氏, 爲我, 是無君也. 墨氏, 兼愛, 是無父也, 無父無君, 是禽獸也."

45 『孟子』, 「藤文公」 上. "能言距楊墨者, 聖人之徒也."

46 『孟子』, 「盡心」 上. "墨子兼愛, 摩頂放踵, 利天下, 爲之."

47 맹자에서 애인의 용례는 제한적인데, 이루장에는 "남을 사랑해도 친해지지 않거든 그 인을 돌이켜 보라"라는 구절이 있다. 『孟子』, 「離婁」 上. "孟子曰 愛人不親, 反其仁." 이 문장에 대해서 D.C.Lau는 다음과 같이 번역한다. "if others do not respond to your love with love, look into your own benevloence." Lau, D. C. Tr. *Mencius*, Columbia University Press, 1997. 153쪽.

48 맹자의 고통에 대한 공감과 측은한 사랑에 대한 논의는 선행 연구를 통해 다루었던 '슬픔에 대한 도덕적 기획'이라는 관점과 연관된다. 이와 관련해서는 다음을 참조하라. 김경호, 「슬픔은 어디에서 오는가」, 『철학탐구』 31, 중앙철학연구소, 2012.

49 『孟子』, 「公孫丑」 上. "今人乍見孺子將入於井, 皆有怵惕惻隱之心…. 惻隱之心, 仁之端也. 羞惡之心, 義之端也. 辭讓之心, 禮之端也. 是非之心, 智之端也."

50 김경호, 「슬픔은 어디에서 오는가」, 『철학탐구』 31, 중앙철학연구소, 2012. 141-145쪽.

51 존슨의 도덕적 상상력 개념은 도덕적 탐구의 중심축을 이성으로부터 상상력으로 확장하여 파악하려는 시도이다. 존슨은 우리의 도덕적 사유는 '신체화되어embodied' 있는 '상상적 구조imagnative structures'라는 인지과정을 벗어나지 않으며, 도덕성의 본성 또한 상상적이라 주장한다. 이에 관해서는 다음을 참조하라. 노양진, 「상상력의 윤리학적 함의」, 『범한철학』 41, 범한철학회, 2006. 6쪽.

52 『孟子』, 「梁惠王」 上. "曰 德何如則可以王矣. 曰 保民而王."; D.C.Lau는 保民을 "by tending the people"로 번역한다. Lau, D. C. Tr. *Mencius*, 15쪽.

53 『孟子』, 「梁惠王」 上. "曰無傷也, 是乃仁術也. 見牛未見羊也. 君子之於禽獸也, 見其生不忍見其死, 聞其聲不忍食其肉, 是以君子遠庖廚也."

54 맹자의 측은지심에 관한 논의는 다음을 참조하라. 김도일, 「맹자의 측은지심과 수양론-묵가 이지와의 논변을 중심으로」, 서울대대학원 석사학위논문, 2004.

55 『孟子』, 「公孫丑」 上. "所以謂人皆有不忍人之心者. 今人乍見孺子將入於井, 皆有怵惕惻隱之心, 非所以內交於孺子之父母也, 非所以要譽於鄉黨朋友也, 非惡其聲而然也."

56 『孟子』, 「公孫丑」 上. "無惻隱之心, 非人也, 無羞惡之心, 非人也, 無辭讓之心, 非人也, 無是非之心, 非人也. 惻隱之心, 仁之端也…"

57 김지영은 사랑과 성을 공적인 장에서 배제하고 있던 한국사회에서 서구적인 사랑 형식을 전달하는 매개어로써 '연애'에 주목한다. 김지영, 「연애의 형성과 초기 근대소설」, 『현대소설연구』 27, 한국현대소설학회, 2005. 55-56쪽.

58 연애에 대한 관심은 대중잡지의 기사에서도 확인되는데, 1935년에 발행된 『신가정』(동아일보사)에는 '戀愛十訣'이 실리기도 하였으며, 1949년에 발행된 『새가정(Christian home)』 10호, 새가정사에는 리더스다이제스트지의 기사를 백림白林이 번역하여 '연애란 무엇인가'라는 기사가 실리기도 한다. '연애란 무엇인가'의 첫 문장은 "사랑이란 무엇인가?"로 시작한다.

59 김호경은 〈고린도전서〉의 사도 바울의 사례를 통해서 아가페적 사랑의 전복성을 언급한다. 사랑의 전복성은 묵자의 '겸애'에도 적용될 여지가 있다. 김호경, 『바울-차별과 불평등의 장벽을 넘어서』, 살림출판사, 2009.

60 우리는 이 점에서 사랑의 의미화는 인간적 의미의 재발견을 통해 새로운 단계로 이행하고 있음을 확인하게 된다. 재발견의 지점은 마크 존슨이 제안하는 '수평적 초월'과 닮아 있다. 마크 존슨, 김동환·최영호 옮김, 『몸의 의미-인간 이해의 미학』, 동문선, 2012. 425쪽.

제3부 유학자의 감성세계

제1장 그리움의 분노: 김인후의 통곡

1 『河西全集』, 「年譜」(37歲). "至七月初一日, 孝陵諱辰, 持酒入家, 南卵山中, 一飮一哭號慟, 竟夕而返, 終身如是."

2 안방준의 기록에 따르면, 이이는 김인후의 인품과 기상을 "淸水芙蓉·光風霽月"이라 했다 한다. 『河西全集』 附錄卷2, 「敍述」. "河西, 淸水芙蓉, 光風霽月也. 出處之正, 無與公比者, 栗谷豈欺我哉."〈安邦俊牛山雜錄〉

3 김인후는 사후 230여년이 흐른 후, 정조에 의해 문묘에 배향(1796)된다. 정조는 도학의 연원이 김인후에게 있을 뿐만 아니라, 그가 도덕·문장·절의를 겸한 正學이라 하여 배향하게 한다.(正祖弘齋全書抄錄) 김인후는 정조에 의해서 재발견되고 호명된다.

4 김경호, 「분노로부터 마음의 평정, 어떻게 가능한가?」, 『마음학국제학술대회 발표집』, 원광대학교, 2013. 2.

5 개념적 은유 이론을 포함한 체험주의 주요한 관점에 관해서는 다음을 참조하라. G.레이코프·M.존슨, 노양진 외 옮김, 『삶으로서의 은유』, 서광사, 1995; G.레이코프·M.존슨, 임지룡 외 옮김, 『몸의 철학』, 박이정, 2002; 졸탄 쾨벡세스, 김동환 외 옮김, 『은유와 문화의 만남-보편성과 다양성』, 연세대학교 출판부, 2009; 임지룡, 『말하는 몸』, 한국문화사, 2006.

6 악셀 호네트, 문성훈·이현재 옮김, 『인정투쟁』, 사월의책, 2011.

7 악셀 호네트, 문성훈·이현재 옮김, 『인정투쟁』, 사월의책, 2011. 14쪽.

8 호네트의 『인정투쟁』은 개인으로부터 사회적 갈등 양상에 이르는 문제를 논의하고 있고, 마크 존슨과 함께 개념적 은유 이론을 제안하고 있는 레이코프는 정치 현상을 비판적으로 성찰하면서 『폴리티컬 마인드』(한울아카데미, 2012), 『프레임 전쟁』(창비, 2007), 『코끼리는 생각하지 마』(삼인, 2006) 등과 같은 저술을 내놓고 있다는 점은 주목된다.

9 익명의 심사자들은 김인후의 감성적 세계를 분석하는데 있어 개념적 은유 이론과 인정투쟁 이론이 어째서 적합하며, 그리고 이러한 분석 틀을 적용했을 때, 기존의 연구성과를 넘어서는 '지점'이 무엇인가를 밝혀 줄 것을 요청하였다. 이 지적은 매우 타당하다. 여기에서는 이론 적용의 이유에 대해서 간략히 언급하겠다. 이론 적용의 유효한 점에 관해서는 결론 부분에서 기술하겠다.

10 1·2권은 1994년에 출간되고, 3권은 2005년에 출간되었다. 하서기념회 편, 『하서 김인후의 사상과 문학』 1·2·3, 하서기념회, 1994; 2005.

11 조기영, 『하서 김인후 시 연구』, 연세대박사학위논문, 1991(『하서 김인후의 시문학 연구』, 아세아문화사, 1994); 안봄, 『하서 김인후의 문학사상 연구』, 조선대박사학위논문, 2000.

12 백승종, 『대숲에 앉아 천명도를 그리네』, 돌베개, 2003.

13 류승국 외, 『하서 김인후의 도학사상과 현대문명』, 성균관대출판부, 2011.

14 『河西全集』 卷首, 「河西先生全集舊序」(趙希文). "早年之作, 多和平沖澹之味, 而有豪放之氣, 晚歲更覺高明純正, 而間有慷慨悲憤之辭."

15 『河西 金麟厚의 思想과 文學』 1, 381쪽.

16 김종진, 「河西 金麟厚의 '主情的道學'의 詩觀과 詩世界」, 『한문교육연구』 11, 한국한문교육학회, 1997. 138쪽.

17 박준규, 「하서시조의 도학적 이해」, 『선청어문』 23, 서울대학교 국어교육과, 1995. 254쪽.

18 나는 김인후의 문학적 성취를 '主情的 道學'이라고 규정한 것은 재고의 여지가 있다고 판단한다. 김인후가 자신의 감정과 감상을 직접적으로 드러내고 있다는 점은 동의하나, 그것이 '주정적'으로 묶여야 할 타당한 논거는 찾아 볼 수 없다. '主情'이라는 것은 조선성리학을 '主理', '主氣'의 단순이분법으로 구분하는 것과 같이 오용될 소지가 있다. 주정이라고 할 경우에는 비교 대상이 구체적으로 적시되어야 하

고, 그럴 경우 상대적으로 '정서적 측면을 강조한다'는 의미로 제한되어야 한다.

19 김경호, 『동양적 사유는 어떻게 탄생했는가』, 글항아리, 2012. 35-38쪽.

20 『河西全集』 卷首, 「河西全集舊序」. "先生全集, 厄于回祿, 如西銘事天圖周易觀象篇諸書, 今皆不見, 尤可惜也."

21 『河西全集』 卷1, 「七夕賦」.

22 『河西全集』 附錄 卷3, 「年譜」(24세). "有夫子嶺之秀."

23 김인후는 1543년 6월, 부수찬으로 승진하여 직언할 수 없는 당시의 분위기를 개탄하면서 기묘사림의 억울함이 20여년이 되어도 신원되지 않은 것과 『소학』이 기묘사화를 야기했다는 왜곡된 시각에 대한 교정을 요구한다. 『河西全集』 卷11, 「弘文館箚子」〈癸卯〉.

24 김인후는 자신도 주희와 마찬가지로 『대학』을 가장 우선시 한다고 밝힌다. 『河西全集』 卷6, 「吟示景范 · 仲明」 其十七. 김인후는 「大學講義跋」(40세, 1543)을 저술하기도 한다.

25 정지운이 작성한 〈천명도〉의 수정과 개작과정에 대해서는 다음 글을 참조하라. 김용헌, 「고봉 기대승의 사칠론변과 천명도」, 『전통과현실』 8, 고봉학술원, 1996.

26 『河西先生全集』(전자판), 「정추만 천명도 후면에 제하다」.

27 이 시점은 이황이 〈천명도〉를 보고 「천명도설」(1553년)을 저술하는 것보다 앞선다. 『退溪全書』 卷41, 「天命圖說」〈後敍〉.

28 김인후의 〈천명도〉에 관해서는 다음을 참조하라. 유권종, 「천명도 비교 연구」, 『한국사상사학』 19, 한국사상사학회, 2002; 윤사순, 「하서 김인후의 천명 사상」, 『한국유학사상론』, 예문서원, 1997.

29 인종의 죽음 이후 삶의 전환적 단서는 「유소사」에서 발견된다. 헤어짐의 슬픔과 그리움의 안타까움으로부터 죽지 않고 또다시 굳건히 살아가야 하는 김인후의 새로운 의지적 지향을 만날 수 있다. 그 지향은 만년에 문학적 취향에서 철학적 탐구로의 전환으로 구체화 된다.

30 『高峯集: 兩先生往復書』 卷1, 「答上存齋契右」.

31 『河西全集』 卷首, 「文廟從祀頒教文」.

32 인종이 김인후에게 주었던 『주자대전』은 장성과 인접한 광산에 거주하던 기대승에게도 영향을 미치게 된다. 기대승은 『주자대전』을 열람한 후 『주자문록』(1557년)을 남긴다. 『주자문록』의 편찬 작업에는 김인후의 제자였던 송정황이 함께 참여한다. 김경호, 「고봉과 현대의 대화」, 고봉학술원, 이화, 2012. 87-90쪽.

33 『河西全集』, 「應製題睿畫墨竹」(癸卯). "根枝節葉盡精微, 石友精神在範圍. 始覺聖神侔造化, 一團天地不能違."

34 김신중에 따르면, 대나무의 물성에는 "四時常青의 不變性과 不屈性으로 관념화할 수 있는 단초"가 있어서 군자가 지녀야할 고결한 품성과 연결되고, 군자의 지절로 형상화되면서 문학적 예찬의 대상되어 왔다고 지적한다. 도가에서 대나무는 은일세계의 공간적 표지로 활용된다. 김신중, 「古時調에 나타난 대(竹)의 형상」, 『호남문화연구』, 전남대학교 호남학연구원, 2006. 7-14쪽.

35 묵죽도는 나주목사 朴東說에 의해 목판으로 인각되어 유통된다. 현종의 경우, 묵죽도의 진본을 보는 대신 인본을 열람하고, 이를 인종(효릉)의 재당에 이장하게 한다.

36 송시열은 효종과 자신의 관계를 '어수지계'와 같다고 하여 "從玆魚水契, 密勿深結構"라 쓰고 있다. 『宋子大全』 卷1, 「次後雲翁煥章菴七十一韻」.

37 『三國志: 蜀志』,. 「諸葛亮傳」. "孤之有孔明, 猶魚之有水也."

38 『孟子』, 「公孫丑」 上. "以力服人者, 非心服也, 力不贍也. 以德服人者, 中心悅而誠服也, 如七十子之服孔子也."

39 『戰國策』, 「趙策」 一. "士爲知己者死, 女爲悅己者容."

40 『史記』 卷86, 「刺客列傳」 26, 〈豫讓〉. "豫讓遁逃山中, 曰. '嗟乎! 士爲知己者死, 女爲說己者容."

41 사마천은 예양을 통해 신하의 충절을 말하고 있지만, 한편으로는 군신간에 '지기'의 중요성을 중의적으로 전하고 있다. 사마천은 '자기를

알아주지 못한 군주(한 무제)'에게 궁형까지 당하는 치욕을 당한다. 그는 수치를 감내하고 오히려 예양을 통해 '자기를 알아주는 사람[知己]'에 대한 충절의 이야기를 기록에 남김으로써 군신관계에 대해 성찰할 수 있게 한다.

42 『河西全集』 卷2, 「見寒山詩有感」 其二. "不見死還生, 誰知生有死. 盡性以至命, 歸全斯爲美."

43 인종의 죽음이 갖는 비통함은 그가 죽어서 종묘인 문소전이 아닌 연은전에 안치된다는 점이다. 이 문제는 선조대까지 이어져, 1570년 2월, 기대승이 낙향하는 결정적 계기가 된다. 김경호, 「고봉 기대승의 삶으로서의 철학」, 『인물사연구』 17. 한국인물사연구회, 2012. 168-171쪽.

44 추상명사인 슬픔은 직접적인 신체의 훼손과 연결되고, 이는 은유적으로 표현된다. 哀뿐만 아니라 喜怒樂愛惡欲 등과 같은 감정들은 기본적으로 신체를 근거로 드러난다. 이 점에서 감정은 '신체화된 경험'이자 '신체화된 감정'의 형태를 띤다. 김경호, 「슬픔은 어디에서 오는가?」, 『철학탐구』 제31집, 중앙대학교 중앙철학연구소, 2012. 132-133쪽.

45 『河西全集』 卷6, 「示李秀才至男」 其二〈李秀才學楚辭時〉. "蘭猗玉栗稱家庭, 竹外窮簷講楚經. 馳騁不須風雅末, 周詩三百儘和平."; 『河西全集』 附錄卷3, 「年譜」(38歲). "作詩贈李至男. 至男來學十年, 嘗欲學楚辭, 先生讀未竟, 忽悲憤不自勝."

46 양자징은 梁山甫의 아들로 김인후의 둘째 딸과 혼인한다. 김인후의 첫째 사위는 趙希文(1527~1578)이고, 셋째 사위가 柳希春의 아들인 柳景濂이다.

47 『河西全集』 卷6, 「次韻謝瀟灑翁送日本躑躅」 其十七.〈梁甥受宋史, 至岳飛傳時, 痛飮下筆〉. "楚騷前歲喟憑心, 宋史今朝淚滿襟. 異代興亡那繫我, 自然相感謾悲吟."

48 '에그'를 직접 발음해 보면 우리 몸의 상태가 어떻게 그 발음에 동조하는지를 확인할 수 있다. 나는 '에그'를 대통령에서 평범한 개인으로 돌아갔지만 비극적으로 죽음을 맞이한 자연인 노무현의 묘역에서

2011년에 발견하였다. 죽은 자의 무덤에 이르는 길바닥 위 하얀 타일에 무수하게 떠도는 말과 감정이 만장처럼 놓여서 웅성거리고, 그 중 누군가 비통한 자의 탄식 한 마디는 '에그'라는 글자로 단단하게 묶여 있다. 이 글은 2011년 11월, '에그'의 질성에서 비롯되었다.

49 김경호, 「슬픔은 어디서 오는가?」, 『철학탐구』 31, 중앙대학교 중앙철학연구소, 2012. 146-149쪽.

50 송시열은 김인후가 젊어서부터 經世濟民의 뜻을 지녔었다고 기록한다. 『河西全集』 附錄卷1, 「神道碑銘」.

51 김인후는 1545년 7월, 인종의 죽음을 전해 듣고는 실신하여 거의 죽을 지경에 이르렀고, 그해에 병을 앓던 13살 딸을 잃는 슬픔이 겹친다. 『河西全集』 卷4, 「效邕叟[平]戒子歌用其韻」. "乙巳秋七月, 繼有, 孝陵之喪. 是月, 家有季女方十三歲, 得疚已一期, 遂不能救以死."

52 「유소사」와 관련한 한대의 악부시에 대해서는 다음 글을 참조하라. 신주석, 「漢代 樂府詩에 나타난 언어특색」, 『중국문학연구』 제40집, 한국중문학회, 2010. 45쪽.

53 『詩經』, 「國風: 鄘風」〈柏舟〉에서는 님을 향한 마음은 변치 않겠노라는 의지를 보여준다.

54 『詩經』, 「國風: 召南」〈草蟲〉에서는 '고사리'를 통해 님을 향한 그리움을 표현한다.

55 권이는 우리말로 '도꼬마리'라고 하는 국화과의 한해살이 풀을 말하는데, 『詩經』, 「周南」〈卷耳〉를 말한다. 〈권이〉는 후비가 도꼬마리를 캐다가 집 떠나 있는 님 생각에 채워도 채워지지 않는 바구니를 길가에 내던진다는 내용이다. 임금을 사모하는 마음을 은유한다.

56 시의 번역문은 『하서선생전집』(국역)에 따랐다.(이하 동일) 『河西全集』 卷3, 「有所思」. "君年方向立, 我年欲三紀. 新歡未渠央, 一別如絃矢. 我心不可轉, 世事東流水. 盛年失偕老, 目昏衰髮齒. 泯泯幾春秋, 至今猶未死. 柏舟在中河, 南山薇作止. 却羨周王妃, 生離歌卷耳."

57 권순열은 "하서에게 있어서 이별은 극복할 수 없는 아픔만은 아니었

다"고 보면서, 그렇기에 "아픔을 극복하고 노래할 수 있었다"고 한다. 권순열, 「하서 김인후 연구」, 『고시가연구』 28권, 한국고시가문학회, 2011. 13쪽.

58 조기영에 따르면, '고사리'는 시인 자신의 간절한 연모의 감정과 순수하고 결백한 의식을 표출하는 충심의 표상어이다. 조기영, 『하서 김인후의 시문학 연구』, 아세아문화사, 1994. 151쪽.

59 김경호, 「슬픔은 어디에서 오는가?」, 『철학탐구』 제31집, 중앙대학교 중앙철학연구소, 2012. 130-132쪽.

60 우응순은 이동환의 견해를 인용하여 김인후의 비분강개를 권귀들의 발호에 대항한 절의 정신에서 온 것이라고 주장한다. 덧붙여 나는 비분강개의 정서적 상태를 실천으로 추동하는 과정에서 도덕적 상상력에 의한 서사의 작용이 포함된다고 제안한다. 그러한 서사의 과정을 통해서 비분강개는 절의 정신이라는 도덕적 맥락을 확보하게 되고, 사회적 투쟁의 형식으로 전환될 수 있다. 우응순, 「16세기 기호사림파의 형성과 그 문학적 지향」, 『한국한문학연구』 31, 한국한문학회, 2003. 133쪽.

61 악셀 호네트, 문성훈·이현재 옮김, 『인정투쟁』, 사월의책, 2011. 17쪽.

62 김인후가 낙향하여 호남의 장성-순창-광주-창평-담양 지역의 명사들과 어울려 울분을 토로하는 것에 그치지 않고, 순창 점안촌에 훈몽재를 건립(39세)하여 후학을 양성한 것과 40대 후반부터 성리학에 침잠하게 된 것은 중요한 서사적 국면이다.

제2장 낙향의 정조: 기대승의 비해

1 『高峯集』, 「年譜」, 44세조. 〈次前年送別退溪韻〉. "歲月悠悠水共流, 天機如許不曾留. 前年惜別傷心地, 今日南歸亦自愁."

2 金啓는 자가 晦叔이고, 호는 雲江이다. 그는 1566년 6월, 호남의 순천부사로 재직할 때 기대승을 방문하여 '죽은 사람의 위패[神主]를 모시는 것'에 대해 논의한다. 기대승의 「二主說」은 이때 지은 것이다.

3 金就礪는 자가 而精이고, 호는 潛齋이다. 그는 기대승과 이황을 이어주는 가교 역할(편지전달)을 하는 인물로 이황의 문인이다. 기대승의 글에서 많이 언급되는 '金而精'이다.

4 비록 그가 2년 후, 1572년 짧은 서울 길에 오르기도 하지만, 그 서울행은 영원히 고향으로 돌아갈 수 없는 '불귀의 시간'이 되고 만다. 기대승은 1572년 10월, 서울에서 광주로 내려오던 길에 병으로 객사한다.

5 기대승 연구와 관련한 내용은 '고봉연구의 현황과 과제'와 '부록' 참고하라. 황의동, 『고봉 기대승의 철학연구』, 고봉학술원, 2002. 251-276쪽.

6 이황과 기대승이 직접적인 사승관계를 맺고 있는 것은 아니지만, 그들의 긴밀했던 학술적 관계에 대해서는 다음의 글을 참조하라. 『高峯集: 兩先生往復書』 卷3, 「先生前上狀判府事宅」.

7 『高峯集: 兩先生往復書』 卷1, 「上退溪先生」.

8 『高峯集: 兩先生往復書』 卷1, 「明彦拜問奇正字宅」.

9 김용헌, 「사단칠정에 대한 고봉 기대승의 입장」, 『중국철학』 3, 중국철학회, 1992.

10 『高峯集: 兩先生往復書』 卷1, 「答上存齋契右」.

11 이 시기에 이황은 향리에서 성리학의 연구에 매진하고 있었다. 1558년 4월에는 『주자서절요』에 대한 서문을 짓는다. 5월에는 『자성록』을 완성한다. 이황의 연보에 따르면, 『주자서절요』는 1556년에 완성되었다고 기록되어 있다. 『退溪全書』, 「年譜」 56-58세조.

12 『高峯集』, 「年譜」 43세조. "漢江滔滔日夜流, 先生此去若爲留. 沙邊拽纜遲徊處, 不盡離腸萬斛愁."

13 『高峯集』, 「年譜」 43세조. "列坐方舟盡勝流, 歸心終日爲牽留. 願將漢水添行硯, 寫出臨分無限愁."

14 『高峯集』, 「論思錄」 卷上, 〈戊辰十二月初六日〉.

15 『高峯集』, 「論思錄」 卷上, 〈己巳三月初四日辰時〉.

16 『高峯集』, 「論思錄」 卷下, 〈己巳六月初九日〉.

17 『高峯集』, 「論思錄」 卷下, 〈己巳六月初九日午時〉.

18 『高峯集: 兩先生往復書』 卷3, 「先生前上謝狀判府事宅」.

19 『高峯集: 兩先生往復書』 卷3, 「先生前上謝狀判府事宅」.

20 『高峯集』 卷2, 「二主說」.

21 『高峯集: 兩先生往復書』 卷3, 「先生前答上狀李判府事宅」.

22 『高峯集: 兩先生往復書』 卷3, 「先生前上謝狀判府事宅」.

23 『高峯集: 兩先生往復書』 卷3, 「先生前答上狀判府事宅」.

24 『高峯集: 兩先生往復書』 卷3, 「明彦令前拜復奇大司成宅光州」.

25 김경호, 「선비의 감성-고봉의 낙을 중심으로」, 『호남문화연구』 45, 전남대 호남학연구원, 2009. 156-167쪽.

26 『高峯集』 卷2, 「過庭記訓」.

27 『高峯集』 卷2, 「過庭記訓」.

28 『高峯集』 (續集)卷2, 「自警說」.

29 『栗谷全書』 卷27, 「擊蒙要訣」. "必以聖人自期."

30 이동희는 기대승의 주자철학에 대한 이해의 단초를 『주자문록』에서 찾고 있다. 고봉학술원 편저, 『고봉 기대승 연구』, 이화, 2009. 202-203쪽 참조.

31 『高峯集』, 「年譜」. "朱子文錄成; 宋正字庭篁撰跋."

32 윤사순은 기대승의 주자학에 대한 이해 정도를 '초기의 숙성된 주자학'의 측면과 '심화·발전시킨 주자학'으로 구분하면서, '초기의 숙성된 주자학'을 『주자문록』에 대한 학습과 연관하여 파악한다. 윤사순, 「주자문록 간행에 붙여-그 해제를 겸하여」, 『국역 주자문록』, 고봉학술원, 2003, 참조.

33 『高峯集: 兩先生往復書』 卷1, 「贈奇正字」.

34 『高峯集: 兩先生往復書』 卷1, 「明彦拜問奇正字宅」.

35 기대승은 1565년에 소재와 나흠순의 인심도심체용론과 리기일물을 논의하게 되고, 나흠순의 「困知記」를 논평하는 「論困知記」도 저술한다.

36 규범의 근거에 대한 기대승의 관점은 '내재적이면서도 객관적인 두 층위'를 고려하기 때문에 이황에 비하여 선명하지 않다. 그러나 기대승이 제기했던 문제의 핵심은 칠정의 중절이 곧 본성에서 근거하기 때문에 내재적인 것과 다르지 않음을 이황에게 동의를 구하고자 한 것이다. 이러한 균열의 지점은 이황의 일방향적 내재적 관점에 대한 이이의 비판에서 구체화 되어 나타난다. 이이는 이황이 구축한 도덕규범의 내재적 기준은 특수한 사례여서 제한적으로 적용된다고 보기 때문에, 누구에게나 보편적으로 적용 가능한 일반화의 기준을 모색한다. 그렇기 때문에 이이는 기대승의 일원적인 관점을 수용하면서도 '규범의 객관적인 근거'에 상대적으로 주목한다.

37 기대승과 이황에 의해 쟁점이 된 '리발', '기발'의 문제는 '발'의 주체 문제와 결부된다. 그럴 때, '주체'는 무엇이며, '주체'의 '본질'은 무엇인가 하는 의문이 다시 제기될 수밖에 없다. 따라서 복잡한 이 과제는 철학적 관점에 따라 리와 기, 심과 성, 그리고 정에 대한 다른 해석을 내놓고, 실천적 영역에서도 차이를 보이게 된다. 후대의 퇴계학파와 율곡학파가 논변을 벌이게 되는 지점도 바로 여기에서부터 비롯한다.

38 사단칠정론이나 리기론은 조선시대 유학자들의 삶의 철학을 이루는 '이론적 토대'이다. 그렇기 때문에 오늘날 성리학의 '사단칠정론'과 '리기론'을 공리공담으로 폄하하고, 사회철학적인 면만을 부각해서 보는 태도는 '외눈으로 바라보기'인 셈이다. 온전히 '두 눈으로 바라보기'가 필요하다.

39 『書經』, 「君陳篇」. "至治馨香, 感于神明."

제3장 늙음의 새벽: 장현광의 노년

1 한국사회에서 전통시대의 노년이나 노인 혹은 늙음에 대한 연구는 매우 일천하다. 대체로 전통시대에 노인이나 노년에 대한 연구는 사회적 통념, 즉 '효'를 중심으로 한 '경로사상'의 관점이나 '가족주의적

인 전통'속에서 파악되었다. 그래서 전통 사회에서는 '노인'과 '노년'에 대해서 '공경'과 '존경' 그리고 '양로'의 대상으로 인식되었다는 내용이 상식처럼 유포되어 있다. 그러한 것이 사실인지 여부는 좀더 엄밀한 후속연구를 기대해야 한다. 비록 한국사회의 노년에 대한 연구 결과는 아니지만, 최근의 서구 사회에서 노년에 대한 연구는 기존의 상식과는 다르다는 증거를 내어놓고 있다. 펫 테인 엮음, 안병직 옮김, 『노년의 역사-고정관념과 편견을 걷어낸 노년의 초상』, 글항아리, 2012. 참조.

2 늙음과 죽음에 대한 점증하는 불안과 공포는 과거에 대한 애틋한 향수와 현재에 대한 상실감을 증폭시킴으로써 삶에 대한 왜곡과 집착을 낳고, 심지어는 도덕적 비난을 야기하는 후안무치한 노욕을 낳기도 한다.

3 피터 G. 피터슨, 강연희 옮김, 『노인들의 사회 그 불안한 미래』, 에코리브로, 2002. 33-36쪽.

4 조르조 아감벤 지음, 김상운·양창렬 옮김, 『목적없는 수단』, 난장, 2009. 225쪽.

5 울리히 벡, 홍성태 옮김, 『위험사회』, 새물결, 1997. 53쪽.

6 김경호, 「늙음에 대한 철학적 성찰-퇴계와 율곡의 경우를 중심으로」, 『율곡사상연구』 9, 율곡학회, 2004.

7 시몬 드 보부아르, 홍상희·박혜영 옮김, 『노년-나이듦의 의미와 위대함』, 책세상, 2002. 219쪽.

8 시몬 드 보부아르, 홍상희·박혜영 옮김, 『노년-나이듦의 의미와 위대함』, 책세상, 2002. 8쪽.

9 죠르주 미누아, 박규현·김소라 옮김, 『노년의 역사』, 아모르문디, 2010. 33쪽.

10 유가철학에서 양로와 경로의 문제는 이승연, 「유가에 있어 노인」, 『유교사상연구』 42, 한국유교학회, 2010. 214-223쪽.

11 2012년 9월 10일자 〈경향신문〉 보도에 따르면. 서울시는 시민들을

대상으로 '노인 대체 명칭 공모전'을 실시한 결과 '어르신'을 최종 선정했다고 10일 밝히고 있다.

12 1998년 8월 10일자 〈경향신문〉 보도자료.

13 16 · 17 · 18대 대선 선거인 연령별 현황(자료출처: 선관위, 2012년 12월 20일자 〈경향신문〉 재인용)

	20대	30대	40대	50대	60대 이상
16대(2002)	23.2%	25.1%	22.4%	12.9%	16.4%
17대(2007)	21.1%	22.9%	22.5%	15.4%	18.1%
18대(2012)	18.1%	20.1%	21.8%	19.2%	20.8%

14 『旅軒全書』 卷7, 「旅軒說」. "余玉山人也, 幼而孤露, 遊學四方. 其不能在家也, 自少然矣. 頃於壬辰夏, 玉山爲倭賊直路. 余家又在路傍, 奔而竄之, 最在人先, 而家燼兵火, 只有丘墟. 雖在寇退之後, 不能返於故土. 自是不托於親戚, 則必依於朋友, 携挈家累, 遷此移彼. 或一歲而三四遷, 遂作東西南北之人. 其爲旅也, 孰有如我乎."

15 17세기 전반기의 대표적인 산림山林으로 존경받던 장현광은 조정으로부터 다양한 관직이 제수되었지만, 대부분 취임하지 않는다. 실제로 취임한 사례는 공조좌랑으로 『주역』의 교정에 참여한 것(1602)과 의성현령으로 취임한 것(1603)이 전부다. 그의 학문적 성취는 「역학도설」과 「성리설」에 잘 나타나 있다.

16 『旅軒全書』 卷7, 「旅軒說」. "余則天地間一蠹也, 非工非賈, 不農不士. 雖嘗從事於文字之學, 實不自篤於身心之功, 猶且不保庸分, 盜取僞名, 至欺明時, 冒受一官. 縱能知其非分, 今得退安山野, 然而躬不自耕, 尙取飽煖. 顧余平生, 非蠹而何."

17 『二程遺書』 卷17. "却如此閑過了日月, 卽是天地間一蠹也."

18 『旅軒全書』 卷7, 「旅軒說」. "軒無常所, 又非己有, 故以旅而名其軒, 軒而曰旅, 名固當其實矣. 夫軒無常所, 而隨往有軒, 則我之有軒也常矣, 有軒也常矣, 而不滯於一軒, 則軒之爲主人之物者自若矣. 無焉而不淪於無, 有焉而不係於有, 此余之常爲旅, 旅而必有軒者也."

19 『旅軒全書』卷4, 「人身說」. “吾人此身, 居兩間之位, 凡宇宙事物許多變化, 其道理無不相應於己身之上焉, 顧此身何從而得爲此身乎. 蓋此道之爲太極者, 本自有爲天爲地爲人之理. 故遂得其爲人之理, 而不得不有此身. 人身亦物也, 天地亦物之大也, 以物推物, 可以互認其理也.”

20 『旅軒全書』卷7, 「孔聖」. “所謂吾人事業者, 便是盡性至命, 裁成輔相, 參贊位育之道也. 其事業, 卽三皇之所皇, 五帝之所帝, 三王之所王者是也. 故有天地人物矣, 而上古無三皇不得也, 中古無五帝不得也, 唐虞以下, 無三王不得也.”

21 『旅軒全書』卷6, 「學部名目會通旨訣」. “有爲之謂事, 從事之謂業, 因其有事而爲業, 故曰事業.”

22 『旅軒全書』卷7, 「孔聖」. “事業者, 行盡其道之謂也.”

23 『旅軒全書』卷6, 「明分」. “萬物生於天地之間, 莫不有所定之分焉. 分者, 隨其所稟之形氣, 而道理有界限也. 草則爲蔬菜爲藥用爲百獸之食者, 其分也. 木則爲林藪爲薪柴爲百果爲宮室器械之材者, 其分也. 禽獸之爲馴畜爲犧牲爲皮毛骨角之用者, 其分也. 昆蟲魚鼈之皆得爲凡需者, 其分也. 至於金鐵玉石, 莫不爲當用之資者, 其分也.”

24 『旅軒全書』卷6, 「事物論」. “在身有身之事, 在家有家之事, 在國有國之事, 在天下有天下之事, 在宇宙有宇宙之事, 須無所不盡, 然後可以謂之充塞吾人之職責矣,.”

25 『性理說』卷4, 「論經緯可以喩理氣」. “理乃道之經也, 氣乃道之緯也. 爲經爲緯者雖別, 而同是絲也, 則其可以二其本乎? 爲理爲氣者雖分, 而同是道也, 則其可以二其源乎?”

26 『旅軒全書』卷1, 「觀物賦」. “物求所以然兮, 事求所當.”

27 『周易』, 「繫辭」. “易有太極, 是生兩儀, 兩儀生四象, 四象生八卦. 一陰一陽之謂道. 繼之者, 善也, 成之者, 性也. 仁者見之, 謂之仁, 知者見之, 謂之知, 百姓日用而不知, 故君子之道鮮矣. 是故, 形而上者, 謂之道, 形而下者, 謂之器, 化而裁之, 謂之變, 推而行之, 謂之通, 擧而措之天下之民, 謂之事業.”

28 『旅軒全書』卷1, 「空中樓閣賦」. “事業則道德功力.”

29 『旅軒全書』卷7, 「道統說 “然則內外百體之無所不具, 無所不備, 而合之爲全形者, 卽其身也. 大小百體之各職其職, 各則其則, 而有日用事業者, 卽其道也. 此所以踐形充德修責任之謂也. 責任者, 何業也. 卽宇宙內事也. 宇宙內許多事業, 都在吾人, 若非吾人責其事業, 則宇宙爲空器矣.”

30 『旅軒全書』 卷6, 「老人事業」. “吾人也. 生於天地之間, 居於萬物之中, 其亦隨一理而有無者也. 始於幼稚, 中於壯成者, 乃其從無而爲有也. 極於壯成, 轉入衰老者, 乃其從有而歸無也. 然則人之衰老, 固其理也.”

31 『旅軒全書』卷6, 「老人事業」. “至於血氣旣衰, 則黑者白, 長者短, 密者疏, 毛髮之變也.”

32 『旅軒全書』卷6, 「老人事業」. “肌消而皮皺, 凍梨而浮垢, 骨節磈磊, 而軀體傴僂者, 形貌之變也.”

33 『旅軒全書』卷6, 「老人事業」. “昏舌牙齒喉五聲具, 然後音韻備而言語成矣, 及其牙脫齒落, 則五聲中二聲已失矣. 止用昏舌喉三聲, 亦皆微緩不敏, 則言語不成者, 聲音之變也.”

34 『旅軒全書』卷6, 「老人事業」. “如坐煙霧之暗, 莫察相對之顔面, 如負墻壁之隔, 莫聞辟㖡之言語者, 耳目之變也.”

35 『旅軒全書』 卷6, 「老人事業」. “喘促於堂階之陞降, 蹇躓於應接之拜揖者, 氣力之變也.”

36 『旅軒全書』 卷6, 「老人事業」. “莫記舊聞, 無望新得, 都忘知舊之姓名, 昧失宿誦之文字者, 精神魂魄之變也.”

37 『旅軒全書』卷6, 「老人事業」. “雖千萬吾往之勇, 値盤錯不鈍之器, 負荷吾道, 經綸當世, 擔當宇宙, 把握天地之心膽, 不可得以奮振, 則志氣力量之變也.”

38 『論語』, 「季氏」. “少之時, 血氣未定, 戒之在色, 及其壯也, 血氣方剛, 戒之在鬪, 及其老也, 血氣旣衰, 戒之在得.”

39 『與猶堂全書』第二集 經集卷40, 「論語古今註」. “案凡天地萬物之情, 實則思泄, 故每噴而出之. 虛則求益, 故每吸而入之, 此物之所自然, 物亦莫知其所以然也. 少之好色, 壯之善鬪, 是實而思泄者也. 老者血虛氣乏, 常思補益, 故其情愛飮食戀財物, 斯其可畏之機也."

40 『旅軒全書』 卷6, 「老人事業」. "行道者, 身老則衰矣, 而存道者, 心老亦不可離矣."

41 『旅軒全書』 卷6, 「老人事業」. "只合靜坐一室, 一切停事務止經營斷出入絶往來小應接."

42 『旅軒全書』 卷6, 「耄齡人事」. "不可强用思慮, 强用視聽, 强用言語, 强用動作, 坐臥以時, 飮食以節."

43 『旅軒全書』 卷6, 「耄齡人事」. "尋繹舊所讀誦, 翫悅義理."

44 『旅軒全書』 卷6, 「耄齡人事」. "頤安性情, 有以補養心氣."

45 『旅軒全書』 卷6, 「耄齡人事」. "其積也有以與天地造化流通焉."

46 『旅軒全書』 卷6, 「耄齡人事」. "無極太極之妙, 益可以認會矣."

47 『旅軒全書』 卷6, 「耄齡人事」. "盛極則衰, 衰而老者, 自有而歸無."

48 『旅軒全書』 卷6, 「耄齡人事」. "無事之事, 無業之業."

49 이러한 장현광의 관점은 '순천順天적인 삶의 태도'와 일치한다. 장숙필, 「여헌의 순천적 삶과 그 의미」, 『동양고전연구』 45, 동양고전학회, 2011. 19-34쪽.

제4장 안팎의 사이: 박지원과 열하

1 박지원의 '열하일기'를 비롯한 다양한 저술은 이미 한글로 번역 출간되어 많은 연구 성과가 누적되어 있다. 이 글에서는 한국고전번역원에서 간행한 『燕巖集』을 저본으로 하였으며, 리상호가 번역한 『열하일기』(보리, 2004)와 신호열·김명호가 옮긴 『연암집』(돌베개, 2007)을 참고하였다. 이하의 한글 번역문은 두 선행 연구에 따랐음을 밝혀둔다. '열하일기'와 관련한 연구서로 참조할 단행본은 다음과 같다. 김명호, 『열하일기 연구』, 창비, 1990; 고미숙, 『삶과 문명의 눈부신 비전 열하일기』, 작은길, 2012.

2 이 글에서 사용하는 '의미meaning'라는 개념은 마크 존슨의 견해를 따른다. 그는 "의미는 우리의 신체적 경험에 기초한다"는 관점에서 '신체화된 의미 이론embodied theory of meaning'을 제안한다. 존슨에 따르면, "의미는 사람과 환경의 상호작용의 특징 및 중요성에 관한 것"으로 "관계적"이며, "한 사물이 다른 사물들과 어떻게 관련되고 연결되는지에 관한 것"이라고 설명한다. 이러한 점에서 '신체화된 의미 이론'은 생물학적 유기체가 환경과 상호작용하지 않고서는 존재할 수 없는 경험의 흐름 내에 의미를 자리매김한다는 자연주의적 관점을 제기한다. 마크 존슨, 김동환·최영호 옮김, 『몸의 의미-인간 이해의 미학』, 동문선, 2012. 42-45쪽.

3 마크 존슨, 김동환, 최영호 옮김, 『몸의 의미-인간 이해의 미학』, 동문선, 2012. 55쪽.

4 '신체화된 경험embodied experience'에 대한 논의는 노양진의 다음 논문을 참조하라. 노양진, 「다원성과 다원주의: 신체화된 경험과 다원주의의 제약」, 『철학연구』 89, 대한철학회, 2004.

5 여기서 타자라는 개념은 서구의 근대적 주체 형성과 관련된 용어이기에 제한적으로 사용될 필요가 있다. 그러나 18세기 중반 이후 조선 사회의 지식인들은 그들과 다른 존재, 즉 타자로서 청과 서양이라는 '세계'를 파악하기 시작한다. 이러한 점에서 이 글에서 '타자'라는 용어를 제한적이지만 사용하겠다.

6 18세기 동아시아의 급변하는 흐름은 박지원뿐만 아니라 조선의 지식인들에게 초미의 관심사였다. 이에 관해서는 다음 글을 참조하라. 김문식, 「박지원이 파악한 18세기 동아시아의 정세」, 『한국실학연구』 10, 한국실학학회, 2005.

7 박지원의 「閔翁傳」·「廣文者傳」·「兩班傳」 등은 〈放璚閣外傳〉으로 묶여 있고, 『燕巖集』 卷8에 수록되어 있다.

8 박지원과 홍대용의 친교를 잘 보여주는 글은 『燕巖集』 卷3, 〈孔雀館文稿〉에 실려있는 「答洪德保書」 4편과 『燕巖集』 卷2, 〈煙湘閣選本〉에

실려있는 「洪德保墓誌銘」이다. 홍대용과 주고받은 4편의 편지는 박지원이 1778년(정조 2) 가족을 데리고 황해도 금천의 燕巖峽으로 이주한 이후에 작성된 것으로, 자신의 처지와 사색을 내밀하게 전하고 있다. 이 편지를 통해 박지원은 연안협으로 도피해서 살고 있는 자기 자신에 대해서 점점 기개를 잃어버리고 '일개 늙은 농부'가 되어 간다(「答洪德保書一」: 非復舊日志氣, 頹然成一老農夫.)거나, '머리를 깎지 않은 비구승' 혹은 '아내를 둔 행각승'으로 비유하기도 한다.(「答洪德保書二」: 今吾自逃於蓬藋之間, 可謂不剃之比邱, 有妻之頭陀.) 다른 편지에서는 박제가, 이덕무, 유득공을 만나서 나누었던 이야기를 전하기도 한다.(「答洪德保書三」: 惠風之道見天子, 眞是壯觀… 吾答曰 此始皇帝副本也. 惠風曰 何以知之? 曰吾已識之於三才圖會 帝王像中矣. 三人者皆大笑, 對我不復自詑其奇觀.) 「홍덕보묘지명」은 홍대용이 1783년에 죽자 박지원이 지은 것이다. 이 묘지명에 대하여 박지원의 아들 박종채는 박지원의 애도사가 벗으로서 시작하여 벗으로서 맺었다고 평가한다. 『燕巖集』 卷2, 「洪德保墓誌銘」. "首尾八百餘言, 以友朋起結."

9 홍대용의 연행과 교유 활동에 관해서는 「을병연행록」을 중심으로 살핀 다음 논문을 참조하라. 최두진, 「담헌 홍대용의 연행 중 교우활동과 교육적 의의」, 『교육사상연구』 제25권 제1호, 한국교육사상연구회, 2011.

10 「醫山問答」은 홍대용의 『湛軒書』 內集 卷4에 수록되어 있다. 홍대용은 북경을 다녀오면서 체득한 다양한 학술사상을 實翁과 虛子가 토론하는 방식을 통해 제기하고 있다. 허자가 기존의 전통적 관점을 고수하는 입장이라면 실옹은 서양학술을 수용하는 홍대용 자신의 입장을 대변하고 있다.

11 김문용은 홍대용의 학술사상을 유학적 전통에서 기초한 '실학'으로 규정하고, 이 실학은 '탈주자학적 성격'을 띤다고 주장한다. 그는 '탈주자학적 성격'에 대해서 "다만 그것은 그가 주자학을 부정하고 배척하려 했다는 의미라기보다는, 말 그대로 주자학을 극복하고 벗어나

려 했다는 의미로 이해되어야 할 것이다."고 제한한다. 김문용, 『홍대용의 실학과 18세기 북학사상』, 예문서원, 2005. 55-56쪽.

12 홍대용의 지전설과 세계관의 전환에 대해서는 다음의 글을 참조하라. 한국사상연구소 편, 『자료와 해설 한국의 철학사상』, 고려대 민족문화연구원, 예문서원, 2001. 710-713쪽.

13 홍대용은 청나라의 반정균에게 보내는 편지에서 그가 연경에 15일간 머무는 동안 사람들과 나누었던 필담과 서찰을 모아 「건정동회우록」이라 정했음을 알린다. 『湛軒書』 外集卷1, 「與潘秋庭筠書」〈杭傳尺牘〉. "弟以四月十一日渡鴨水, 以五月初二日歸鄕廬. 以其十五日, 諸公簡牘, 俱粧完共四帖, 題之曰古杭文獻. 以六月十五日, 而筆談及遭逢始末, 往復書札, 幷錄成共三本, 題之曰乾淨衕會友錄."

14 『燕巖集』 卷1, 「會友錄序」(煙湘閣選本). "出其所與三士譚者, 彙爲三卷以示余曰 子其序之. 余旣讀畢, 而歎曰 達矣哉, 洪君之爲友也. 吾乃今得友之道矣. 觀其所友, 觀其所爲友, 亦觀其所不友, 吾之所以友也."

15 『燕巖集』 卷11, 「熱河日記: 馹汎隨筆」, 〈車制〉. "吾嘗與洪湛軒德保, 李參奉聖載講車制. 車制莫先於同軌, 所謂同軌者何? 軸之距兩輪之間也. 兩輪之間, 不違恒式, 則萬車一轍, 所謂車同軌者是也."

16 홍대용의 '지전설'은 오늘날처럼 지구의 자전과 공전을 함께 주장하는 것이 아니다. 그의 지전설은 지구의 자전만을 의미하고 공전을 포함하지 않는다. 이에 대해서는 다음을 참조하라. 김문용, 『홍대용의 실학과 18세기 북학사상』, 예문서원, 2005. 94-106쪽.

17 박지원은 열하의 태학관에 머물던 중(음 8월 13일) 기공이란 인물과 대화하면서 '지전설'에 대한 자신의 견해를 말한다. 이때 지전설이 홍대용의 견해라는 것을 밝힌다. 『燕巖集』 卷12, 「熱河日記: 太學留館錄」. "奇公大笑曰 奇論奇論. 地毬之說, 泰西人始言之, 而不言地轉. 先生是說, 自理會歟? 抑有師承否? 余曰 不知人焉知天? 僕素昧度數之學. 雖漆園翁之玄玅曠達, 至於六合之外, 則存而不論. 吾非心得, 乃是耳剽, 吾友洪大容號湛軒, 學問好不局滯, 嘗與我對月戲作此語. 大約荒唐難稽,

雖有聖智, 未可難倒."

18 중국여행의 일반적인 기록인 연행록과 『열하일기』의 관련성은 다음 글을 참조하라. 김명호, 「연행록의 전통과 열하일기」, 『한국한문학연구』 11, 한국한문학회, 1988.

19 홍대용(1765년)을 비롯한 박제가·이덕무(1778년)는 박지원에 앞서 북경을 다녀온다. 유득공(1778년)도 심양을 다녀온다. 박지원은 홍대용에게 보내는 편지에서 자신은 이미 「건정록」을 통해 이 중국 사정을 이미 알고 있기에 특별히 궁금한 것이 없음을 애써 강조하고 있다. 『燕巖集』 卷三, 「答洪德保書第三」(孔雀舘文稿). "第其東還以來, 心目益高, 百無可意, 眉眼之間, 時露鋒穎奇遊一段. 已於乾淨錄中, 耳染目擩, 實如足踏, 不須更事探討. 非爲更無奇事, 聊以抑之, 故不語薑溝以西事. 諸君輩頗亦怪之."

20 『燕巖集』 卷11, 「熱河日記: 渡江錄」. "復至柵外, 望見柵內, 閭閻皆高起五樑. 苫艸覆盖, 而屋脊穹崇, 門戶整齊, 街衕平直, 兩沿若引繩. 然墻垣皆甎築, 乘車及載車, 縱橫道中. 擺列器皿, 皆畵瓷. 已見其制度絶無邨野氣. 往者洪友德保, 嘗言大規模細心法, 柵門天下之東盡頭, 而猶尙如此, 前道遊覽, 忽然意沮, 直欲自此徑還, 不覺腹背沸烘."

21 『燕巖集』 卷11, 「熱河日記: 渡江錄」. "雖牛欄豚柵, 莫不疎直有度, 柴堆糞庤, 亦皆精麗如畵. 嗟乎! 如此然後始, 可謂之利用矣. 利用然後, 可以厚生, 厚生然後, 正其德矣. 不能利其用, 而能厚其生, 鮮矣. 生旣不足以自厚, 則亦惡能正其德乎?"

22 『燕巖集』 卷12, 「熱河日記: 馹汎隨筆」. "彼胡虜者, 誠知中國之可利, 而足以久享, 則至於奪而據之. 若固有之, 爲天下者, 苟利於民而厚於國, 雖其法之或出於夷狄, 固將取而則之."

23 『書經』, 「大禹謨」. "德惟善政, 政在養民. 水火金木土穀惟修, 正德利用厚生惟和."

24 『燕巖集』 卷12, 「熱河日記: 關內程史」, 〈虎叱〉.

25 『燕巖集』 卷11, 「熱河日記: 盛京雜識」. "使行改服臨發, 余辭起. 福寧前

執手曰 行李保重. 時方秋暑益熾, 切戒生葅冷飮."

26 전생과 예속재에 대한 내용은 다음 글을 참조하라. 『燕巖集』 卷11, 「熱河日記: 盛京雜識」, 〈栗齋筆談〉.

27 『燕巖集』 卷11, 「熱河日記: 盛京雜識」, 〈古董錄〉. "足下前日, 不以僕鄙卑, 猥托求賢之心, 而沿路立談, 未可造次輸誠. 亦非枉路屈駕, 所宜容易."

28 박지원이 청나라 상인들의 실상과 사농공상의 직업에 대한 당대의 관점을 토론한 것은 다음 글을 참조하라. 『燕巖集』 卷11, 「熱河日記: 盛京雜識」, 〈商樓筆談〉.

29 『燕巖集』 卷14, 「熱河日記: 山莊雜記」, 〈象記〉.

30 박지원의 상방에 대한 기록은 다음 글을 참조하라. 『燕巖集』 卷11, 「熱河日記: 黃圖紀畧」, 〈象房〉.

31 이강엽, 「연행록의 코끼리 기사와 박지원의 상기」, 『한국한문학연구』 48, 한국한문학회, 2011.

32 『燕巖集』 卷12, 「熱河日記: 馹汛隨筆」. "聖人之作春秋, 固爲尊華而攘夷, 然未聞憤夷狄之猾夏, 並與中華可尊之實而攘之也. 故今之人誠欲攘夷也, 莫如盡學中華之遺法, 先變我俗之椎魯, 自耕蠶陶冶, 以至通工惠商, 莫不學焉. 人十己百, 先利吾民. 使吾民制梃, 而足以撻彼之堅甲利兵, 然後謂中國無可觀可也."

33 이현식은 박지원의 「渡江錄序」에 주목한다. 그에 따르면 도강록은 '열하일기'가 춘추대의론자들에 의해 비난받을 소지를 제거하기 위한 "일종의 위장"이라고 주장한다. 이현식, 「도강록서, 열하일기를 위한 위장」, 『동방학지』 152권, 연세대학교 국학연구원, 2010.

34 G. 레이코프 · M 존슨, 임지룡 · 윤희수 · 노양진 · 나익주 옮김, 『몸의 철학』, 박이정, 2002. 462-464쪽.

35 『燕巖集』 卷12, 「熱河日記: 馹汛隨筆」. "余下士也. 曰壯觀在瓦礫. 曰壯觀在糞壤. 夫斷瓦, 天下之棄物也. 然而民舍繚垣肩以上, 更以斷瓦, 兩兩相配, 爲波濤之紋, 四合而成連環之形, 四背而成古魯錢. 嵌空玲瓏,外內交映, 不棄斷瓦, 而天下之文章斯在矣."

36 『燕巖集』 卷12, 「熱河日記: 駋汎隨筆」, 〈橋梁〉. "余於叢石觀日, 有詩曰 行旅夜半相叫譍, … 有誰雙擎一躍騰."

37 『燕巖集』 卷7, 「北學議序」(鍾北小選). "學問之道無他, 有不識, 執塗之人而問之可也."

38 『燕巖集』 卷7, 「北學議序」(鍾北小選). "如將學問, 舍中國而何? 然其言曰 今之主中國者, 夷狄也. 恥學焉, 幷與中國之故常而鄙夷之. 彼誠薙髮左衽, 然其所據之地, 豈非三代以來漢唐宋明之函夏乎? 其生乎此土之中者, 豈非三代以來漢唐宋明之遺黎乎? 苟使法良而制美, 則固將進夷狄而師之."

39 『燕巖集』 卷7, 「北學議序」(鍾北小選). "試一開卷, 與余日錄, 無所齟齬, 如出一手. 此固所以樂而示余, 而余之所欣然讀之三日, 而不厭者也."

40 북경에 도착한 박지원 일행은 황제가 열하에 머물고 있다는 것을 확인하고는 급히 일정을 변경하여 최소한의 인원으로 열하로 향하게 된다. 이 과정에서 박지원은 기대했던 연경 유람의 기회가 사라질지도 모른다는 불안감에 열하행을 기피한다. 사실 박지원은 열하보다는 북경에 남아 유리창에서 문인들과 교유할 시간을 갖기를 원하였기 때문이다. 그러자 삼종형인 정사는 박지원에게 열하는 아무나 갈 수 있는 곳도 아니고, 또 열하는 제대로 구경한 사람이 없기 때문에 함께 갈 것을 강권한다. 『燕巖集』 卷12, 「熱河日記: 漠北行程錄」. "余極欲同赴, 而一則卸鞍屬耳, 餘憊未蘇, 又作遠役, 誠所難堪. 二則若自熱河, 直令東還, 於皇京遊覽, 實爲狼狽.… 正使謂余曰 汝萬里赴燕爲遊覽, 今此熱河, 前輩之所未見, 若東還之日, 有問熱河者, 何以對之? 皇城人所共見, 至於此行, 千載一時, 不可不往."

41 『燕巖集』 卷2, 「答南直閣公轍書 原書附」(煙湘閣選本). "頃日以文體之學明淸, 大被恩譴, 與稺敎諸人, 至蒙縅推記下生. 則又自內閣從重照律收贖, 贖錢設酒饌.… 昨日筵中下敎于賤臣曰 近日文風之如此, 原其本則莫非朴某之罪也. 熱河日記, 予旣熟覽焉, 敢欺隱此. 是漏網之大者,熱河記行于世後, 文體如此, 自當使結者解之. 仍命賤臣, 以此意作書. 執事斯速著一部純正之文, 卽卽上送, 以贖熱河記之罪, 則雖南行文任, 豈有可惜者乎? 不然則當有重罪, 以此卽爲貽書事下敎矣."

42 18세기 한양을 중심으로 한 '중국본唐本' 서적의 출판과 유통 양상에 대한 것은 다음 글을 참조하라. 김영진, 「조선후기 서적 출판과 유통에 관한 일고찰」, 『동양한문학연구』 30, 동양한문학회, 2010. 10-16쪽.

43 정조의 문체반정에는 생부인 사도세자와의 연관성도 고려된다. 사도세자는 「중국소설회모본」을 작성할 정도였다고 한다. 정병설, 「사도세자가 명해서 만든 화첩 중국소설회모본」, 『문헌과 해석』 47, 문헌과해석사, 2009. 126-134쪽.

44 『燕巖集』 卷2, 「答南直閣公轍書 原書附」(煙湘閣選本). "執事斯速著一部純正之文, 卽卽上送, 以贖熱河記之罪, 則雖南行文任, 豈有可惜者乎? 不然則當有重罪, 以此卽爲貽書事下敎矣."

45 『燕巖集』 卷2, 「答南直閣公轍書 原書附」(煙湘閣選本). "駸尋入稗官小品, 則莫知爲而爲, 轉輾爲委巷所慕, 則不期然而然. 文風由是而不振, 士習由是而日頹, 則是固傷化之災民, 文苑之棄物也. 其得免明時之憲章, 亦云幸矣."

제4부 감성의 재구성

제1장 몸과 체험: 세속적 삶의 성화

1 이승환, 「몸, 신체, 육체」, 『우리말 철학사전』, 지식산업사, 2002.

2 『전통과현대』(1999, 여름호)에서는 '왜 몸은 우리시대의 화두인가?'하는 물음을 던지면서, '몸의 문화철학적 조명'이라는 주제 아래 몸에 대한 다양한 담론의 틀을 분석하고 있다.

3 엘리아데에 따르면, 종교체험이란 성스러움에 대한 경험을 가진 '종교적 인간'이 '성스러움을 지향하는 세계 안에서 경험하게 되는 모든 생활 체험'이라고 정의한다. 이 때 '성스러움'이란 '존재being의 충만'이며 '실재'로서 '영원성'을 나타낸다. M. 엘리아데, 이은봉 역, 『성과

속』, 한길사, 2001. 47-54쪽.

4 M. 엘리아데, 이은봉 역, 『성과 속』, 한길사, 2001. 55-56쪽.

5 기독교의 영성에 대한 논의는 종교생활과 관련하여 무수히 많은 책들이 소개되고 있다. 이 논문에서는 길희성의 책만을 참고로 한다. 길희성, 『마이스터 엑카르트의 영성 사상』, 분도출판사, 2003.

6 대표적으로 켄 윌버, 김철수 역, 『아이 투 아이: 감각의 눈·이성의 눈·관조의 눈』, 대원출판사, 2004; 켄 윌버, 김철수역, 『무경계-자기성장을 위한 동서양의 통합접근』, 무수우, 2005; 데이비드 호킨스, 이종수 역, 『의식혁명』, 한문화, 2006. 이와 달리 레이코프와 존슨 등 체험주의experientialism 전통에서 몸-마음을 연구하는 학자들은 영성도 '신체화된 마음'의 연장선에서 이해한다. 이들은 영성이란 인간의 몸이라는 제약을 떠나서 상상할 수 없다는 점에서 특정 종교나 신비주의에서 주장하는 수직적 초월과는 다른 것이라 본다. 이들은 영성을 일종의 수평적 초월의 형태로 보는 것이다. 이에 관해서는 다음을 참조하라. 810-816쪽.

7 길희성, 『마이스터 엑카르트의 영성사상』, 분도출판사, 2003. 149쪽.

8 길희성, 『마이스터 엑카르트의 영성사상』, 분도출판사, 2003. 112쪽.

9 M. 엘리아데, 이은봉 역, 『성과 속』, 한길사, 2001. 50쪽.

10 M. 엘리아데, 이은봉 역, 『성과 속』, 한길사, 2001. 155쪽.

11 M. 엘리아데, 이은봉 역, 『성과 속』, 한길사, 2001. 156쪽.

12 M. 엘리아데, 이은봉 역, 『성과 속』, 한길사, 2001. 160쪽.

13 『旅軒集』 續集 卷4, 「人身說」. "吾人此身, 居兩間之位, 凡宇宙事物許多變化, 其道理無不相應於己身之上焉, 顧此身何從而得爲此身乎. 蓋此道之爲太極者, 本自有爲天爲地爲人之理, 故遂得其爲人之理, 而不得不有此身."

14 인간이 천지인天地人 삼재三才가운데 가장 영명한 존재라고 파악하는 것은 성리학뿐만 아니라 동학에서도 그대로 나타난다. 崔濟愚, 『東經大全』, 「論學文」. "陰陽相均, 雖百千萬物, 化出於其中, 獨有人最靈者

也."

15 『旅軒全書』 194, 「宇宙說」. "吾人以宇宙內事爲吾之責, 則凡在天地之間者, 不論大小精粗, 皆吾所當知也."

16 『旅軒全書』 346. "男兒生於天地, 當以宇宙間事業爲己任."

17 M. 엘리아데, 이은봉 역, 『성과 속』, 한길사, 2001. 180쪽.

18 길희성, 『마이스터 엑카르트의 영성사상』, 분도출판사, 2003. 112쪽.

19 『旅軒集』 續集 卷4, 「人身說」. "嗚呼, 此身之最靈最貴, 旣自如此矣, 而不自知其靈貴, 至於行屍走肉, 乃禽乃獸, 醉生夢死者, 豈非可哀之甚者耶."

20 취생몽사醉生夢死는 사전적으로는 '술에 취하여 자는 동안에 꾸는 꿈속에 살고 죽는다'는 뜻이다. 곧 한평생을 아무 하는 일 없이 흐리멍덩하게 살아감을 비유적으로 이르는 말이다.

21 『中庸』. "天命之謂性, 率性之謂道, 修道之謂敎."

22 『通書』. "聖可學."

23 『通書』. "誠無爲." "誠者聖人之本."

24 『太極圖說』. "無極而太極, 太極動而生陽, 動極而靜, 靜而生陰…太極本無極也, 五行之生也, 各一其性, 無極之眞, 二五之情, 妙合而凝, 乾道成男, 坤道成女, 二氣交感, 化生萬物…惟人也, 得其秀而最靈, 形旣生矣, 神發知矣, 五性感動, 而善惡分, 萬事出矣, 聖人定之以中正仁義…而主情, 立人極焉, 故聖人與天地合其德…大哉易也, 斯其至矣."

25 『中庸』, "誠者物之終始, 不誠無物."

26 김경호, 『인격 성숙의 새로운 지평-율곡 이이의 인간론』, 정보와사람, 2008.

27 『入學圖說』, 「天人心性合一之圖」. "圖謹依周子太極圖, 及朱子中庸章句之說, 就人心性上, 以明理氣善惡之殊, 以示學者, 故不及萬物之化生之象."

28 『入學圖說』, 「天人心性分析之圖」. "天爲一大, 一者以理言則無對, 以行言則無息. 大者以體言則無外, 以化言則無窮. 萬化之源, 萬殊之本."

29 『中庸』, “誠者天之道也, 誠之者人之道也.”

30 『中庸』, “誠者物之終始, 不誠無物.”

31 『栗谷全書』 拾遺卷6, 「誠策」. “天以實理, 而有化育之功, 人以實心, 而治感通之效, 所謂實理實心者, 不過曰誠而已矣…其體甚微, 而其用甚顯, 故天地可以格, 鬼神可以動, 人心可以服矣.”

32 『栗谷全書』 卷21, 「聖學輯要・誠實章」. “窮理旣明, 可以窮行, 而必有實心, 然後乃下實功, 故誠實爲窮行之本.”

33 『入學圖說』, 「天人心性合一之圖」. “聖人與天同大 參天地贊化育.”

34 『入學圖說』, 「天人心性合分析之圖」. “合天人而一之.”

35 『東經大全』, 「論學文」, “吾心卽汝心也.”

36 최제우의 『용담유사』에는 ‘ᄒᆞ늘님’으로 표현되어 있고, 현재 천도교에서는 ‘한울님’이라는 용어를 사용하고 있다. 이 글에서는 김용휘의 논거에 따라 ‘하늘님’으로 표기한다. 김용휘, 「시천주 사상의 변천을 통해 본 동학 연구」, 고려대학교 박사학위논문, 2005.

37 김용휘는 최제우의 중심 사상은 시천주侍天主에 있다고 파악한다. 김용휘, 「시천주 사상의 변천을 통해 본 동학 연구」, 고려대학교 박사학위논문, 2005.

38 『동경대전』은 최제우가 전남 남원의 은적암隱寂庵에 은거하면서 1861년에 지은 「포덕문布德文」・「논학문論學文」과 1862년에 지은 「수덕문修德文」 그리고 1863년경에 지은 「불연기연不然其然」 등 4편의 글과 15편의 단문으로 구성되어 있다. 최시형에 의해 1880년에 간행되었다.

39 『용담유사』는 최제우가 지은 한글가사체 포교집으로 「용담가龍潭歌」, 「안심가安心歌」, 「교훈가敎訓歌」(1860년), 「도수사道修詞」, 「검결劍訣」, 「몽중노소문답가夢中老少問答歌」(1861년), 「권학가勸學歌」(1862년), 「도덕가道德歌」, 「흥비가興比歌」(1863년) 등 9편으로 구성되어 있다. 이 책은 최시형崔時亨에 의해 1881년 간행되었다.

40 崔濟愚, 『東經大全』, 「論學文」. “內有神靈.”

41 崔濟愚, 『東經大全』, 「論學文」, "內有降話之敎."

42 崔濟愚, 『東經大全』, 「論學文」, "至者極焉之爲至, 氣者虛靈蒼蒼, 無事不涉, 無事不命, 然而如形而難狀, 如聞而難見, 是亦渾元之一氣也."

43 崔濟愚, 『東經大全』, 「座箴」. "吾道博而約, 不用多言義, 別無他道理, 誠敬信三字. 這裏做工夫, 透後方可知."

44 崔濟愚, 『東經大全』, 「布德文」. "不意四月 心寒身戰, 疾不得執症, 言不得難狀之際, 有何仙語, 忽入耳中, 驚起探問則 曰勿懼勿恐. 世人謂我上帝, 汝不知上帝耶. 問其所然, 曰余亦無功故, 生汝世間, 敎人此法, 勿疑勿疑."

45 崔濟愚, 『東經大全』, 「論學文」, "身多戰寒, 外有接靈之氣, 內有降話之敎, 視之不見, 聽之不聞, 心尙怪訝, 修心正氣而問曰 何爲若然也. 曰吾心卽汝心也. 人何知之. 知天地而無知鬼神, 鬼神者吾也, 及汝無窮無窮之道, 修而煉之, 制其文敎人, 正其法布德, 則令汝長生, 昭然于天下矣."

46 최제우는 신성한 존재인 하늘님을 내 몸에 영접하여 모시고 있다고 하는 자긍심 때문에 스스로의 교만해짐을 경계한다. 『용담유사』, 「교훈가」. "나는 도시 믿지 말고 하늘님을 믿었어라"

47 崔濟愚, 『東經大全』, 「修德文」. "人言以成, 先信後誠."

48 『龍潭遺辭』와 『東經大全』에서 수심정기修心正氣하는 수행과 관련하여 가장 많이 언급되는 용어는 성誠과 경敬이다. 성誠은 최제우에게 있어 주로 '정성스러움'의 의미로 사용되는데, 그는 '정성스러움은 마음으로 믿는 것'이고 정의한다. 『東經大全』, 「修德文」. "心信爲誠."

49 崔濟愚, 『東經大全』, 「論學文」. "內有神靈, 外有氣化, 一世之人, 各知不移者也."

50 崔濟愚, 『東經大全』, 「修德文」. "受我呪文, 敎人爲我則, 汝亦長生, 布德天下矣."

51 "우리는 생각의 하느님으로 만족해서는 안된다. 왜냐하면 생각이 사라지면 하느님도 사라지기 때문이다. 그보다도 우리는 인간과 모든 피조물의 생각을 뛰어넘는 본질적 하느님을 지녀야 한다." 이것은 엑

카르트의 영적 깊이를 보여주는 예인데, 최제우의 시侍가 함의하는 바는 이보다 더욱 본질적인 하늘님의 모심을 보여준다. 길희성, 『마이스터 엑카르트의 영성사상』, 분도출판사, 2003. 55쪽 각주 21.

제2장 삶의 재정향: 일상과 세계에 대한 성찰

1 유학에서는 지知와 행行을 객관적 대상사물에 대한 인지적 확장의 측면뿐만 아니라 도덕적 실천의 관점에서도 파악한다. 따라서 이 두 층위를 파악하는 관점에 따라 지행합일 혹은 지행병진의 입장이 제시된다.

2 이 글에서 사용하고 있는 진정성authenticity 개념은 찰스 테일러가 『불안한 현대사회』(송영배 역, 이학사, 2001)에서 제안하고 있는 것이다. '진정성'에 대한 논의는 김홍중의 「진정성의 기원과 구조」(『한국사회학』 43-5, 한국사회학회, 2009)를 참고할 만하다. 김홍중은 이 논문에서 트라일링의 신실성과 진정성에 대한 논의를 인용하면서, 신실성을 전근대의 도덕적 가치로, 진정성을 개인주의적 가치를 내면화한 근대적 인간에 의한 근대적 사유의 산물로 파악한다. 나는 동아시아의 유학적 전통, 특히 이이와 같은 성리학자에게서 인간에 대한 본질적 물음은 성誠의 당위적 존재에 대한 긍정에 한정하지 않고 성誠을 이뤄가는[誠之] 과정'에 대한 실천성을 담보하는 존재이어야 한다고 이해한다. 따라서 이 과정은 곧 성性의 존재가 성聖의 존재로 전이됨을 의미한다. 나는 '성性의 존재로부터 성聖의 존재로' 전인격적 변화를 추구하는 과정[성誠을 이뤄가는 과정]에서 필수적으로 요구되는 주체형성의 논리이자 실천적 개념으로서 진정성을 설정하고자 한다.

3 대표적인 교육 관련 저술을 살펴보면, 개인의 자각과 반성을 통한 학습의 구체화를 시도하는 「자경문自警文」(1555년)을 비롯하여, 유년기 아동의 교육을 위한 「소아수지小兒須知」와 「격몽요결擊蒙要訣」(1577년), 학인과 군주의 성학 지향적 완성을 유도하는 「성학집요聖學輯要」

(1575년) 및 「동호문답東湖問答」(1569년) · 「만언봉사萬言封事」(1574년) 등이 있다. 그리고 관학 교육기관인 성균관과 향교의 교육적 지표와 구체적 실천 방안을 제시하고 있는 「학교모범學校模範」 및 「사목事目」(1582년), 사학 교육기관인 서원과 정사의 학생들을 위한 「은병정사학규隱屛精舍學規」 · 「은병정사약속隱屛精舍約束」 · 「시정사학도示精舍學徒」 및 「문헌서원학규文獻書院學規」(1578년)를 들 수 있다. 이외에도 사회교화의 차원에서 「서원향약西原鄕約」(1571년), 「해주향약海州鄕約」 · 「해주일향약속海州一鄕約束」 · 「사창계약속社倉契約束」(1577년) 등을 들 수 있다.

4 계몽啓蒙의 영역은 일반적으로 Enlightenment로 표기 되고, 계몽사상 혹은 계몽철학은 'philosophy of enlightenment'로 표기된다. 계몽을 운동의 면에서 표현할 때는 'Enlightenment'뿐만 아니라 'Education'으로도 표기되어 교육적 의미도 포함한다. 이러한 점에서 계몽은 서구적 의미와 유사성이 발견되기도 한다. 그러나 계몽은 18세기 이후 이성적 사유를 중심에 둔 경험주의 인식론을 근간으로 하여 전통적 형이상학과 신학의 영역에 대한 해체를 의미한다는 점에서 동아시아의 전통에서 사용하고 있는 계몽과는 일정한 차이를 보인다. 아도르노와 호르크하이머는 『계몽의 변증법』에서 "진보적 사유라는 가장 포괄적인 의미에서 계몽은 예로부터 인간에게 공포를 몰아내고 인간을 주인으로 세운다는 목표를 추구했다…. 계몽의 프로그램은 세계의 탈마법화였다. 계몽은 신화를 해체하고 지식에 의해 상상력을 붕괴시키려 한다."라고 하여 계몽에 대한 비판적 시각을 보여준다.(『계몽의 변증법』, 문학과지성사, 2003, 21쪽) 이와 다르게 동아시아의 문화적 전통에서 계몽은 『주역』의 〈몽괘蒙卦〉에서 제시되는 것처럼 몽매한 인식적 상태를 벗어난 '앎'의 단계뿐만 아니라 '덕'이라고 하는 심미적 감성의 변화까지도 포함한다.

5 기묘사화의 발화 과정과 조광조 김정 등 기묘사림에 대한 처리 내용은 『중종실록』 14년 11월조에 자세히 기록되어 있고, 이때 피해를 입은 인물들(기묘명현) 각각에 대한 내용은 『기묘록己卯錄』에 기록되어

있다. 기묘사화와 조광조에 관한 선행 연구 성과물은 논문과 단행본으로 이미 많이 출간되어 있어, 여기에서는 일일이 적시하지는 않겠다. 이 가운데 주목되는 성과물로 정치적 상황과 관련한 것으로 정두희의 『조광조』(아카넷, 2000)가 있고, 철학사상과 관련한 것으로 이상성의 『조광조』(성균대 출판부, 2006)를 참고할 만하다.

6 1530년대부터 퇴계 이황을 중심으로 시작되는 서원건립 운동은 앞전 시기 조광조를 중심으로 한 성리학자들의 지치주의적 계몽 노선이 교육문화 사업으로 전환되어 향촌사회 속으로 재침투하는 과정이었다.

7 이이는 이황에게 보내는 글에서 이 시기의 중요성을 다음과 같이 표현한다. "임금께서 나이 젊고 자질이 아름다워 향학向學을 게을리 하지 않으시니, 만약 배양하고 보도輔導하여 능히 윤덕允德을 이루면 태평의 터전이 여기에 있지 않겠습니까… 백만의 창생이 물이 새는 배 위에 있어 그 생명은 한 사람에게 달려 있으며 한 사람의 덕을 이루는 것은 합하께서 올라오는 데 달려 있으니, 애석합니다. 기회를 놓쳐서는 안 됩니다." 『栗谷全書』 卷9, 「上退溪先生」.

8 『栗谷全書』 卷4, 「擬陳時弊疏」. "지금은 성상께서 왕위에 계심에 조금도 덕을 잃는 일이 없으셨고, 권세 있는 간신들도 자취를 감추어 조정이 맑고 엄숙해졌습니다. 그런데도 백성들은 살 곳을 잃고 나라의 형세는 위급해져서 망해가는 혼탁한 왕조와 같이 패망의 길로 달려가고 있습니다. 신은 진실로 우매하여 그 이유를 알지 못하여 밤낮으로 골똘히 생각하다가 그 이유를 알아내었습니다. 그렇게 되는 잘못은 마땅히 개혁을 해야만 할 터인데도 개혁을 하지 않는 데 있습니다."

9 『栗谷全書』 卷4, 「擬陳時弊疏」. "어짊과 의로움에 관한 얘기가 비록 경연의 자리에서는 나오고 있지마는 백성들 사이에서는 도탄에 빠진 괴로움이 풀리지 않고 있습니다.… 오늘날 폐해를 구제하는 계책은 백 가지 모두 시행하기 어려우며, 오직 종래의 관습을 변혁시키어 재물을 증산케 하여 백성을 살려내고 억울하게 죽어간 이들의 원한을 씻어줌으로써 백성들의 마음을 위로하고 기쁘게 해 주는 길이 있을

따름입니다."

10 『栗谷全書』 卷5, 「司諫院乞變通弊法箚」. "我國賢才不用, 庶績咸隳者, 非一朝一夕之故矣. 士林之氣, 斬於己卯, 絶於乙巳, 自是以後, 求仕者, 斲方爲圓, 守道者, 韜光晦迹, 父戒其子, 兄勖其弟, 皆以爲愼勿經營國事, 以挑禍機, 於是相觀而學者, 只以摸稜隨俗, 曠職餔啜爲良圖. 自初筮仕, 至于大 官, 皆務肥己, 而國家安危, 生民利病, 則視如楚越. 一有憂國忠公者, 忼慨正色於其間, 則羣誹衆謗, 必使之不容, 然後乃已. 以至各司小官, 亦皆習爲依阿之態, 上無所矯, 下無所糾, 慢弛者保官, 擧職者必敗, 以致紀綱大壞, 胥徒橫恣, 盜竊無禁, 侵毒無防, 一切之弊, 悉歸小民, 而四境嗷嗷矣."

11 『周易』, 「蒙卦」, "彖曰 蒙, 山下有險, 險而止, 蒙."

12 『周易』, 「蒙卦」, "象曰 山下出泉, 蒙, 君子以果行育德."

13 그와 같은 잠재적 희망의 가능성에 대하여 산하출천山下出泉을 의미하는 몽蒙을 천泉과 결합하여 몽천蒙泉이라 표현하기도 한다.

14 동몽과 관련한 용어로는, 동몽을 가르치는 동몽훈도童蒙訓導·동몽교관童蒙敎官이 있고, 동몽의 교육을 위한 교재로 『동몽수지童蒙須知』·『동몽선습童蒙先習』이 있다.

15 『周易』, 「蒙卦」, "上九, 擊蒙, 不利爲寇, 利禦寇."

16 『退溪全書』 卷42, 「啓蒙傳疑」 序. "滉按啓蒙之書, 闡發幽賾, 昭如日星, 而諸儒辯釋, 又皆精密該暢, 無遺憾矣. 然而理數之學, 廣博微妙, 盤錯肯綮, 未易硏究, 透得一重, 又有一重. 愈索而愈無窮."

17 이이의 연보에 의하면 "선생이 사서언해四書諺解를 끝마쳤으나 오경五經에 대해서는 미처 하지 못했었고… 『주역전의周易傳義』가 세상에 전해진다."라고 기록되어 있다. 「율곡연보」 40세조(을해 3년, 1575).

18 김경호, 「율곡 이이의 무실 지향적 경학관」, 『태동고전연구』 25, 2009, 62-67쪽.

19 『栗谷全書』 卷11, 「與宋雲長」. "下示要訣疵累, 頗有領會處, 徐當更思仰稟."

20 『栗谷全書』 卷13, 「擊蒙編跋」. "開城留守崔公應龍, 將以擊蒙編, 壽諸梓, 求跋于珥."

21 『栗谷全書』 卷27, 「擊蒙要訣」. "但不學之人, 心地茅塞, 識見茫昧, 故必須讀書窮理, 以明當行之路, 然後造詣得正, 而踐履得中矣. 今人不知學問在於日用, 而妄意高遠難行, 故推與別人, 自安暴棄, 豈不可哀也哉?…. 故略書一册子, 粗敍立心飭躬奉親接物之方, 名曰 擊蒙要訣, 欲使學徒觀此, 洗心立脚, 當日下功, 而余亦久患因循, 欲以自警省焉."

22 바렐라에 의하면, '즉각적 대응능력immediate coping'은 판단과 추론으로 유도된 것이 아니라 직면한 상황에 따라 그에 맞게 자신으로부터 끌어내는 행위나 동작이라고 파악하는데, 이러한 일상적인 윤리행위는 이성적 판단에 의한 것이 아니라 자발적 대처에 따른 것이라고 본다. 바렐라는 일차적이고 흔한 방식의 윤리적 행위와 같이 구체성을 띠는 것으로서의 '삶의 노하우know-how'를 말한다. (프란시스코 J. 바렐라, 유권종 외 역, 『윤리적 노하우』, 갈무리, 2009. 26-45쪽.) 바렐라의 이러한 입장은 우리의 단순한 윤리적 행위라는 것도 '체화된 행동 혹은 체화된 마음'으로부터 구성되는 것이라고 본다. 이러한 바렐라의 관점은 일상적 행위의 과정에서 배움의 근거를 찾고 또한 그것을 익숙하게 체득하고자 하는 이이와 같은 유학자의 입장과 유사한 일면을 보여준다.

23 『孟子』, 「盡心篇」. "得天下英才而教育之三樂."

24 『中庸』. "天命之謂性, 率性之謂道, 修道之謂教."

25 『中庸』. "誠者天之道. 誠之者人之道."

26 『栗谷全書』 拾遺 卷6, 「四子言誠疑」. "大學之誠其意, 論語之忠信, 孟子之反身而誠, 與夫中庸之誠之者, 何莫非實心之誠乎."

27 『栗谷全書』 拾遺 卷6, 「誠策」. "聖人, 性此誠者也, 君子, 反此誠者也."

28 『栗谷全書』 卷9, 「答成浩原」. "以爲物極其格, 知極其至, 意極其誠, 心極其正者, 聖人也. 格致誠正而未造其極者, 君子也."

29 『栗谷全書』 卷9, 「答成浩原」. "未格致而欲格致, 未誠正而欲誠正者, 學者也."

30 『栗谷全書』 卷9, 「答成浩原」. "求聖人於高遠恍惚之境, 尤不可也."

31 『栗谷全書』 卷12, 「答沈文叔禮謙」. "但爲學在於日用."

32 『栗谷全書』 卷27, 「擊蒙要訣」. "所謂學問者, 亦非異常別件物事也. 只是爲父當慈, 爲子當孝, 爲臣當忠, 爲夫婦當別, 爲兄弟當友, 爲少者當敬長, 爲朋友當有信, 皆於日用動靜之間, 隨事各得其當而已, 非馳心玄妙, 希覬奇效者也."

33 『論語』, 「述而」. "子曰 聖人, 吾不得而見之矣, 得見君子者, 斯可矣."

34 『通書』, 「誠下第二」. "聖, 誠而已矣."

35 『通書』, 「聖學第二十」. "聖可學乎. 曰 可."

36 『二程全書』, 「顔子所好何學論」. "聖人之門, 其徒三千, 獨稱顔子爲好學. 夫詩書六藝, 三千子非不習而通也, 然則顔子所獨好者, 何學也. 學以至聖人之道也. 聖人可學而至與. 曰 然."

37 『栗谷全書』 卷20, 「聖學輯要」. "學者大要立志, 纔學便要做聖人, 是也."

38 『栗谷全書』 卷20, 「聖學輯要」. "凡人須以聖賢爲己任."

39 『栗谷全書』 卷14, 「自警文」. "先須大其志, 以聖人爲準則. 一毫不及聖人, 則吾事未了."

40 『栗谷全書』 卷27, 「擊蒙要訣」. "必以聖人自期."

41 『栗谷全書』 卷31, 「語錄」 朴汝龍所錄. "問. 立志, 先賢多泛論, 先生作書立言, 每每首言此, 何意 曰 非立志則萬事不成, 因問."

42 『栗谷全書』 卷14, 「自警文」. "先須大其志 以聖人爲準則 一毫不及聖人則吾事未了."

43 고봉 기대승은 19세에 「자경설」을 짓는다. 그는 "옛사람들은 모두가 과거의 허물을 자책하여 스스로 경계하였으니, 대체로 과거의 실수를 마음 아프게 여기고 앞으로 잘하려는 생각을 일으키려는 것이다. 이는 모두 성인聖人과 현사賢士들이 뜻을 붙여 공부하던 것인데, 나만 어찌 유독 그러하지 않겠는가. 가영歌詠하던 나머지, 19년 전의 일부터 차근차근 서술하려 한다."고 밝히고 있다. 이 「자경설」의 내

용과 기술 방식은 이이의 「別洪表叔浩序」와 유사하다. 『高峯集』 續集 卷2, 「自警說」.

44 『栗谷全書』 卷5, 「辭直提學疏 再疏」; 『栗谷全書』 卷5, 「玉堂陳戒箚」; 『栗谷全書』 卷6, 「玉堂論君德四事箚」; 栗谷全書』 卷15, 「示精舍學徒」; 『栗谷全書』 卷15, 「學校模範」; 『栗谷全書』 卷19, 「聖學輯要」; 『栗谷全書』 卷27, 「擊蒙要訣」 立志章第一.

45 『朱子語類』 卷5, 「性理」. "志者心之所之, 比於情意尤重."

46 『栗谷全書』 卷14, 「雜記」. "性是心之理也, 情是心之動也."

47 『栗谷全書』 卷12, 「答安應休」. "意者, 緣情計較者也. 情則不得自由, 驀地發動, 意則緣是情而商量運用."

48 『栗谷全書』 卷20, 「聖學輯要」. "志者, 心有所之之謂."

49 『栗谷全書』 卷20, 「聖學輯要」. "眞氏曰 志者, 進德之基."

50 이이는 입지와 관련한 기술에서 '由我', '由己', '在我', '何求於人', '豈可他求哉'라고 표현하고 있다. 이러한 점에서 입지는 타자가 아닌 자신에게서 비롯하는 문제이며, 주체적 자아에 의해 실천될 수밖에 없는 것임을 시사한다. 『栗谷全書』 卷20, 「聖學輯要」. "一念之差, 至於害政, 一言之失, 至於僨事, 志乎道, 遵乎道, 由是而使一世爲唐爲虞, 由我也. 志於慾, 趨於慾, 由是而使一世爲叔爲季, 亦由我也…. 爲仁由己, 欲之則至, 何求於人, 何待於後哉"; 『栗谷全書』 卷27, 「擊蒙要訣」. "志之立, 知之明, 行之篤, 皆在我耳, 豈可他求哉."

51 『栗谷全書』 卷20, 「聖學輯要」. "臣按, 志者, 氣之帥也. 志一則氣無不動, 學者終身讀書, 不能有成, 只是志不立耳. 志之不立, 其病有三, 一曰不信, 二曰不智, 三曰不勇."

52 『栗谷全書』 卷20, 「聖學輯要」. "所謂不信者, 聖賢開示後學, 明白諄切, 苟因其言, 循序漸進, 則爲聖爲賢, 理所必至, 爲其事而無其功者, 未之有也, 彼不信者, 以聖賢之言, 爲誘人而設, 只玩其文, 不以身踐, 是故, 所誦者聖賢之書, 而所蹈者世俗之行也."

53 『栗谷全書』 卷20, 「聖學輯要」. "所謂不智者, 人生氣稟, 有萬不齊, 而勉知勉行, 則成功一也, 踊躍築埋, 孟子所嬉, 而卒爲亞聖, 暮歸喜獵, 程子所習, 而卒爲大賢, 何必生知, 然後乃可成德乎? 彼不智者, 自分資質之不美, 安於退託, 不進一步, 殊不知進則爲聖爲賢, 退則爲愚爲不肖, 皆所自爲也. 是故, 所讀者, 聖賢之書, 而所守者, 氣稟之拘也."

54 『栗谷全書』 卷20, 「聖學輯要」. "所謂不勇者, 人或稍知聖賢之不我欺, 氣質之可變化, 而只是恬常滯故, 不能奮勵振發, 昨日所爲, 今日難革, 今日所好, 明日憚改, 如是因循, 進寸退尺, 此不勇之所致. 是故, 所讀者, 聖賢之書, 而所安者, 舊日之習也. 人有此三病, 故君子不世出, 六籍爲空言. 嗚呼, 可勝歎哉."

55 『栗谷全書』 卷31, 「語錄」 朴汝龍. "問. 欲立志者, 當何以用功? 曰. 誠則志自立, 而以敬持之可也."

56 이이의 학문체계에 있어서 성과 경의 논의를 비롯한 극기·역행·궁리·명선·함양·성찰·검신·기질변화와 같은 구체적 실천론은 철학·교육사상 분야에서 이미 많은 연구가 이루어져 있다. 나는 앞서 『인격성숙의 새로운 지평-율곡의 인간론』, 「율곡의 교육사상」, 「학교모범에 나타난 율곡의 교육사상」 등에서 이러한 주제에 대하여 고찰한 바 있다. 이외에 이이의 교육사상과 관련한 논문으로는 손인수, 「율곡 교육사상의 입지와 성론」; 도광순, 「율곡의 교육목적론」; 박균섭, 「율곡의 청소년 시절과 학문탐구」; 박의수, 「율곡 이이의 교육사상」; 황금중, 「율곡의 공부론과 성학집요」; 황의동, 「율곡 도덕교육론의 철학적 기초」(『율곡학연구총서7-교육』 소재) 등을 참고할 만하다.

57 『栗谷全書』 卷12, 「與精舍諸生」. "學問之功, 只在存心不苟, 應事以正而已. 此心誠實在義理上, 則終日應俗, 而能不失其正, 此心不誠, 若存若亡, 則雖終日正坐讀書, 亦無所益. 切冀僉賢竪立此心, 恒在誠實之域, 以爲講明事理之根本耳."

58 『栗谷全書』 卷14, 「自警文」. "先須大其志 以聖人爲準則 一毫不及聖人則吾事未了."

59 아도르노와 호르크하이머는 이렇게 말한다. "지배적인 사고방식에 부

합되지 않는 표현은 더 이상 용납되지 않으며, 수명을 다한 언어가 더 이상 제 기능을 수행하지 못하는 자리는 사회의 메커니즘에 의해 효과적으로 채워진다." 『계몽의 변증법』, 문학과지성사, 2003, 14쪽.

60 '폐몽閉蒙'에 대한 단상은 '몽'에 대해 논의하던 중 숭실대 곽신환 선생님께서 아이디어를 제공해 주셨다.

제3장 지향적 세계: 유토피아를 위한 분투

1 『孟子』, 「告子」 上. "生亦我所欲也, 義亦我所欲也, 二者 不可得兼, 舍生而取義者也."

2 신채호, 「조선상고사」, 『단재신채호전집』 상, 형설출판사, 1995. 10. 31쪽. "역사란 무엇이뇨. 인류사회의 我와 非我의 鬪爭이 시간부터 발전하며 공간부터 확대하는 心的 활동의 상태의 기록이니, 세계사라 하면 세계인류의 그리 되어 온 상태의 기록이며, 조선사라면 조선민족의 그리 되어 온 상태의 기록이니라."

3 영국의 경험주의 철학자인 홉스는 『리바이어던』에서 무자비한 생존투쟁에 노출되어 있는 인간의 자연상태를 '만인의 만인에 대한 투쟁 the war of all against all'으로 진단한다. 홉스에게 있어서 자연상태의 인간이 갖고 있는 자연스런 생존권은 사회적 계약을 통해 제약될 때, 오히려 이상적 상태에 도달할 수 있다고 보는 것이다. 그러한 이상적 국가가 '리바이어던'이다. 홉스, 신재일 옮김, 『리바이어던-만인의 만인에 의한 투쟁을 중단하라』, 서해문집, 2007.

4 나는 이 글에서 생존투쟁의 한 형태인 '이상을 향한 분노와 분투'를 스피노자가 제안하고 있는 코나투스Conatus 개념과 연결하여 적극적으로 사유한다. 스피노자에 있어서 '코나투스'는 개체의 자기 보존을 위한 의지나 욕망을 의미하는데, 인지생물학자 다마지오는 코나투스를 재해석하여 "위험과 가능성 속에서 자기 자신을 보존해 나가고자 하는 원동력과 수많은 신체의 부분들을 하나로 유지시켜 주는 수많은 자기 보존 활동"으로 본다. 생명체가 자신의 개체적 동일성을 유

지하기 위한 분투요, 노력이며 경향이 곧 코나투스라는 것이다. 안토니오 다마지오, 임지원 옮김, 『스피노자의 뇌』, 사이언스북스, 2007. 48쪽.

5 분노는 발생의 원인으로부터 분출(표출)이라는 일련의 메커니즘을 갖고 유형화되는데, 이와 관련한 선행 연구와 연구동향은 다음을 참조하라. 김경호, 「분노로부터 마음의 평정 어떻게 가능한가」, 『마음인문학국제학술대회논문집』, 원광대학교, 2013.

6 죠지 레이코프, 마크 존슨, 임지룡 외 역, 『몸의 철학』, 박이정, 2002; 졸탄 쾨벡세스, 김동환·최영호 옮김, 『은유와 감정』, 동문선, 2009.

7 김경호, 「분노로부터 마음의 평정 어떻게 가능한가」, 『마음인문학국제학술대회논문집』, 원광대학교, 2013.

8 엘리아스 카네티는 군중의 특징으로 불 혹은 불꽃의 이미지로 포착한다. 그는 "군중 내부에서 일어나는 무수한 동작들-팔, 주먹, 다리 따위를 불쑥 내뻗는 것-은 갑자기 사방에서 솟아오르는 불길과 같다. 불 중에서도 숲이나 초원에서 일어나는 대화재 같은 것은 하나의 적대적인 군중이며, 어떤 인간이나 이를 두려워하게 마련이다. 불은 군중의 상징으로서 인간의 전체 감정 체계 속에 들와와 확고한 자리를 차지하고 있다." 엘리아스 카네티, 강두식·박병덕 옮김, 『군중과 권력』, 바다출판사, 2002. 34쪽.

9 히로세 준, 김경원 옮김, 『봉기와 함께 사랑이 시작된다』, 바다출판사, 2013. 2. 214-215쪽. 히로세 준은 봉기는 혁명의 단계로 전이될 수 있지만, 봉기는 그 자체로 봉기의 형태로 지속될 수 있다는 점에서 혁명과 봉기를 구분한다.

10 근대적 정의에 관한 신채호의 논의는 다음의 논문을 참조하라. 정경운, 「근대 정의를 이해하는 두 가지 방식-이광수와 신채호를 중심으로」, 『현대문학이론연구』 38, 2009.

11 '대동'과 관련하여 동아시아적 이상사회 혹은 유토피아를 모색하였던 강유위와 그의 『대동서』는 탐구의 대상이지만 이 글에서는 강유위의

'대동'에 대한 논의까지 확장하지는 않고, 다음의 선행 연구로 대신한다. 정인재, 「강유위의 대동사상 연구」, 『동아연구』 38, 서강대학교 동아연구소, 2000; 이규성, 「강유위의 세계의식과 이상사회」, 『철학사상』 17, 서울대학교 철학사상연구소, 2003; 이연도, 「대동과 유토피아: 강유위 사상의 특색」, 『한국철학논집』 18, 한국철학사연구회, 2006; 김철운, 「욕망의 동력으로 이루는 유가공동체」, 『철학연구』 41, 고려대학교 철학연구소, 2010.

12 유가적 이상사회에 대한 논의는 다음이 선행 연구를 참조하라. 황갑연, 「恕를 중심으로 한 유가철학의 이상사회-자율성 존중 원칙의 화해사상」, 『양명학』 23, 한국양명학회, 2009; 정용환, 「다원주의 사회에서의 인 개념」, 『동양철학연구』 49, 동양철학연구회, 2007; 허남진, 신정근, 「고대 유가에 나타난 인간의 특성과 이상 사회-고립에서 참여로 이르는 기나긴 여정」, 『동아문화』 38, 서울대학교 동아문화연구소, 2000; 김기주, 「공자의 정치적 이상사회, 정명의 세상」 『동방한문학』 43, 2010.

13 유토피아는 '어디에도 없는 곳outopia'과 '가장 좋은 곳eutopia'이라는 중의적인 의미가 있고, '도피유토피아'와 '재건유토피아'로 구분된다. 루이스 멈퍼드, 박홍규 역, 『유토피아 이야기』, 텍스트, 2010; 임철규는 토마스 모어의 유토피아를 분석하면서 모어가 『유토피아』에서 보여주는 핵심 사상은 '평등-착취가 없는, 계급이 없는 경제적 평등과 공산제의 시민사회' 사상에 있다(306-307쪽)고 보며, 유토피아인들이 추구하는 가장 즐거운 삶은 '미덕을 추구하는 삶'(300쪽)이라고 분석한다. 따라서 이들은 '오만함'에 대해 극히 경계한다. 토마스 모어가 '유토피아'에서 제기하고 있는 참다운 삶의 질은 곧 미덕을 통한 양심적 행위에서 우러나오는 기쁨이라고 할 수 있다. 임철규, 『왜 유토피아인가』, 한길사, 2009.

14 현재열은 좋았던 곳으로서의 실현되었던 이상사회의 한 사례로 파리코뮌을 들고 있는데, 이와 관련해서는 「실현된 유토피아? 1871년 파리코뮌의 현재성」을 참조하라. 문화/과학편집위원회, 『문화과학 68

호-2011 겨울-지금 다시 유토피아』, 문화과학사, 2011. 97쪽.

15 『論語』, 「八佾」. "子曰 周監於二代, 郁郁乎文哉, 吾從周."

16 『論語』, 「述而」. "吾不復夢見周公."

17 『論語』, 「述而」. "子曰 述而不作, 信而好古, 竊比於我老彭."; "子曰 我非生而知之者, 好古敏以求之者也."

18 유학의 체제 안정적이며 복고적인 보수적 성격이 조선의 고유한 특성을 잃게 만든 주범이었다고 통렬하게 비판하는 사람이 신채호이다. 그는 "先聖의 말이면 그대로 좇고 先代의 일이면 그대로 행하며 一世를 몰아 잔약 쇠퇴 부자유의 길로 들어감이 무엇에 원인함인가"를 묻고 있는데, 그러한 '노예성을 산출'한 근원은 '사대적 보수적 속박적 사상'인 유교사상에서 찾고 있다. 신채호, 『단재신채호전집』 중, 「조선역사상일천연내제일대사건」, 형설출판사, 1995. 102-103쪽.

19 『莊子』, 「在宥」. "頌論形軀, 合乎大同, 大同而无己."; 『呂氏春秋』 卷13, 「有始覽」. "天地萬物, 一人之身也, 此之謂大同."

20 陳正炎·林其錟, 李成珪 역, 『중국대동사상연구』, 지식산업사, 1990. 37쪽.

21 陳正炎·林其錟은 대동사상이란 "고대 인민이 추구한 이상 사회에 대한 아름다운 소망을 총괄 집대성한 것"으로 "사유제에 기초한 암흑사회의 현실을 부정하기 위하여 출현"하였고, 그렇기에 중국의 수천년 역사 이래 수많은 사상가가와 사회 개혁가들에 의해 용어는 다르지만 대동사상을 '반추'했다고 기술한다. 陳正炎·林其錟, 李成珪 역, 『중국대동사상연구』, 지식산업사, 1990. 130쪽.

22 흥미로운 것은 19세기말 외세에 의해 침탈당하는 중국의 현실에서 '대동'의 이상을 통해 근대적 이상사회를 구상하고 『大同書』를 저술했던 康有爲의 경우, 유학뿐만 아니라 불교에 심취하였고 또한 서양의 근대적 학문도 섭렵한 가운데 '대동'의 유토피아적 이상을 제안하고 있다는 점이다. 『大同書』는 1884년에 저술되었지만 1913년 일부가 발표되고, 그의 사후 1935년에 전편이 발표된다. 『大同書』의 성

립과정과 주요한 내용에 대해서는 다음을 참조하라. 정인재, 「康有爲의 大同思想 硏究」, 『東亞硏究』 38, 서강대학교 동아연구소, 2000.

23 『禮記』, 「禮運」. 言偃在側, 曰, "君子何嘆?" 孔子曰, "大道之行也, 與三代之英丘未之逮也, 而有志焉. 大道之行也, 天下爲公, 選賢與能, 講信, 修睦. 故人不獨親其親, 不獨子其子, 使老有所終, 壯有所用, 幼有所長, 矜寡孤獨廢疾者皆有所養. 男有分, 女有歸. 貨惡其弃於地也不必藏於己, 力惡其不出於身也, 不必爲己. 是故謀閉而不興, 盜竊亂賊而不作, 故外戶而不閉, 是謂大同. 今大道旣隱, 天下爲家, 各親其親, 各子其子, 貨力爲己, 大人世及以爲禮, 城郭溝池以爲固. 禮義以爲紀, 以正君臣, 以篤父子, 以睦兄弟, 以和夫婦, 以設制度, 以立田里, 以賢勇知, 以功爲己. 故謀用是作而兵由此起, 禹湯文武成王周公由此其選也. 此六君子者未有不謹於禮者也. 以著其義, 以考其信, 著有過, 刑仁, 講讓, 示民有常. 如有不由此者, 在埶者去, 衆以爲殃. 是謂小康."

24 『論語』에서는 공자가 불쾌함을 표출하는 사례가 많지 않지만, 그래도 발견되는 사례는 주로 제례와 관련하여 제후들이 자신의 신분에 맞지 않게 행동할 경우이다. 제후들이 자신의 지위를 넘어 월권적 행위를 하면서도 부끄러워하지 않을 때, 공자는 분노한다. '팔일'편은 대표적이다.

25 나는 공자의 '소강'과 '대동' 모델을 이상적 사회 모델, 곧 유토피아적 사회 모델이라고 이해한다. 그런데 여기서 중요한 점은 그가 구획하고 있는 '이상사회' 모델은 '현실'에서 '소강'으로, '소강'에서 '대동'으로 '단계적 전이'의 과정을 거친다는 점이다. 이 '전이'에는 이미 '가치론적 우위'를 전제로 하지만, 여기에는 일종의 역사발전의 단계에 대한 인식이 담겨져 있다. 이러한 사유 형태는 강유위의 『대동서』에도 드러난다. 강유위는 공자의 대동에 대한 사유를 자신의 삼세설과 사회진화론으로 포착하여, '据亂世-혈육애'로부터 '升平世-이웃애'로, 그리고 '太平世-만물애'의 단계로 설정하고 있다. 캉유웨이, 이성애 역, 『대동서』, 을유문화사, 2006. 386쪽.

26 『孟子』, 「梁惠王」 下. "齊宣王問曰 湯放桀, 武王伐紂, 有諸. 孟子對曰於傳有之. 曰臣弑其君可乎? 曰賊仁者謂之賊, 賊義者謂之殘, 殘賊之人謂之一夫. 聞誅一夫紂矣, 未聞弑君也."

27 『孟子』, 「梁惠王」 上. "湯誓曰 時日害喪, 予及女偕亡, 民欲與之偕亡, 雖有臺池鳥獸, 豈能獨樂哉."

28 『書經』, 「皐陶謨」. "天命有德…. 天討有罪."

29 '天命靡常'은 『孟子』, 「離婁」 上에 보인다. 『孟子』, 「離婁章句上」 "詩云商之孫子, 其麗不億, 上帝既命, 侯于周服, 侯服于周, 天命靡常. 殷士膚敏, 祼將于京, 孔子曰 仁不可爲衆也, 夫國君好仁, 天下無敵." 맹자는 『詩經』 「大雅」에 기록된 '天命靡常'을 재인용하고 있다.

30 히로세 준은 혁명에 대해서 이렇게 말한다. "어떤 체제에서도 해방과 예속의 대치는 똑같이 볼 수 있기 때문에 문제 해결은 규율사회에서 지배나 토치의 원리였을 뿐 아니라 해방의 원리이기도 했다. 해방으로서 문제를 해결하는 가장 좋은 예는 두말할 나위 없이 혁명이다. 혁명이란 문제를 해결하는 것, 공유하는 답을 실현하는 것이다." 히로세 준, 김경원 옮김, 『봉기와 함께 사랑이 시작된다』, 바다출판사, 2013. 214쪽.

31 『孟子』, 「梁惠王」 下. "詩云王赫斯怒, 爰整其旅, 以遏徂莒, 以篤周祜, 以對于天下. 此文王之勇也, 文王一怒而安天下之民…. 此武王之勇也, 而武王亦一怒而安天下之民."

32 신채호의 경우에는 역사변혁의 주체가 영웅으로부터 무산자계급인 민중으로 전환되고 있음을 보여준다. 박찬승, 「한말 신채호의 역사관과 역사학-청말 양계초와의 비교를 중심으로」, 『한국문화』 9, 규장각한국학연구소, 1988. 305-307쪽.

33 『孟子』, 「盡心」 下. "孟子曰 民爲貴, 社稷次之, 君爲輕."

34 1862년 임술년에 일어났던 봉기에 관해서는 다음 논문을 참조하라. 박광성, 「임술 민란의 연구」, 『경인교육대학교 논문집』 4, 경인교육대학교, 1969.

35 동학농민 혁명과 관련한 명칭 규정은 그 성격을 어떻게 규정할 것인

가에 놓여 있는데, 조선말로부터 현대에 이르는 논란의 과정과 농민봉기의 관점에 대해서는 다음을 참조하라. 이이화, 『이이화의 못 다 한 한국사 이야기』, 푸른역사, 2000; 한우근, 『동학농민봉기』, 세종대왕기념사업회, 1998.

36 백승종은 시대의 모순을 타파하기 위한 다양한 저항의식의 발로를 '문화투쟁'이라는 개념으로 포착한다. 백승종, 『금서의 시대를 읽다』, 산처럼, 2012.

37 신채호, 『단재신채호전집』 중, 「조선역사상일천연내제일대사건」, 형설출판사, 1995. 103쪽.

38 신채호의 사상 궤적에 관해서는 다음을 참조하라. 김경호, 「독립지향의 비판유학」, 『자료와 해설』, 한국사상사연구회, 예문서원, 2001.

39 신정근, 「신채호의 투쟁적 자아관」, 『철학』 109, 한국철학회, 2011. 61쪽.

40 신채호, 『단재신채호전집』 상, 「조선상고사」 총론, 형설출판사, 1995. 31쪽.

41 박홍규는 루이스 멈퍼드를 아나키스트라고 규정하는데, 멈퍼드는 신세계 유토피아에서 모든 사람은 괴물이 아닌 인간이 될 수 있는 기회를 갖는다는 점을 강조한다. 루이스 멈퍼드, 박홍규 역, 『유토피아 이야기』, 텍스트, 2010.

42 신채호, 『단재신채호전집』 하, 「조선혁명선언」, 형설출판사, 1995. 40-46쪽.

43 자본제국의 경제적 착취와 정치적 압력에 저항하는 신채호의 사유방식은 2011년 5월부터 전세계적으로 확산된 15M이라고 하는 민중봉기와 닿아 있다. 이 15M에 대해서 히로세 준은 "특정한 문제로 특화된 운동이 아니라 정치 경제 시스템 전체에 물음표를 붙이는 운동"이라고 규정한다. 히로세 준, 김경원 옮김, 『봉기와 함께 사랑이 시작된다』, 바다출판사, 2013. 175쪽.

44 신채호, 『단재신채호전집』 하, 「조선인 무정부주의자들의 북경회의

동방연맹대회 선언문」, 형설출판사, 1995. 10. 47-48쪽. "우리 무산 민중의 최후 승리는 확정 필연한 사실이지만, 다만 동방 각 '식민지'·'반식민지'의 무산민중은 자래로 석가·공자 등이 제창한 곰팡내 나는 도덕의 '독'안에 빠지며, 제왕·추장 등이 건설한, 비린내 나는 정치의 '그물' 속에 걸리어 수천 년 헤매다가, 일조에 영·법·일본 등 자본제국 경제적 야수들의 경제적 착취와 정치적 압력이 전속력으로 전진하여 우리 민중을 맷돌의 한 돌림에 다 갈아 죽이려는 판인즉, 우리 동방민중의 혁명이 만일 급속도로 진행되지 않으면 동방민중은 그 존재를 잃어버릴 것이다."(1928년 4월)

45 마크 존슨은 삶의 질성에 기반한 의미의 형성을 설명한다. 의미는 질성에 대한 우리의 느낌이나 감각패턴, 운동, 변화, 정서적 형세로부터 발생한다. 마크 존슨, 김동환·최영호 옮김, 『몸의 의미』, 동문선, 2012. 124-126쪽.

찾아보기

ㅈ

ㅊ

ㅋ

ㅌ

지은이_ **김경호**(1966~)

강원도 고성의 검푸른 바다가 보이는 공현진에서 태어나고 자랐다. 고려대학교 철학과에 진학하여 동양철학과 서양철학을 배웠고, 대학원에서 한국유학을 공부한 후 철학박사 학위를 취득했다. 현재 전남대학교 호남학연구원 인문한국교수로 있으면서, 감성·마음·영성을 주제로 한국인의 감성체계를 연구하고 있으며, 한국유학의 철학적 기반에 대해서도 탐구하고 있다.

지은 책으로는『동양적 사유는 어떻게 탄생했는가』,『인격 성숙의 새로운 지평-율곡의 인간론』이 있고,『우리시대의 슬픔·분노·사랑』,『고봉과 현대의 대화』,『감성의 세 층위』,『한국유학사상대계』,『조선유학의 개념들』,『자료와 해설 한국의 철학사상』 등을 여러 사람과 함께 썼다.

감성총서 **14**

감성의 유학

Confucian Perspectives on Emotions

인쇄 | 2014년 5월 19일
발행 | 2014년 5월 23일

저 자 | 김경호
기 획 | 전남대학교 호남학연구원
펴낸이 | 지병문
펴낸곳 | 전남대학교출판부

등록 | 1981. 5. 21. 제53호
주소 | 500-757 광주광역시 북구 용봉로 77
전화 | (062) 530-0571~2 **마케팅** 530-0573
팩스 | (062) 530-0579
홈페이지 | http://www.cnup.co.kr
이메일 | cnup0571@hanmail.net

값 18,000원

ISBN 978-89-6849-108-5 (93150)

이 도서의 국립중앙도서관 출판시도서목록(CIP)은 서지정보유통지원시스템 홈페이지(http://seoji.nl.go.kr)와 국가자료공동목록시스템(http://www.nl.go.kr/kolisnet)에서 이용하실 수 있습니다.
(CIP제어번호 : CIP2014016338)

이 저서는 2008년 정부(교육과학기술부)의 재원으로 한국연구재단의 지원에 의한 것임(NRF-2008-361-A00006).